依據巴利《尼卡雅》及漢譯《阿含經》

佛教禪法之研究

釋洞恆

僅將此書獻給尊敬的

上如下悟

老和尚　所長　院長

推薦序　《佛教禪法之研究》

臺灣大學哲學系教授
蔡耀明

洞恆法師的《佛教禪法之研究》是一本很值得推薦的論著。首先，依據的典籍，涵蓋漢譯阿含經典與巴利語尼卡雅經典，而如此廣大的涵蓋範圍，在佛學界並不多見，卻可提供讀者更為完整的面貌。其次，以佛教禪法為主要的課題，對於認識佛陀的教學內涵，可以說提供了一把很切要的鑰匙。第三，在佛教禪法的研究，兼顧佛教傳統當中的實修解說與學理論辯，應可提供讀者較為平衡的見解抉擇。第四，在禪法內容方面，並非流於瑣碎的追逐，而是以四大支柱為架構，包括九等至、現法涅槃、三三昧、四念處，這不僅慧眼獨具，足以發揮研究的創見，而且也提供讀者把握佛教禪法之精髓的一條可行的線索。第五，對於當代學界在佛教禪法的研究動態知之甚詳，使得這一本論著擺在全球佛學界至少毫不遜色，而且也提供讀者認識當代學界相關研究的便覽。

一則簡短的推薦序並不足以道盡這一本論著的價值與優點，個人有幸得以先行預覽全書而受益良多，亦很樂意藉此序言推薦予具緣的讀者。

出版前言

博士論文口試通過畢業後至此書出版已過了九年時間，在這段期間學界也有一些與禪定相關新的短篇論文和新書出版，作者沒有打算將這些研究的新發現、新觀點納入本書，但會在此點出這些新研究發現與本書的一些關聯。與本書主題有直接關係的新書有，當時未及獲得的愛法比丘的博士論文，2004年出版為《上座部的涅槃觀》（*Nibbāna in Theravāda Perspective*）；後來有2006年莎拉梭（Sarah Shaw）的《佛教禪法：巴利經典文集》（*Buddhist Meditation: An anthology of texts from the Pāli canon*）；2006年蘇紐黃（Soonil Hwang）的博士論文出版為《佛教的隱喻與字義：涅槃之教義歷史》（*Metaphor and Literalism in Buddhism: The doctrinal history of nirvana*）；2007年亞利山大・韋因（Alexander Wynne）的研究出版為《佛教禪法之起源》（*The Origin of Buddhist Meditation*）；2008年關則富的博士論文出版為《早期佛教的念處》（*Mindfulness in Early Buddhism*）；2010年柯林斯（Steven Collins）將其1998年的涅槃研究，《涅槃及其他佛教福樂》（*Nirvana and Other Buddhist Felicities: Utopias of the Pali Imaginaire*），刪減修改並取名為《涅槃：概念、意像、敘事》（*Nirvana: Concept, Imagery, Narrative*）；接著在2011年又有波拉柯（Polak）的博士論文出版，《重檢禪那：早期佛教救世學之批判性重建》（*Reexamining Jhāna: Towards a Critical Reconstruction of Early Buddhist Soteriology*）。

莎拉梭的《佛教禪法：巴利經典文集》是普遍性地概述佛教禪法，未涉入學界批判性議題之研討，在這方面並未提出新貢獻。亞利山大・

韋因的《佛教禪法之起源》經由一些論證認為喬達摩菩薩初出家時向兩位外道師學習之事屬實，此二外道師亦確有其人（頁23），因而記載此事的《聖尋經》（Ariya-pariyesana Sutta）亦是從歷史角度而言屬真實可靠的經典（頁93），並非如學者們質疑的，認為那是巴利經典編輯者的竄改增編。韋因更具體的指出四處或四無色定在奧義書大梵思想中的共通性，也就證明四處的確在外道思想中是屬於修習梵行的終極目標。然而，如同本書研究所示，這樣的目標早已被佛陀否定，超越，乃至提出解決之道，以便修持者能在四處的成就上進入真正佛說的那種究竟解脫。韋因往外向非佛教典籍尋找證據，以證明佛教經典中的禪法的確並非純屬佛教所有；而本書的研究分析指出，佛陀以其獨門的止觀操作方法，在修持者現有的禪定成就上，使他證得佛陀所說的解脫與涅槃。本書在第二篇分析如何在第四禪那和無所有處證得現法涅槃，而此操作可在九等至的前七等至中進行。這是對於已具備初禪那以上的禪定成就者而施設的現證涅槃的方法，對於未曾有禪修經驗者，佛陀亦提出了念處之修習作為證悟現法涅槃的捷徑，如同本書第四篇所指出。簡言之，從佛教經典內就可考察瞭解外道禪法與佛陀的禪法之差別，佛陀指出外道證入禪定而不得解脫的原因，並且提供運作方法使他們得解脫。

關則富在書中提到其重要成果之一，是展示了sati（念）與saññā（想）的密切關係。本書在第二篇探討現法涅槃時指出，saññā在現證現法涅槃時仍然現前，沒有saññā則沒有現證涅槃可言；而sati則自始至終都現前，而這也釐清第四禪那「捨念清淨」複合詞之正確解析。本書在第四篇則指出，對於一位完全沒有禪修經驗者而言，四念處是他修持的入手處，並且可由此直達現法涅槃。那麼，sati與saññā二者，在證悟現法涅槃時都是現前的重要心元素。

柯林斯的《涅槃：概念、意像、敘事》與愛法比丘的《上座部的涅槃觀》兩本涅槃研究成果，在詮釋引用上，仍然維持在南傳上座部傳統典籍論著概念範圍。儘管二書作者引用巴利經典原文之陳述與各種隱喻，然而其字義分析乃至各種隱喻解析，也都圍繞在比經典晚期的論典及註釋書。

愛法比丘的研究可說是代表了緬甸佛教傳統的涅槃觀，其中有許多涅槃分類，在學界的涅槃研究領域是僅見於此書；除了經典的兩種涅槃，作者更指出論典及緬甸大師將涅槃分類為六種、七種、甚至六十種（頁95-99）。此書另一特點在於nibbāna（涅槃）字義分析是從巴利文法角度解析（頁19）。"Nibbāna"之字義，其他著作研究都是將它視同梵文字"nirvāṇa"進行分析，而愛法比丘除了從梵文文法角度作字義解析，亦從巴利文法角度解析。

蘇紐黃的《佛教的隱喻與字義：涅槃之教義歷史》是從字義分析，進展到兩種涅槃隱喻詮釋，以及其在佛教各派系之發展，進行探討「涅槃」。蘇的研究分析含蓋佛陀在世前後期的內外典籍，試圖從字義來源與發展解決問題，但始終仍舊未解決那存在已久的涅槃問題。這三部涅槃研究著作的探討路線是不離字義解析和隱喻詮釋，而本書第二篇現法涅槃的分析研究路線，是從經典瞭解證悟涅槃的運作方法與前進路徑，以及在哪些禪定境能進行此運作，這增添了另一角度分析瞭解涅槃之修證。作者認為，若能從本書分析的三三昧與涅槃的關係來瞭解二種涅槃，那麼，蘇紐黃對upādi和upadhi的分析都是正確的，甚至無論巴利或梵文的有餘、無餘涅槃二詞其實可相通或可相等。這須要另文探討詮釋，在此僅指出此可審察的方向。

波拉柯在其《重檢禪那：早期佛教救世學之批判性重建》書中，接受了四禪那在解脫道的關鍵性功用，也注意到本書在第三篇所說的**佛教三摩地**相關的經典群，但他並沒有探究到如何在第四禪那中證現法涅槃，也沒有看出**佛教三摩地**與三三昧的關聯（頁51-53）。波拉柯並沒有注意到空、無相、無願三種三昧，儘管他注意到**佛教**三

摩地的重要性，也試圖將此三摩地與四禪那作關聯，但卻是徒勞無功（頁54-59）。

短篇論文研究成果頗多，不及在此一一贅言陳述，但有一篇倒是值得一提，因為作者觀念驟變，從支持定中不能作觀的傳統觀念，轉變成為陳述如何在定中作觀。此即斯里蘭卡上座部的功德寶法師所發表的新論，其中論點與其較早之前出版的著作觀點相對立。早期依其博士論文編修出版的書，《上座部佛教禪定：禪那批判性分析》，是延續《清淨道論》的說法主張定中不能作觀，所有觀法乃至宿命等三明，都是從禪那出定後才作觀證得的（頁100, 115, 131, 142, 200, 204等），但在這篇2007年〈我們應當從禪那出定後才作觀嗎？〉（〈Should we come out of Jhāna to practice Vipassanā?〉）的短篇論文中他持相反觀點，在此短篇論文的結論中，他引用《象跡喻小經》強調修持者必須留在禪那中見四聖諦而圓滿證悟（頁20）。

如前所言，本書有關涅槃部份的研究路線是採如何修證的圖徑；從經典角度整理出世尊如何分析指導弟子們證悟涅槃，有些經典未出現涅槃一詞，所說的確是涅槃一事；從禪那與處等至分析證悟涅槃，從三三昧理出其與涅槃的關聯，從三三昧發現「**佛教三摩地**」，從念處到四禪現證涅槃。然而，本書研究探討所得出的結果並非已圓滿無缺，作者瞭解其中仍然不乏待補強之處，此時出版僅希望其有拋磚引玉之用。

此外，尚有其他重要課題有待研究，如心解脫、慧解脫、俱解脫、時非時解脫等概念，在整體巴利尼卡雅與漢譯阿含經經典呈現的面貌與意義仍然未見世，例如本書第一篇初步發現心解脫、慧解脫並不是與九等至有關，而是與四禪那有關。作者在教學期間更發現經典所呈現的面貌，是與目前佛教傳統帶給讀者的理解相去甚遠，學界和教界對這些概念的理解仍然停留在論典與註釋書的層面。

又如saṅkhāra（行）在佛陀修道、成道、弘化、及大般涅槃所展示的意義相當重要，而此詞卻是佛教概念中最難於理解之一詞，也因此在翻譯成其他語言時帶來相當的困擾；而對saṅkhāra之運轉與中斷卻正是證悟涅槃最關鍵的操作處，證得四處之甚深禪定的外道不得解脫之問題也在於saṅkhāra。

又如巴利與漢譯經典所陳述的涅槃之示意，在巴利經典的陳述就已引發許多學者深入探討研究，也有多部成果出版成書；在漢譯阿含經各經本出現的用詞更待釐清，諸如有餘涅槃、無餘涅槃、有餘、無餘等譯文，並未必一一對應到巴利的相應字詞，若僅依據漢譯阿含經研究涅槃與其相關的概念，是相當不足又問題重重的。有餘和無餘兩種涅槃界的內義與字義之研究，仍然維持在討論那已發現的問題，儘管學界已有多部專書研究成果出版，但是那些問題仍然未見有圓滿解決。

本書研究從禪定角度發現可能的解決管道，在此書中僅初步提出二種三摩地可為此課題作詮釋，詳細分析解釋有待未來進一步探討。另一可待未來研究的是，上座部視為阿羅漢禪定的三三昧所引起的疑問。本書已指出三三昧在上座部律典中有著犯根本重罪的決定性角色，但在上座部流派的律典中卻不見此角色，而三三昧在大乘經典則是經常出現；三三昧在各部派佛教三藏出現的情況隱藏著許多疑問有待解決。

目　次

凡　例

1.書中所有引文出處標示縮寫如下所示：

A.III.31	巴利聖典協會（PTS）版《增支尼卡雅》第3冊第31頁
BB.M.627	菩提比丘英譯《中尼卡雅》第627頁
D.II.323	PTS版《長尼卡雅》第2冊第323頁
M.I.249	PTS版《中尼卡雅》第1冊第249頁
MW.D.85-6	沃許（Maurice Walshe）英譯《長尼卡雅》第85-86頁
S.I.401(186)	PTS 1998新版《相應尼卡雅》第1冊第401頁，舊版第186頁
S.V.540	PTS版《相應尼卡雅》第5冊第540頁
Sn 1069	PTS版《經集》第1069偈
T02.618c~619a	中華電子佛典協會（CBETA）《大正新修大正藏》第2冊第618頁下欄至619頁上欄
T2.770b	《大正新修大藏經》，第2冊，第770頁中欄
Thīg. 20/p.125	PTS版《長老尼偈》第20頌，第125頁
Ud.80	PTS版《烏達那》第80頁

2.巴利經文中譯，無標示譯者之譯文為作者所譯，完全譯自他人譯文者則標示譯文出處，參考他譯文者則標註「參考」。

3.本書儘管借助現行電子版藏經進行檢索與引用，為求謹慎故作者皆已對照紙版印刷版本。

縮寫對照表

縮寫	原名稱	中譯
A.	Aṅguttara Nikāya	《增支尼卡雅》
BB.	Bhikkhu Bodhi	菩提比丘
BCC.	Buddhist Cultural Center	佛教文化中心
BPS.	Buddhist Publication Society	佛教出版協會
BJT	Buddha Jayanti Tipiṭaka	佛勝三藏，錫蘭或斯里蘭卡版巴利三藏
CGD	Chinese Great Dictionary	《漢語大字典》
CSCD	Chaṭṭha Saṅgāyana CD	第六結集光碟版，緬甸版巴利三藏
D.	Dīgha Nikāya	《長尼卡雅》
It.	Itivuttaka	《如是語》
M.	Majjhima Nikāya	《中尼卡雅》
MĀ.	Majjhima Nikāya Aṭṭhakathā	《中尼卡雅註》
MN.	Majjhima Nikāya	《中尼卡雅》
MNid.	Mahā-niddesa	《大釋義》
MW.	Maurice Walshe	沃許
NDB	Numerical Discourses of The Buddha	《增支尼卡雅》，向智長老譯
Paṭis.	Paṭīsambhidā-magga	《無礙解道論》
PED	Pali-English Dictionary	《巴英字典》
Peṭ.	Peṭakopadesa	《藏釋》
PTS	Pāli Text Society	巴利聖典協會
S.	Samyukta Nikāya	《相應尼卡雅》
Sn.	Sutta-nipāta	《經集》
T.	Taisho Tipitaka	《大正新修大藏經》
Thag.	Thera-gāthā	《長老偈》
Thīg	Therī-gāthā	《長老尼偈》

Ud.	Udāna	《烏達那》或《優陀那》
Vin.	Vinaya Piṭaka	《律藏》
Vism.	Visuddhimagga	《清淨道論》
Vism.T.	Visuddhimagga Mahā Ṭīka	《清淨道論疏》

前　言

佛教禪學在現代西方學術界研究領域中是熱門又重要的課題之一，一直以來都受到相當批判性的研究。在這諸多研究當中，南傳學者們[1] 的研究成果讓讀者們普遍瞭解到佛教的解脫道有兩主要道，一稱為寂靜乘（samatha-yāna），另一稱為觀行乘或有稱內觀乘（vipassanā-yāna）。

許多西方學者，無論是在歷史學、哲學、心理學、語言學或是佛教學等各領域，一直以來探討著幾個爭議性課題，這主要是與舍摩他或止（samatha）、毘婆舍那或觀（vipassanā）、和想受滅（saññā-vedayita-nirodha）有關的課題。[2] 學者們提出的質疑及所引起的爭議至今仍然未有圓滿解決的結果。另一方面，在著重實修的禪修者之間也將禪修分為止乘者（samatha-yānika）和觀乘者（vipassanā-yānika）。此二大系統一直以來都彼此質疑與爭辯對方修持方法之有效性。[3]

仔細觀察南傳學者的研究成果，來自南傳傳統區域的南傳學者主要依據專屬南傳傳統的晚於經藏的典藉，尤以巴利註釋書（aṭṭhakāthā）和《清淨道論》（Visuddhimagga）為主。其書中絕大多數主要的、關鍵的禪學相關概念都是仰賴這兩大部南傳重要典籍。那麼，藉由這些

1　例如金剛智（Vajirañāṇa）1965、功德寶（Gunaratana）1985、喜智（Ñāṇārāma）1983、威斯頓金（Winston King）1992、樂易士（Solé- Leris）1992。

2　例如柯欣斯（Cousins）1973、葛瑞非（Griffiths）1981、斯密道先（Schmithausen）1981、威特爾（Vetter）1988、布朗克斯（Bronkhorst）1993。

3　有關禪定與聖者之關係，菩提比丘專題研究禪那是否是預流者（sotāpatti）不可或缺之要素。（Bodhi, 2002）

研究成果，讀者能夠獲得的禪學知識可說是上座部佛教的禪學思想，也藉此得到對上座部傳統禪法之全面性的瞭解。

來自西方的南傳學者在原起於佛陀開始教導的（以下簡稱原始佛教）禪學課題上，依據巴利五部尼卡雅（Nikāya）這被公認為佛教最早期的典籍提出種種質疑，點出早期經典說法與上座部傳統觀點相抵觸、對立之處。有趣的是，西方學者所質疑與批判的概念都是與上座部佛教傳統概念有關，而所批判乃至否定其可靠性的經典也都是上座部佛教所重視的經典。因此，這兩系的研究成果，一是整體性的上座部傳統禪法思想解析，另一是針對性的學術界對上座部禪法的批判性探討；二者的研究只能說是為讀者點出大家對佛世時的佛教禪法理解之不足，尤其是從經典的角度而言。

在另一方面，走實修路線的止乘與觀乘二大系統禪修社群也依五部尼卡雅、巴利註釋書、《清淨道論》和有豐富禪修經驗的禪師教學進行反駁、論證和辯護止與觀在解脫道上的功用及其必要性，這些爭辯則是反映著他們所依據的典籍之間的許多矛盾點。

無論是學術界的批判性議題或是禪修實踐派系的止與觀對立性爭議，至今仍然延續著其各自的批判與爭辯，無法獲得一些決定性的結論。對於參與其中批判和爭辯，作者更感興趣的是代表著佛教最早期文獻的整體經典本身的禪法概念。在佛教禪學此課題上，代表著超過千年歷史的佛教傳統禪修界與有近百年歷史的佛學研究學術界，至今仍然沒有任何禪學相關之研究是依巴利尼卡雅作全面性處理的，尤其是依據漢譯四部阿含經的研究更可說是完全乏缺。[4]

4　在諸多主題相關研究中，只有斯密道先（Schmithausen, 1981）與布朗克斯（Bronkhorst, 1993）的研究有參考漢譯阿含經。然而，這些研究也都只專注於特定經典或經文段落。

本書研究試圖藉由探討巴利尼卡雅與漢譯阿含經展示佛陀時代已廣為禪修社群所知的禪修法、佛陀所教導的新式禪修法、此新式禪修法所帶來的結果之真相、以及對未曾有禪修經驗者的有效修持方法。

朝著這四個方向將禪定相關經典歸類分析，我們能得到更多的啟示。有部份巴利尼卡雅與漢譯阿含經的經典顯示禪定之修持是佛世時的外道也曉得的禪定，以下是一些例子之提示：一些經典顯示佛陀駁斥外道之終極成就，並且勸誡弟子們避免證入某些禪定；上座弟子們教誡新進後學弟子們有關禪修的各種問題；在家佛弟子向佛陀及其出家弟子們請教有關佛陀所教的禪法以及他教禪修者的禪法之間的同異處；亦有經典記載他教修練者挑戰佛陀的出家弟子們對禪定修持與成就之認知。

另外，在某些經典保存著佛陀所提出的獨門禪修方法，也就是在禪修社群普遍知曉之禪修法以外的禪修技巧，此即意味著在喬達摩佛陀的見解中，如來發現了正確的現證涅槃的方法。在相關經典中，這些獨門禪修方法通常都出現在一般常見的禪修方法之後，唯有在讀者細心審察之下始察覺其存在和其與一般禪法之微妙差異。尚有另一組經典討論著禪修方法但卻沒有提到任何外道觀念，這些經典也含有經文段落顯示其與佛陀教法下的定根定義有密切關聯；在某些經典宣示的證悟涅槃的唯一道路尤為值得我們注意，這一組的經典意示著這些禪修法是不共他教、唯屬佛教所有。

經由上述如此分類地審察，其顯示佛陀重新評估了佛世時已流行於各方禪修社群中的修持方法，並且提出及宣揚如來所發現的證悟涅槃的禪修方法；這種方法，或可依修持者本身已具備的禪定成就，或可不須先有禪定成就，都能達到究竟證悟。

一、綜觀現有研究成果

與此研究主題相關的現行已出版學術性研究成果可分為兩組：第一組是概括性的一般研究，主要也嚴重依賴巴利註釋書及第五世紀名著《清淨道論》；[5] 第二組是針對某單一議題作深入探討的專題研究，其依據典籍雖然是或純粹依巴利尼卡雅經典，或者也有依巴利及其相對應的漢譯經典，但是通常都僅依少部份經典進行論述。[6] 第二組研究中也有部份是僅特別依據單一的巴利經典或漢譯經典。[7] 雖然這兩組研究為讀者提供此禪學主題的普遍概念性理解以及針對單一議題的深度理解，但是二組研究中所提出的問題點與矛盾點至今仍然沒有真正的解決。

金剛智法師（1962）和功德寶法師（1980）的研究重度依賴巴利註釋書和《清淨道論》並且全然接受了上座部傳統禪修概念，此二研究讓讀者從公元第五世紀偉大論師的觀點瞭解佛教禪修法。他們也認為巴利尼卡雅和巴利註釋書所見的禪修法都是真正的純屬於佛教的禪法，而不是借用自瑜伽系統的禪法。[8] 聖智比丘（1993，現為月寶教授）未出版的博士論文對vimutti（解脫）概念之研究亦不離前二者所依據的傳統典籍，呈顯著南傳上座部的傳統概念。[9] 威斯頓金（1980）幾乎全然依賴《清淨道論》進行批判性的研究，並且主張此論典所陳述的禪修法並不是源自佛教，而是從婆羅門借用過來。[10] 威斯頓金認

[5] 例如，金剛智（Vajirañāṇa, 1962）、功德寶（Gunaratana, 1980）、和威斯頓金（Winston King, 1992）等的研究。
[6] 例如，葛瑞非（Griffiths, 1981）、斯密道先（Schmithausen, 1981）、以及哈爾威（Harvey, 1986）等的研究。
[7] 例如布朗克斯（Bronkhorst, 1993）。
[8] 例如金剛智（Vajirañāṇa）1962: p.1。
[9] 聖智比丘（D. Ariyagnana）1993。
[10] 威斯頓金（Winston King）1992/1980: p.50。

為婆羅門式的瑜伽技巧在佛教的巴利經典被以書寫方式記載下來時就已經被納入其禪修核心架構中，而遲至公元五世紀才著作的《清淨道論》就更不用說了。[11]

布朗克斯（1993）依據巴利尼卡雅、漢譯阿含經、以及耆那教典籍的少數特定經典進行比較研究，最後他作結論認為經典中的禪修法的確是源自佛陀所弘揚的禪修技巧，儘管有明顯證據證實外道的部份禪法觀點也出現在佛教經典中。他也作進一步說明以支持自己的觀點，他說在非佛教禪修系統中，在其早期典籍並不見有關於禪修技巧的證據。威特爾（1988）所持之觀點是，無色界之禪定是從非佛教禪定修練引入佛教禪修系統，但是他卻又認為順位排在無色界定之後的想受滅是佛教的創作。[12]

斯密道先（1981）所作的專題研究是關於佛弟子們的慧觀（liberating insight）和佛陀的究竟覺悟，此批判性研究的焦點是在修持者對四聖諦（ariya-sacca）之瞭解是否真能帶來解脫，以及修持者能否在想受滅（saññā-vedayita-nirodha）中進行慧觀之操作以便斷盡一切漏（āsava）。葛瑞菲（1981）對斯密道先所探討的議題有相同的質疑。

對於那些深入探究原形佛教禪法的研究者們而言，九等至是純粹屬於佛教傳統的禪定次第；而對於另一群研究者而言，無色界禪定是佛教從非佛教系統借用過來的禪法；也有研究主題是圍繞在無意識禪定境界——想受滅定境，是否能進行慧觀。[13] 至今仍未有任何研究探討佛陀如何看待九等至、找出是否可能在每個等至中進行慧觀之操作、以及想受滅是否外道也早已知曉的禪定，更沒有任何研究討論佛陀是否在這些等至之上發現了新的禪修方法。本書的研究正就此四要

---

[11] 威斯頓金（Winston King）1992/1980: p.viii。
[12] 威特爾（Vetter）1988: p.64 & 67。
[13] 斯密道先（Schmithausen, 1981）、葛瑞菲（Griffiths, 1981）。

點從尼卡雅與阿含經進行探討。這些都是基於當時的禪修社群既有的修持法所作的修正與新開創，但對於未曾有禪定修證體驗者進入佛陀的解脫之道又是依哪種方法修持之問題是最後一篇探討的主題。

二、策略與方法

本書研究是要指出巴利尼卡雅與漢譯阿含經保存著兩大重要訊息，一是佛陀重新評估的原已流行於禪修社群的禪修方法，另一則是佛陀新發現能達至真正涅槃的禪修方法。這些新禪修方法表示佛陀發掘如何對治當代已流行的禪法在現證涅槃實踐上之不足處，同時也顯示由此不足而出現各種不同見解，甚至相矛盾之理論，流傳於各方的禪修社群中。此舊有禪修法之檢視和新禪修法之提出所帶來的結果是，禪修者在禪定層次中能於現前當下證得涅槃。本研究要從四方面指出喬達摩佛陀對禪修法之重要貢獻，尤其是有關如何終止痛苦流轉之當生解脫或現法涅槃（diṭṭha-dhamma-nibbāna）：首先審察佛陀對已流行於禪修社群的九等至之看法，次則考察如何於第四禪那及無所有處證得現法涅槃，進而探討能超越現存禪法局限性的三三昧（此為見於漢譯經典的三種三摩地之漢譯），以及第四是要顯示入出息念（ānāpāna-sati）及四念處作為修證現法涅槃之要道。

作者認為，佛陀重新評估了原已存在的九等至並瞭解其真正不得至涅槃之障礙關鍵處，佛陀因而提出三三昧作為現生當前證入涅槃的方法。世尊也為完全沒有禪定基礎的新進出家弟子開示證得現法涅槃的方法。本書研究採用比較研究的方法，藉由考查佛教早期典藉以檢視佛世時早已存在的禪修法、佛陀證入涅槃的禪修法、以及佛陀新發現的證悟涅槃的方法。從過去至今有許多學者以各種方法從各個角度研究佛陀的禪修法及其相關議題，然而，這些方法也幾乎都難免於後來者對其再檢視一番並加以批判。[14] 他們的努力探索是值得讚歎，他們的研究頗有參考價值，也頗能激發思辨，但是，作者認為應該優先考量讓經典自己說話、為其本身的概念作詮釋。

此研究是以巴利尼卡雅及漢譯阿含經為主要依據文獻資料，並且採取「以經解經」方式進行探討與詮釋。[15] 作者嘗試用多部經典來檢視禪定議題，而不是以單一經典從歷史學、語言學、哲學等角度進行檢核與批判。佛教經典，尤其是公認為代表佛教早期文獻的巴利尼卡雅與漢譯阿含經，是佛陀成道後一生弘揚覺悟之禪行、教導解脫之禪法的記錄，嚴刻地考察與挖掘單一或少數經典之真實性與訛誤或缺失並不足以認識整體的佛陀之禪法，亦不足以全盤否定佛陀禪法之原創性。作者不打算重述學者們的研究成果，但會在探討中於適當處點出他們的研究作為參考。作者選擇經典比較研究方法的另一原因是因為此二經典文獻資料傳統似乎仍然擁有大量真真實實源自佛陀親口講說與開示的經典。巴利註釋書以及近現代禪修大師級人物的論述是第二手資料，有助於解釋某些議題，同時，他們的詮釋也顯示禪修概念的轉變。

本書的巴利尼卡雅經典及其註釋書來源主要依據巴利聖典協會（The Pāli Text Society，此後簡稱為PTS）紙版版本以及緬甸第六結集的光碟版本（The Burmese Chaṭṭha Saṅgāyana CD-Rom，此後簡稱為CSCD），[16] 而漢譯阿含經則是依據《大正新修大正藏》紙版及中華電子佛典協會（此後簡稱為CBETA）出版的光碟版。本書借助電子版藏經方便性搜尋、引用等功能，但為求謹慎，在所引用經文部份亦逐一

[14] 甘比瑞芝（R. Gombrich, 1990）、哈瑞申（P. Harrison, 2003）、和布朗克斯（J. Bronkhorst, 1993 [評]）。

[15] 在佛學研究領域中，印順導師及南傳著名學者卡魯納達沙（Karunadasa）都提議與此相同的研究態度。

[16] 緬甸三藏第六結集光碟版第三版，The Chaṭṭha Sangāyana CD-ROM Version 3，印度，壹旮埔利：毘婆舍那研究院，1999。

復查對照紙本印刷版。[17] 書中維持使用大量羅馬轉寫的巴利原字詞附加於中譯字詞之後，在某些特殊部份也會提供英譯字。如此作法的原因，一是為了討論上的方便，二是作者為許多字詞作自己的譯法，經名也依作者的拼音進行音譯，因此有必要保留巴利字作隨頁參考。

[17] CBETA，HTML版，台北：中華電子佛典協會2002。

第一篇

重新審察九等至

五部尼卡雅當中就屬《中尼卡雅》（Majjhima Nikāya）擁有最多經典提及禪定層次，次則是《增支尼卡雅》（Aṅguttara Nikāya），再來就是《長尼卡雅》（Dīgha Nikāya）及《小尼卡雅》（Khudakka Nikāya），因此本書第一篇主題就依據《中尼卡雅》對九等至（samāpatti）作一重新審察。[1] 此處僅依含藏最多禪經的《中尼卡雅》觀察四禪那（jhāna）、四處（āyatana）[2]、想受滅（saññā-vedayita-nirodha）[3]、和究竟解脫之關聯，得到兩個重要發現。在那些只提及四禪那的經典，在四禪那經文段落之後通常都隨之出現有關三知（ñāṇa）[4] 和解脫知

---

1 九等至即九層禪定次第，一般認知為包含四種色界定、四種無色界定、和想受滅定。本書依尼卡雅稱之為九等至（nava samāpatti）。

2 此詞是指一般所知的「無色禪那」或稱「無色定」（arūpa-jjhāna）。Arūppa-jjhāna亦為arūpa-jjhāna是一個後期巴利註釋書及其他晚期論著的常見詞，而在尼卡雅經典並不見有此一複合詞。少數見於尼卡雅的例子如D.III.224: cattāro arūpā，M.I.33: āruppā, 及M.I.410: āruppā，也都只說āruppa而沒有arūppa-jjhāna一詞，畢竟arūppa並非jhāna而是āyatana。四禪那意指初禪那、二禪那、三禪那、四禪那，常見於各尼卡雅。於《增支尼卡雅》所見，jhāna一詞源自動詞jhāyati，意為「燃燒」。其實，每一禪那成就意味著「燃燒了」某些負面的心所；然而，四禪那之後的禪定層次都稱為āyatana，其證入是將心轉向它們，並沒有捨棄任何心所，而且，如在別處的經典所言，upekkhā（捨）心所遍行於四處。相對於四色界定之四種禪那稱之為四禪那，那麼，對於無色界定之四種處就稱之為四處，何況巴利與漢譯經典都以處（āyatana）命名四種無色界定。因此將ākāsānañcâyatana、viññāṇañcâyatana、ākiñcaññâyatana、以及n'eva-saññā-nâsaññâyatana稱為四處（āyatana）相較於arūppa-jjhāna是更為合理的名稱。

3 此詞有譯為「感知（perception）和感受中止」。威特爾譯為「統覺（apperceptions）和感受中斷」（Vetter 1988: p.67）。哈爾威提出此詞應譯為「認識力（cognition）和感受中止」（Harvey 1995: p.187），而且，針對南傳上座部傳統觀念將saññā-vedayita-nirodha等同於nirodha-samāpatti（滅等至），亦即是意為涅槃（nibbāna），他引用尼卡雅的經文指出當中的一個爭議點。哈米爾頓譯為「概念（conception）與感受中斷」（Hamilton 1996: p.60）。阿那拉友也認同此繙譯（Ānalayo 2003: p.90 note102）。然而，他認同《清淨道論》說「觀」是證入saññā-vedayita-nirodha所必要的，而且只有阿羅漢或不退轉者才能證入。在作者的英文博士論文中選擇保留原文不繙譯，因為作者認為無論是感知（perception）、統覺（apperception）、認識力（cognition）、或是概念（conception）都不能完全表達saññā的意義。哈米爾頓指出說，當感官訊息不屬於時間性的，saññā的功能意義為「概念」（conception）；當感官訊息是屬於時間性的，它的功能意義就是「統覺」（apperception）（Hamilton 1996: p.59）。亦參見葛汀（Gethin 1986: p.36）。威緬（Wayman, 1976）解釋saññā為"the active noting of the sensation"。而在此中譯本則採用古來漢譯經典的部份譯法，稱之為「想受滅」而不用「想受滅定」，因為在經典中絕大多數都出現為"saññā-vedayita-nirodha"而已。

4 亦稱為tevijjā，三明。Tevijjā一詞原本見於婆羅門系統，意指吠陀（veda）。佛陀採用此詞並給予新意義以彰顯佛陀也有三明，其內涵意義是指向三種與解脫及涅槃有關亦表示究竟解脫的特殊知識。

見（vimutti-ñāṇa-dassana）[5] 的經文。在那些談到四禪那和四處的經典可再分別歸納成兩組：一組經典的內容顯示是在討論佛陀與外道[6] 對諸等至之不同見解，而另一組的內容則是顯示如何在等至中運作直觀（paññā，或稱為慧觀），並且直至能以無所執著成就涅槃，或稱為「無所著涅槃」（anupādā-pari-nibbāna）。

本篇以五章分別解析這些《中尼卡雅》的禪定相關經典。第一至第三章分別依經典所提及的禪定層次分析：第一章是針對僅提及四禪那的經典作審察，此中可見相關經典都有談到現生證涅槃；第二章是所有提及八等至及想受滅的經典，這些經典並沒有明顯地談到如何現證涅槃，反而是常出現佛道、非佛道的禪定概念；第三章則是提及八等至之經典，這些經典都沒有提到想受滅，但卻提到觀行之操作。第四及第五章則是在前三章審察後所提出的議題，首先在第四章是檢視斷盡一切漏與禪定之關聯，而第五章則是有關定中作觀之要點及如何運作觀行之議題。

---

5 Vimutti在此複合詞是指究竟解脫，因為通常在其後出現的都是那固定的文句，表示證得了阿羅漢果位：“Khīṇā jāti...... itthattāyā ti”。

6 在全書中，外道一詞是指所有非佛教的信仰者和禪定修練者。

第一章：四種禪那和現生證涅槃

有兩組經典只論及四禪那而沒有提到四處（āyatana），第一組不只是談關於四禪那，還有談到含蓋斷一切漏的三知（ñāṇa），而第二組則是只單純提到四禪那。第一組又可再分別歸類成三部份：第一部份是有關佛陀成道的覺悟（enlightenment）[1] 歷程，含蓋了四禪那和三知（圖表1-1）；第二部份是有關佛陀對弟子們的指導，也含蓋了四禪那和三知（圖表1-2）；第三部份是有關回應解答其他非佛弟子的苦行雲遊僧以及婆羅門教的婆羅門們的提問，也是含蓋了四禪那和三知（圖表1-3）。第二組經典只談四禪那而沒有提到三知和解脫知見（圖表1-4），然而這些經典顯示佛陀對四禪那之重視的原因、角度、及程度。

這兩組經典共有二十五部經，其顯示的意義是驚人的：佛陀說的現證涅槃或究竟解脫原來只涉及四禪那。此處呈現的意義立即令人想起那被視為與無餘涅槃有密切關聯的想受滅定豈不就成了大問題？本書不擬跳入這擁有千年歷史的佛教傳統之說卻又遭現代近半世紀的西方學術界犀利批判的深水熱火中去解答這個疑問。本書要先分析大量經典，再經由各相關方面進行考察以獲得更廣更深的瞭解。此見解除了在經典數量上得到肯定之外，更重要的是這些經典的說法者與說法

[1] 諾門（Norman）認為bodhi或sambodhi英譯為“enlightenment”是有點誤導之嫌。二詞的字根是來自budh-，而字根的意義並不與“light”有直接關係。此字根字面意義上是“to wake up（覺醒）”或者比喻地表示“to wake up（to a fact）、to know it”，而“enlightenment”則是比較像是bodhi的字面意義。過去分詞buddha是積極地意為「已覺悟者、已獲得知識者」。（Norman 1990: p.26）

對象或聞法者之多元更能去除或竄改或訛誤或偽經之疑慮。西方學術界對世尊之證道過程、方法、及結果都因為某些相關經典內容之不協調與訛誤而給予嚴峻的質疑與犀利的批判，但其採取的策略與所引用的經典數量至今仍然無法讓他們得到滿意的解答，疑慮仍然存在，批判仍舊進行著，不離窠臼。儘管西方學者針對記載世尊出家修行至成道的經典之質疑犀利，又煞有其事般，但是這些經典所記載的世尊成道修證內涵，四禪那與三知，藉由考察世尊成道後對弟子們的教導以及在回應他教修持者的諮詢與質問的內容就發現那也都是不離四禪那和三知。

在佛陀時代流行於禪修社群的各式各樣禪修法門中，佛陀本身的圓滿證悟歷程和給予弟子們通往究竟解脫的教授都包含了四禪那和三知。在為弟子講授解脫道的諸多經典中，其中部份經典有說到六種直接知識（chaḷ-abhiññā，或古來稱之為六神通），但其實六種中的後二種即是三知。除此不可或缺的四禪那、關鍵的三知之外，解脫知見（vimutti-ñāṇa-dassana）亦是另一關鍵。在此處要特別提出來，因為它彰顯著佛陀或佛教解脫之證得是自證自知的，而非要經由第三者來指證與認可。在所有的經典中，解脫知見之顯現是意味著在佛陀座下修習之梵行已經圓滿成就。下述是針對這些經典的分析解說。

一、佛陀的證悟歷程

圖表1-1　四禪那（jhāna）—三知（ñāṇa）—佛陀的證悟歷程

經典	禪定成就	要點
《慴駭經》 Bhaya-bherava Sutta MN4/ M.I.21-24 《增壹阿含經》 T2.666b	四禪那（jhāna） 三知（ñāṇa） 解脫知見（vimutti-ñāṇa-dassana） ＃漢譯同	佛陀回應婆羅門之問而提及自身的證悟歷程
《二思經》 Dvedhā-vitakka Sutta MN19/ M.I.117 《中阿含・念經》 T1.589c	四禪那 三知 解脫知見 漢譯本： 二～四禪那 第三知： 漏盡知（āsava-kkhaya-ñāṇa） 解脫知見	佛陀無問自說地為比丘們如何處理善思、惡思而提及自身的證悟歷程
《薩迦柯大經》 Mahā-saccaka Sutta MN36/ M.I.247 《增壹阿含經》 T2.671a部份	四禪那 三知 解脫知見 ＃漢譯同	佛陀回應薩迦柯的譏笑而詳述自己的證悟歷程
《菩提王子經》 Bodhi-rāja-kumāra Sutta MN85/ M.II.94 《五分律》T22.74b~	四禪那 三知 解脫知見 ＃《五分律》僅有緣起至佛應供，後段開示從缺。	佛陀回應菩提王子得樂之法時提及自己的修證過程及度五比丘
《商嘎拉窪經》 Saṅgārava Sutta MN100/ M.II.212 漢譯缺	四禪那 三知 解脫知見	佛陀回應婆羅門質問佛陀屬於那種修行人時，以其證悟歷程證明自己屬於自知證未曾聞法者

五部經典記載佛陀回憶自己的證悟歷程，佛陀是以四禪那為基礎而證得究竟解脫。基於四禪那，佛陀證得三知，亦即除了表示徹底瞭解自他一切眾生皆因身口意之造作而流轉六道生死輪迴連綿不斷之

外，亦表示佛陀已能停止生死流轉之苦，即是證得了究竟解脫。在這些經典當中，《懼駭經》、《二思經》、《薩迦柯大經》、《商嘎拉窪經》、及《菩提王子經》，前二經與其相對應的漢譯本內容一致，而《薩迦柯大經》其中一部份是與漢譯《增一阿含經》在T2.671a的經文相對應，《商嘎拉窪經》則無相對應的漢譯本；但是，其餘《薩迦柯大經》與《商嘎拉窪經》二經的巴利本在關於成道過程之段落內容上是彼此相符一致。

巴利《菩提王子經》在五經中是屬比較特殊的一部，其內容有關世尊回憶其修道過程的部份，含蓋了《聖尋經》的初出家向二外道修學證得無所有處與非想非非想處和度五比丘，也包含《薩迦柯大經》的苦修乃至得漏盡。《菩提王子經》的緣起乃至世尊應供部份經文內容則對應到漢譯的《五分律》律典，佛陀因比丘們的應供行為被居士批評而立制比丘應如何持缽之學處，這意味著僧團成員人數已經成長擴大至成員素質下降到連吃飯行為都被批評，可見此經典故應該是發生於世尊弘化的中或晚期。所有這些經典在陳述依四禪那而證得三知以表示證得究竟解脫之後，都強調解脫知見之顯現，此亦表示佛陀自證亦自知自己證得了究竟解脫。[2]

此五部經中尤以《薩迦柯大經》最受質疑、批判、乃至否定其所記載的世尊修證事跡之可靠性或真實性。由此而連帶與此經描述佛陀修證相關之經典，例如此處提到的另外四經，也都一併難免遭質疑、批判、與否定之學術酷刑。但是，學界如此之批判是否可全然屬實是不免存疑的，因為在以下第二和第三小節將分析另外二組經典，佛陀對弟子們的教導與回應外道之請問與質問的相關經典中也都有提及世

[2] M.I.249: "Tassa me evaṃ jānato evaṃ passato kāmâsavā pi cittaṃ vimuccittha, bhavâsavā……. avijjâsavā pi cittaṃ vimuccittha, vimuttasmiṃ vimuttam iti ñāṇaṃ ahosi: khīṇā jāti, vusitaṃ brahma-cariyaṃ, kataṃ karaṇīyaṃ nâparaṃ itthattāyā ti abbhaññāsiṃ." 相同經文亦見於《懼駭經》（Bhaya-bherava Sutta, M.I.23）和《二思經》（Dvedhā-vitakka Sutta, M.I.117）。

尊成道過程的幾項成就，四禪那、三知、和解脫知見，《薩迦柯大經》所列述的種種苦行並沒有被列為傳授給弟子的解脫道次第元素之一，根本就不是解脫道的重點修持。所以，那些苦行在第四節那一組經典中更顯見釋迦如來的解脫道其實是以禪那之悅為特色，而這也反證了佛陀放棄了那無意義的二外道師禪法與種種苦行記載之真實性。

二、對弟子們的教導

表1-2　四禪那——三知——給弟子們的教導

經典	禪定成就	主角	要點
《馬邑大經》 Mahâssa-pura Sutta MN39/ M.I.277 《中阿含・馬邑經》 T1.725b	四禪 三知 解脫知見 漢譯本： 四禪那 第三知：漏盡知解脫知見	佛陀給比丘們的教導	成為隱士或婆羅的條件
《六清淨經》 Chabbi-sodhana Sutta MN112/ M.III.36 《中阿含・說智經》 T1.734a	四禪那 第三知：漏盡知解脫知見 ＃漢譯同	佛陀給比丘們的教導	※如何分辨究竟解脫宣示之真偽 ※四禪那是知與見我作、我所作、和潛伏慢盡除與否的方法
《爹窪德荷經》 Devadaha Sutta MN101/ M.II.227 《中阿含・尼乾經》 T1.444c	四禪那 三知 解脫知見 ＃漢譯同	佛陀給比丘們的教導	此努力有果，此用功有果
《堪德樂哥經》 Kandaraka Sutta MN51/ M.I.347 漢譯缺	四禪那 三知 解脫知見	佛陀給比丘們的教導	滅盡、冷切的比丘住於喜與聖

《跋達理經》 Bhaddāli Sutta MN65/ M.I.441 《中阿含・跋陀和利經》T1.747c-48b	四禪那 三知 解脫知見 ＃漢譯同	佛陀給違犯的跋達理比丘教誡	圓滿實踐老師的教導
《念身行經》 Kāya-gatā-sati Sutta MN119/ M.III.94-99 《中阿含・念身經》 T1.555b	四禪那 六直接知識（abhiññā） 心解脫慧解脫（ceto-vimutti paññā-vimutti） ＃漢譯同	佛陀開示諸比丘	修持專注於身體
《滅愛大經》 Mahā-taṇhā-saṅkhaya Sutta MN38/ M.I.270 《中阿含・嗏帝經》 T1.769c	四禪那 心解脫慧解脫 漢譯本： 心解脫慧解脫	佛陀給比丘們的教導	由滅愛得解脫（taṇhā-saṅkhaya-vimutti）
《聖尋經》 Ariya-pariyesana Sutta MN26/ M.I.174-75 《中阿含・羅摩經》 T1.778b	四禪那 四處 想受滅（saññā-vedayita-nirodha） 漢譯本： 四禪那 第三知：漏盡知心解脫慧解脫	佛陀對一群比丘弟子的教導 漢譯本： 佛陀回憶第一次對五比丘的教導	證得九等至的任何一等至都被視為是遮蔽了魔羅的眼睛，而捨棄五欲功德（kāma-guṇā）是為先決條件。 漢譯本： 五比丘都證得了解脫知見

在《中尼卡雅》總共有八部經典記載著佛陀給弟子們證漏盡之教導，也都含蓋了四禪那和三知，如上表所示。這些經典有一共通點，就是佛陀教導有關斷盡一切漏是包含四禪那和三知，解脫知見也出現在這八部教示典籍中的五部，因有解脫知見之顯現，修練者自證自知地自己知道自己證得了究竟解脫；另外三經沒有提及解脫知見，但卻都出現心解脫與慧解脫之詞。

《馬邑大經》記載四禪那和三知是條件之一，能令人成為隱士、婆羅門、洗淨者、證知者、聖學者、聖者、和應供者或阿羅漢。[3] 另一方面，《六清淨經》強調四禪那和三知是方法或手段，透過它們能夠自己知道和見到我作、我所作、和潛伏慢徹底根除與否。[4]《爹窪德荷經》則是進一步強調努力證得四禪那和用功證得三知會帶來大果[5]，因為這將會進而證得解脫知見。而八部經典中唯一一部沒有漢譯對應本的《堪德樂哥經》則說證得四禪那和三知者是不飢、滅盡、冷卻者，體驗樂，自己活得神聖。[6] 在《跋達理經》，佛陀告訴跋達理比丘，有此成就是因為圓滿實踐了老師的教示。[7]

《念身行經》這部世尊為弟子們開示觀身修持的記錄一樣提及四禪，而三知則是含括在六直接知識中；此經亦特別提及心解脫和慧解脫，這是有趣的，也是值得深思之處。上座部傳統普遍認為心解脫是與九等至有關，但此經卻沒有提到後面的五等至而只有提到前四禪那。《念身行經》顯示心解脫、慧解脫是與四禪那有關，而不是上座部傳統所說的九等至。此外，根據《念身行經》，在四禪那中的色身之覺受也是念處所應專注之處，[8] 此即提示專念之觀察在禪那定境中

---

3 M.I.280: "Ayaṃ vuccati, bhikkhave, bhikkhu samaṇo iti pi, brāhmaṇo iti pi, nahātako iti pi, vedagū iti pi, sottiyo iti pi, ariyo iti pi, arahaṃ iti pi." 漢譯《中阿含經》則只有列出四項：「是說沙門（samaṇo）、說梵志（brāhmaṇo）、說聖（ariyo）、說淨浴（nahātako）。」（CBETA, T01, no. 26, p. 725, c3-4）.

4 M.III.36: "Evaṃ kho me, āvuso, jānato evaṃ passato imasmiṃ ca saviññāṇake kāye bahiddhā ca sabba-nimittesu ahaṃkāra-mamaṃkāra-mānânusayā susamūhatā ti." 《中阿含經》：「諸賢，我如是知、如是見，內身有識及外諸相，一切我、我行及慢使斷知，拔絕根本，終不復生。」（CBETA, T01, no. 26, p. 734, a17-19）

5 M.II.226: "Evam pi, bhikkhave, saphalo upakkamo hoti saphalaṃ padhānaṃ."《中阿含經》（CBETA, T01, no. 26, p. 444, c6）

6 M.I.349: "So…… diṭṭhe va dhamme nicchāto nibbuto sīti-bhūto sukha-paṭisaṃvedī brahma-bhūtena attanā viharatī ti." 漢譯缺。

7 M.I.441-442: "Evaṃ h'etaṃ, Bhaddāli, hoti yathā taṃ satthu-sāsane sikkhāya paripūra-kārissâti."

8 M.III.92-4；《中阿含經》（CBETA, T01, no. 26, p. 555, b19）。

也要持續地維持著；那麼，在此初步審察下，僅《念身行經》就有兩要點顯示其與上座部傳統觀念不同。

對弟子開示與教導的八部經典中，在入四禪那、證三知、和得解脫知見的次第內容上，有五經的巴利與漢譯本都相符一致，《堪德樂哥經》一經僅有巴利本。然而其餘二經，《滅愛大經》和《聖尋經》，都很例外，此二經記載佛陀對比丘弟子們之教導，但是卻沒有提到三知（ñāṇa），其巴利與漢譯本的內容也有相當大的差異。在進入分析與瞭解其差異處之前，尤為值得注意的是，此二經在南傳上座部傳統中都是頗受重視的經典。此二巴利經典受重視之程度與巴漢經本內容差異頗大的原因是否相關聯則是引人深思的。

巴利《滅愛大經》只有提到四禪那、心解脫（ceto-vimutti）和慧解脫（paññā-vimutti），而其漢譯本並沒有提到四禪那，而只說有心解脫、慧解脫。巴利《聖尋經》很清楚地說到五比丘聽聞佛陀的教導後就證得了解脫知見，同時也提到他們證得了不動解脫（akuppā vimutti），[9] 至於佛陀給予的教導內容則是不見於經文中。此外，巴利經文也緊接著一段相當長的經文講述有關五欲功德、四禪那、四處（āyatana）、和想受滅（saññā-vedayita-nirodha）。[10] 對此經文，可從兩個角度理解。從一角度理解，可視此為佛陀的禪修法，亦即能夠遮蔽魔羅的禪修法；捨離五種感官欲樂顯示著，在欲證入更高層次禪定的準備中，佛教與非佛教的差別。從另一角度看待，則此經文有可能是一段被置入的經文，就是與此經典不相稱的一段經文。

---

9 M.I.173: "Ñāṇañ-ca pana nesaṁ dassanaṁ udapādi: Akuppā no vimutti, ayam-antimā jāti, na'tthi dāni puna-bbhavoti."

10 M.I.173-75: "Ñāṇañ ca pana nesaṃ dassanaṃ udapādi: Akuppā no vimutti, ayam-antimā jāti, na'tthi dāni puna-bbhavo ti. Pañc'ime, bhikkhave, kāma-guṇā...... paṭhamaṃ jhānaṃ...... saññā-vedayita-nirodhaṃ upasampajja viharati."

反觀漢譯本的《聖尋經》似乎更為可靠或真實。漢譯本記載著佛陀回憶他最初度化五比丘之教導，五比丘也因遵循此教導修練而證得究竟解脫。不同於沒有說明教導內容的巴利經典，漢譯本很明白地說諸比丘們是在聽聞佛陀教導中道，也就是八正道[11]，之後才證得究竟解脫。[12] 緊隨此經文之後，漢譯本接著講解五種感官欲樂、四禪那、知苦四諦、知漏四諦、乃至解脫知見出現。[13]

此漢譯本經文不同於巴利本之處是，巴利本經典在講解五欲功德之後不只提到證入四禪那，也提到四處（āyatana）和想受滅。漢譯本更接著說到心解脫於欲漏、有漏、無明漏、心解脫慧解脫、和無餘解脫。[14] 此漢譯版經典中，佛陀教導的內容為四聖諦和八正道，亦即與佛陀的第一次說法內容一致，相同的說法亦見記載於《增一阿含經》（T02.618c~619b）、《雜阿含經》（T02.103c~104a）、以及巴利相應尼卡雅的《轉法輪經》（Dhamma-cakka-ppavattana-sutta, S.V.422~423）；此四經中的前兩部漢譯經典只說佛陀教導四諦和十二緣起，而沒有提到五種感官欲樂。

有關強調先捨離五種感官欲樂而後證入四禪那和三知的教示亦可見於《薩迦柯大經》，[15] 此經說佛陀舉三譬喻以彰顯捨離五種感官欲樂在得究竟解脫修道上之重要性。世尊證悟歷程經歷了四禪那而證三

---

11 相等於巴利的："ariyo aṭṭhaṅgiko maggo"。

12 《中阿含經》：「我於爾時即告彼曰：『五比丘，當知有二邊行。諸為道者所不當學……捨此二邊，有取中道……謂八正道。……我如是教，如是化彼，求無病無上安隱涅槃，得無病無上安隱涅槃。……生已盡，梵行已立，所作已辦，不更受有，知如真。』」（CBETA, T01, no. 26, p. 777, c25-p. 778, a10）

13 《中阿含經》：「於是，世尊復告彼曰：『五比丘！有五欲功德可愛、可樂、可意所念，善欲相應。云何為五？……

彼斷，乃至五蓋、心穢、慧羸，離欲、離惡不善之法，至得第四禪成就遊。彼如是定心清淨，無穢無煩，柔軟善住，得不動心，修學漏盡智通作證。彼知此苦如真，知此苦習、知此苦滅、知此苦滅道如真。知此漏如真，知此漏習、知此漏滅、知此漏滅道如真。彼如是知、如是見，欲漏心解脫，有漏、無明漏心解脫。解脫已便知解脫：「生已盡，梵行已立，所作已辦，不更受有」，知如真。』」（CBETA, T01, no. 26, p. 778, a11-b21）

14 《中阿含經》（CBETA, T01, no. 26, p. 778 a-c）

15 M.I.241-50.

知並且得解脫知見，除可全然見於世尊為弟子們開示的解脫道次第中，亦可見於世尊回應非佛弟子的婆羅門和雲遊僧的問題中，即如下節所分析。

三、回應婆羅門和雲遊僧

最後一組提到四禪那和三知的經典共有七部，除了其最大共通點是總共有六部經的說法對象都是與雲遊僧和婆羅門有關之外，這些經典都顯示如來對四禪有相當明確的定位與重視。另一值得留意之處是，其中有三部經典陳述在四禪那後所證得的不只是三知，而是含蓋三知的六直接知識（chaḷ-abhiññā）。這些經典彰顯了四禪那和三知在佛教傳承中的角色，也同時分別出佛陀與非佛道禪修者對四禪那的認知與應用之差異處。

表1-3　四禪那——三知——婆羅門與雲遊僧

經典	禪定成就	主角	要點
《象跡喻小經》 Cūḷa-hatthi-pad'opama Sutta MN27/ M.I.182 《中阿含．象跡喻經》T1.657c	四禪那 三知 解脫知見 ＃漢譯同	佛陀解答婆羅門迦奴索尼（Jāṇussoṇi）的問題	四禪那和三知之證得稱為「如來足跡」、「如來所依」、「如來所受用」
《無疑經》 Apaṇṇaka Sutta MN60/ M.I.412 漢譯缺	四禪那 三知 解脫知見	佛陀給婆羅門居士的指導	已證滅絕及冷卻之比丘住於喜和神聖。
《沙枯盧塔夷小經》 Cūḷa-sakuludāyi Sutta MN79/ M.II.37 《中阿含．箭毛經》 T1.785c	四禪那 三知 解脫知見 漢譯本： 四禪那	佛陀為雲遊僧烏搭夷（Udāyi）解說	※初禪那至三禪那是道路，而第四禪那是體驗快樂的世界 ※四禪那和三知是更高的層次、更高尚的境界

《山德哥經》 Sandaka Sutta MN76/ M.I.522 漢譯缺	四禪那 三知 解脫知見	阿難尊者給雲遊僧山德哥的回答	四禪那和三知是高尚的成就，而且也是真正能導向善法之途徑
《有學經》 Sekha Sutta MN53/ M.I.356 漢譯缺	四禪那 第三知：漏盡知心解脫慧解脫	阿難尊者開示釋迦族瑪哈那馬（Mahānāma，摩訶南）	※聖弟子的修行 ※增上心與樂住
《窪徹郭特大經》 Mahā-vaccha-gotta Sutta MN73/ M.I.496 《雜阿含》 T2.247b 《別譯雜阿含》 T2.447a	增上修法（四禪那） 六直接知識 解脫知見 漢譯本： 四禪那 四處 六直接知識 解脫知見	佛陀指導雲遊僧窪徹郭特	※修止與觀 ※徹觀種種界
《沙枯盧搭夷大經》 Mahā-sakuludāyi Sutta MN77/ M.II.16 《中阿含・箭毛經（第六）》T1.781c	四禪那 六直接知識 心解脫慧解脫 ＃漢譯缺	佛陀指導雲遊僧沙枯盧搭夷	※弟子的修持 ※直接知識的圓滿與完成

在《象跡喻小經》，佛陀告訴婆羅門迦奴索尼（Jāṇussoṇi），四禪那和三知是「如來足跡、如來所依、如來所受用」。[16] 在《無疑經》，佛陀告訴婆羅門居士證得四禪那和三知的比丘是於此現前無渴望（nicchāto）、滅[欲]（nibbuto）、冷卻（sīti-bhūto），住於享受樂（sukha-paṭisaṃvedī），以及活得像神般（brahma-bhūtena attanā viharati）。[17] 在《沙枯盧搭夷小經》，佛陀為雲遊僧烏搭夷解釋說初、二、三禪那是實現全然快樂之世界的實踐之道，而第四禪那則是

16 M.I.182: “Tathāgata-padaṃ iti pi, Tathāgata-nisevitaṃ iti pi, Tathāgatā-rañjitaṃ iti pi.”《中阿含經》：「是謂如來所屈，如來所行，如來所服。」（CBETA, T01, no. 26, p. 657, c27-28）

17 M.I.413；漢譯缺。

實現全然快樂的世界之處；[18] 因此，四禪那和三知是更高的層次和更高尚的境界。在《山德哥經》，阿難尊者為雲遊僧山德哥解說四禪那和三知不僅是高尚處（uḷārā visesā），也是通往善法的真實之道。[19] 簡言之，四禪那引領至證得解脫知見，亦即究竟解脫之知見。

七經中有三部是談到四禪那和六直接知識二要素。在《有學經》，阿難尊者為釋迦族瑪哈那馬或舊譯為摩訶男（Mahānāma）解釋說，此二者是佛弟子們的修持要素，因為此二要素是由增上心（abhicetasika）構成，提供樂住（sukha-vihāra），以及具有證得等正覺（sambodha）和無上瑜伽安隱[20]（anuttara yoga-kkhema）的潛力。[21] 此外，根據佛陀為雲遊僧窪徹郭特所作的開示，此二要素是止與觀修持之成果，而止與觀之培養能使修持者徹觀各種各樣的界（aneka-dhātu-paṭivedhāya）。[22]

---

18 M.II.37: "Idh', Udāyi, bhikkhu vivicc'eva kāmehi...... paṭhama-jjhānaṃ upasampajja viharati...... dutiya-jjhānaṃ...... tatiya-jjhānaṃ upasampajja viharati. Ayaṃ kho sā, Udāyi, ākāravatī paṭipadā ekanta-sukhassa lokassa sacchikiriyāyā ti. ...... Idh', Udāyi, bhikkhu sukhassa ca pahānā...... catuttha-jjhānaṃ upasampajja viharati...... Ettāvatā khvāssa, Udāyi, ekanta-sukho loko sacchikato hotī ti." 漢譯本與巴利本一致，即前三禪那是瞭解全然極樂世界的方法或管道。漢譯本《中阿含經》說：「彼斷乃至五蓋……得初禪成就遊……得第二禪成就遊……得第三禪成就遊……優陀夷，是謂世一向樂。」（CBETA, T01, no. 26, p. 785, c26-p. 786, a5）然而，漢譯本似乎有訛誤。因為它說證得第四禪那即是在佛陀座下修習梵行的目標。漢譯本《中阿含經》說：「世尊答曰：『優陀夷，比丘者樂滅……得第四禪成就遊。優陀夷，是謂最上、最妙、最勝，為作證故，我弟子從我學梵行也。』」（CBETA, T01, no. 26, p. 786, a29-b3）

19 M.I.521-22；漢譯缺。"So ime pañca nīvaraṇe pahāya...... paṭhamaṃ jhānaṃ...... dutiyaṃ jhānaṃ...... tatiyaṃ jhānaṃ...... catutthaṃ jhānaṃ upasampajja viharati. Yasmiṃ kho, Sandaka, satthari sāvako evarūpaṃ uḷāraṃ visesaṃ adhigacchati, tattha viññū puriso sasakkaṃ brahma-cariyaṃ vaseyya vasanto ca ārādheyya ñāyaṃ dhammaṃ kusalan ti. ...... So aneka-vihitaṃ pubbe-nivāsaṃ anussarati...... dibbena cakkhunā...... āsavānaṃ khaya-ñāṇāya cittaṃ abhininnāmeti...... Khīṇā jāti, vusitaṃ brahma-cariyaṃ...... ñāyaṃ dhammaṃ kusalan ti."

20 諾門（Norman）1993: pp.278-79。

21 M.I.356-57: "Yato kho, Mahānāma, ariya-sāvako evaṃ sīla-sampanno...... evaṃ catunnaṃ jhānānaṃ abhicetasikānaṃ diṭṭha-dhamma-sukha-vihārānaṃ nikāma-lābhī hoti, akiccha-lābhī akasira-lābhī. Ayaṃ vuccati, Mahānāma, ariya-sāvako sekho pāṭipado apuccaṇḍatāya samāpanno bhabbo abhinibbidāya bhabbo sambodhāya bhabbo anuttarassa yoga-kkhemassa adhigamāya."

22 M.I.494: "Ime kho te, Vaccha, dve dhammā uttariṃ bhāvitā, samatho ca vipassanā ca, aneka-dhātu-paṭivedhāya saṃvattissanti." 兩部相對應的漢譯本都持相同觀點。《雜阿含經》：「佛告婆蹉：『有二法，修習多修習，所謂止、觀。此二法修習多修習，得知界、果，覺了於界，知種種界，覺種種界。』」（CBETA, T02, no. 99, p. 247, b15-18）《別譯雜阿含經》：「佛告犢子：『汝若速求心得解脫，應修二法，當學二法，增廣二法。

此徹觀將會帶來修習梵行之究竟成就，即斷盡一切漏（āsava），此成就是要經由居中轉介的境界，即修持遠離執著。[23] 最後，在《沙枯盧搭夷大經》，佛陀為雲遊僧沙枯盧搭夷確認這就是佛陀的弟子修習之內涵。[24] 此外，四禪那以及六直接知識之成就也表示直接知識的完成與圓滿（abhiññā-vosāna-pārami-ppattā）。[25]

前三小節共二十部經典所記載的內容包含四禪那、三知、和解脫知見，而下一節將審察的五部經典，雖然只提到四禪那而未提及決定究竟解脫之三知，但是這些經典也都表示四禪那與聖者和聖道有密切關聯。

四、樂住與入涅槃之道

表1-4　四禪那

經典	禪定成就	主角	要點
《分別無諍經》 Araṇa-vibhaṅga Sutta MN139/ M.III.233 《中阿含・拘樓瘦無諍經》T1.702c	四禪那 ＃漢譯同	佛陀無問自說	※如何定義樂及追求樂 ※出離樂（nekkhamma-sukha）、遠離樂（paviveka-sukha）、止息樂（upasama-sukha）、正覺樂（sambodha-sukha）是所應追求、建立、培養、以及所不應畏懼。
《分別真諦經》 Sacca-vibhaṅga Sutta MN141/ M.III.252 《中阿含・分別聖諦經》T1.469c 《增壹阿含》 T2.643b 安世高譯《佛說四諦經》T1.816c	四禪那 ＃漢譯同	佛陀無問自說	※四禪那即是正定 ※漢譯本正定之定義不同於巴利經典

言二法者，所謂智、定。若能如是修習增廣，是則名為知種種界、通達諸界、知無數界。』」（CBETA, T02, no. 100, p. 447, a7-10）

23 M.I.494-96；《雜阿含經》（CBETA, T02, no. 99, p. 247, b15-18）。

24 M.II.15: "Puna ca paraṃ, Udāyi, akkhātā mayā sāvakānaṃ paṭi-padā, yathā paṭipannā me sāvakā cattāro jhāne bhāventi."此段經文未見於漢譯本中。

25 M.II.17: "Tatra ca pana me sāvakā bahū abhiññā-vosāna-pārami-ppattā viharanti."

《空大經》 Mahā-suññata Sutta MN122/ M.III.111 《中阿含・大空經》 T1.738b-39a	四禪 漢譯本： 初禪那	佛陀開示阿難	※修習內空、外空、內外空的前行 ※sāmāyika kanta ceto-vimutti asāmāyika akuppa cetovimutti ※引領至涅槃 ※佛陀日常所住境界
《算數目犍連經》 Gaṇaka-moggallāna Sutta MN107/ M.III.4 《中阿含・算數目揵連經》T1.652b 法炬譯《佛說數經》 T1.875a	四禪那 漢譯本： 四禪那	佛陀回應婆羅門	※對於有學者（sekha），四禪那是證得無上瑜伽安穩之道（anuttara yoga-kkhema） ※對於無學者（asekha），四禪那是樂住，而且是現法樂住（diṭṭha-dhamma-sukha-vihāra）
《郭巴柯目犍連經》 Gopaka-moggallāna Sutta MN108/ M.III.14 《中阿含・瞿默目揵連經》T1.655b	四禪那 漢譯本： 四禪那	阿難尊者糾正瞿默目揵連佛陀是否讚歎一切禪那	非佛教行者的禪那不同於佛陀的禪那，差別在於是否捨棄五蓋

五經所提及的禪定雖僅有四禪那，而佛陀對四禪那的正面評價是很清楚地表現在經典中。在《分別無諍經》，四禪那被描述為在佛陀教示中是所應追求之樂；[26] 佛陀認為四禪那提供樂住，隨四禪那而來的快樂稱為出離樂（nekkhama-sukha）、遠離樂（paviveka-sukha）、止息樂（upasama-sukha）、以及正覺樂（sambodha-sukha）。這意指佛陀所傳授的解脫之道是結束痛苦的快樂之道，也是與非佛教的苦行者之苦行方法相對立，亦表示佛陀並不把初出家所修的苦行列為解脫道之要素。

在《分別真諦經》所見的，四禪那被列為正定，而其相應的兩部漢譯本說法不同，但其所示也並非否定四禪那為正定，而是從如來真

[26] M.III.233: "Idha, bhikkhave, bhikkhu vivicc'eva...... paṭhama-jjhānaṃ...... dutiya-jjhānaṃ...... tatiya-jjhānaṃ...... catuttha-jjhānaṃ upasampajja viharati. Idaṃ vuccati nekkhamma-sukhaṃ paviveka-sukhaṃ upasama-sukhaṃ sambodhi-sukhaṃ."《中阿含經》：「若有比丘離欲、離惡不善之法，至得第四禪成就遊。此樂是聖樂、無欲樂、離樂、息樂、正覺之樂。」（CBETA, T01, no. 26, p. 702, c12-14）

正操作四禪那以至得解脫的方法上來描述。接著據《空大經》所瞭解，四禪那在實踐道上扮演著重要角色。《空大經》描述四禪那為培養三種空觀的前行，而三種空觀能引領修練者至涅槃，三種空觀為內空、外空、和內外空。 值得注意的是，這也是佛陀自稱自己日常安住之境界。此二經典也意味著禪那、念、與現法涅槃之間的重要關係；單純只有禪那，則未解脫者不可能是證入涅槃，而缺乏禪那，則一位現前解脫聖者就沒有樂住可言。

《算數目犍連經》明確地表達，四禪那對於有學者（sekha）而言，是證得無上瑜伽安穩之道（anuttaraṃ yoga-kkhema，亦可稱為離束縛的無上安穩）；對於一位在生時就已經證得阿羅漢果位者而言，禪那是現前樂住（diṭṭha-dhamma-sukha-vihāra）。[27]

根據《郭巴柯目犍連經》，阿難尊者糾正婆羅門郭巴柯目犍連認為佛陀讚歎一切禪定之見解，指出其為錯誤的理解；此典故意味著，禪那之修持在非佛道的修練社群與佛弟子眾中都是常見的修持法。阿難尊者與婆羅門郭巴柯目犍連的對談發生於佛陀大般涅槃（parinibbāna）後不久，此即顯示儘管佛陀說法四十餘載，眾弟子中仍然有人無法辨別其他教派修練者的禪那修持觀念與佛陀所傳授的禪那修持觀念之間的差別。阿難尊者對兩者之間的差別區分是建立在前者，即非佛道修練者，的修持滲雜著五種障礙：欲貪（kāma-rāga）、恚瞋（byāpāda）、怠惰遲滯（thīna-middha）、煩躁懊悔（uddhacca-kukkucca）、和疑（vicikicchā）。雖然非佛教的文獻中並不見有提及四禪那[28]，阿難尊者所言是表示，其他教派修練者的禪那修習乃至證得並沒有以去除五

[27] M.III.4；《中阿含經》（CBETA, T01, no. 26, p. 652, c12）；《數經》（CBETA, T01, no. 70, p. 875, c7）。

[28] 布朗柯斯（Bronkhorst）以此原因而結論說四禪那是佛陀引進的。（Bronkhorst 1993: pp.122-23）

種障礙為先決條件，在他處的《漸損經》也有相同的說法，[29] 另一個例子則可見於《杉德經》（Sandha Sutta）。[30] 尼卡雅和阿含經記載佛陀強調先去除五種障礙再來修練四禪那，如此，四禪那就變成適宜的修練以成就圓滿之覺悟。

[29] M.I.40-41。阿那拉友（Analayo）認為文中所說的禪那（jhāna）並不堪稱為一種禪那。（Analayo 2003: p.75）
[30] A.V.323-24. 見本書第十五章第二節《杉德經》。

第二章：八等至與想受滅

本章審察九等至相關經典，也就關涉到心解脫慧解脫，首先檢視前章四禪那相關經典審察之結果與心解脫、慧解脫之關係，次則進行本章從九等至看其與心解脫、慧解脫之關聯。知（ñāṇa）、解脫知見（vimutti-ñāṇa-dassana）、和六直接知識（chaḷ-abhiññā）之證得是表示獲得與究竟解脫有關的知識或徹觀，這都見於前述經典。這些成就表示四禪那在解脫道的重要角色，因為這些成就都仰賴四禪那的能量。

心解脫、慧解脫出現於這些經典中也是值得注意之處，在前述引用的《中尼卡雅》二十五部經典中，只有五部經典[1]提到心解脫、慧解脫。此處特別點出其重要性，因為這五部經典都是與四禪那有關，而沒有四處等其他更高層次的禪定；但是其中的《聖尋經》是一個例外，在其相對應的漢譯本都提及心解脫、慧解脫，而巴利本經典則是提及四處（āyatana）和想受滅（saññā-vedayita-nirodha），巴利本反而沒有提及三知或心解脫、慧解脫。

這幾部經典的記載是與上座部傳統及現代學者們所持觀念相抵觸，因為二者都認為心解脫是與四處和想受滅有關係；他們的見解應該是承襲著《清淨道論》的說法。再以《增支尼卡雅》A.V.11一經為例，[2] 此經說明超越了色界觸及無色界，但是卻沒有證得心解脫、慧解

---

1 巴利與漢譯《滅愛大經》（Mahā-taṇhā-saṅkhaya Sutta）、巴利與漢譯《身念經》（Kāya-gatā-sati Sutta）、巴利《莎枯盧搭夷大經》（Mahā-sakuludāyi Sutta）、巴利《有學經》（Sekha Sutta）、以及漢譯《聖尋經》（Ariya-pariyesana Sutta）。

2 在《增支尼卡雅》A.V.11-12: “ye te santā vimokhā atikkamma rūpe āruppā te ca kāyena

脫，那就是未圓滿支（aṅgena aparipūro hoti）。此不就是表示心解脫、慧解脫與色界、無色界定之證得即無相等關係，亦無必然關聯？

從另一方面考察，心解脫與慧解脫二詞並未出現在談到八等至或九等至的經典中，就如同將在下述討論所見。若說證入四處即是得心解脫，而住於想受滅即是解脫聖者在生時暫時體驗無餘涅槃之境，那麼，心解脫與慧解脫二詞應當會出現在與這些禪定相關的經典中。然而事實上，這些禪定的相關經典並未提到心解脫、慧解脫，而其陳述的修證方法卻是以經過調整的方法證入四處，依這些調整過的方法修持，修練者才證得究竟解脫。

當深入探討那些含有四禪那和四處的經典時，有兩件事實是很明確地突顯出來：一組經典顯示，非佛道修練者的教義以及佛陀對八等至的重新評價；而另一組經典則顯示，佛陀專為那些修練到四處層次的禪修者而設計的現法涅槃修證處方。[3] 此二事實是與現代學者們的猜測或推論相違，有些學者認為四處是後期佛弟子們增加在四禪那之上的禪定層次。

第一組經典顯示非佛道修定者與佛陀對八等至的不同觀點（表1-5）。據此九部經，下述討論中將會以五小節聚焦分析幾個重點。此外，也可從這些經典觀察出其之間的一個共通點，就是沒有任何一部經典談到漏盡和涅槃。若從被視為與涅槃或解脫聖者有密切關係的想受滅來檢視九部經典，就會發現只有六部提到想受滅。

這六部巴利經典當中只有四部在阿含經中有相對應的漢譯本，此四部當中有兩部的漢譯本只提到八等至並沒有提及想受滅，剩下的兩部則是巴利與漢譯都提及想受滅，即《多受經》和《獵師經》。有趣

phusitvā viharati, no ca āsavānaṁ khayā anāsavaṁ ceto-vimuttiṁ paññā-vimuttiṁ diṭṭh' eva dhamme sayaṁ abhiññā sacchikatvā upasampajja viharati. Evaṁ so ten' aṅgena aparipūro hoti."

[3] 這將在第三章討論。

的是此二經對想受滅的說法在巴利本與漢譯本並不盡然相同，漢譯本所言甚至意味著想受滅與解脫聖者或涅槃沒有必然關係。以《多受經》為例，其巴利本說，當超越了非想非非想處進入想受滅就是另一種更高尚、更殊勝之樂[4]，而漢譯本卻說這不是世尊所說的真正之樂，並且另舉四種，在他處經典中，世尊指定為佛弟子所應追求及修得之樂為樂，即離欲樂、遠離樂、寂滅樂、菩提樂。[5] 唯一一部巴利與漢譯本說法一致的是《獵師經》。

表1-5　八等至（samāpatti）——想受滅（saññā-vedayita-nirodha）

經典	禪定成就	主角	要點
《五三經》 Pañca-ttaya Sutta MN102/ M.II.229-37 漢譯缺	四禪那 （jhāna） 四處 （āyatana）	佛陀無問自說	※佛陀駁斥外道證入八等至的方法 ※經由無執著證入涅槃 ※六觸處之生、滅……乃至逃離
《漸損經》 Sallekha Sutta MN8/ M.I.41-42 《中阿含・周那問見經》T1.573b~	四禪那 四處 ＃漢譯同	佛陀回答純陀之問	※聖者律儀中的「漸損」意義不同於外道「漸損」意義 ※在聖者的律儀中： 四禪那→樂住 四處→寂靜住
《真人經》 Sappurisa Sutta MN113/ M.III.43 《中阿含・真人經》T1.561a~ 安世高譯《佛說是法非法經》 T1.837c~	四禪那 四處 想受滅 漢譯本： 四禪那 四處	佛陀無問自說	※真人的四禪那和四處成就 ※佛陀教誡不視為同一 ※想受滅在兩漢譯本中都從缺

4　M.I.400: "Idh' Ānanda, bhikkhu sabbaso n'eva-saññā-nâsaññâyatanaṃ samatikkamma saññā-vedayita-nirodhaṃ upasampajja viharati. Idaṃ kho, Ānanda, etamhā sukhā aññaṃ sukhaṃ abhikkanta-tarañ-ca paṇīta-tarañ-ca."

5　《雜阿含經》：「……謂比丘度一切非想非非想入處，想受滅，身作證具足住，是名勝樂過於彼者。若有異學出家作是說言：『沙門釋種子唯說想受滅，名為至樂。』此所不應。所以者何？應當語言：『此非世尊所說受樂數，世尊說受樂數者，如說，優陀夷！有四種樂。何等為四？謂離欲樂、遠離樂、寂滅樂、菩提樂。』」（CBETA, T02, no. 99, p. 124, b9-16）

《蘇那卡德經》 Sunakkhatta Sutta MN105/ M.II.255 漢譯缺	四處	佛陀回答蘇那卡德	※對高估自身成就者的教誡 ※經由去除執著而得解脫 ※收攝六觸處
《鵪鶉喻經》 Laṭukik'opama Sutta MN66/ M.I.454 《中阿含・加樓烏陀夷經》T1.743b	四禪那 四處 想受滅 漢譯本： 四禪那 四處	佛陀回答已出家而起煩惱的的烏搭夷	※超越每一等至即是一種斷結使 ※四禪那是四種所應追求、培養、所不應畏懼的樂 ※初、二、三禪那是動，而第四禪那是不動 ※應當超越八等至
《多受經》 Bahu-vedanīya Sutta MN59/ M.I.398~400 《雜阿含485經》 T2.124b	四禪那 四處 想受滅 ＃漢譯同	佛陀為阿難分析	※每一等至之樂都是比前一等至更高尚（abhikkantatara）、更殊勝（paṇītatara）之樂 ※佛陀宣示想受滅是一種樂 ※漢譯本在想受滅後舉出世尊所說的四種樂，即四種更勝於想受滅之樂
《心材喻小經》 Cūḷa-sār'opama Sutta MN30/ M.I.204-05 漢譯缺	四禪那 四處 想受滅	佛陀為婆羅門分析	※每一等至都因為知（ñāṇa）和見（dassana）而更高尚、殊勝 ※不動解脫心才是此梵行生活的目的及其終極點
《獵師經》 Nivāpa Sutta MN25/ M.I.159-61 《中阿含・獵師經》T1.720a	四禪那 四處 想受滅 漢譯本： 四禪那 四梵住（brahma-vihāra） 四處 想受滅	佛陀無問自說	※九等至是魔羅及其眷屬所不能到之處 ※證入任一等至者都被視為是遮蔽了魔羅
《隨生起[觀]經》 Anupada Sutta MN111/ M.III.26-9 漢譯缺	四禪那 四處 想受滅	佛陀無問自說	※舍利佛的[定中作]觀 ※在每一等至一一徹觀顯現之心所

一、佛陀駁斥非佛道修練者的觀點

在《中尼卡雅》之《五三經》，世尊所駁斥的外道見是與《長尼卡雅》之《梵網經》（Brahmajāla Sutta）有共通之處，首先瞭解《梵網經》有助於瞭解《五三經》。佛陀駁斥兩群非佛道修練者們的**我**（attā）永恆存在論，一組基於他們所證入的四種禪那而作此論見，另一群則是在證入四處後宣示此論見。

第一群非佛道修練者被稱為至上現法涅槃論者（parama-diṭṭha-dhamma-nibbāna-vādin），佛陀對他們的論見之駁斥見於《梵網經》。[6] 此群非佛道修練者們認為四禪那是最高的終極現法涅槃，他們主張有一個永恆存在的**我**證入四禪那並於其中體驗樂受，以及主張此成就即是梵行生活的終點站。然而，佛陀對四禪那的瞭解並不同於此等非佛道修練者的見解，根據佛陀的觀點，四禪那並不是解脫，佛陀指出：「如此地執著與如此地堅持於至上現法涅槃論者們的觀點，將會引領到如此如此的未來世」，[7] 佛陀也警誡此非佛道修練者的修持方法只會延長痛苦而不是終止痛苦。

另一方面，佛陀發現了新的禪修運作法，此意味著佛陀拒絕了外道那種認為有個永恆存在**我**的觀點反而獲得解脫。這個**我**，外道認為可以經由體驗伴隨禪那而來的樂受得知它的存在，但是佛陀不全然接受此見解，反而對禪那進行徹觀。佛陀觀見禪那樂受之生起與消失，當修得完全徹底的了解禪定樂受的真實相後，[8] 佛陀最終證得了圓滿

---

6 D.I.37-9；MW.D.85-6；《長阿含經》（CBETA, T01, no. 1, p. 93b）。

7 D.I.39; MW.D.87. "Tay'idaṃ, bhikkhave, Tathāgato pajānāti- 'ime diṭṭhi-ṭṭhānā evaṃ-gahitā evaṃ-parāmaṭṭhā evaṃ-gatikā bhavissanti evaṃ-abhisamparāyā' ti."

8 D.I.39: "Tañ ca Tathāgato pajānāti, tato ca uttari-taraṃ pajānāti, tañ ca pajānanaṃ na parāmasati, aparāmasato c'assa paccatta y'eva nibbuti viditā……"

寂靜。對於樂受之享用、樂受之危險、以及逃離樂受有了全然的了解後，佛陀才宣示說自己是證得了無所著解脫（anupādā vimutto）。[9]

根據上述《梵網經》所記載，永恆存在**我**之概念被否定，是從四禪那的體證與徹觀而來；而在《五三經》，永恆存在**我**之概念被否定，則是從四處的體證與徹觀而來。[10] 有些外道證入八等至就想「**我**在平靜中，**我**證得涅槃，**我**沒有執著」。[11] 佛陀認為外道們執持有個「我」，儘管他們非常熟練八等至，也還沒有證得修習梵行的目標，因為那種見解只不過是一種執著，[12] 而這種執著是立基於禪定的樂受和寂靜受。

樂受，來自禪那定境。樂受從六觸處而生起，也同時引發我執為根的享用；樂受不能等同於究竟解脫，樂受具有無常和無法滿足的特性，也因此必定會變易。寂靜受則是立基於四處。此寂靜受的生起仍然是在六觸處的範籌內，並且支持以我執為根的享用；寂靜受是行（saṇkhāra），而行比樂受更殊勝微妙，但終究還是會滅。

佛陀瞭解對受之享用，也瞭解執著受所帶來的危險；佛陀找到方法逃離執著受之危險，也就是首先要如實地知道六觸處之生起、滅去、享用、和危險，如是便知道要逃離六觸。如此地，佛陀經由無所著而證得解脫（anupādā vimokkho），[13] 這也就表示在現前當下證得涅槃，也就沒有永恆**我**觀念的立足之地可言。因此在這兩部經典中，《梵網經》和《五三經》，**我**在禪那定境中證得現法涅槃之見，以及**我**在八等至中證涅槃之說都已被反駁及否定。佛陀親口否定證入八等

---

9 D.I.39: "Vedanānaṃ samudayañ ca atthaṅgamañ ca assādañ ca ādīnavañ ca nissaraṇañ ca yathā-bhūtaṃ viditvā anupādā vimutto, bhikkhave, Tathāgato."

10 M.II.229-38；漢譯缺。

11 M.II.237: "Santo'ham asmi, nibbuto'ham asmi, anupādāno'ham asmi."

12 M.II.237: "Yañ ca kho ayaṃ āyasmā: Santo 'ham asmi, nibbuto 'ham asmi…… tad ap' imassa bhoto samaṇa-brāhmaṇassa upādānam akkhāyati."

13 M.II.237.

至者認為那是涅槃之見解，那麼，又怎麼能說四處是後期佛弟子引進及添加在四禪那之上的禪定呢？[14]

二、樂住與寂靜住

四禪那和四處，在聖者律儀中（ariyassa vinaya）分別歸類為現前當下的樂住或稱現法樂住（diṭṭha-dhamma-sukha-vihārā）和寂靜住（santā vihārā）。[15] 佛陀的一些弟子執持與外道相同的錯誤見解而未察覺，如同《漸損經》所記載，有些佛弟子錯誤地認為經由證得這些等至，他們就是在修持漸損（sallekha）。[16] 他們以為這些等至本身就是種種見之捨離，而種種見即指那種與**我論**有關聯（attavāda-paṭisaṃyuttā）之見解以及與**世間論**有關聯（lokavāda-paṭisaṃyuttā）之見解。佛陀反駁了此錯誤理解，並指出四禪那和四處只是現前樂住與寂靜住（santā vihārā）。

另一方面，有的佛弟子則是依其禪那成就而誇大**我**之成就。在尚未去除**我**見之下，這些佛弟子自讚能證入四處等至並且輕視其他未能證入等至的同道們，[17] 在《真人經》中，這些弟子被稱為非真實者

---

[14] 布朗柯斯（J. Bronkhorst）認為四處（āyatana）並未見於古層阿毗達磨，因此，它們是從他處被引進佛教傳統中（見威特爾（T. Vetter）XXII）。亦可參見《無疑經》（Apaṇṇaka Sutta, M.I.410）。此經中，佛陀批評與無色界有關的各種外道見。

[15] M.I.40-2: "……paṭhamaṃ jhānaṃ upasampajja vihareyya……Na kho pan'ete, Cunda, ariyassa vinaye sallekhā vuccanti, diṭṭha-dhamma-sukha-vihārā ete ariyassa vinaye vuccanti……. dutiyaṃ jhānaṃ…… ākāsānañcâyatanaṃ upasampajja vihareyya; tassa evam-assa—sallekhena viharāmī ti. Na kho pan' ete, Cunda, ariyassa vinaye sallekhā vuccanti, santā ete vihārā ariyassa vinaye vuccanti……. n'eva-saññā-nâsaññâyatanaṃ…… santā ete vihārā ariyassa vinaye vuccanti."其相對應的漢譯本參見《中阿含經》（CBETA, T01, no. 26, p. 573b-c）。

[16] M.I.40: "sallekhena viharāmī ti"；《中阿含經》：「彼作是念：我行漸損。」（CBETA, T01, no. 26, p. 573, b27）

[17] M.III.44: "Puna ca paraṃ, bhikkhave, asappuriso ākiñcaññâyatanaṃ samatikkamā n'eva-saññā-nâsaññâyatanaṃ upasampajja viharati. So iti paṭisañcikkhati- 'ahaṃ kho'mhi n'eva-saññā-nâsaññâyatana-samāpattiyā lābhī, ime pan'aññe bhikkhū n'eva-saññā-nâsaññâyatana-samāpattiyā na lābhinoR ti. So tāya n'eva-saññā-nâsaññâyatana-samāpattiyā attān 'ukkaṃseti,

（asappurisā），即指行持不符合佛說的弟子。[18] 相對的，那些能夠證入四處等至而又沒有將**我**視為與等至等同，[19] 也因而沒有自讚毀他，他們則被稱為真實者（sappurisā），意即真正的佛弟子。[20]

上述《漸損經》和《真人經》二經都顯示佛陀與非佛道修練者們對八等至之不同見解；這些等至並非**我**之解脫，而是滋養潛伏**我**見的境界。那麼，再根據《蘇那卡德經》來看，有些弟子甚至高估了自己的成就且還宣稱他們證得涅槃（nibbāna），[21]他們以為如此便是**我**證涅槃並體驗著這幸福的成就。佛陀教誡他們指出，佛弟子不應該執持錯誤見解認為有個永恆**我**體驗禪定境界之樂受與寂靜受。

前述討論的經典不只是顯示佛陀認定有八等至禪定層次與修練，並且也反映外道們對諸等至的見解，佛陀本身對諸等至之瞭解與應用亦不同於外道。此類經典明確地主張佛陀認定這些等至為樂住與寂靜住，佛陀並不反對弟子安住於此等禪定，但是佛陀給予atammayatā[22] 之教誡。此教誡是有關禪修者對修練等至時應有的心態，此教誡也間接地顯示外道對等至的心態是tammayatā。Atammayatā和tammayatā二詞並不見於巴利聖典協會出版的《巴英字典》中。巴利註釋書認為tammayatā是指貪愛（tammayatā vuccati taṅhā）。巴利註釋書並沒有清楚地解說tammayatā的意思，而只是指出貪愛（taṅha）是tammayatā的根源。換言之，由於貪愛（taṅha）而使行者面對禪定定境的反應為tammayatā。《批判性巴利字典》將此atammaya解釋為「不融入、不同化」，意思相近。

---

paraṃ vambheti."

18 M.III.44；《中阿含經》（CBETA, T01, no. 26, p. 562a）。

19 更多詳情可見於慶智比丘（Ñāṇananda）1997: p.32、卡盧葩哈那（Kalupahana）1987: p.95。

20 M.III.42-43: "Sappuriso ca kho, bhikkhave, iti paṭisaṃcikkhati — 'paṭhama-jjhāna-samā-pattiyā pi kho atammayatā vuttā Bhagavatā; yena yena hi maññanti tato taṃ hoti aññathā ti'. So atammayataṃ yeva antaraṃ karitvā tāya paṭhama-jjhāna-samā-pattiyā n' eva attān 'ukkaṃseti na paraṃ vambheti. Ayam pi, bhikkhave, sappurisa-dhammo."

21 M.II.254；漢譯缺。

22 《真人經》（Sappurisa Sutta）, M.III.42-44。

二部相關漢譯經典提供二點有關tammayatā一詞之意。在公元148年譯的安世高譯本說：「佛說從『計我』有是，是受法。」[23]（字義上，此句意為：佛陀說經由「等同我（attā）」則有此，那是「執取它」[24]）。大約公元397年譯的僧伽提婆譯本則說：「若有計者，是謂受也。」[25]（字義上：當有「等同」，那就有「執取它」）。二個譯本中的「計」字即應是對應巴利的tammayatā，那麼，二譯本都顯示「等同」為一種執著或執取；執取即由「受」字所示意，也就是根源於貪愛（taṅha），有貪愛就有執取，有執取就表示貪愛之存在，正如同巴利註釋書所說的一樣。安世高的譯本反映著佛陀不認同外道將等至等同於**我**（attā），僧伽提婆的譯本則反映著「等同」的行為，現代學者們的譯文是與僧伽提婆的理解相同。菩提比丘將atammayatā譯為「不等同」（non-identification），或字義上為「不含有」（not consisting of that）；[26] 慶智比丘將tammayatā譯為「等同」（identification），而atammayatā譯為「冷漠／超然離群」（aloofness）。[27]

Atammayatā一詞的意思為禪修者不應該對其禪修境界執持為「等同於我」而有所構思或假想或設想，而為了達到此成就，巴利《真人經》進一步說，經由證入想受滅（saññā-vedayita-nirodha），禪修者「不會構思任何東西，他不會對任何東西構思，他不會以任何方式構思」。[28] 由此就不難理解證入無意識境界者，如何發現自己無法在那

23 《是法非法經》（CBETA, T01, no. 48, p. 838, c23）。「從」，《說文》：「從，隨行也。」；「計」，《說文》：「計，會也。」；「會」，《段玉裁注》：「會，合也。」；「是」，《說文》：「是，此也。」

24 《說文》：「受，相付也。」；《廣雅》：「受，得也。」「受」亦出現在《中阿含經》（T1.696a）：「不受不恐怖」，是對應到巴利經的“anupādā aparitassanā”（M.III.228）。「受」是指upādā（taking up），意為「取」。

25 《中阿含經》（CBETA, T01, no. 26, p. 562, a9-10）

26 BB.M.1317 note1066.

27 Bhikkhu Ñāṇananda 1974: p.52，亦見慶智比丘1971: p.32。

28 M.III.45: “Ayam pi, bhikkhave, bhikkhu na kiñci maññati, na kuhiñci maññati, na kenaci maññatī ti.”；漢譯缺。

境界中有所構思。無論這是否是佛陀在經典中建議要修持的，那都會是一個問題，因為此段經文並不見於此巴利經相對應的兩部漢譯經本中。我們從這三個版本之間的差異性所得到的瞭解就是，關於想受滅這方面的功能，在佛教派系之間並非是共通之見解。

三、覺悟之樂與暫時體驗無餘涅槃

當我們從經典中發現佛陀認定四禪那為四種樂，這也引發一個問題，即想受滅是否是一個暫時體驗無餘涅槃（anupādisesa nibbāna）之境，同時也令人注意到有關四禪那作為現法涅槃（diṭṭha-dhamma-nibbāna）的墊腳基，亦即是以四禪那為墊基證現法涅槃，而不是依想受滅定為墊基。

《鵪鶉喻經》陳述四禪那為離欲樂（nekkhamma-sukha）、遠離樂（paviveka-sukha）、息滅樂（upasama-sukha）、和正覺之樂（sambodha-sukha）；[29] 其漢譯本則說除此四種樂之外還有一種樂，稱為聖樂。[30] 佛陀認為這些樂是佛弟子所應當追求、建立、培養，以及所不應畏懼之樂。[31]《多受經》及其漢譯本都說八等至的每一等至之樂都比前等至之樂更高尚、更殊勝。[32] 在巴利《多受經》的經末記載著，佛陀甚至說想受滅也可視為是一種樂；佛陀進一步教示比丘們如何回應某些外道所提出的疑惑，質疑想受滅如何可能是一種樂時，那些外道應當被告知：

---

[29] M.I.454.

[30] 《中阿含經》說：「聖樂、無欲樂、離樂、息樂、正覺之樂。」（CBETA, T01, no. 26, p. 743, a15）

[31] M.I.454: "Āsevitabbaṃ, bhāvetabbaṃ, bahulī-kātabbaṃ, 'na bhāyitabbaṃ-etassa sukhassā' ti vadāmi." 其相對應漢譯本見於《中阿含經》（CBETA, T01, no. 26, p. 743, a15）。

[32] M.I.399: "Idaṃ kho, Ānanda, etamhā sukhā aññaṃ sukhaṃ abhikkanta-tarañ ca paṇīta-tarañ ca." 其漢譯本《雜阿含經》為：「更有勝樂過於此故。」（CBETA, T02, no. 99, p. 124, b4）

> 善友，世尊所說的樂並不只是與樂受有關而已；而，善友，如來說樂是任何一種樂，無論在何處及以任何方式得到它。[33]

學者們引用此段經文作為經證，以證明想受滅是唯屬佛教傳統所有，但作者認為此經文另有他意。此文意味著想受滅是外道也曉得的境界，這可從三點觀察出來。首先，當證入想受滅定時想與受都暫停作用，因此外道都認為禪修者不能體驗等至之樂受；當佛陀宣佈想受滅也是一種樂，外道們都感到困惑而提出如此的質疑；佛陀預設外道會有如此的疑問，所以佛陀提醒比丘弟子們應當如何回答外道的質問。

第二，回應的答案中有一瑕疵，如引文中此句所顯：「如來說樂是任何一種樂，無論在何處及以任何方式得到它」。此文意義不清，也不免令人起疑，它似乎是說佛陀認可所有一切種類之境界並且視之為樂，不論其是從何及如何獲得。這是不可能的。想受滅之定境即是想與受都滅，而此經卻記載佛陀也稱此為樂。事實上，在前節已指出想受滅之前的四處（āyatana）佛陀認定那是寂靜住（santa-vihāra），而非樂住（sukha-vihāra），那麼，在四處之後的想受滅定怎麼可能說世尊認定此為一種樂。

第三，此文並不見於相對應的漢譯本中。漢譯本（T2.124b）文中佛陀承認想受滅定是另一種樂，亦如前第二至第八等至一樣是比前一等至之樂更高尚更殊勝之樂；但卻否認此等至是最高之樂，如其文說：「若有異學出家作是說言：『沙門釋種子唯說想受滅名為至樂。』此所不應」。接著，佛陀推薦四種可體驗之樂，如其文說「受樂數」[34]：

---

[33] M.I.400; BB.M.505. “Na kho, āvuso, Bhagavā sukhaṃ yeva vedanaṃ sandhāya sukhasmiṃ paññapeti, api c’ āvuso, yattha yattha sukhaṃ upalabbhati yahiṃ yahiṃ tan taṃ Tathāgato sukhasmiṃ paññāpetī ti.”

[34] 同註57。

「離欲樂、遠離樂、寂滅樂、菩提樂」。[35] 顯然地，漢譯本支持前述觀點，佛陀並不認為想受滅定為最高之樂，也不認為它是一種暫時性地體驗無餘涅槃一段時間之境界。[36]

佛陀推薦的四種所應培養之樂可見於前章分析的《分別無諍經》，亦見於《空大經》，此經中亦談到sāmāyika kanta ceto-vimutti（暫時性的、可愛的心解脫）以及asāmāyika akuppā ceto-vimutti（非暫時性的、不動的心解脫），或如其漢譯本說為：「時、愛樂心解脫，及不時、不移動心解脫」[37]；然而此經僅談及四禪那，並沒有提到四禪以上的禪定，因此也與想受滅無關聯。

這就引起疑問：為何及如何後期佛弟子們如此推崇想受滅定為純屬於佛教傳統所有？上座部偉大的註釋家——覺音（Buddhagosha）——說「想受滅定是涅槃」；[38] 之後，稍晚期的註釋家——法護（Dhammapāla）——進一步釐清說此涅槃是暫時的無餘涅槃（anupādisesa nibbāna）；[39] 之後，《清淨道論大疏》（Visuddhi-magga Mahā Ṭīkā）否認覺音有將二者等同。

「想受滅定是涅槃」之說從覺音論師提出以來，儘管經歷了釐清與否認，此說法一直都是上座部及南傳學者的共同觀念，一直到現在英譯了三大部尼卡雅的譯家，菩提比丘，亦如是。在有關真實者（sappurisa）與非真實者（asappurisa）的《真人經》經典中，最後一

---

[35] 在《增支尼卡雅》A.III.31一經（亦見於A.III.341及A.IV.340- 44）的記載：佛陀享受四種樂（sukha）。世尊說，從享用美食而得之樂是如糞屎般之樂（mīḷha-sukha），會帶來呆滯之樂（middha-sukha），以及是屬於世間名聞利養之樂（lābha-sakkāra-siloka-sukha）。三部巴利經典及兩部漢譯經典（T02.343b-44a & T02.344a-b）都是不完整的、片斷的經典，很有可能源自同一部單經。赤沼智善（Chizen Akanuma）在其《漢巴四部四阿含互照錄》中並沒有指出A.IV.340-44經典是與其他四部經典相關聯。

[36] 諾門認為："the account of the Buddha's death that *saññā-vedayita-nirodha* was probably a death-like trance", hence, it was not identical with *nibbāna*.（Norman 1990: p.31）

[37] M.III.110；《中阿含經》（CBETA, T01, no. 26, p. 738, b11）

[38] Vism. p.607.

[39] Vism. T. 2:92. 見功德寶（H. Gunaratana）1985: p.188。

段提及真實者證入想受滅定（M.III.45），菩提比丘提醒：「無一經文段落說有非真實者證入想受滅定。不同於[四]禪那與[四]處，凡夫俗人亦能證入，想受滅定是專屬於不來者及阿羅漢所有」。[40]然而，此來自巴利《真人經》的相關經文，並不見於其相對應的漢譯本，[41] 即大約是在公元384～417之間僧伽提婆（Saṅghadeva）譯出的譯本；此經文亦不見於更早在大約公元148年左右安世高來華譯出的譯本。[42] 此二漢譯本的譯出年代都早於《清淨道論》之創作年代，最多甚至達數百年之久。

《分別業大經》有一段經文似乎是顯示佛陀否定了想受滅定，以及想受滅定是外道亦知曉的禪定。外道波達利子（Potali-putta）聲稱他曾聽聞佛陀這樣教導：「身行是徒然的，口行是徒然的，唯有心行是真的。以及：有一種定境證入之後禪修者沒有任何感覺」。[43] 不只是新出家的沙密提（Samiddhi）否定了這樣的見解，佛陀也一樣否定了這種說法，並且說自己不曾與波達利子交談過。其實，盡查所有尼卡雅及阿含經經典，沒有任何一部經典清楚地說想受滅定是等同於涅槃，無論是有餘涅槃或無餘涅槃。

在另一方面，此《多受經》相對應的漢譯本（T2.124b）中所說的四種樂是與佛陀經由四禪那而得三知（ñāṇa）之證悟過程有共通之處。出離樂（nekkhamma-sukha）可謂與初禪那有關，即於初禪那中感官欲樂先出離；遠離樂（paviveka-sukha）可說與第二、三禪那有關，即於此二定中先後捨離口行[44]、離所生喜樂、及定所生喜樂；止息樂

---

40 BB.M.1318 note 1067.

41 《中阿含經》（CBETA, T01, no. 26, p. 562, a11）

42 《是法非法經》（CBETA, T01, no. 48, p. 838, c22）

43 M.III.207 "Moghaṃ kāya-kammaṃ, moghaṃ vacī-kammaṃ, mano-kammam eva saccan ti; atthi ca sā samāpatti yaṃ samāpattiṃ samāpanno na kiñci vediyatī ti." 《中阿含經》：「異學哺羅陀子便問曰：賢三彌提，我面從沙門瞿曇聞，面從沙門瞿曇受：身、口業虛妄，唯意業真諦；或有定，比丘入彼定，無所覺。」（CBETA, T01, no. 26, p. 706, b20-22）

44 M.I.301-2. 尋和伺息滅即可說是口行滅。《韋達拉小經》（Cūḷa-vedalla Sutta）說："vitakka-vicārā vacī-saṅkhāro"。

（upasama-sukha）可謂與第四禪那有關，即於此定中身行已平息；[45] 正覺樂（sambodha-sukha）可說是與三知之漏盡知（āsava-kkhaya-ñāṇa）有關，也就是從獲得斷盡一切漏之知所帶來之樂。

由於正覺之樂是依第四禪那為基礎而證得，也就是漏盡，即是涅槃，那麼是什麼原因有人要證入想受滅定作為體驗涅槃之道？想受滅是在四處之後證入，也就是以四處為基礎，而四處又早已為佛陀所否定。[46] 那麼，想受滅定作為一種暫時性的涅槃境界是否真的是佛陀所說呢？在《增支尼卡雅》A.III.192一經，記載證入想受滅等至（saññā-vedayita-nirodha samāpatti）並不絕對保證得究竟智（no ce diṭṭh'eva dhamme aññaṃ ārādheyya），而且證入者還是有可能因為無法在今生得究竟智而在命終後投生到摶食天。

四、從九等至知見到不動心解脫

從《心材喻小經》可分析顯示九等至是佛世時早已存在而且外道也知道的禪定層次，也就是包括想受滅在內的九等至，[47] 此是另一令人起心質疑想受滅定是否真的唯屬佛教傳統所有的經典，僅僅為佛子所能證入。如同此經所顯示，九等至之知和見（ñāṇa-dassana）是欲證得無所執著現法涅槃（diṭṭha-dhamma-nibbāna）所應具備的先決條件。每一等至都因為有知和見而更為高尚（uttari-tara）、更為殊勝（paṇīta-tara），得定作觀而得知和見，此知和見即就該作觀之定而言。

---

[45] M.I.301-2. 入息與出息之止息可說身行滅。經典說："assāsa-passāsā …… kāya-saṅkhāro"。亦見於月寶（Somaratne）2003: p.209。在《增支尼卡雅》A.V.135一經中陳述說assāsa-passāsā是第四禪那的刺："Catutthassa jhānassa assāsa-passāsā kaṇṭako"。在A.V.31一經，身行滅即指證入第四禪那："Idha, bhikkhave, bhikkhu sukhassa ca pahānā dukkhassa ca pahānā...... catutthaṃ jhānaṃ upasampajja viharati. Evaṃ kho, bhikkhave, bhikkhu passaddha-kāya-saṅkhāro hoti"。

[46] 《分別界經》（Dhātu-vibhaṅga Sutta），M.III.244-45。

[47] M.I.204-05；BB.M.296-97；漢譯缺。

以初禪那為例，因證入者有作觀而得初禪那知和見，初禪那因此知和見而變得更為高尚與殊勝。同樣地，第二禪那因作觀而有知和見，第二禪那因為知和見而更高尚與殊勝，而第二禪那之知和見則是比初禪那之知和見更為高尚與殊勝。第三禪那之知和見又比第二禪那之知和見更為高尚、更為殊勝。如此類推，第四禪那、空無邊處、乃至想受滅定都是如此。在此文中，想受滅定也因為知和見而更高尚、更殊勝，沒有知和見比其更高尚。儘管九等至如此因知和見而更高尚與殊勝，然而知和見之獲得並非修習梵行的終極目標，不動心解脫才是梵行的目的，是其心材，也是其終極點，如經言：

> 因此，婆羅門，此梵行並不以世間名聞……圓滿持戒為其益，亦不以三摩地為其益，亦非以知和見為其益。婆羅門，凡所有不動心解脫；婆羅門，這才是此梵行的目的，是其心材，是其終極點。[48]

在《心材喻小經》並未見有明確經文將想受滅定定位在修梵行的終極目標上，反而經文明確的說不動心解脫才是終極目標。此經很明確的說，想受滅定也因為有知與見而更高尚與殊勝，而知和見與涅槃的關係，可見於《輪替馬車經》（Ratha-vinīta Sutta）。此經記載經由知和見而淨化是為了證得無所著究竟涅槃：「知和見之淨化是為了無所著般涅槃，而世尊說為了無所著涅槃而住於梵行」。[49] 換言之，禪修者可以證入九等至及體驗九等至之樂，以作觀而得知和見而淨化這

---

[48] M.I.204-5；BB.M.297；漢譯缺。“Iti kho, brāhmaṇa, na-y-idaṃ brahma-cariyaṃ lābha-sakkāra-silokânisaṃsaṃ, na sīla-sampadânisaṃsaṃ, na samādhi-sampadânisaṃsaṃ, na ñāṇa-dassanânisaṃsaṃ. Yā ca kho ayaṃ, brāhmaṇa, akuppā ceto-vimutti, etad attham idaṃ, brāhmaṇa, brahma-cariyaṃ, etaṃ sāraṃ etaṃ pariyosānan ti.”

[49] M.I.150；BB.M.244；漢譯缺。“Ñāṇa-dassana-visuddhi yāvad eva anupādā parinibbānatthā. Anupādā parinibbānatthaṃ kho, āvuso, Bhagavati brahma-cariyaṃ vussatī ti.”

些等至，由此所獲得的知和見並不是修習梵行之目的，然而，此類知識可以經由轉化而證得涅槃。有關於此，《心材喻小經》舉一譬喻以說明九等至之知和見是修練者可用於任何創作的心材。[50] 經文如此解釋證入九等至的修練者：

> 婆羅門，如同有一人需要心材，尋找心材，到處遊走尋求心材，來到了一棵有心材的大樹下，砍下它的心材，拿著它走了，並知道：「這是心材」；[由此，]他想要做任何用心材做的，他的目的將會達成。[51]

否定了這些等至之知和見是修習梵行的目標，如同前述經文說，不動心解脫（akuppā ceto-vimutti）才是修習梵行的核心與目標。[52] 此經文亦意味著這些等至被視為是心解脫，是暫時性的心解脫；由此類心解脫進而獲得不動心解脫，這才是終極目標。然而遺憾的是，此經並沒有相對應的漢譯本。

五、將等至轉換成不動心解脫

如經中所言，等至之知和見，如同心材般能作出不動心解脫，那麼這也就意味著藉此任一等至而得以證入不動心解脫的可能性。此

---

[50] 羅侯羅法師認為止禪（samatha），亦即能證入至無所有處或者非想非非想處之禪定，是心之造作（mind-created）和由心所生（mind-produced），亦是有為的（saṅkhata），並作結論說它們與事實或真理和涅槃毫無關係。（Rahula 1974（1959）: p.68）

[51] M.I.204；BB.M.297；漢譯缺。"Seyyathā pi so, brāhmaṇa, puriso sāratthiko sāra-gavesī sāra-pariyesanaṃ caramāno mahato rukkhassa tiṭṭhato sāra-vato sāraṃ y'eva chetvā ādāya pakkamanto 'sāran'ti jānamāno. Yañ c'assa sārena sāra-karaṇīyaṃ tañ c'assa atthaṃ anubhavissati……"

[52] M.I.204-205；BB.M.297；漢譯缺。"Yā ca kho ayaṃ, brāhmaṇa, akuppā ceto-vimutti, etad attham-idaṃ, brāhmaṇa, brahma-cariyaṃ, etaṃ sāraṃ etaṃ pariyosānan ti."

外，《增支尼卡雅》有一段關於知與見（ñāṇa-dassana）的經文釐清漏（āsava）如何地在禪定成就中消失，而這引人質疑有些現代學者的理解認為漏之斷盡不可能發生在禪定境界中。雖然此經並沒有說是否所有九等至之知和見都是必要條件用於達成這種定中斷漏的可能性，但至少有可能是這種定中斷漏之可能性是可依九等至的任一等至就能達成。

首先，我們探討等至如何成為不動心解脫。根據《獵師經》，九等至是魔羅及其眷屬不能到達之處（agate mārassa ca māra-parisāya ca），[53] 證入任一等至的禪修者即是遮蔽了魔羅（andham-akāsi māraṃ）；[54] 而至於這些等至如何成為魔羅無法達到之處以及禪修者如何用這些等至遮蔽了魔羅，經文中並沒有明白地說清楚。

在其他經典中，例如《漸損經》，佛陀說九等至只不過是樂住和寂靜住而已。無論是巴利尼卡雅或是漢譯阿含經都未有任何經典記載佛陀把任何一個等至與究竟解脫相等同。《獵師經》所表示的可能是經由應用某種方法把等至轉變成解脫境界。若巴利《增支尼卡雅》A.IV.108~113一經足以支持這種說法，那麼我們就能透過分析此經了解到等至之心解脫如何被轉變成不動心解脫。經中說到，若禪修者附帶具備七種好素質（saddhamma，真實法），那麼四禪那就是遮蔽魔羅的方法；[55] 經文也彰顯了證得四禪那是一種前行準備，是為令修練者能夠進一步證入涅槃（okkamanāya nibbānassa）。相較之下，若九等至禪

[53] M.I.160-61；《中阿含經》：「是謂魔王、魔王眷屬所不至處。」（CBETA, T01, no. 26, p. 720, a23）.

[54] 關於這個概念，在《增支尼卡雅》A.IV.434一經的說法與本經不同。A.IV.434一經說證入四禪那的禪修者是「入了恐懼者之保護處」，魔羅無法對他有任何動作（Bhīruttānagatena kho dāni bhikkhu etarahi attanā viharati akaraṇīyo mayhaṃ），而證入四處的禪修者則是遮蔽了魔羅、堵絕了魔羅令他無跡可尋、到了魔羅所不能見之處（Ayaṃ vuccati, bhikkhave, bhikkhu antam akāsi Māraṃ apadaṃ vadhitvā Māra-cakkhuṃ adassanaṃ gato pāpimato）。

[55] 七種好素質即：信（saddhā）、慚（hiri）、愧（ottappa）、多聞（bahussuta）、勤精進（āraddha-viriya）、念（sati）、慧（paññā）。

修者也具備了這七種好素質，他也一樣能夠遮蔽魔羅，也能夠證得涅槃。若這些等至是心解脫，那麼，那七種好素質就是方法，能使心解脫轉變成不動心解脫，亦即是涅槃的同意詞。

七種好素質中的二種，念（sati）和慧（paññā），普遍上都這麼認為那是佛教解脫道之重要因素。在目前的討論中，它們在《獵師經》的巴利註釋書之註釋可以有另一選擇性的理解，這一理解對於採取上座部傳統說法的學者們對它的理解帶來衝擊。念與慧這兩種好素質在佛教解脫道上尤其特別地重要，而且是不與外道共通，它們出現在七種好素質的條目中也意味著觀（vipassanā）是在等至中運作與實踐的；vipassanā，毘婆舍那或觀，是在每一個現前當下發揮功用或運轉著，這在幾部經典中都是如此特別地強調。[56] 如同經文中所言，不應當回溯過去，不應當盼望未來，禪修者應當於現前當下作觀。[57] 因此，我們可以理解這在禪定境界中也不例外，也一樣要當下觀照。念（sati）是心的要素，而且是在當下的等至中現前；[58] 念（sati）現前，觀也就能夠在等至中運作與實踐。

如此的禪修，是不同於外道的修法；外道通常都把禪那成就中所出現之現象視為一個創世者顯現，並與之結合為一以達到解脫，或者視為救世者之顯現，為救贖他們而來。特別值得注意的是，經文提到當下作觀，但是並沒有任何一句說到禪修者「從禪那出來」，而這個

---

[56] 參見《賢善一夜經》（Bhadd'eka-ratta Sutta）及其他三部類似的經典（《中尼卡雅》第131、132、133、及134經。巴利註釋書和現代學者都一致認為這些經典都是談毘婆舍那。

[57] M.III.190: "Atītaṃ nânvāgameyya, na-ppaṭikaṅkhe anāgataṃ …… paccuppannañ ca yo dhammaṃ, tattha tattha vipassati."《中阿含經》：「慎莫念過去，亦勿願未來……現在所有法，彼亦當為思」（CBETA, T01, no. 26, p. 700, a15-17），相同經意亦見於尼卡雅（M.III.193）及其相對應的《中阿含經》（CBETA, T01, no. 26, p. 697, a18-20），以及尼卡雅（M.III.200）及其相對應的《中阿含經》（CBETA, T01, no. 26, p. 698, c22-24）。稍早期的竺法護譯本，對應到尼卡雅（M.III.200）是：「過去當不憶，當來無求念……謂現在之法，彼彼當思惟」《尊上經》（CBETA, T01, no. 77, p. 886, b14-16）。

[58] M.III.25-9；漢譯缺。

事實是與晚期佛弟子的詮釋認為禪修者「必定要從禪那中出來」然後才能作觀的說法相反。

有鑑於此，巴利註釋書解釋說，在此經文中的八等至應當要理解為佛教的禪修法，“vipassanā-pādaka-jjhāna”（字義上或可譯為「禪那觀足」，即，把「禪那」作為進行「作觀」的立足點）。[59] 此註釋書文本，自古以來就有兩種相對立的解讀。由於等至是一種暫時性的境界，那麼，在等至中所證得的任何成就都應當被理解為也是暫時性的。或許是因為這樣的原因，菩提比丘認為此處的八等至應當視之為觀的基礎；[60] 有關魔羅對等至的影響被排除在外，即如前述《獵師經》說九等至是魔羅所不能到達之處，他繼續解釋說到：「然而，此免疫於魔羅的影響也只是暫時性的」。

作者認為此文是可有其他的詮釋角度。在他處經典中，當禪修者住於第四禪那中就斷盡了一切漏（āsava）；因此，這類經典也就能支持所謂：「當禪修者安住於諸等至時，他能進行毘婆舍那」之觀點。在有限條件產生的等至中，禪修者藉由毗婆舍那的方法遮蔽了魔羅，或稱阻擋了魔羅的干擾；進而，他也能夠應用此免於魔羅影響的境界去證得涅槃，也就是經由斷盡一切漏。雖然兩者都發生於禪定境界中，前者是暫時性的境界，而後者則是非暫時性的永久境界。由此瞭解此處的等至是因作觀而增強並且可加以應用，而不是僅止於把它們當成是觀的基地台。前述討論經典也支持此見解，那些經典談到知和見之獲得是為了證得究竟解脫。

考慮到這幾點，作者認為複合詞“vipassanā-pādaka-jjhāna”之意應為「禪那以觀作為其足或基礎」。換言之，禪修者證入等至，並安住於

---

[59] “‘Andham-akāsi māran’ti na mārassa akkhīni bhindi. Vipassanā-pādaka-jjhānaṃ samāpannassa pana bhikkhuno imaṃ nāma ārammaṇaṃ nissāya cittaṃ vattatī ti māro passituṃ na sakkoti. Tena vuttaṃ ‘andham-akāsi māran’ti.”

[60] BB.M.1214 note 295

等至中運作觀行而得到對等至有徹觀之理解；若說觀行不能在禪那定境中操作，就不可能獲得知和見。菩提比丘的根本理解就是觀行不可能發生在禪那定境中，禪修者必定要從禪那定境出來，然後以回憶方式去作觀行，這是上座部傳統中的普遍理解。

作者也不同意菩提比丘的理解認為此處的解脫只是暫時性的解脫。由於念和慧二者都出現在等至中，漏也就能在禪那定境中斷除，因此，所證得的涅槃也就不是暫時性的。如同在前述討論所指出，四禪那是此生證得涅槃的必要方法，這是從佛陀的覺悟過程所分析出來的結果。在目前討論的《獵師經》，禪定境界作為證得涅槃的方法，從四禪那擴延到含蓋八等至。禪定境界的暫時性並不影響其結果，即斷盡一切漏或證得涅槃；並不因其暫時性而使得斷盡一切漏或證得涅槃也是暫時性。正如同我們應用此短暫性的色身證得涅槃，以此始終都在變化中的色身證得涅槃並不表示說所證的涅槃也是無常的。

在《隨生起[觀]經》也顯示作觀是在等至中操作。此經說舍利弗尊者住於等至時，作觀觀照每一等至，因為他觀照到等至中種種心行活動，乃至每一個活動的生住滅過程都被認出；[61] 作觀之應用也最終帶領他達到斷盡一切漏。至於他在哪個階段斷漏則是具有爭議性的問題。巴利註釋書說他從想受滅出來後斷漏，並且宣稱此見解是自古印度傳統傳承下來至今。[62]

有趣的是，有經典證據與此見解相對立。《長爪經》[63] 記載舍利弗尊者是在聽聞佛陀給長爪雲遊僧講解從受覺醒的開示後斷漏。此經有兩部漢譯本，而二經的說法與巴利經典相符，即舍利弗尊者聽完佛陀宣說如何斷盡諸漏之後，其「心得解脫」。[64] 據巴利《長爪經》及

61　M.III.26-9；漢譯缺。更多解釋見第五章第三節。
62　BB.M.1316 note1052.
63　Dīgha-nakha Sutta, M.I.50.
64　《雜阿含經》（CBETA, T02, no. 99, p. 250, a2）；《別譯雜阿含經》（CBETA, T02, no.

其二漢譯本，舍利弗尊者是在聞法後斷漏，而不是在從想受滅出來後斷漏。此外，舍利弗尊者也並不是住在想受滅中體驗涅槃之樂，相對地，他經常住於空三昧，[65] 佛陀讚歎舍利弗說他所住的三摩地（samādhi），或亦稱三昧，是「王三昧」。[66] 而上座部傳統所說的想受滅定是不來果及阿羅漢所常安住及享受樂之處，以舍利弗尊者的例子而言是不能成立的。

100, p. 449, b21）

65 《增壹阿含經》：「舍利弗白佛言：『唯然，世尊，我恒遊空三昧。』」（CBETA, T02, no. 125, p. 773, b24-25）

66 《增壹阿含經》：「佛告舍利弗言：『善哉！善哉！舍利弗，乃能遊於空三昧。所以然者，諸虛空三昧者，最為第一……王三昧者，空三昧是也。』」（CBETA, T02, no. 125, p. 773, b25-c16）

第三章：八等至與作觀

上述討論的《心材喻小經》和《獵師經》都顯示等至也可以是證得涅槃的一種方法，而以下將要討論的經典則明確的解說證得涅槃的方法。上述審察顯示在禪那定境中斷盡諸漏及證得現法涅槃的可能性，以下是進一步的觀察，禪那定境在解脫道中如何扮演必要角色。前述第二章是針對第一組八、九等至相關經典的探討，而此第三章是對第二組經典的考察，佛陀提出以等至為基礎的定中操作方法，以便斷盡一切漏（表1-6）。從這八部經典能獲得三種觀的實踐方法，它們能引領禪那修習者通往涅槃。這三種方法是徹觀等至本質、克制心令不執取禪定境界、以及證入等至後運作智慧（paññā）。更重要的是，這些方法之操作是在修練者住於禪定定境中實行。

表1-6　八等至——斷漏

經典	禪定成就	主角	要點
《馬龍奇亞大經》 Mahā-māluṅkya Sutta MN64/ M.I.436 《中阿含・五下分結經》T1.779c	四禪那（jhāna） 三處（āyatana） ＃漢譯同	佛陀無問自說	※於每一定中作觀 ※於現生得現法涅槃或命終後成為不來者 ※漢譯本則說或斷漏或晉昇上層禪定
《八支城經》 Aṭṭhaka-nāgara Sutta MN52/ M.I.351-53 《八城經》 T1.802b 安世高譯《佛說十支居士八城人經》T1.916b	四禪那 四梵住（brahma-vihāra） 三處 漢譯本： 四禪那 四梵住 四處	阿難回答居士	※十一門入不死界 ※於等至中作觀可證究竟解脫或得不來果位 漢譯本： 十二門入不死界

《解說概要經》 Uddesa-vibhaṅga Sutta MN138/ M.III.227 《中阿含・分別觀法經》T1.695a-c	四禪那 漢譯本： 四禪那 四處	佛陀無問自說	※不外散、不內滯 ※盡苦、生、老、死
《空小經》 Cūḷa-suññata Sutta MN121/ M.III.106-08 《中阿含・小空經》 T1.737a-c	四處 無相三摩地 （animitta samādhi） 漢譯本： 三處 無相三摩地	佛陀回答阿難問	※去除會干擾的想 ※建立空 ※修持無相 ※「心解脫了」之知顯現
《分別界經》 Dhātu-vibhaṅga Sutta MN140/ M.III.244 《中阿含・分別六界經》T1.691c	四處 ＃漢譯同	佛陀主動教導朴估莎帝	※立足於第四禪那而證現法涅槃 ※避免進入四處
《不動道經》 Āṇañja-sappāya Sutta MN106/ M.II.263 《中阿含・淨不動道經》T1.542b	四處 ＃漢譯同	佛陀無問自說	※入不動之道 ※無所著解脫
《苟星葛小經》 Cūḷa-gosiṅga Sutta MN31/ M.I.208 《中阿含・牛角娑羅林經》T1.730b 《增壹阿含》 T2.629b	四禪那 四處 想受滅 漢譯本： 四禪那 四梵住 四處 六直接知識	佛陀開示阿那律等三比丘	※每一等至都是過人之境、卓越之知與見、以及一舒適住處 ※能照耀苟星葛林園者
《期望經》 Ākankheyya Sutta MN6/ M.I.34 《中阿含・願經》 T1.596a	四禪那 四處 六直接知識 心解脫慧解脫 漢譯本： 四禪那 四處 想受滅 心解脫慧解脫	佛陀無問自說	※比丘之願 ※四禪那：增上心、現法樂住 ※四處：寂靜與非物質

一、徹觀等至本質為策略

這些經典保存著佛陀專為四處等至修練者如何證入涅槃而施設的操作配方。上座部（Theravāda）傳統相信禪修者必定要從等至出來才能作觀以便斷盡諸漏（āsava），然而，從經典中去尋找，似乎並不見有任何經文支持這樣的信念；相對地，上述所列的經典卻是顯示作觀是當禪修者住於等至中時操作。不同於前一章節談九等至而沒講到漏盡的經典，現在討論的這些經典不只是談到前七等至，也談到漏盡以及證得不來果位。

根據巴利《馬龍奇亞大經》，[1] 四禪那以及四處的前三處都是禪修者能夠在證入及安住其中時作觀。由此操作方法，禪修者得兩種結果，一是現前證入涅槃，或是在命終時成為不來者。[2] 其相對應的漢譯本《五下分結經》所記載的也與巴利經典一致，都說在七等至中作觀，只是其結果與巴利本所說有差異。漢譯本所說的是經由作觀之運作，禪修者或斷盡一切漏，或上昇證入更高層次的禪那。[3] 漢譯本展示其強調現前當下的即刻結果，而巴利經典則是著重在命終後或命終時。

巴利與漢譯經典保存著不同的作觀方法，巴利經典提供的作觀方法為：「任何顯現於其中的色、受、想、行、及識，他視那些境界為無常、苦、痛、腫瘤、箭、災難、折磨、異己、分離、空、無我」[4]，

---

1 M.I.435-37；《中阿含經》（CBETA, T01, no. 26, p. 779c）。

2 M.I.436: "So tattha-ṭṭhito āsavānaṃ khayaṃ pāpuṇāti; no ce āsavānaṃ khayaṃ pāpuṇāti...... pañcannaṃ orambhāgiyānaṃ saṃyojanānaṃ parikkhayā opapātiko hoti tattha parinibbāyī anāvatti-dhammo tasmā lokā."

3 《中阿含經》：「彼依此處，觀覺興衰。彼依此處，觀覺興衰已，住彼必得漏盡。設住彼不得漏盡者，必當昇進得止息處。」（CBETA, T01, no. 26, p. 779, c19-21）

4 M.I.435: "So yad eva tattha hoti rūpa-gataṃ vedanā-gataṃ saññā-gataṃ saṅkhāra-gataṃ viññāṇa-gataṃ te dhamme aniccato dukkhato rogato gaṇḍato sallato aghato ābādhato parato palokato suññato anattato samanupassati."

漢譯經典則說：「彼依此處，觀覺興衰。」[5] 漢譯經本中保存的方法亦見於多部巴利尼卡雅經典中，[6] 乃至在其他的漢譯阿含經中也可發現更多相同說法。依此變異禪境成就的知和見，心自然地覺醒到這定境的變異性，因而遠離它。照理說，若禪修者能夠完全地捨離執著，他就會證入涅槃；否則，若他只能棄除部份執著，尤其是粗的心行，他就僅能晉昇到更高層次的等至。[7] 漢譯經文中所述，禪修者或斷漏或證入更昇進的上一層等至，是相當清楚地表示禪修者是在禪那定境中斷漏，或證入更上一層的等至。

相對地，漢譯經典所說的這一要點在巴利經典有更詳細的分析。經文rūpa-gata, vedanā-gata, saññā-gata, saṅkhāra-gata, 及viññāṇa-gata所要表達的就是見到禪那現象的生起與消失。對於這些心行應當要觀見其真性質，即無常、苦、病等等，由此，禪修者便能夠在命終前斷漏，否則便是在命終時成為不來者。此巴利經文引發作觀之進行時段的問題，即在何時作觀。巴利註釋書和現代學者們引述此段經文，並認為作觀不可能在等至中操作；作者對此說法感到懷疑，因為漢譯經本保存著的是不同於此的作觀方法，那是意味著定中作觀的可能性。由於在二經中都不見有明確的經文說禪修者從禪那出定後才作觀，我們也就沒有任何理由斷然否定在等至中作觀的可能性，或依傳統者的說法而認為必定要出定才能作觀。在討論此之前，以下先舉證四部經典談到在禪定定境中斷漏。

此禪修方法見於另四部經典，即巴利《八支城經》（Aṭṭhaka-nāgara Sutta）及其相對應的兩部漢譯本，以及在巴利《增支尼卡雅》A.IV346一經。此外，在這些經典還保存著另一種作觀方法。所有這

---

5 《中阿含經》（CBETA, T01, no. 26, p. 779, c19）
6 例如A.II.45。
7 在他處經典中指出上層禪那的心所比下層禪那的心所更微細。

些經典都說前七等至和四梵住（brahma-vihāra）都是通往不死之門（amata-dvāra）。二部漢譯經典，分別譯於公元二世紀中及四世紀末，陳述一種與漢譯《馬龍奇亞大經》所說相同的作觀方法。[8] 在上述四部經典中，其兩部巴利經典的作觀方法並不同於其相對應的兩部漢譯本經典，亦不同於前述巴利《馬龍奇亞大經》所說。此二巴利經典的陳述是，辨識（paṭisañcikkhati）禪定境界是因緣所成或亦可稱心行建構（abhisaṅkhata）以及是意所成就（abhisañcetayita），他也瞭解（pajānāti）此境界是無常亦是會滅的現象（aniccaṃ nirodha-dhammaṃ）；繼而，基於此覺悟而斷盡一切漏（āsava）。此經文所說的是關於如何在禪定定境中修觀之教導，就是由兩個過去分詞abhisaṅkhata 和abhisañcetayita所顯示。此二經不同於巴利《馬龍奇亞大經》說修持者要將心導向涅槃界，此二經沒有任何一字意味著修練者將心導向涅槃界。[9] 此外，也沒有經文提到修練者從等至出定，然後才作觀。

整體而言，共有六部經典談三種作觀方法：三部漢譯經典中的方法、兩部巴利《八支城經》的方法、以及巴利《馬龍奇亞大經》的方法。在巴利《馬龍奇亞大經》的方法顯得像是一種思考過程，也就有可能導致如巴利註釋書以及晚期傳統所認為的修練者不可能在禪定中作觀。這樣的思考過程是可與佛陀引導羅侯羅（Rāhula）斷漏的談話作比較。[10] 另一相同解說亦見於佛陀教導諸比丘的經典中，即在《增支尼卡雅》A.IV.422~26一經。巴利《八支城經》所記載的是有關證得涅槃之教授。三部由不同譯者在各別時期繙譯的漢譯經典則是意味著作觀方法並

---

[8] 《中阿含經》：「彼依此處，觀法如法。」（CBETA, T01, no. 26, p. 802, b8-9）。安世高譯本則說：「彼依入法，法相觀行止。」《十支居士八城人經》（CBETA, T01, no. 92, p. 916, b18）

[9] M.I.350: "So iti paṭisañcikkhati…… aniccaṃ nirodha-dhamman ti pajānāti. So tattha ṭhito āsavānaṃ khayaṃ pāpuṇāti……"

[10] M.III.279；《雜阿含經》（CBETA, T02, no. 99, p. 51a）。

不是一種思考過程，相反的，那是一種於禪定境界中操作的運行。三部漢譯經典中的方法揭開心的本性，即能知和見變異的禪定境界而又能克制不執著禪定現象。在他處多部經典都有強調修持之進程，即見到五蘊的生起與消失，修練者厭離（nibbindati）它們，遠離（virajjati）貪著它們，乃至從它們得解脫（vimuccati）。[11]

這些經典都有陳述證涅槃的方法，而這些方法彼此之間存在著一些差異，這些差異似乎暗示著巴利《馬龍奇亞大經》中證涅槃關鍵句的解讀困難。如上所述，巴利《八支城經》及其漢譯本所說的證得涅槃的方法並不牽涉到任何思惟過程，這些經典也沒有說要把「心導向涅槃」。相對的，巴利《馬龍奇亞大經》所描述的方法容易使人以為那是一種思考過程，此經典不僅記載世尊教授「將心導向涅槃」，而且也陳述修持者一定要以這樣的方法徹觀，即："rūpa-gataṃ vedanā-gataṃ....... suññato anattato samanupassati"。[12] 經文中sam-anu-passati一詞是否牽涉「思惟」活動？或者不排除巴利《馬龍奇亞大經》有訛誤的可能性。

二、克制執取為技巧

巴利和漢譯本經典中那些方法的共通要點是二者都談到徹觀禪定境界的本質，其目的是為了避免心沉滯於禪定定境中。正觀禪定微細定境的變異本質產生一種推進力量致使心傾向徹底寂靜之境，雖然說依這種方法能使他的修持向前進展至斷漏（āsava），但是我們仍然不清楚它是如何運作及進展。另一方面，在禪定現象中對心的克制之

---

[11] 使五蘊消失之說亦可參見另一重要經典，《長尼卡雅》的《給瓦德經》（Kevaḍḍha Sutta）。

[12] M.I.435.

操作在《解說概要經》是其強調的重點之一。據此經說，佛陀給弟子們簡要的教示是有關如何斷生、老、死、苦之起源與積聚（jāti-jarā-maraṇa-dukkha-samudaya-sambharo hoti）。這種檢視能帶來苦之盡滅，而其含藏的基本原則就是識要遠離執取那些隨著證入等至而產生的樂受或寂靜受。[13]

《空小經》顯示一種如何使心遠離此類禪定境界的操作方法。禪修者普遍上都有一常見傾向，即執取禪定經驗與感受，《空小經》所展示的就是使心遠離此種執著的運作方法。此經亦顯示一種證得解脫知見的方法，特別是針對已能證得四處等至的修練者而設。四禪那之證得是依去除具干擾性質的心所，而處（āyatana）等至之證得則是感知禪修所緣境。去除具干擾性質的心所會帶來樂受及現法涅槃（diṭṭha-dhamma-nibbāna），相對的，緣取禪修所緣境而修之等至，對於心向涅槃的禪修者而言是一種疲勞（daratha）。[14] 捨棄干擾之說可見於《空小經》，[15] 即經由將心轉離禪修所緣就可去除所緣境之想或感知（saññā）。在沒有強調作觀之應用之下，經中揭示處方以移除等至的干擾感知（想）。培養移除禪修所緣境（此處是指處〔āyatana〕之想）將逐漸地導引修練者至無相三摩地（animitta samādhi），而最終結果就是解脫知見之顯現。[16]

巴利及漢譯本二者都提出了同一方式的修練方法，然而漢譯本並沒有含蓋第四處，非想非非想處；儘管如此，二經顯示於佛教解脫道中四處修習的不適宜性，因為每一處（āyatana）之想都必要被棄捨，不可執取。這樣的理解也可從《分別界經》（Dhātu-vibhaṅga Sutta）[17]

[13] M.III.225-29；《中阿含經》（CBETA, T01, no. 26, p. 694b）。
[14] M.III.106-08；《中阿含經》（CBETA, T01, no. 26, p. 737b-c）。
[15] M.III.106-08；《中阿含經》（CBETA, T01, no. 26, p. 737b-c）。
[16] 有關無相三摩地，在第三篇將會有深入的探討。
[17] M.III.244；《中阿含經》（CBETA, T01, no. 26, p. 691c-92a）。

所記載的方法中獲得證實，甚至比此處二經更直接，就是棄捨證入四處。根據此經中世尊的教導，修練者可以於第四禪那中現前證得涅槃，不須要證入四處。這些經典中所有的顯示，都是在建議四處對於證得現法涅槃的目的而言都不是必要之修練。

三、Paññā（智慧）為轉換方法

經由等至以達致無死，作觀之應用是不可或缺的條件，[18] 這將帶來智慧並使得心轉離執取禪定定境；這也支持前述看法，即任何一個等至都有可能被轉換成不動心解脫（akuppā ceto-vimutti）。前述經典中有三部全都一致性地說，知和見禪定現象可導致斷盡一切漏，此可了解為一種轉換禪定境界成為不動心解脫的前行準備。

另一方面，在《不動道經》也記載留存下來的幾種作觀方法，那是適合於證得含蓋第四禪那和四處之不動等至，[19] 而且這些調整過的操作方法將會帶來無所執著的究竟解脫。[20] 有說其中部份經中所描述的那些方法是外道的修練法，然而，經中也同時提及智慧（paññā）之應用，正如這一句經文所顯示："etarahi vā āṇañjaṃ samāpajjati paññāya vā adhimuccati"[21]，此意味著與外道共通之等至成就經由智慧之運作被轉換成另類等至，以便能導向佛陀所說的涅槃。每當外道們證入一禪定境界，他們就依相關定境而建立他們的見解，然而，他們並未得真正的解脫；在佛陀的教示中，應用智慧於外道亦熟悉的那些禪定層次，協助它成就究竟解脫之證得。

---

18 M.I.351-53；《中阿含經》（CBETA, T01, no. 26, p. 802b）；《十支居士八城人經》（CBETA, T01, no. 92, p. 916b）。

19 A.II.184 一經也認為四處（āyatana）是不動。

20 M.II.262-66；《中阿含經》（CBETA, T01, no. 26, p. 542b-543a）。

21 M.II.262-64；《中阿含經》：「比丘者或於此得入不動，或以慧為解。」（CBETA, T01, no. 26, p. 542, b28-29）

基於此觀察可以了解到，在佛陀時代有各種各樣的禪修方式，以及佛陀明確地提出有效方法來應用禪修經驗以達到證得究竟解脫的目的。那些禪修者來見佛陀尋求指導時並沒有捨棄他們原先已證得的禪定成就，而佛陀也沒有要求他們拋棄他們原有的禪定成就，反而，佛陀提供了有效的教導給他們，使得他們能應用其原先的禪定成就作為有效的基礎進而完成證悟涅槃的目標。

從上述經典來看，顯然地，藉由應用佛陀授予的處方禪修者能夠徹觀等至而且獲得對等至的直接認識，也由此而證得無所著解脫。如此地，也就不難理解他們享受樂住、寂靜住、以及覺悟之樂。《荀星葛小經》提到有趣的一點，此經說證入等至的修練者能夠照耀荀星葛林園，[22] 原因是當證入第四禪那時禪修者的心是光耀的，正如其他許多經典所記載。證入等至而心發光並不限於佛弟子，其他外道也一樣可以入等至而發光，因此，巴利經典之宣說目的是何，經中並沒有清楚的說明。而其相對應的漢譯本則列舉了修練者的幾項特質，如梵住（brahma-vihāra）、六直接知識（chaḷ-abhiññā）、心解脫（ceto-vimutti）、及慧解脫（paññā-vimutti）。[23] 它似乎是為了彰顯能照耀荀星葛林園的禪修者不僅是具備證得等至的能力，同時也具備聖弟子的特質，這應該是更重要的一點。另一部經提及等至和究竟解脫的是《期望經》，[24] 此經提示比丘應當期望證得八等至和六直接知識。

至於《不動道經》認為第四處是可以作觀的等至，這一說法應當要特別釐清，因為談到定中作觀，有的經典含蓋了第四處，而有的經典則沒有。哪些等至可以住於其內而作觀，《不動道經》的巴利及其漢譯本二者都認為在第四處也可以定中作觀，而上述討論的漢譯《八

22　M.I.209.
23　《中阿含經》（CBETA, T01, no. 26, p. 730b）
24　M.I.34；《中阿含經》（CBETA, T01, no. 26, p. 596a）。

支城經》也一樣含蓋了第四處。這導致更大的困難或疑惑，因為按照道理，第四處是一個不穩定狀況，不能說它是「不動等至」。有些經典說它是有意識狀況，而有些經典則說沒有。巴利經本與相對應的漢譯經本的不一致性也支持本書的看法，即認為作觀應當是在禪那定境中運作以便現生就證得究竟解脫。若作觀不能在禪定定境中運作，這種不一致性就不會出現在這些經典中。換言之，若作觀都是在出定後才能運作，那麼，為何那些提及作觀的經典，有的把第八等至列入，有的又沒有呢？然而，關於出定後作觀的可能性也不必完全地被排除。既然能在定中作觀，那麼出定作觀當然也就毫無疑問。

第四章：禪定與斷盡一切漏

第二章分析的第一組經典大多數（九部中之六部）都提及想受滅，但卻未提及解脫與涅槃；第三章分析的第二組經典則大部份（八部中之六部）都未提及想受滅，但卻多提及與解脫及涅槃有關的用詞，例如不死界、無所著解脫等等；本章第四章要討論與定中作觀相關的經典資料。有多部經典分析作觀可在九等至的前七等至定境中進行，以及等至應具備哪些條件致使作觀可於其中進行。這些資料分佈在《相應尼卡雅》、《增支尼卡雅》，以及漢譯阿含經，彼此陳述著不同的主題但顯示著相同的定中如何作觀之意。

一、最後二等至與作觀

《隨生起[觀]經》（Anupada Sutta）有一段經文明確地顯示作觀之運作不能在第八和第九等至中進行。在前章已指出佛陀認定四禪只不過是樂受而四處也只是寂靜受，此外佛陀也指出等至是證得高深知識（abhiññā）的方法。相同的說法亦見於巴利《增支尼卡雅》，A.IV.418-22一經，即熟練九等至是獲得任何修練者想知道的知識之方法，乃至得漏盡。[1] 許多經典也提及如何證得三知（ñāṇa）或六直接知識（cha-ḷ-abhiññā），或亦可稱為六種高深知識，這都是與證得四禪那

1 A.IV.418-22: "……paṭhamaṃ jhānaṃ……saññā-vedayita- nirodhaṃ ……Yassa yassa abhiññā sacchi-karaṇīyassa dhammassa cittaṃ abhininnāmeti abhiññā sacchikiriyāya, tatra tatr' eva sakkhi-bhabbataṃ pāpuṇāti sati sati āyatane."

或八等至或九等至有關。現在討論「作觀」，《隨生起[觀]經》是為例證，此經提供了在禪定定境中作觀所得的明確結果，同時它也顯示此定中作觀的有限性。舍利弗尊者對前七等至作顯微檢視與觀照而得的結果就是在此經中所見的一系列清單，每個等至定境中的各個心的因素或稱心所或心的活動，每一等至都不盡相同。有關舍利弗的檢視與觀照可見於此段經文，以此為例：

> ……paṭhama-jjhānaṃ upasampajja viharati. Ye ca paṭhama-jjhāne dhammā vitakko ca vicāro ……tyāssa dhammā anupada-vavatthitā honti.[2]
>
> ……證入及住於初禪那。初禪的境界——尋、伺[3]……他注意到這些境界一個又一個地出現。

此中的關鍵句，“tyāssa dhammā anupada-vavatthitā honti”「他注意到這些境界一個又一個地出現」，表示舍利弗尊者定中所觀見的每一心所或心活動（dhammā）之生、住、滅。在他處經典中，觀見生滅即是慧（paññā），那麼，此經所說的正是戒定慧三學關聯中的「因定生慧」之說。如此地，以相同方法對第二禪那、第三禪那乃至無所有處（ākiñcaññâyatana），於定中作觀察與檢視。

令人注目的是，經文脈絡進入到最後二等至時的陳述就轉折了。此顯微檢視與觀照，在最後二等至的運作方法並不同於前七等至，經文提到從等至出定後才作觀。舍利弗尊者證入後住於其中（upasampajja viharati），然後又從等至出來後（so tāya samāpattiyā sato vuṭṭhahitvā），

---

2 M.III.25；漢譯缺。

3 本書根據《藏釋》的解釋：“Tattha paṭhamâbhinipāto vitakko, paṭiladdhassa vicaraṇaṃ vicāro.”（Peṭ. p.142）

才回憶剛才的定境，那已滅、已變異的境界（ye dhammā atītā niruddhā vipariṇatā te dhamme samanupassati），如經文所示：

> ……n'eva-saññā-nâsaññâyatanaṃ upasampajja viharati. So tāya samāpattiyā sato vuṭṭhahati. So tāya samāpattiyā sato vuṭṭhahitvā ye dhammā atītā niruddhā vipariṇatā te dhamme samanupassati—'evaṃ kira' me dhammā ahutvā sambhonti, hutvā paṭivedentī ti.[4]
>
> ……[舍利弗尊者]進入及住於非想非非想處。他專注地從那等至出來。專注地從那等至出來後，凡是那些已滅去及變異之境，他觀看那已過去之境：「如此真實地，這些法（境界），未曾存在而存在，存在已而讓我知道。」[5]
>
> ……saññā-vedayita-nirodhaṃ upasampajja viharati. Paññāya c'assa disvā āsavā parikkhīṇā honti. So tāya samāpattiyā sato vuṭṭhahati. So tāya samāpattiyā sato vuṭṭhahitvā ye te dhammā atītā niruddhā vipariṇatā te dhamme samanupassati — 'evaṃ kira' me dhammā ahutvā sambhonti, hutvā paṭivedentī ti.[6]
>
> ……[舍利弗尊者]進入及住於想受滅。他以慧觀見已而斷諸漏。他專注地從那等至出來。專注地從那等至出來後，凡是那些已滅去及變異之境，他觀看那已過去之境：「如此真實地，這些法（境界），未曾存在而存在，存在已而讓我知道。」[7]

---

4 M.III.28；漢譯缺。

5 BB.M.901. 此處的翻譯參照菩提比丘的譯本。他把hutvā paṭivedenti譯為"having been, they vanish"是可商確的。Paṭivedenti是複數，是指dhammā有「使知道、告知、宣布」等意思。作者認為其意思是指那些境界現前之「讓舍利弗尊者知道它們」，所以譯為「存在已而讓我知道」。

6 M.III.28；漢譯缺。

7 BB.M.902。

此有限條件：“……upasampajja viharati. So tāya samāpattiyā sato vuṭṭhahati. So tāya samāpattiyā sato vuṭṭhahitvā……”僅應用到最後二等至。有些學者根據上座部定中不能作觀的主張而質疑此經的可靠性。詳細解讀此經內容，前七等至與後二等至作觀方式不相同，據此則可以明確的說如此的質疑是應當再商榷。從其他的經典可以找到更多的經證支持此看法，即此經所呈顯的作觀之可行與不可行之等至。《增支尼卡雅》的《禪那經》（Jhāna Sutta）[8] 以及《中阿含經》的《說經》，[9] 二經都是談關於九等至作觀，也持相同觀點主張進入最後二等至不能定中作觀；更精采的是，二經都對為何作觀之操作不能在最後二等至中進行提出原因，即如下小節所示。

在進入下小節討論定中作觀之前，上述引文還有一個問題也是最受爭議的，就是在想受滅段落的這一句：“…… saññā-vedayita-nirodhaṃ upasampajja viharati. Paññāya c'assa disvā āsavā parikkhīṇā honti. So tāya samāpattiyā sato vuṭṭhahati.”（……[舍利弗尊者]進入及住於想受滅。而他以慧觀見已而斷諸漏。他專注地從那等至出來）。此句“paññāya c'assa disvā āsavā parikkhīṇā honti”「而他以慧觀見已而斷諸漏」，在文脈中所處之位置，出現在證入想受滅經文之後及從想受滅出來經文之前，必然被解讀為在想受滅定中以慧作觀。有些現代西方學者對此議題已進行不少討論，斯密道先著墨最多，本文在此也不必贅言；在後面第二及第三篇深入探討現法涅槃之後，應該會為此議題提供不同角度的思考。[10]

---

8 A.IV.422；漢譯缺。
9 《中阿含經》（CBETA, T01, no. 26, p. 716b-718b）
10 在前述小節，〈五、將等至轉換成不動心解脫〉，已指出《隨生起[觀]經》記載舍利弗者在想受滅中斷漏是可疑的說法。

二、有saññā才有aññā

在《禪那經》（Jhāna Sutta），[11] 佛陀問比丘們是否知道如何以九等至為所依（nissaya）以斷諸漏（āsavānaṃ khayaṃ）。[12] 經中所說的操作方法是與前述《馬龍奇亞大經》所說相同；[13] 其結果有二，或斷諸漏或成為不來者，亦如同《馬龍奇亞大經》所言。儘管如此，不同於沒有提及九等至之最後二等至的《馬龍奇亞大經》，《禪那經》強調，甚至對於一位熟練入出最後二等至的禪修者而言，斷諸漏之宣說也都是在他入及出這些等至之後的事。如經言：

> Iti kho, bhikkhave, yāvatā saññā-samāpatti tāvatā aññā-paṭivedho. Yāni ca kho imāni, bhikkhave, nissāya dve āyatanāni— n'eva-saññā-nâsaññâyatana-samāpatti ca saññā-vedayita-nirodho ca jhāyī, hete bhikkhave, bhikkhūhi samāpatti-kusalehi samāpatti-vuṭṭhāna-kusalehi— samāpajjitvā vuṭṭhahitvā sammā akkhātabbānī-ti vadāmī ti.[14]
> 因此，諸比丘，只要是有想等至，就有徹觀之究竟智。諸比丘，凡依此二處——非想非非想處等至和想受滅——禪修的呢，諸比丘，我說啊，它們被善於[進入]等至和善於從等至出來的比丘們證入又出來之後，就會被正確地宣說。

---

11 A.IV.422-26；漢譯缺。

12 A.IV.422: "Paṭhamam p'āhaṃ, bhikkhave, jhānaṃ nissāya āsavānaṃ khayaṃ vadāmi, dutiyam p'āhaṃ, bhikkhave, jhānaṃ nissāya……n'eva-saññā-nâsaññâyatanam p'āhaṃ, bhikkhave, nissāya āsavānaṃ khayaṃ vadāmi, saññā-vedayita-nirodham p'āhaṃ, bhikkhave, nissāya āsavānaṃ khayaṃ vadāmi."

13 M.I.435-37: "So yad eva tattha hoti rūpa-gataṃ vedanā-gataṃ saññā-gataṃ saṅkhāra-gataṃ viññāṇa-gataṃ, te dhamme aniccato dukkhato rogato …… tattha parinibbāyī anāvatti- dhammo tasmā lokā."

14 A.IV.426；漢譯缺。

此經文中這一句最經典："yāvatā saññā-samāpatti tāvatā aññā-paṭivedho"，此句斷定最後二等至不能定中作觀及其原因。相當明白地，若所證入的是有想等至（saññā-samāpatti），禪修者就有可能證得究竟智（aññā），也就是究竟解脫之知。

有關有想等至之分類，《相應尼卡雅》的《七界經》（Satta-dhātu Sutta）[15] 指出空無邊處界（ākāsāṇāñcâyatana-dhātu）、識無邊處界（viññāṇañcâyatana-dhātu）、以及無所有處界（ākiñcaññ-āyatana-dhātu）都屬於有想等至（saññā-samāpatti），而非想非非想處界（n'eva-saññā-nâsaññâyatana-dhātu）被歸類為行餘等至（saṅkhārâvasesa-samāpatti），[16] 想受滅界（saññā-vedayita-nirodha-dhātu）則是列為屬於滅等至（nirodha-samāpatti）。

此經在目前的討論議題中，最顯然也最值得注意的就是最後二等至並不屬於有想等至，即此《七界經》呼應了《禪那經》的說法，證入第八和第九等至最後二等至的禪修者必須從定中出來後才能作觀。

最後二等至是缺乏「想」（saññā），因此，徹觀不可能發生於任何一等至中。結論就是，對於證入此二等至者而言，究竟智不會顯現。這也回應一個問題，在許多經典中，為何這一句"paññāya cassa disvā āsavā parikkhīṇā honti"總是出現在想受滅之後。此定中不能作觀的受限條件僅限於九等至的最後二等至，即因受限於無想（saññā）而不能作觀。然而，在晚期的佛教傳統中乃至一些現代學者，此最後二

15 S.II.150-51: "Yā c'āyaṃ, bhikkhu, ābhā-dhātu yā ca subha-dhātu yā ca ākāsānañcâyatana-dhātu yā ca viññāṇañcâyatana-dhātu yā ca ākiñcaññâyatana-dhātu—imā dhātuyo saññā- samāpatti pattabbā. Y'āyaṃ, bhikkhu, n'eva-saññā-nâsaññâyatana-dhātu—ayaṃ dhātu saṅkhārâ-vasesa-samāpatti pattabbā. Y'āyaṃ, bhikkhu, saññā-vedayita-nirodha-dhātu— ayaṃ dhātu nirodha-samāpatti pattabbā ti."《雜阿含經》：「彼光界、淨界、無量空入處界、無量識入處界、無所有入處界，此諸界於自行正受而得；非想非非想入處界，於第一有正受而得。滅界者，於有身滅正受而得。」（CBETA, T02, no. 99, p. 116, c26-p. 117, a1）

16 亦參見M.II.233。

等至不能定中作觀的受限條件卻不合理地被延伸含蓋其他的等至，[17] 他們堅決地主張此條件是要應用到每一種禪定成就，他們結論說修練者必定要從禪定出來後才可能回憶及作觀。

巴利《禪那經》並沒有相對應的漢譯本，但是漢譯《說經》[18] 有一段經文所持意思是與《禪那經》的主張相同，即最後二等至並非究竟智（aññā）顯現的合宜環境。此經談及以九等至的任一等至為所依而斷盡一切漏，此經的重要性是它說到有關斷諸漏一事上要如何處理等至。此經所描述的一種禪修技巧是能決定退墮下層禪那、能維持住於現前的禪那中、能前進上昇到上層禪那、以及在禪那中斷諸漏。此操作技巧可應用到從初禪那乃至第七無所有處等至，然而到了非想非非想處，其說法則不同，如經文說：

> 彼比丘應如是知：有想有知，齊是得知，乃至非有想非無想處，行餘第一有，行禪比丘者，從是起當為彼說。[19]

「有想有知，齊是得知」一句是與巴利《禪那經》的經句“yāvatā saññā-samāpatti tāvatā aññā-paṭivedho”相對應，儘管此二經並非巴漢相對應的經典。與《禪那經》相比對，《說經》明確地說非想非非想處（n’eva-saññā-nâsaññâyatana）是「行餘第一有」，意即是最高行餘等至，即與前述所引的《七界經》之說法相符。據此《說經》所示，經文接著說禪修者從等至出來後才向他人宣說其成就：「行禪比丘者，從是起當為彼說」。禪修者證入此等至時無法瞭解此等至，因為此等至缺乏想

17　向智長老（Nyanaponika）1998: p.49。我們並不瞭解為何向智長老執持如此的見解，儘管經文有如此明確的相對立說法。亦可見於功德寶長老（Gunaratana）1980: p.355&349。

18　《中阿含經》（CBETA, T01, no. 26, p. 716b）

19　《中阿含經》（CBETA, T01, no. 26, p. 718, b11-14）

（saññā），或換言之，不能在此定中作觀。因此，修練者也就無法在此等至中斷諸漏，他必要從等至出來後再回憶或作觀。《說經》並沒有提到想受滅，但是有提及在非想非非想處就必須出定才能作觀，何況是在非想非非想處之後的想受滅等至。

三、證入四禪那成不來者

至此我們已經看過多部經典提到，在禪定定境中作觀，禪修者或斷諸漏並於此生成為阿羅漢，或斷五下分結並且於死後成為不來果者。在《增支尼卡雅》，A.II.126-128幾部經典，提到關於此的兩個要點。首先是一位凡夫（puthu-jjana）和一位佛的聲聞弟子（Bhagavato sāvako）的去向差異，次則是佛弟子們在禪那定境中有實踐作觀（vipassanā）者和沒有實踐作觀者之間的差別。

佛弟子在命終時，若已具備能力能夠證入初禪那、或二禪那、或三禪那、或四禪那，將會分別投生到梵天（Brahma Deva）、光音天（Ābhassara Deva）、遍淨天（Subhakiṇha Deva）、和廣果天（Vehapphala Deva）的世界中，而一般凡夫也是如此；這兩類人都因生前修證禪那成就而必定投生到相同相對應的目的地。然而，當他們在那所生處命終後將要再前往之處就不相同，佛陀的弟子將會證入涅槃（parinibbāna），而非佛弟子則不能，而且還有可能更糟的是退墮到下界；[20] 對於能證入處等至（āyatana samāpatti）的禪修者亦如是。

---

[20] A.II.127: "Tattha puthu-jjano yāvatā 'yukaṃ ṭhatvā yāvatakaṃ tesaṃ devānaṃ āyu-ppamāṇaṃ taṃ sabbaṃ khepetvā nirayaṃ pi gacchati tiracchāna-yonim pi gacchati pitti-visayam pi gacchati. Bhagavato pana sāvako tattha yāvatā 'yukaṃ ṭhatvā yāvatakaṃ tesaṃ devānaṃ āyu-ppamāṇaṃ taṃ sabbaṃ khepetvā tasmiṃ yeva bhave parinibbāyati." 漢譯缺。

有一點值得留意的是，此經中只提及四處的前三處而已。前三處的證入者，無論是凡夫或佛弟子，都將會投生到相對應的世界中，但當他們在那世界命終後，佛弟子將會證入涅槃而非佛弟子則仍然流轉於六道之一。[21] 至於為何他們在證入涅槃前就命終並且投生到相對應的上界，經中分析說，那是因為當修練者在此生證入等至時，他對此等至有享用及欲求，也因此而樂於其中。[22] 執著於禪定樂則不得解脫，而且將於命終時投生到相應的世界中。

相對的，修禪定又能作觀而知禪定之本質的聖弟子命終後的即刻去處不同於一般凡夫。[23] 以證入初禪那的佛弟子而言，他將會超越初禪那相應的梵天而投生到淨居天（Suddhā-vāsa）；至於證入第二、第三、和第四禪那並且有作觀的禪修者也是同樣地生到淨居天。只要他能夠徹觀禪那的本質，他將會直接投生到淨居天而不須經過更低層的梵天、光音天、遍淨天、和廣果天。[24]

作觀之應用決定了上述二者的差別。一般凡夫禪修者和追隨佛陀的禪修者，證入四禪那的任一禪那，將來命終後都注定投生到相對應的天界去。這是因為他們享受及熱愛禪那定境之喜樂，由此而執著且引來生天界之果，[25] 而且他們兩者都沒有作觀。在另一方面，有一類追隨佛陀的禪修者不但能證入禪那定境也會作觀，他們會直接投生到淨居天。此處所說的作觀方法是與前述討論的《馬龍奇亞大經》所說相同，修練者證入初禪那並且見其中的色、受、想、行、識為無常、為苦、為無我、為空等等。經文顯示，在禪那定境中作觀會導引心遠離執著禪那定境之樂，他所應用或操作的就是能生智慧（paññā）的方

21　A.I.267；漢譯缺。
22　A.II.126: “So tad assādeti taṃ nikāmeti tena ca vittiṃ āpajjati.”
23　A.II.128；漢譯缺。
24　A.II.128: “So kāyassa bhedā param maraṇā Suddhāvāsānaṃ devānaṃ sahavyataṃ uppajjati.” 那些修持四梵住（brahma-vihāra）者亦如是，如在A.IV.128-130的二部經典所說的。
25　A.II.126: “So tad assādeti taṃ nikāmeti tena ca vittiṃ āpajjati.”

法，也就是能觀見禪那成就中的聚合為無常、苦、空、無我等等。[26] 這使得他獲得殊榮的命運，不同於一般禪修者的命運（Ayaṃ bhikkhave uppatti asādhāraṇā puthujjanehi）。

四、死於初禪那而成為不來者

從前述探討以來，我們相當清楚地了解到作觀的可行性就在禪定定境中，以下為一明確的經證，即禪修者死於初禪那中並且成為不來者。修練者能以四禪那為助緣而在此生證得究竟解脫，若修練者不能在此生中斷諸漏，他就會在命終時成為不來者（anāgāmī），甚至以初禪那就能有此成就；之後，他將會不須要再回來此世間就能證得究竟解脫，巴利《遠離經》（Paviveka Sutta）即為一例經證。[27]

此經記載說有一位再來者（paccāgāmī）聖弟子（ariya-sāvaka）以初禪那為助緣在死後證得不來果，此是本經最受注目的一點，即是關於證入初禪那並於初禪那中命終。以下除了分析本經之外，亦藉助他處經典嘗試闡明初禪那之環境如何有助於修持者得到如此的成就，如此《遠離經》中所記載，此聖弟子在命終前就已斷除部份結使，即是：

一、身見（sakkāya-diṭṭhi）

二、疑（vicikicchā）

三、執著於規矩與儀軌（sīla-bbata-parāmāso，或稱戒禁取）

四、貪婪（abhijjhā）

五、恚害心（vyāpāda）

---

[26] A.II.128: "So yad eva tattha hoti rūpa-gataṃ vedanā-gataṃ saññā-gataṃ saṅkhāra-gataṃ viññāṇa-gataṃ te dhamme aniccato dukkhato rogato gaṇḍato sallato aghato ābādhato parato palokato suññato anattato samanupassati."

[27] A.I.240-42；漢譯缺。

經文接著顯示，他沒有了那些能將他束縛而回到此世間的結使（saṃyojana），即如經文說："Tasmiṃ, bhikkhave, samaye ariya-sāvako kālaṃ kareyya n'atthi taṃ saṃyojanaṃ yena saṃyojanena saṃyutto ariya-sāvako puna imaṃ lokaṃ āgaccheyyā ti."（諸比丘，在那個時候，若聖弟子死亡，他沒有任何結使，被那種結使束縛的聖弟子會再回到此世間。）[28] 如此也就表示，他在生時乃至最晚遲至命終時證得了不來果位。

根據《相應尼卡雅》，斷除五下分結是證得不來果位的條件，此經所列的五下分結為：

一、身見（sakkāya-diṭṭhi）

二、疑（vicikicchā）

三、執著於規矩與儀軌（sīla-bbata-parāmāso，戒禁取）

四、感官貪欲（kāma-cchanda）

五、恚害心（byāpāda）[29]

上述二列表的不同處是五下分結列表的感官貪欲（kāma-cchanda）在《遠離經》的列表中則以貪婪（abhijjhā）取代，根據巴利聖典協會的《巴英字典》，貪婪是感官貪欲的一部份；[30] 因此，《遠離經》中的修練者斷除了貪婪，也就表示他斷除了一部份感官貪欲。初禪那如何協助他呢？如於諸經中所見，證入初禪所要斷除的五種障礙是：

---

[28] A.I.242: "Evam eva kho, bhikkhave, yato ariya-sāvakassa virajaṃ vīta-malaṃ dhamma-cakkhuṃ udapādi. Saha-dassanûppādā, bhikkhave, ariya-sāvakassa tīṇi saṃyojanāni pahīyanti sakkāya-diṭṭhi vicikicchā sīlabbata-parāmāso, athā-paraṃ dvīhi dhammehi niyyāti abhijjhāya ca vyāpādena ca. So vivicc' eva kāmehi vivicca akusalehi dhammehi savitakkaṃ savicāraṃ vivekajaṃ pīti-sukhaṃ paṭhama-jjhānaṃ upasampajja viharati. Tasmiṃ, bhikkhave, samaye ariya-sāvako kālaṃ kareyya, n'atthi taṃ saṃyojanaṃ yena saṃyojanena saṃyutto ariya-sāvako puna imaṃ lokaṃ āgaccheyyā ti." 漢譯缺。

[29] S.V.61: "Pañc'imāni, bhikkhave, orambhāgiyāni saṃyojanāni. Katamāni pañca? Sakkāya-diṭṭhi, vicikicchā, sīla-bbata-parāmāso, kāma-cchando, byāpādo. Imāni kho, bhikkhave, pañc' orambhāgiyāni saṃyojanāni."

[30] PED: p.63

一、感官貪欲（kāma-cchanda）

二、煩躁與懊悔（uddhacca-kukkucca）

三、恚害心（vyāpāda）

四、怠惰與遲滯（thīna-middha）

五、疑（vicikicchā）

證入初禪那能助禪修者斷除感官貪欲（kāma-cchanda），那麼《遠離經》的那位再來者已斷除成為不來者之五結使中的四結使，唯一使他不能成為不來者的結使是貪欲（kāma-cchanda），而他身為再來者已斷的是貪婪（abhijjhā）。證入初禪那可斷貪欲，因此當他證入初禪那時他的貪欲斷，當他在初禪那定境中死亡就能因此而成為不來者。

雖然初禪那是經由意志建構而產生，因此它是一個暫時的境界，但它足以協助禪修者脫離下界而證入上界。這個觀念不止於在巴利尼卡雅經典中有跡可尋，在古老的巴利註釋書中也有留傳下來，巴利註釋書解釋說：

> 若他（修練者）命終而未從禪那中退出，他將能夠投生到更高的世界，並且在那裏證得究竟涅槃；然而若他失去禪那，他的命運將會是不可確定的。[31]

此文所傳達的意思與上座部傳統觀念不相符。巴利註釋書是很明確地說此事發生於定中，不是出定後的事。此經說若修練者能夠維持住於禪那定境中並且在禪那境中死亡，他就可能或不可能投生到上界，決定於他已斷除的結使；在晚期上座部傳統中則認為禪修者必要從禪那

---

31 BB.S.II.1936 note 229.

出定後才命終。由此事例，我們意外地發現原來上座部傳統說法也未必全然與巴利註釋書說法一致，此處的巴利註釋書說法應該是屬於古層的註釋書。

考察至此，已指出並簡述於哪些等至能與不能進行禪定中作觀之運作，也引證在初禪那命終之例，更有巴利註釋書明確註解說不退禪定而命終能生天，以下就要進一步分析四個與定中作觀相關的要點。在進入第二篇探討禪定成就與現法 涅槃之前，這些解說是必要的。本章是就經文段落分析其所顯的定中可作觀之示意，而下述第五章則是釐清幾個關鍵概念之闡釋。五障之處理方式、paccavekkhana一詞的詮釋等在教界有千餘年傳統歷史的理解，而學界也隨順教界古老傳統的詮釋，但前述重新審察九等至之中意味著這些傳統概念與經典的意思有一段距離。

第五章：關於在禪那中作觀之要點

有一些經典說佛陀在圓滿覺悟成佛前曾經修習並證入第七和第八等至，然而，前章已經審察兩組有關佛陀證悟過程的經典，其實兩組經典都沒有提及四處（āyatana）；換言之，佛陀的證悟與四處並沒有直接關係。此二組經典，一組是有關佛陀的經歷而另一組則是有關佛陀給弟子們的教導以及給外道們的解釋，不只是與它們相對應的漢譯本內容意思一致，還有明確地說到斷盡一切漏（āsava）。在如此眾多經證之下，無論是佛陀自身的實證或是傳授開示的解脫道次第，其實都僅含攝四禪那和三知。

在另一方面，有關佛陀證悟過程是有牽涉到四處和甚至想受滅定之爭議，雖然爭論者都有舉出經證，其中最常被引證與批判的就是《聖尋經》（Ariya-pariyesana Sutta），[1] 但是它卻與其相對應的漢譯本內容意思不一致。此外，這些經典自始至終都沒有明確地提及斷盡一切漏。

有關四處與覺悟，前述審察已經指出佛陀的勸誡，那來自徹觀外道禪定成就之功用的教示；也展示了佛陀的調適處方，也就是能夠為四處禪修者帶來突破局限而得解脫的方法。佛陀也指出非佛道修練者的技巧功虧一簣以至無法得到真正的解脫，反而還會導致錯誤見解。關於斷諸漏，在尼卡雅及阿含經有不同的詮釋路徑，雖然如此，我們仍然無法真正瞭解它是如何發生的。在本書第二篇將會針對這些經文

1 安德申的批判主要是依據此經（Anderson 2001: pp.55-80）。

作深入探討，由此途徑能夠得到明確的瞭解。在那之前，有幾個關鍵概念應當予以釐清，這是在傳統說法之外的另一理解；此理解或許可以為斷盡一切漏的經文提供一個選擇性的或更理想的詮釋。

一、棄離五障

禪那是一種比平常心境更高層次的心境，它具有特定的心所（cetasika）。每一更高層次的禪那成就都涉及棄除某些特定的或劣心所、或粗心所，或任何能障礙提昇心境品質或層次的心所。因此，四禪那被視為一種心的漸次性淨化，最終能達到於現生成就究竟涅槃。這種漸次性的心淨化過程之前行準備是棄除五種障礙，而這也是佛陀與外道在修持禪那方法上的差異處。 在證入初禪那前要棄捨（pahāya）五種障礙是明確地記載於許多部經典中，[2] 現代南傳上座部學者們認為五障是要被「壓制」（to be suppresscd）。[3] 在他處經典中，這些障礙是心的瑕疵，而且具有削弱智慧的功能（cetaso upakkilese paññāya dubbalī-karaṇe），這些障礙也阻擋究竟覺悟（aññā）因緣之生起。[4] 既然如此，五障應當是被「去除」而不是被「壓制」。「去除」，能使之不再生起，並讓已生起的智慧（paññā）維持下去；而「壓制」，只是暫

---

[2] M.I.276: "Evam eva kho, bhikkhave, …… Seyyathā pi, bhikkhave, ānaṇyaṃ yathā ārogyaṃ yathā bandhanā mokkhaṃ yathā bhujissaṃ yathā khemanta-bhūmiṃ; evam evaṃ bhikkhu ime pañca nīvaraṇe pahīne attani samanupassati. So ime pañca nīvaraṇe pahāya ……vivicc' eva kāmehi……paṭhamaṃ jhānaṃ upasampajja viharati." 菩提比丘將pahāya譯為"abandoned": "So too, bhikkhus…… But when these five hindrances have been abandoned in himself, he sees that as freedom from debt, healthiness, release from prison, freedom from slavery, and a land of safety."（亦參見 M.I.181-82; BB.M.275）迦雅提列給（Jayatilleke）認為pahāya一詞意為滅除。（Jayatilleke 1963: p.421）

[3] 功德寶（Gunaratana）1980: p.21, 76, 123, &229；羅侯羅（Rahula）1978: p.104&47；威斯頓金（Winston King）1980: p.101&129；威特爾（Vetter）1988: p.25。

[4] A.III.15-6。亦參見本書註8。

時性的，一旦再生起時智慧就全被削弱。那麼，pahāya一詞到底該如何詮釋決定了我們對五障之瞭解與處理。

Pahāya一詞並沒有「壓制或抑制」（suppression）之意，而一些現代上座部學者卻把pahāya一詞定義為「壓制」（suppressed）。[5] 無論是西方學者編的字典或斯里蘭卡上座部法師編的字典，pahāya一詞都沒有「壓制」之意。根據西方學者編輯的《巴英字典》，pahāya是動詞pajahati的連續體，pajahati是來自動詞字根√hā的動詞jahati加上前置詞pa，即pa + jahati結合而成為pajahati，而pahīna是其過去分詞。[6]《巴英字典》定義pajahati為「放棄、捨棄、拋棄、丟棄、剔除、放開、擺脫」（to give up, renounce, forsake, abandon, eliminate, let go, get rid of），而pahīna則定義為「放棄[了]、捨棄[了]、[已]離棄、[已]剔除」（given up, abandoned, left, and eliminated）。上座部法師佛授大長老（Buddhadatta Mahāthera）編撰的《簡明巴英字典》對此pahāya及pahīna二詞的解釋也都與《巴英字典》相同。那麼，把此二詞定義為「壓制」是可疑、可議的。有趣的是，同為研究與弘揚上座部的學者與法師們在解說禪定相關經文時往往把pahāya詮釋為「壓制」。

有三部記載關於佛陀回憶其證悟過程的經典傳達著相同的意思，顯示五障是要被「棄捨」而不是被「壓制」。第一部經典，是《中尼卡雅》的《染污經》（Upakkilesa Sutta），佛陀為阿耨樓多尊者解釋他已經棄捨（pahīno）疑、怠惰和呆滯等等，培養了專注並具有尋和伺兩種心活動的三摩地；[7] 而尋和伺兩種心活動是初禪那的主要心所或禪支。

---

5 功德寶（Gunaratana）1980: p.21, 74, 123, &197；羅侯羅（Rahula）1978: p.104, 17, &47；威斯頓金（Winston King）1980: p.101&129。

6 PED: pp.387 & 449.

7 M.III.161-162: "Yato kho me, Anuruddhā, vicikicchā cittassa upakkileso ti— iti viditvā vicikicchā cittassa upakkileso pahīno ahosi……thīna-middhaṃ pahīno ahosi……So kho ahaṃ, Anuruddhā, savitakkam pi savicāraṃ samādhiṃ bhāvesiṃ……"

根據第二部經典，《懼駭經》（Bhaya-bherava Sutta），一組負心所，包含貪婪諸欲（abhijjhālū kāmesu）、恚害心（byāpanna-cittā）、怠惰與遲滯縛心（thīna-middha-pariyuṭṭhitā）、煩躁與不平靜心（uddhatā avūpasanta-cittā）、猶豫（kaṇkhī）、和疑（vecikicchī），在喬達摩菩薩證入初禪那之前就已被捨棄。[8]

第三部經典，《薩迦柯大經》（Mahā-saccaka Sutta），甚至更明白地說，那些尚未完全棄捨（su-ppahīna）和完全平息（su-ppaṭi-ppassaddha）感官之欲者是不能夠證得知（ñāṇa）、見（dassana）、以及無上等正覺（anuttara sambodha）；[9] 而知與見之清淨，據《輪替馬車經》（Ratha-vinīta Sutta）所說是為了證得無所著究竟涅槃。此類經證亦顯示著佛陀與外道證入禪那方法上的不同，外道修證禪那的方法是強制性壓制障礙，而這帶來疼痛與痛苦的負面效果，這一點在《薩迦柯大經》中有明確的對比。[10]

簡言之，四禪那能發揮其功用作為究竟解脫的助緣是只有在五障被棄捨與平息的情況下才會發生。[11] 許多經典顯著地表示每一障礙的捨棄

---

[8] M.I.17-23.

[9] M.I.241: “Evam eva kho, Aggivessana, ye hi keci samaṇā vā brāhmaṇā vā kāyena c’eva cittena ca kāmehi vūpakaṭṭhā viharanti, yo ca nesaṃ kāmesu kāma-cchando kāma-sneho kāma-mucchā kāma-pipāsā kāma-pariḷāho so ca ajjhattaṃ na suppahīno hoti na suppaṭi-ppassaddho...... abhabbā va te ñāṇāya dassanāya anuttarāya sambodhāya.” 漢譯缺。另亦可參見《沙門果經》（Samañña-phala Sutta）。

[10] M.I.241-43；漢譯缺。

[11] 在佛陀給弟子們的教導中也常強調此關鍵點。在《增支尼卡雅》A.III.16-17一經說：“*Kāma-cchando, vyāpādo, thīna-middhaṃ, uddhacca-kukkuccaṃ, vicikicchā*.（此是在有vitakka和vicāra的心境中）Ime kho, bhikkhave, pañca cittassa upakkilesā yehi upakkilesehi upakkiliṭṭhaṃ cittaṃ *na c’eva mudu hoti na ca kammaniyaṃ na ca pabhassaraṃ*（此是在第四禪那的定境中。作者認為此段落經文意味著當五障是在被壓制下證入四禪那，證得究竟解脫的因緣不可能會出現。）pabhaṅgu ca na ca sammā-samādhiyati āsavānaṃ khayāya.

Yato ca kho, bhikkhave, cittaṃ imehi pañcahi upakkilesehi vimuttaṃ hoti, taṃ hoti cittaṃ mudu ca kammaniyaṃ ca pabhassaraṃ ca na ca pabhaṅgu sammā-samādhiyati āsavānaṃ khayāya. Yassa yassa ca abhiññā-sacchikaraṇīyassa dhammassa cittaṃ abhininnāmeti abhiññā-sacchikiriyāya, tatra tatr’eva sakkhi-bhabbataṃ pāpuṇāti sati sati āyatane.” 在A.II.210-11的經文顯示五障是經由淨化心而得以去除。在他處有更多與此議題相關的，例如：M.I.181, 269, 274, 347; M.III.3, 35, 135; D.I.71; D.III.49; A.III.92; A.IV.437; A.V.207。

都意味著心的淨化（cittaṃ parisodheti），[12] 若五障是「被壓制」，那麼淨化就不可能達成；障礙之淨化帶來不能經由「壓制」獲得的正面質量。

此外，在《增支尼卡雅》A.V.323~325經中，佛陀以喻指稱那些外道禪修者尚未棄捨五障就修禪定就如同未調伏的馬。此經的用語是「不如其實地知道逃離」（……nissaraṇaṃ yathā-bhūtaṃ nappajānāti……）已生起的五種障礙，此處強調要「逃離」五障，而不是「壓制」五障。野馬經由訓練至完全擺脫原來的習性，養成受訓良馬的好習性始可作為車乘駕御。五障亦如是，要經由修習捨棄後，沒有五障的清淨心才能成為徹觀的工具，以便能進而證得解脫涅槃，而此意正是《增支尼卡雅》A.III.16~19的《染污經》所說。

又如，於A.I.3~5經中就提及五障生起的原因與對治方法，發掘五障之生起原因與對治方法是為了棄捨及根除五障，若僅是「壓制」則不須追究其生起之因，也不須尋求對治之方法，僅用「壓制」即可。以上各部經典所說都一再地顯示、提示、說明，五障是要被棄捨而不是被壓制。

二、關於pacc’avekkhana一詞

Pacc’avekkhana一詞有多種解讀。根據大多數學者的解讀，它是禪修者從禪那定境中出來後的一種運作，這是根據上座部傳統觀念而來的說法，尤以《清淨道論》為主要出處。這種解讀可予以重新考慮，因為有多部經典提供不同的詮釋，而這才是更恰當的詮釋。首先，在

在A.III.63的經典如此明確的說五障是已生起之智慧變薄弱的原因：“pañc’ime, bhikkhave, āvaraṇā nīvaraṇā cetaso ajjhārūhā paññāya dubbalī-karaṇā”。此中還有明喻提出，以強調棄除五障和未棄除五障而修證四禪那的結果並不相同。經中也明確地指出，棄除了五障而修持者是有堪能或具足條件去獲得「上人法」（uttari-manussa-dhamma）。在A.III.65一經也認同五障是「一聚不善」法（akusala-rāsi）。

[12] A.II.210-11; D.I.71; D.III.49; M.I.181; M.III.3, 35.

《增支尼卡雅》的A.III.25~29[13] 經文說，四禪那的經驗和見到相，[14] 這五種元素能有助於證得所欲證得，如經文說：

> Katamā ca, bhikkhave, ariyassa pañc’aṅgikassa sammā-samādhissa bhāvanā? …… paṭhamaṃ jhānaṃ …… dutiyaṃ jhānaṃ …… tatiyaṃ jhānaṃ…… catutthaṃ jhānaṃ…… pacc’avekkhana-nimittaṃ suggahitaṃ hoti sumanasi-kataṃ sūpadhāritaṃ suppaṭividhaṃ paññāya.
>
> ……
>
> Evaṃ bhāvite kho, bhikkhave, bhikkhu ariye pañcaṅgike sammā-samādhimhi evaṃ bahulī-kate yassa yassa abhiññā-sacchikaraṇīyassa dhammassa cittaṃ abhininnāmeti abhiññā-sacchikiriyāya, tatra tatr’eva sakkhi-bhabbataṃ pāpuṇāti sati sati āyatane.[15]
>
> 諸比丘，什麼是聖五支正定（或聖五要素正定）？……初禪那……第二禪那……第三禪那……第四禪那……合宜地緣取pacc’avekkhana-nimitta，持之於心，善維持之，[16] 以智慧徹底的了解它。
>
> ……
>
> 諸比丘，當一位比丘如此建立聖五支正定，當如此培養，那麼，對於那些要以直接知識領悟的境界，他把心導向[以便得到]以直接知識領悟的，凡所有那些他都能夠證得，但要有合適之處。

---

13 漢譯本或可對應到T01.234c，此經是《長尼卡雅》《十上經》（Dasuttara Sutta）漢譯本。

14 此能力是五解脫處（vimuttâyatana）之一，如在A.III.23所說。

15 A.III.25-27.

16 Sūpadhārita一詞，現有巴利字典都譯為「已考慮好、已理解好」。作者認為它在此處應該可有另一種解析與譯法。它可解析為su-upa-dhārita，而dhārita是dhāreti的過去分詞，dhāreti有保持、憶持、戴著等意思，upa- 意為上、至、近、全等等。因此，sūpadhārita可譯為「善於全然維持、全然保持」。

前述觀察已經顯示在禪定定境中作觀之可能性，那麼複合詞“pacc’avekkhana-nimittaṃ”的意思則應該詮釋為「所觀相」（the sign of observation）。《巴英字典》把“pacc’avekkhaṇa”定義為「朝……看、考慮、回顧、注視、注意、回想、深思」（looking at, consideration, reviewing, regard, attention, reflection, and contemplation）。那麼，從定中可作觀之角度而言，其意思則是「朝……看（looking at）或者注意（attention），而不是「考慮（consideration）」或者「回顧（reviewing）」。[17] 巴利註釋書也支持此看法，註釋書解釋為適當的掌握作觀的行跡，註釋書說：

> Pacc’avekkhaṇa-nimittan ti pacc’avekkhaṇa-ñāṇam eva. Suggahitaṃ hotī ti yathā tena jhāna-vipassanā maggā suṭṭhu gahitā honti.
>
> 「所觀相」意思是觀察之知[識]。「正確掌握」意思是適當地掌握以任何方式進行的禪那作觀的行跡。

此外，《空大經》文本及其相對應的漢譯本譯為「觀」，這兩點都支持現在分詞pacc’avekkhamāna的意思應當取「當朝……看（looking at）」，或者「當注意（paying attention to）」的看法。[18] 此詞在尼卡雅中有的可解讀譯為觀照或觀看，有的可解讀譯為回顧、回憶、或回想。例如，在《中尼卡雅》的M.I.523的經文中，pacc’avekkhamāna一詞作者認為應當解讀為「觀看」，但菩提比丘譯為「回顧或回憶」

---

[17] 相同概念亦見於《念身經》（Kāya-gatā-sati Sutta），此經強調「觀看」（“looking at”）身體的活動：“Puna ca paraṁ, bhikkhave, bhikkhu imam eva kāyaṁ uddhaṁ pāda-talā adho kesa-matthakā taca-pariyantaṁ pūran nana-ppakārassa asucino paccavekkhati: Atthi imasmiṁ kāye kesā lomā nakhā dantā…… vakkaṃ hadayaṃ yakanaṁ kilomakaṁ pihakaṁ papphāsaṁ antaṁ antaguṇaṁ……”（M.III.90）。其相對應的漢譯經經文與巴利本極近相同，文中將paccavekkhati譯為「觀見」：「復次，比丘修習念身，比丘者此身隨住，隨其好惡，從頭至足，觀見種種不淨充滿，謂此身中有髮、毛、爪、齒……心、腎、肝、肺、大腸、小腸……。」《中阿含經》（CBETA, T01, no. 26, p. 556, a11-15）

[18] M.III.114；《中阿含經》（CBETA, T01, no. 26, p. 739, b16）。

（review）。[19]《優陀那》（Udāna）的一些經典中，pacc'avekkhamāna是應用在今生證得涅槃者，其意思應當亦是與M.I.523相同。在M.III.294~97及M.I.415~20則是較傾向回顧或回想的意思。

在M.I.523，阿難尊者回應雲遊僧山德哥關於阿羅漢斷漏的知與見之問。雲遊僧山德哥問阿難尊者：「……無論他行、住、臥或睡醒，他斷一切漏的知與見會持續地（satataṃ）及無間斷地（samitaṃ）出現嗎？」阿難尊者以喻解釋說：若有一人手腳被砍斷，無論他行、住、睡、醒，他的手腳都是持續地、相繼地手腳斷了，換言之，他的手腳不會有時斷有時沒斷；但是，唯有在他「觀看時」（pacc'avekkhamāna）他才知道「我的手腳斷了」（Api ca kho pana taṃ pacc'avekkhamāno jānāti: china me hatthapādā-ti）。[20]簡言之，唯有在他作意直接去觀看時，手腳斷了的知和見才會生起。漏盡阿羅漢亦如是，他的漏盡是一切時一切處都是漏盡了，但唯有當他「觀看」時他才知和見漏盡了（Api ca kho naṃ pacc'avekkhamāno jānāti: khīṇā me āsavā-ti.）。

此喻亦是凸顯尼乾子與佛陀的「一切知一切見」概念之差異。尼乾子自稱是一切知者一切見者，並且誇張地宣稱他的知和見是於任何一處、無時無刻不顯現；而佛陀也是一切知一切見者，但其知和見是唯有在他作意時才顯現，不作意時不顯現。這是二者之間的微細差別，而阿難尊者以喻回應正是要彰顯此微細差異處。阿難尊者在此以如此強烈的例子為喻，他要強調的重點是「直接觀看」，而不是回

---

19 BB.M.627.

20 M.I.523: "Seyyathā-pi, Sandaka, purisassa hattha-pādā chinnā, tassa carato ceva tiṭṭhato ca suttassa ca jāgarassa ca satataṃ samitaṃ chinnā va hattha-pādā. Api ca kho pana taṃ pacc'avekkhamāno jānāti: chinnā me hattha-pādā-ti. Evam-eva kho, Sandaka, yo so bhikkhu arahaṃ khīṇâsavo vusitavā kata-karaṇīyo ohita-bhāro anuppatta-sadattho parikkhīṇa-bhava-saṃyojano sammad-aññā vimutto. Tassa carato ceva tiṭṭhato ca suttassa ca jāgarassa ca satataṃ samitaṃ khīṇāva āsavā. Api ca kho naṃ pacc'avekkhamāno jānāti: khīṇā me āsavā-ti."（註：菩提比丘的譯本依CSCD版的添加片段，他在此處增加了一些文句，但這並不見於PTS版，亦不見於BJT版。）

憶、回想、回顧等之意。那麼，此文脈的pacc'avekkhamāna一詞意思應當為「觀看」，而不是如菩提比丘所譯的「回顧」（review）。

下述經文也一樣並不支持將pacc'avekkhamāna一詞詮釋為「回想或映現」（reflection）的看法。然而，在晚期佛教傳統和現代學術界，動詞pacc'avekkhati被詮釋為「回想」（reflects）或「回顧」（reviews），因為他們爭辯「作觀」只能在修練者出定後進行。[21]《增支尼卡雅》A.III.325一經聲稱，當修習又多修持（evaṃ bhāvitaṃ evaṃ bahulī-kataṃ）第四禪那的隨念處（anussati-ṭṭhāna）能引領至培養起一種潛力，此潛力能使修練者將心導向通達種種界（aneka-dhātu-paṭivedhāya）。[22]

而在《增支尼卡雅》A.I.256~58一經聲稱修持增上心（adhicittam-anuyutta）時必需時不時地照顧三相（tīṇi nimittā），三相即三摩地相或定相（samādhi-nimitta）、策勵或勤勵相（paggāha-nimitta）、以及捨相（upekkhā-nimitta）。持續地只照顧三摩地相可能會導致懈怠（kosajja），只照顧策勵相則可能會導致心浮動（uddhacca，舊譯為掉舉），只照顧捨相則有可能會導致不得正定，即斷盡一切漏的必要因素（na sammā samādhiyeyya āsavānaṃ khayāya）。恰當地照顧到三相則把心修持至具備幾種特質：柔韌性、易操作、光耀、不可壞滅、具備正定，而這些特質都有助於斷諸漏。

---

21 黑爾（Hare）譯為"the survey-sign"（審視相）（Hare 1934: p.19），同時他也提到戴維斯（Rhys Davids）譯為"images for retrospective thought"（用於回顧思維之心相），並指出戴維斯特別將此註明為"insight on emerging from ecstacy"（出定作觀）。在他們之後的譯家沃許譯為"the 'reviewing' sign"（檢視相或回憶相）（Walshe 1995: p.514），而功德寶長老則將paccavekkhana-ñāṇa一複合詞譯為"retrospective knowledge"（回顧智）（Gunaratana 1980: p.98）。

22 A.III.325: "Puna ca paraṃ, bhante, bhikkhu sukhassa ca pahānā...... catutthaṃ jhānaṃ upasampajja viharati. Idaṃ, bhante, anussati-ṭṭhānaṃ evaṃ bhāvitaṃ evaṃ bahulī-kataṃ aneka-dhātu-paṭivedhāya saṃvattati. Imāni kho, bhante, pañca anussati-ṭṭhānānī ti."

這也概括在《增支尼卡雅》A.III.423一經，此經提醒執取心相（cittassa nimittaṃ gahessati）的結果，那是一種漸次道，經由三個中間階段而導向涅槃。掌握心相引生正見，正見孕育正定，而正定將導向滅除結縛（saṃyojanāni pajahissati），滅除了結縛就能於現前獲證涅槃，《瑪哈里經》（Mahāli Sutta）可為此見解作進一步釐清。

在《瑪哈里經》，蘇那卡德（Sunakkhatta）告訴歐達德（Oṭṭhaddha）他跟佛陀學習三年就能夠看見天界之色，美麗、愉悅、又誘人，但是還未能聽到悅耳的天聲。[23] 歐達德向佛陀求證有沒有這樣的三摩地，佛陀肯定蘇那卡德的所見所言，並且說這是由於修練「一向三摩地」（ekaṃsa-bhāvito samādhi）而得的結果。[24] 修練一向三摩地者或見天色不聞天聲，或聞天聲不見天色。經中又說到，若他修持二向三摩地（ubhayaṃsa-bhāvito samādhi）就能見天色亦聞天聲（D.I.154-55）。此處是很明顯的，這不可能是比丘從三摩地出定後作回顧（review）或回想（reflection）的結果。

儘管如此，此成就並非依止佛陀修習梵行的目標，另有四成就被視為是更勝更崇高的境界，這才是依佛修行所應成就的：去除了（pari-kkhayā）三下分結的入流者、去除了三下分結又減緩了貪－瞋－癡（raga-dosa-moha）的一來者、去除了五下分結的不來者、以及斷盡一切漏並於現前證得心解脫與慧解脫的無漏（an-āsava）比丘。[25]

在經典的結尾，針對身與心的各種推論見解，佛陀釐清了相關問題。佛陀指出，一個證得禪那等定境又見到禪定境界之生與滅的禪修者，是不會執持身心是一或身心是異之見。[26] 換言之，當他如其實地

---

[23] D.I.152: "Yad agge ahaṃ, Mahāli, Bhagavantaṃ upanissāya viharissāmi na ciraṃ tīṇi vassāni, dibbāni hi kho rupāni passāmi piya-rūpāni kāmûpasaṃhitāni rajanīyāni, no ca kho dibbāni saddāni suṇāmi piya-rūpāni kāmûpasaṃhitāni rajanīyānī ti."

[24] D.I.153.

[25] D.I.156.

[26] D.I.157-58.

見到禪那定境的真實相時，他的身見（sakkāya-diṭṭhi）就會消失。禪那境界的知與見有助於瓦解將attā與感官訊息執為同一，此要點，在《真人經》（Sappurisa Sutta）是以maññāti（想像）一詞來凸顯。[27] 因為將attā與定境執為等同，由此而延生更多因定境所感知而妄想為我，因此，在漢譯中maññāti亦譯為「妄想」或「虛狂妄想」。

上述分析是依相關經典的經義而言，若依字面意義分析，則paccavekkhaṇa或paccavekkhamāna都展現其義為「觀見、觀看」，而不是回憶或回想。Paccavekkhamāna 是動詞paccavekkhati的現在分詞。Paccavekkhati源自paṭi + avekkhati，而avekkhati源自ava-ikkhati，動詞ikkhati字根為√īkṣ。前置詞ava有「下或往下」之意，動詞ikkhati意為看、見，那麼，paṭi與avekkhati複合而變音成為paccavekkhati，意即看見、觀看。其實，學者們譯為「回想、回憶」等，應該主要是受到後期定中不能作觀之見的影響，因而取paṭi為「反、逆、回到」之意，即出定後逆看之前的定中境界。

然而，paṭi之意，無論是上座部法師的字典或巴利聖典協會所編的字典，都不只是有反、逆之意，還有「向前」之意。如《簡明巴英字典》說paṭi意思有against，opposite，towards（向前），in opposition to；而巴利聖典協會的《巴英字典》列舉的意思有back to，against，towards（向前）， in opposition to, opposite。並且，前置詞paṭi在複合詞也不一定取反或逆之意，如paṭilabhati意即得、獲得、得到、接受，而labhati意為獲得、達到、收到，加上前置詞paṭi也沒有改變其意思。又如《輪替馬車經》（MN24）提到的修道七車的第六車是paṭipāda-ñāṇa-dassana。此中的paṭipāda是行道、進行的方式，它沒有反方向的意思。

上述分析的paccavekkhamāna是paccavekkhati的現在分詞，而本節

---

[27] M.III.44. 亦參見慶智（Ñāṇananda）1997: p.32。

討論之主題亦是與禪定相關的常見詞paccavekkhana是其過去分詞，但paccavekkhana一詞並未見於現有的巴利字典。Paccavekkhati形成過去分詞paccavekkhana並非不可能。如前述paccavekkhati來自paṭi + ava + ikkhati的複合，而 ikkhati的字根是√īkṣ也是√ikkh，過去分詞之形成可由動詞字根加上過去分詞語尾na，那麼，paccavekkhana可以來自paṭi + ava + ikkh[+a] + na之組合。

Paccavekkhana一詞出現在本節開端所引之文中，"……paṭhamaṃ jhānaṃ…… pacc'avekkhana-nimittaṃ suggahitaṃ hoti……"稱為聖五支正定（或五要素）。初禪那、二禪那、三禪那、四禪那、和pacc'avekkhana-nimittaṃ suggahitaṃ……為五支或要素，每一種的修持都以喻清楚說明。前四種禪那的修持關鍵在每一種禪那喜受、樂受等遍滿全身，每一種禪那定境所帶來的覺受都不相同，而此即是修持者要當下「觀見」之處。

第五要素即是與本節主題所探討的pacc'avekkhana 一詞相關聯的pacc'avekkhana-nimitta。經中言，對於pacc'avekkhana-nimitta要正確地緣取（suggahitaṃ）、善持之於心（sumanasi-kataṃ）、善維持之（sūpadhāritaṃ）、以慧徹底瞭解它（suppaṭividhaṃ paññāya）。那麼，整段經文之意為對於「當下見到的相」要正確地緣取、善持於心、好好維持它，最後還要以慧徹觀它的本質；而此「當下見到的相」即是指「禪定定境」。經文又以一譬喻解釋此句之意：

> Seyyathā pi, bhikkhave, añño'va aññaṃ paccavekkheyya, ṭhito vā nisinnaṃ paccavekkheyya, nisinno vā nipannaṃ paccavekkheyya. Evam eva kho, bhikkhave, bhikkhuno pacc'avekkhanā-nimittaṃ suggahitaṃ……[28]

[28] A.III.27.

此經文解釋說觀察pacc'avekkhanā-nimitta要如同站者見坐者，坐者見臥者。其意正是修持禪那者不可將自己等同禪定定境，而是以禪定境為所觀境。

前述所引《增支尼卡雅》的經典中正定五支的第五支這一句："pacc'avekkhana-nimittaṃ suggahitaṃ hoti sumanasi-kataṃ sūpadhāritaṃ suppaṭividhaṃ paññāya"，這些相關詞都以過去分詞方式出現，paccavekkhana、suggahita、sumanasikata、sūpadhārita，似乎也就意味著，這些動詞所代表的運作都是指在定中運作。此外，世尊為比丘們開示五種解脫之處（vimuttâyatana）的第五項即與此句極相似："……aññataraṃ samādhi-nimittaṃ suggahitaṃ hoti sumanasikataṃ sūpadhāritaṃ suppaṭividhaṃ paññāya……"（A.III.23）。二經對讀下，samādhi-nimittaṃ即指當下直接「觀見」之禪定相，在五支正定中即說為"pacc'avekkhana-nimittaṃ"。A.III.23一經強調，精勤於五種解脫處（vimuttâyatana）能令未證得證、未斷漏令斷漏、以及未得之無上瑜伽安穩；熟練掌握正定五支則可以自在地將心導向任何他想要瞭解的方向，即可得到相關知識。[29]

三、心所與禪那樂受

不可否認的，修練者出定後能「回顧」（review）、回想（reflect）、「追憶」（recollect）、或「回憶」（remember）他在禪那等之定境中

---

[29] A.III.23-24: "Yathā yathā, bhikkhave, bhikkhuno aññataraṃ samādhi-nimittaṃ suggahitaṃ hoti sumanasi-kataṃ sūpadhāritaṃ suppaṭividdhaṃ paññāya, tathā tathā so tasmiṃ dhamme attha-paṭisaṃvedī ca hoti dhamma-paṭisaṃvedī ca. Tassa attha-paṭisaṃvedino dhamma-paṭisaṃvedino pāmujjaṃ jāyati, pamuditassa pīti jāyati, pīti-manassa kayo passambhati, passaddha-kāyo sukhaṃ vedeti, sukhino cittaṃ samādhiyati: idaṃ, bhikkhave, pañcamaṃ vimuttâyatanaṃ, yattha bhikkhuno appamattassa ātāpino pahitattassa viharato avimuttaṃ vā cittaṃ vimuccati, aparikkhīṇā vā āsavā parikkhayaṃ gacchanti, ananuppattaṃ vā anuttaraṃ yoga-kkhemaṃ anupāpuṇāti."

所體驗的。雖然如此，這是否是唯一的佛陀要弟子們修練的，這才是我們應當關心之處。

此外，若精勤修練者在禪那等之定境中不能有所見，那麼，當他從禪那出定後就沒有可以回顧或回想的。此處要強調的是修練者在禪那等之定境中清楚地「見到」禪那定境中心之活動或心之運行。除了上述所講的三點之外，接下來要討論的是另一經證，證明禪修者分辨或辨識每一層次的禪那等之定境中的每一個心的活動或心所。在各種等至（samāpatti）中見到定境現象的能力呈顯在描述每一禪定境各種覺受的經文中。如同前面所指出，於等至中如此清楚見到就會去除身見（sakkāya-diṭṭhi）。

禪那層次愈高，心之淨化程度亦愈高，因而帶來更微細之樂受。四禪那是四層次的現前樂住，因為每一層禪那就是一種排除了某些粗心所的心境。依理而言，為了達到此排除，當禪修者住於禪定中時，對每一禪那中的所有心所都應當要清楚地觀見及掌握。[30] 如同在《馬邑大經》中所見，每一禪那及三知（ñāṇa）的作觀行跡都清晰地以適當的譬喻描述；從一禪那至另一禪那的主要心所都不相同，也因而禪修者體驗不同程度的樂受；各層禪那樂受都以譬喻描述以凸顯相關禪那中的主要的或顯著的心所。

《馬邑大經》的核心是佛弟子的修學次第，其中對四種禪那之修持操作即與前一節討論中所引經之內容相同。前節所引的經是說明正定的五支或五要素，除了對四種禪那的入出自在以外，第五要素之提出正是指出對禪定境之正當面對與處理；而在《馬邑大經》則是從證四禪那直接進入到得三知的說明，要從四禪那而得三知之關鍵運作即是那第五要素所分析的方法。

[30] 在前述討論已引用的一些例子，如《說經》和《增支尼卡雅》（A.I.256-58）一經。

初禪那的顯著心所是尋（vitakka）、伺（vicāra）、喜（pīti）、樂（sukha）。在前述討論中本書引用Peṭakopadesa對vitakka和vicāra二詞的詮釋，vitakka意思為「最先落入／首先落入」（paṭhamâbhinipāto），而vicāra意思為「圍繞於所得者」（paṭiladdhassa vicaraṇaṃ）；[31] 此二詞的解釋正可從目前所討論的《馬邑大經》獲得證明。

根據《馬邑大經》，pīti和sukha都是以水為代表，而表示vitakka的經文如此描述：「熟練清洗者或其學徒倒一堆肥皂粉入金屬盆中」；表示vicāra的經文則是：「以水漸漸地撒下，揉捏至水分滲透了肥皂粉泡棉球，浸泡它，使它內外都充滿，然而球本身並沒有泄漏」。[32] 此中「倒入」及「滲透」與「充滿」分別對應上vitakka及vicāra，也就符合Peṭakopadesa對此二詞的詮釋，即「最先落入」和「圍繞於所得者」。

換言之，肥皂粉「倒入」、水「撒下」，乃至肥皂水「滲透」、「充滿」，正是譬喻著由離欲及惡不善法而得的離所生（viveka-ja）之喜與樂（pīti-sukha）「落入」並且漸漸地「充滿」全身。這是許多經典對初禪那之描述。若此處的分析是真實可靠的，那麼我們就是發現了Peṭakopadesa這部歷史悠久、文義晦澀的論典對vitakka和vicāra二詞正確的，甚至可說是精確又符合經義的詮釋。Vitakka和vicāra二詞，古來漢譯經典譯為「尋」、「伺」，現代英 多譯為“applied thought”和“sustained thought”，這些漢譯、英譯並不能獲得經典字義與譬喻的支持。

---

31 Peṭ.: p.142.

32 M.I.276; BB.M.367. “Seyyathā pi…… dakkho nahāpako vā nahāpaka’ntevāsī vā kaṁsa-thāle nahānīya-cuṇṇāni ākiritvā udakena pari-pphosakaṃ pari-pphosakaṃ sanneyya, sā ‘ssa nahāniya-piṇḍi snehânugatā sneha-paretā, santara-bāhirā phuṭā snehena, na ca paggharaṇī.” 《中阿含經》：「猶工浴人，器盛澡豆，水和成摶，水漬潤澤，普遍充滿，無處不周。」（CBETA, T01, no. 26, p. 555, b20-22）

第二禪那的主要或顯著心所是內在平靜（ajjhatta sampasāda，舊譯為「內在淨信」）。在第二禪那，禪修者體驗由「定」所生的喜與樂（samādhijaṃ pīti-sukhaṃ），而非由「離」所生的喜與樂，此即表示沒有vitakka和vicāra，亦即沒有「落入」與「圍繞」。此意味著喜與樂是來自內在的心一境性，其譬喻如此地描述：

> Seyyathā pi...... udaka-rahado ubbhido'dako, tassa n'ev'assa puratthimāya disāya udakass'āyamukhaṃ, na pacchimāya disāya udakass'āyamukhaṃ, na uttarāya disāya udakass'āyamukhaṃ, na dakkhiṇāya disāya udakass'āyamukhaṃ, devo ca na kālena kālaṃ sammā dhāraṃ anuppaveccheyya; atha kho tamhā va udaka-rahadā sītā vāridhārā ubbhijjitvā tam eva udaka-rahadaṃ sītena vārinā abhisandeyya pari-sandeyya pari-pūreyya pari-pphareyya, n'āssa kiñci sabbāvato udaka-rahadassa sītena vārinā apphuṭaṃ assa.
> 如同有一池湖，其水從湖底下湧出，不是由東方、西方、北方、或南方流入，也不是不時地由雨水所充滿；從湖底下湧出的冷水灌滿、浸透、充滿、遍滿整個池湖，以至池湖無一處不被冷水所遍滿。[33]

麤喜在第二禪那仍然存在，經文「水從湖底湧出」表示其麤；此麤心所在進入第三禪那時退下，然而較微細的樂或極樂仍然存在。此樂在第三禪那中與另二心所（sati, sampajañña）是以此譬喻描述：

[33] M.I.276-277; BB.M.368.《中阿含經》：「猶如山泉，極淨澄清，充滿盈流，四方水來，無緣得入。即彼泉底，水自涌出，盈流於外，漬山潤澤，普遍充滿，無處不周。」（CBETA, T01, no. 26, p. 555, b29-c2）

Seyyathā pi…… uppaliniyaṃ vā paduminiyaṃ vā puṇḍarīkiniyaṃ vā appekaccāni uppalāni vā padumāni vā puṇḍarīkāni vā udake jātāni udake saṃvaddhāni udakânuggatāni anto-nimugga-posīni, tāni yāva c'aggā yāva ca mūlā sītena vārinā abhisannāni parisannāni paripūrāni paripphuñāni, n'āssa kiñci sabbāvataṃ uppalānaṃ vā padumānaṃ vā puṇḍarīkānaṃ vā sītena vārinā apphuṭaṃ assa.

如同蓮池中，有或藍、或紅、或白蓮花，有的蓮花生長在水中茁壯還未長出水面，而冷水浸透、充滿、遍滿它們的頂端及根部，這些蓮花沒有任何一部份不被冷水遍滿的。[34]

從前述二種禪那及二種譬喻來看，pīti和sukha的差別似乎可依這兩句經文辨識：「湧出的水」和「冷水灌滿……遍滿」。第二禪那有定所生之喜（水從湖底湧出）和樂（冷水遍滿）；第三禪那唯有樂滲透全身，即如同冷水全然地遍滿蓮花。前者（喜）有流動性，而後者（樂）有遍滿性。第二禪那有喜有樂，水湧出而遍滿；第三禪那無喜唯樂，水遍滿蓮花。後期佛教文獻以麤細辨別二者，或許就可以此流動與遍滿分辨麤細之差異。

在第四禪那的主要禪那心所是捨（upekkhā）和清淨念（sati-pārisuddhi）。[35] 在第四禪那中被淨化而又發光的心[36] 被描述為「一個人坐著從頭到腳被一塊白布遮蓋著，身體沒有任何一部份不被白

[34] M.I.277; BB.M.368.《中阿含經》：「猶青蓮華，紅、赤、白蓮，水生水長，在於水底，根莖華葉，悉漬潤澤，普遍充滿，無處不周。」（CBETA, T01, no. 26, p. 555, c10-12）

[35] 第四禪那的禪支普遍上知為“upekkhā-sati-pārisuddhi”通常譯為「因捨而得念清淨」（“purity of mindfulness due to equanimity”）。亦有譯為「捨清淨和念清淨」（Vetter 1988: XXVII note 9）。自阿毗達磨佛教以來此複合詞向來都有爭議。然而，在《隨生起觀經》（Anupada Sutta）相當清淨地，此複合詞是指兩種心元素。更多更清晰的討論可參考羅侯羅法師據阿毗達磨論所作的探討（Rahula 2001: pp.84-92）。

[36] 發光的心是指upekkhā，即如將在下章節所討論。

布遍蓋著」。[37] 前三禪那的譬喻主體都是水，而第四禪那的譬喻則是白布，此譬喻主體的突然轉換即是意味著在第四禪那中pīti和sukha缺席，轉而出現「捨」，並且以白布為代表；在他處經典中第四禪那之心境被描述為柔韌、易操作、發光，此與白布遍蓋之喻有共通意義。此外，不只是四禪那的境界都以恰當的譬喻描繪，知和見斷盡一切漏也是以妙喻詮釋，如同在《沙枯盧搭夷大經》所見。[38] 上述所分析的都是與「受」有關，而以下是與「心所」有關。

在另一經中亦記載著九等至每一等至的禪定心所都被清晰地辨識出，而一般共通的心所也都在每一禪那及每一處（āyatana）中被識別出來。在舍利弗尊者觀照下所識別出來的每一等至的心所可見記載於《隨生起[觀]經》（Anupada Sutta）。[39] 一部份心所在某種心境層次中特別顯著，也因而被識別為禪那心所，而其他一部份心所則是普遍存在前七個等至中，稱之為共通心所。這些心所分類如下圖所示：

---

[37] M.I.277-278; BB.M.369. "Seyyathā pi…… puriso odātena vatthena sasīsaṃ pārupitvā nisinno assa, n'āssa kiñci sabbāvato kāyassa odātena vatthena apphuṭaṃ assa."《中阿含經》：「猶有一人，被七肘衣或八肘衣，從頭至足，於此身體無處不覆。」（CBETA, T01, no. 26, p. 555, c19-21）

[38] M.II.22；漢譯缺。

[39] 卡魯納達沙亦認為此經所呈現的禪那經驗，即非神秘亦非抽象的。（Karunadasa 1994: pp.116-17）

表1-7　九等至——共禪那心所和共通心所

<table>
<tr><th>等至</th><th>禪那心所</th><th>共通心所</th></tr>
<tr><td>初禪那
pathama-jjhāna</td><td>尋－伺、喜、樂
vitakka-vicāra, pīti, sukha</td><td rowspan="7">心一境性（citt’ekaggatā）、
觸（phasso）、
受（vedanā）、
想（saññā）、
心所（cetanā）、
心（citta）、
意欲（chando）、
勝解或堅決（adhimokkho）、
精力或精進（viriya）、
念（sati）、
捨（upekkhā）、
作意（manasikāro）</td></tr>
<tr><td>第二禪那
dutiya-jjhāna</td><td>內在平靜、喜、樂
ajjhatta sampasādana, pīti, sukha</td></tr>
<tr><td>第三禪那
tatiya-jjhāna</td><td>樂、念、正知
sukha, sati, sampajañña</td></tr>
<tr><td>第四禪那
catuttha-jjhāna</td><td>捨、非苦非樂受、輕安的、心無思惟、念清淨
upekkhā, adukkham-asukhā vedanā, passaddhattā, cetaso anābhogo, sati-pārisuddhi</td></tr>
<tr><td>空無邊處
ākāsānañc-âyatana</td><td>空無處－想
ākāsānañcâyatana-saññā</td></tr>
<tr><td>識無邊處
viññāṇañc-âyatana</td><td>識無處－想
viññāṇañcāyatana-saññā</td></tr>
<tr><td>無所有處
ākiñcaññ-âyatana</td><td>無所有處－想
ākiñcaññâyatana-saññā</td></tr>
<tr><td>非想非非想處
n’eva-saññā-nâsaññâyatana</td><td colspan="2">So tāya samāpattiyā sato vuṭṭhahati. So tāya samāpattiyā sato vuṭṭhahitvā ye dhammā atītā niruddhā vipariṇatā te dhamme samanupassati—‘evaṃ kira me dhammā ahutvā sambhonti, hutvā paṭiventī’ti.</td></tr>
<tr><td>想受滅
saññā-vedayita-nirodha</td><td colspan="2">Paññāya cassa disvā āsavā parikkhīṇā honti. So tāya samāpattiyā sato vuṭṭhahati. So tāya samāpattiyā sato vuṭṭhahitvā ye dhammā atītā niruddhā vipariṇatā te dhamme samanupassati—‘evaṃ kira me dhammā ahutvā sambhonti, hutvā paṭiventī’ti.</td></tr>
</table>

在現代學術界，此經的真實性備受質疑，[40] 但作者認為此經內容告訴我們在有關證入九等至的方法上，佛陀的與外道的差別所在。根據非佛道修練者的方法，修練者在各等至所體驗的是樂與平等無別的知覺；這些外道禪修者壓倒性地被主導，被諸等至的顯著感受所驅

[40] 向智尊者（Nyanapoṇika）1988（1949）: pp.115-17。

使；由於他們無法分辨這些現象，他們將這些現象歸屬為他們所信仰的偉大神祇的顯現。

相對於此，根據佛陀的方法修證等至，以sati為修練操作關鍵點之一，以至sati自始至終都現前，也因而所有等至中的一切現象都能夠清晰地被觀照與識別。有數部經典把這些身體上經驗的現象作為sati-paṭṭhāna的對象，例如在《奇達鎮經》（Kīṭā-giri Sutta）所見。在上圖表中，前七等至共通存在之微細心所或許能解釋佛陀如何聲稱潛伏慢潛藏在所有九等至，而且佛陀也宣稱上述經文中的方法為佛陀教導弟子的方法：

> Puna ca paraṃ, Udāyi, akkhātā mayā sāvakānaṃ paṭipadā, yathā paṭipannā me sāvakā cattāro jhāne bhāventi. Idh' Udāyi, bhikkhu vivicc'eva kāmehi……paṭhama-jjhānaṃ …… Seyyathāpi, Udāyi, dakkho mahāpako……catuttha-jjhānaṃ …… Seyyathāpi, Udāyi, puriso odātena vatthena sasīsaṃ pārupitvā nisinno assa…….
> 又，烏搭夷，我為弟子們說過了行道，依此入道的弟子們修持四禪那。即，離欲……住於初禪那……如同一個熟練的清洗工……第四禪那……如同一個人坐著被遮蓋……[41]

儘管如此，一些宣稱苦行生活的目的是為了解脫的苦行僧們嘲笑佛陀不但是一個沉溺於欲樂生活者，而且還鼓勵他人過放縱的生活（sukkhallikânuyogaṃ anuyuttā）。佛陀回應他們並分析感官五欲之樂都是應當要捨離，而禪那之禪定樂是所應當追求。世尊也更進一步指出，外道修練者證入初禪那的方法是透過壓制五種障礙，因而終究不

[41] M.II.15-16；參考BB.M.641-41。

得解脫；而佛陀的方法則是捨棄它們，是故得究竟解脫，就如同前述討論的《郭巴柯目犍連經》所說。

五障是由五感官欲樂所支持。對於那些證入禪那而沒有先棄除五障的禪修者，佛陀警誡說他們會不能得知與見，並且佛陀也以譬喻點醒他們，修持時常常要執取一個所緣境而忘了修習梵行是為得無所著涅槃，就如同一隻未經調伏的馬，會時常渴望著、想念著吃草而忘了自己應當負起的義務與責任。[42] 在佛陀的教法下，藉由棄捨五障並且作個真實觀照者，禪修者漸次地以前三禪那覺悟到快樂的世界，而他會在第四禪那全然地了解整個極樂界。[43] 如同前面所指出，佛陀描述四禪那分別為四種樂：出離樂（nekkhamma-sukha）、遠離樂（paviveka-sukha）、止息樂（upasama-sukha）、及正覺樂（sambodha-sukha）。[44]

然而，證入全然極樂界，仍然不是依佛陀座下修習梵行的目的，這些都只不過是圓滿梵行的前行基礎。基於第四禪那，禪修者再繼而證得三知（ñāṇa），而三知正是表示他證得了究竟解脫；[45] 在證得第三知時，他全然了解四諦並且斷盡一切漏，因此解脫知（vimutti-ñāṇa）出現。到此階段，四禪那在解脫道中的功能已經完全圓滿，解脫知見顯示於他；而此解脫知見之顯現，在佛陀開示的解脫道次第中保有其重要的一席之地，即如下節所示。

四、解脫知見之出現

解脫知見（vimutti-ñāṇa-dassana）是另一個要特別討論的要點，因為它在完整的解脫道上顯示著一個關鍵階段；然而，現代學者卻誤解

42 A.V.323-25.
43 M.II.37；《中阿含經》（CBETA, T01, no. 26, p. 786a）。
44 M.I.455；《中阿含經》（CBETA, T01, no. 26, p. 743a）。
45 M.II.38-9；此段文在相對應的漢譯本從缺。

它為一個晚期的篡改。此關鍵階段是與決定解脫之三知中的第三知有關，即漏盡知（āsava-kkhaya ñāṇa），此漏盡知之證得是經由完全如其實地（yathā-bhūtaṃ）知道苦四諦和漏四諦，苦四諦即指苦、苦集、苦滅、及苦滅道，而漏四諦即指漏、漏集、漏滅、及漏滅道。但是，直至全然知道漏四諦，世尊並不說此即是終點，即如世尊說的「聖弟子還沒有得到結論」，他還有一步驟有待完成。此即如同巴利《象跡喻小經》（Cūḷa-hatthi-pad'opama Sutta）所顯：[46]

> Āsavānaṃ khaya-ñāṇāya cittaṃ abhininnāmeti. So: 'idaṃ dukkhan'ti yathā-bhūtaṃ pajānāti, 'ayaṃ dukkha-samudayo'ti …… ayaṃ āsava-nirodha-gāminī paṭipadā ti yathā-bhūtaṃ pajānāti. Idam pi vuccati, brāhmaṇa, Tathāgata-padaṃ iti pi……Na tv' eva tāva ariya-sāvako niṭṭhaṃ gato hoti, api ca kho niṭṭhaṃ gacchati- 'sammā-sambuddho Bhagavā……'
>
> 他把心導向斷盡一切漏。他如其實地知道：「此是苦」，「此是苦之集」……他如其實地知道：「此是漏滅之道」。婆羅門，這個也是所謂的如來足跡……但是那聖弟子還沒有真正得到結論，但他做結論：「世尊是圓滿覺悟的……」[47]

至此，他仍然還有下一步，他必須繼續修練，直到解脫知和見顯現，如經文所調強：

> Vimuttasmiṃ vimuttam iti ñāṇaṃ hoti; "khīṇā jāti, vusitaṃ brahma-cariyaṃ, kataṃ karaṇīyaṃ, n'āparaṃ itthattāyā"ti pajānāti. Idam

[46] 此段文在相對應的漢譯本從缺。
[47] M.I.183；參考BB.M.277。

pi vuccati, brāhamaṇa, Tathāgata-padaṃ iti pi...... Ettāvatā kho, brāhamaṇa, ariya-sāvako niṭṭhaṃ gato hoti- “Sammā-sambuddho Bhagavā......” Ettāvatā kho, brāhmaṇa, hatthipad’opamo vitthārena paripūro hotī ti.

當解脫了，有如是之知[出現]：「解脫了」。他知道：「生已滅盡，梵行已立，凡所應作皆已作，不再有來生」。婆羅門，這也是稱為如來足跡……婆羅門，在這一刻聖弟子得到了結論：「世尊是圓滿覺悟的……」。而，就在這一刻，婆羅門，象足跡之喻完全詳細詮釋了。[48]

世尊強調要等到此解脫知見出現才算圓滿，這時才算得到圓滿的結論，也才能公開宣稱，即所謂的「世尊是圓滿覺悟的……」。在許多經典都能觀察到此過程，首先出現苦四諦智，然後出現強調漏（āsava）的四諦智。在《六清淨經》（Chabbi-sodhana Sutta），諸比丘請問佛陀有關如何知和見心已解脫了，在回答中佛陀指出修習四禪那和第三知，漏盡知；又一次地，此回答中佛陀再次說到解脫知見出現於修練者，[49] 然後，經文進一步強調：

Evaṃ kho me, āvuso, jānato evaṃ passato imasmiṃ ca saviññāṇake kāye bahiddhā ca sabba-nimittesu ahaṃkāra-mamaṃkāra-mānânusayā susamūhatā ti.[50]

賢友，如是我所知，如是所見：於此有識之身及外在的一切相，諸我作、我所作、以及潛伏慢都完全一起從根拔除了。

---

[48] M.I.184；參考BB.M.277。
[49] M.III.36.
[50] M.III.36；參考BB.M.908。

簡言之，此解脫知見是重要的解脫智，藉由此修練者能夠自己知道並確認自己已解脫了。然而，一些現代學者，如威特爾，推測說解脫知見是晚期佛弟子們穿插的，[51] 而潘爹也認為它是取自《增支尼卡雅》的第五冊。[52] 但是實際上，相關的經文在每一尼卡雅都有記載。[53] 除了是關鍵之解脫智，更重要的一點是，這些都指出具備此五項的修練者即是具備了達成各目標之資格。[54] 解脫知見通常與另外四項解脫道要素一起出現：戒（sīla）、定（samādhi）、慧（paññā）、以及解脫（vimutti），此五要素列表常見於每一尼卡雅中，而出現此列表的經文都傳達了特殊意義，所有五要素在此特殊意義都各有其角色，解脫知見在文本中並不顯得突兀或格格不相稱。

在許多經典所見的五段為戒、定、慧、解脫、以及解脫知見。主張最後二段為後期傳統所篡改的現代學者們認為原本應該只有著名的三學：戒－定－慧（sīla-samādhi-paññā），這看法其實是根據《清淨道論》而來的；他們認為三學就足以圓滿證得究竟解脫。然而，如同在《四十大經》（Mahā-cattāri-saka Sutta）所顯示，最後vimutti和vimutti-ñāṇa-dassana二者之出現意示著證得並確認究竟解脫。巴利本列出十項項目，八支聖道的八支再加上正知（sammā-ñāṇa）和正解脫（sammā-vimutti）。[55] 戒－定－慧是八支的收攝，因此十項仍然可歸納為五項。其相對應的漢譯本則說前八項是有學者（sekha）的八支，而十項則是無學者或阿羅漢的十支；[56] 換言之，有十支的列表是表示完整的解脫道過程，即自證亦自知。修持了八支，修練者會得知

[51] 威特爾（Vetter）1988: p.XXXVII note 12。
[52] 潘爹（Pande）1995: pp.66-7。
[53] 例如：M.III.113, S.I.304。
[54] 例如：D.III.279; S.I.222（100）; M.I.145, M.I.214; A.V.67。
[55] M.III.76-77.
[56] 《中阿含經》：「云何學者成就八支？學正見至學正定，是為學者成就八支。云何漏盡阿羅訶成就十支？無學正見至無學正智，是謂漏盡阿羅訶成就十支。」（CBETA, T01, no. 26, p. 736, b21-24）

（ñāṇa，即表示究竟解脫的三知），而當證得第三知時他即是證得阿羅漢果位；於此處，他證得正解脫或完全解脫，而解脫知見顯現，亦即他自己確認自己證得了究竟解脫。

上述討論除了為顯示解脫知見的重要性之外，也可關係到另一詞之解讀，即"āloka-saññā"（通常稱為光明想）一詞，因為它與「知和見」之顯現關聯。在前述討論中作者已指出修持āloka-saññā是為了證得知和見（ñāṇa-dassana-paṭilābhāya），這可見於多部經典。[57] 光明想修持之圓滿完成是當光明想能夠持續一天或一夜，或者一日夜，[58] 這意味著修持者得到穩定或堅定的三摩地以及清晰的心境。光明想的角色是驅散怠惰和遲滯（thīna-middha），即五障之一，[59] āloka-saññā修持也被視為是揭開（vivaṭa）和揭露（apariyonaddha）心的障礙，並且令心脫離怠惰和呆滯。

前述討論中已指出獲得諸等至（samāpatti）之知和見是為了證得涅槃。在《彙集經》（Saṅgīti Sutta）稱讚一種三摩地修持能引領至獲得知和見，[60] 其方法就是經由修持āloka-saññā；相同的經文意思也出現在《增支尼卡雅》的A.II.45一經，它意味著對等至的全面了解。[61] 諸等至之知和見通常被認為是在從等至出定後回顧才獲得，然而根據這些經文分析，知和見是在禪那定境中直接獲得。Āloka-saññā之修持引領直到獲得諸等至的清淨知見，由此，修練者能使心捨離執取禪那定境，也不令心將禪那定境視為與我等同或同一；在他處論及五障的經文中，āloka-saññā修持是為了根除怠惰和遲滯（thīna-middha）。

---

[57] 例如A.II.45; A.IV.86。
[58] A.II.45.
[59] A.II.211; A.IV.86.
[60] D.III.222-23.
[61] A.II.45: "Katamā ca, bhikkhave, samādhi-bhāvanā bhāvitā bahulī-katā ñāṇa-dassana-paṭilābhāya saṃvattati? Idha, bhikhave, bhikkhu āloka-saññaṃ manasi-karoti divā-saññaṃ adhiṭṭhāti yathā divā tathā rattiṃ yathā rattiṃ tathā divā. Iti vivañena cetasā apariyonaddhena sappabhāsaṃ cittaṃ bhāveti …… Ayaṃ vuccati samādhi-bhāvanā…… ñāṇa-dassana-paṭilabhāya saṃvattati."

學者們把āloka-saññā譯為 “the perception of light”，perception意為感知或感知能力、認識能力，或覺察、洞察力等；[62] 沃許，依據《清淨道論》的說法，認為āloka-saññā意為perception of light，這樣的見解並無法顯示出āloka-saññā在解脫道中的角色。[63]

其實，依上述所引的那些經文來看，這樣的譯法反而是值得商榷的。“Āloka”一詞之意，可以是「看見、視覺；或者光亮、光澤、光明；或者直觀」，光之知識。[64] 作者認為它可取為「情景或明光觀見者」， 或者如古來漢譯典籍譯為「光明想」。對諸等至之情景或明光的知覺，加上直觀或慧（paññā）之應用，產生對諸等至之清淨知與見，亦即對究竟解脫有助益的要素。

62 諸如沃許（Walshe）1996: p.488。
63 MW.D.545 note 120.
64 瑪葛瑞康（Margaret Cone）2001: p.339。

結　語

本篇對九等至重新審察發現，在《中尼卡雅》所有提及四禪那的經典可分為四類，但其間卻有一共通特點。無論是佛陀本身的修證記錄、佛陀對佛弟子的教示、或是佛陀回應外道詢問之相關經典，都僅提及四禪那、三知、和解脫知見，並沒有提到備受爭議的種種苦行、空無邊處等四處（āyatana）、和想受滅。

記載於《薩迦柯大經》的苦行記錄，並未見於傳授給弟子們的解脫道次第之元素中；《聖尋經》記述的四處也同樣未被列入為解脫道次第條件之一；《獵師經》的想受滅定也同樣未被列入。關於世尊認為想受滅也是一種樂之說，本文探討發現不僅此說之所依經，巴利《獵師經》，與其相對應的漢譯本不同調，而且在第四分類（只說到四禪那沒有三知和涅槃）的經典中明確的判定四禪那是樂住，也是與佛弟子所應追求之四種樂有關，此外《算數目犍連經》記載四禪那是有學者通往涅槃之道，亦是無學者日常之現法樂住。

總而言之，經由此審察發現，無論是佛陀的成道過程、佛陀教導弟子們的解脫道內容、佛陀回應婆羅門與雲遊僧所提出的解脫道之疑問，其中所涉及的禪定層次都只有四禪那；佛陀對四禪那的觀點都是肯定的，具有正面價質的，例如或說四禪那相關之四種樂是佛弟子所應追求乃至不應畏懼的，或說四禪那即是正定亦是樂住，或說四禪那是證得涅槃之道亦是現前當下之樂住。

在檢視提到四禪那以上之等至的經典，如八等至或九等至，也可分為二大類。一類經典是有說到八或九等至，但卻未見有說到漏盡、解脫、或涅槃之證得，儘管如此，在這類經典中反而可發現佛陀否定外道把禪定成就當成是解脫的觀念，也可見到世尊點破外道證得四處而不得解脫的真正原因。另一類經典則是有說七等至或八等至並且也有說漏盡、解脫、涅槃之證得，更重要的是當中有些經典甚至提及作觀的方法。

據此，本文進一步討論並提出最後二等至不能於其定中作觀之經證，以及於定中死亡成為不來果聖者之經證。延續此理解再進一步檢視五障、pacc'avekkhana、解脫知見等之概念在經典之說與傳統及學術界之說的差異。

九等至之前七等至屬於有想等至，因此修持者可於其定境中作觀；而後二等至並不屬於有想等至，因缺乏想而致使修持者無法於其定境中作觀。另外，一來者能藉助禪那之優勢得於命終時投生天界成為不來者。前述探討也指出五障（或五蓋）應當被「捨棄」而非被「壓制」。"Pacc'avekhana"一詞之意義是要在定中當下「觀見」定境，而非出定後的「回顧、回憶、或審視」。

總而言之，無論是提及九等至、或八等至、或七等至、或四處的經典，其中記載佛陀或駁斥外道的解脫觀，或點破外道入定而未得解脫的問題所在，或提供方法使九等至修證者能依其禪定成就得解脫、證涅槃。九等至是佛世時就已為禪修社群所知曉，並非後人組合建構而成。

上述有關早期佛教經典分析探討展示了與九等至相關的新觀點。此觀察分析當中的發現是與當代教界與學界對禪那定境與究竟解脫關係的理解相對立。例如，現代學術界主張當禪修者住於禪那定境中時不能作觀，也認為想受滅（saññā-vedayita-nirodha）純粹屬於佛教傳統所有，這類見解都免不了受到上座部傳統的影響。此早期經典之審察引發人深思另一課題，在經典記載中，涅槃與禪那定境之關係為何？在接下來的篇章我們將針對此課題作深入探討。

第二篇

證得現法涅槃

前一篇已經展示了修持者在禪那定境中斷諸漏（āsava）的可能性，而關於涅槃則指出佛陀否定了以四禪那為至上現法涅槃（parama-diṭṭha-dhamma-nibbāna）之論說。在《增支尼卡雅》A.V.64-65一經，我們發現其實佛陀也教導至上現法涅槃，不同於外道以四禪那為涅槃，佛陀所教導的涅槃是在六觸處上施以獨門操作而證得的。[1] 尼卡雅和阿含經二者都記載著佛陀教導有關在今生證得現法涅槃（diṭṭha-dhamma-nibbāna，於現前當下證得涅槃）的方法，此第二篇即專注於探討如何證得現法涅槃。

與此第二篇主題探討相關的經典中，關於第四禪那和無所有處（ākiñcaññâyatana）的經文通常出現在有關此生證得涅槃的經文之前；這顯示此二等至與涅槃之證得有顯著的關係，但是這並不意味著此二等至本身即是涅槃。如即將在此篇要進行討論的，在此二等至中還要有進一步的修持才能證得現法涅槃。此探討將會顯示第四禪那在證得「現法涅槃」上的重要性，並且亦將指出無所有處等至（ākiñcaññâyatana samāpatti）被認為即是「無所有心解脫」（ākiñcaññā ceto-vimutti）是一種誤解。

此探討也發現saññagga（頂想）是與現法涅槃有密切的關係。外道亦有saññagga概念，但其意思與佛陀的意思相去甚遠。然而，此差異性似乎不容易辨識，因為在佛陀時代就已存在對此概念的誤解。在釐清佛陀與外道對saññagga與涅槃之關係的看法之餘，也能凸顯saññagga在證得現法涅槃上的重要意義。

最後，本文將會指出samādhîndriya（定根）之定義與上述現法涅槃的關係。對現法涅槃的理解和samādhîndriya的定義二者能使我們進一步瞭解只有極少數學者注意到的三個重要概念：三三昧、無所緣三

[1] A.V.64.

摩地、和無所著涅槃，乃至其之間的關聯。此討論將帶領我們進入第三篇的探討。

第六章：現法涅槃與第四禪那

許多經典都顯示修練者在第四禪那證入涅槃，而且陳述方式可歸類為兩種：一是從見四諦（sacca）和盡除三種漏（āsava）來陳述，另一則是從停止心行（abhisaṅkharoti）和意向（abhisañcetayati）來陳述。許多學者大多數都專注在第一種陳述方式，並且提出種種質疑加以探討及批判，但至今仍然未有共同一致的結論。

有如關於四諦和四聖諦（ariya-sacca）之差異，或有關三漏和四漏之差異上的問題，都尚未有圓滿的解決；有些經典記載，修練者在斷諸漏之前回顧四諦，而有些經典則說他回顧四聖諦；這都是學者們討論而尚未有結論的課題。諾門認為四諦的經典文本是原始的，而其他說四聖諦的部份則是後期的穿插。[1]

關於克服諸漏，有些經典說三漏，有些說四漏；學者們傾向於認為三漏的文本才是早期或原始的，而說四漏的文本則是後期增添的結果；而至於修練者如何在禪那定境中理智地回顧四諦以斷漏也是學者們討論的議題。"Āsava"（漏），所牽涉的疑問，其真正的意思、為何無明（avijjā）也是含蓋為諸漏之一、諸漏如何被克制，從這些經典來探討都是無法得到明確的答案。

學者們爭辯關於四諦如何會是佛陀自己的教導，[2] 然而，本文將要探討的是佛陀如何依其圓滿證悟建立四諦說。其圓滿證悟是經由禪定成就所帶來的超常能力而獲得的，那麼也就表示四諦之了悟與禪定

---

[1] 諾門（Norman）1991: p.223。
[2] 安德申（Anderson）2001: pp.192-95。

成就有著密切的關係。成道後佛陀為各類型聽眾以不同的方式講說四諦，或許是因此而造成現今讀者不容易理解，乃至產生質疑。本文將要在下述分析中指出的是，在解讀經典詮釋於第四禪那證現法涅槃之過程可發現如何了悟四諦而至涅槃。

另一方面，學者們似乎並未注意到第二種證悟涅槃的表達方式，如同在《分別界經》（Dhātu-vibhaṅga Sutta）所見。此經對於要詳細了解證悟涅槃非常重要，因為它顯示如何在第四禪那中漸次地證得涅槃。除了《分別界經》之外，在另外兩經也談到以第四禪那為基礎進而證得涅槃，而且兩經在證得現法涅槃的解說上都有各自的著重點；此二經即是《五三經》（Pañca-ttaya Sutta）和《解說概要經》（Uddesa-vibhaṅga Sutta）。

《分別界經》記載的是佛陀傳授如何證得涅槃之教示，在證得涅槃的前一步驟是棄除捨（upekkhā），即經由停止心行建構（abhisaṅkharoti）和停止意志趨向（abhisañcetayati）來達成；《五三經》和《解說概要經》是在提醒證悟涅槃的最大障礙，就是「我」（attā）的概念。此兩經從兩個面向來分析如何移除此障礙，前經是從停止abhisaṅkharoti和abhisañcetayati的面向分析棄捨「我」的概念，而後經則是從「不把自己等同於五蘊」以剪斷「我」的概念進行分析。後二經所說的結合起來即是前《分別界經》所說的內容。以下將以《分別界經》為主，以《五三經》和《解說概要經》為輔，分析如何於第四禪那中證現法涅槃。

一、《分別界經》：棄除「捨」

《分別界經》一方面描述如何於第四禪那證得涅槃的步驟，一方面說明為何必需避開四處（āyatana）。整體上，此經是佛陀為新出家比丘，仆枯莎提（Pukkusāti）尊者，講授證得涅槃的教導。如經中所示，證得現法涅槃的進程有三階段：觀修空性、修持無著、和證得涅槃。

觀修空性即是如經文描述徹觀地、水、火、風、和空五元素（dhātu，界）所示，[3] 對此五元素應當如此以正慧（samma-ppaññā）視之：「這不是我的，我不是這，這不是我的我（attā）」。[4] 由於經文中接著說禪修者應當避免將心導向四處，那麼，此文即是表示徹觀五元素能將心導入第四禪那。巴利註釋書不僅指出仆枯莎提第一次遇到佛陀時就已經能夠證入第四禪那，[5] 亦解釋說在他遇到佛陀之前就已經修持入出息念至證得第四禪那，因此佛陀的教導是直接從觀空著手。[6] 佛陀教誡仆枯莎提「不要將心導向四處」即等同於表示四處對於證得涅槃是不必要的。相對於此，一個人將心導向四處，也就表示他渴望另一期存有或生命期，也就是他尚有執著；「不將心導向四處」表示他捨棄執取任何形式的存有或生命期，無論是此世間或他世間的存有形態。

接著，文脈進展到一段有關證得涅槃的經文，即，修持無所執著帶來不動搖的心境以及證悟涅槃。雖然相同經文亦可見於他處多部經典，但是此處的經文明確談到在今生於第四禪那證得涅槃；那麼，解讀此經成了關鍵性的瞭解於禪那中得解脫的運作。此外還有一重要的關鍵點應當要指出的是，這一切發生於有覺識的心境中，而其方法是經由「停止」某些心的活動，如在下述討論所見。除了此二關鍵顯示之外，經中亦有兩段關於如何證得涅槃的經文，而且這也都不見於其他經典，它們是有關清淨與純淨意識和棄除捨（upekkhā）。

---

3 有關前四元素之觀修，佛陀本身之修證及對弟子的教誡可見於《相應尼卡雅》，S.II.170-77.

4 M.III.240: “Taṃ n’etaṃ mama n’eso’ham asmi na me so attā”.

5 BB.M.1346 note 1267.

6 作者認為從對五元素修持空觀而得至第四禪那，巴利註釋書似乎是依古老的流傳，說仆枯莎提在遇見佛陀之前早已自修入出息念，乃至證入第四禪那；故且不論何者是與非，此處的重點是仆枯莎提的這些觀修操作都漸進地導向涅槃，最終成就現法涅槃亦是在第四禪那中獲證，而獲證的進程才是此處探討的核心重點。

（一）清淨與純淨意識之證得

《分別界經》所顯示的是有關捨棄五元素而獲得兩種結果，此二結果則是顯示二階段的進展：經文“athā ‘paraṃ viññāṇaṃ y’eva avasissati”所示的淨化意識，以及經文“athā ‘paraṃ upekkhā y’eva avasissati”所示的證得清淨捨（upekkhā）。前者在本節討論而後者將在下一節討論。

前者是經由作觀而生厭離來達成。修練者對五元素以正慧如其實地徹觀（yathā-bhūtaṃ sammā-ppaññāya disvā）五蘊的本來面目，而使自己對五元素真實地了解並生起厭離（nibbindati）；此厭離將心導向去維持自己遠離五元素（cittaṃ virājeti）。[7] 在他處多部經典中，六元素為地（paṭhavī）、水（apo）、火（tejo）、風（vayo）、空（ākāsa）、及識（viññāṇa）；在本經陳述中所要捨棄的前五元素為地、水、火、風、和空，其前四者在佛教傳統上亦稱為四大（mahā-bhūta）。捨棄了五元素，只剩下第六元素，識（viññāṇa）；如同經中言，在此階段的識是清淨的（parisuddha）和純淨的（pariyodāta）。[8]

根據在此所討論的這一經，識在此階段具備兩主要特質，清淨與純淨，但仍然尚未足以斷盡諸漏。如所觀察，此清淨與純淨的識之作用為認知感官，亦即，它知道苦、樂、和非苦非樂。[9] 依此認知，此清淨又純淨的識培養智慧（paññā），而此智慧才是證得涅槃的決定者。

---

[7] M.III.240-42: “Evam etaṃ yathā-bhūtaṃ samma-ppaññāya disvā paṭhavī-dhātuyā/ āpo-dhātuyā/ tejo-dhātuyā/ vāyo-dhātuyā /ākāsa-dhātuyā nibbindati, ……cittaṃ virājeti.”《中阿含經》：「……如是慧觀，知其如真，心不染著於此空界，是謂比丘不放逸慧。比丘！若有比丘於此五界知其如真，知如真已，心不染彼……」（CBETA, T01, no. 26, p. 691, a29-b3）

[8] M.III.242: “Athā’param viññāṇaṃ y’eva avasissati parisuddhaṃ pariyodātaṃ …….”《中阿含經》：「若比丘不染此三覺而解脫者，彼比丘唯存於捨，極清淨也。」（CBETA, T01, no. 26, p. 691, c4-6）

[9] M.III.242: “Sukhan ti pi vijānāti; dukkhan ti pi vijānāti; adukkham-asukhan ti pi vijānāti.”

我們從經文中推斷出此智慧之培養來自經文「他知道（pajānāti）覺受的生起與消失之因」，如經文所說：

> Sukha-vedanīyaṃ bhikkhu phassaṃ paṭicca uppajjati sukhā vedanā. So sukhaṃ vedanaṃ vediyamāno Sukhaṃ vedanaṃ vediyāmī-ti pajānāti. Tass'eva sukha-vedanīyassa phassassa nirodhā yaṃ tajjaṃ vedayitaṃ sukha-vedanīyaṃ phassaṃ paṭicca uppannā sukhā vedanā sā nirujjhati sā vūpasammatī-ti pajānāti. Dukkha-vedanīyaṃ...... Adukkham-asukha-vedanīyaṃ......
>
> 比丘依於樂觸生起樂受。當感覺到樂受，他知道：「我感覺樂受」。他知道：「當此樂觸止滅，其相關的感受——依於此樂觸生起的樂受——止滅和消失。」苦受……不苦不樂受……（亦如是）[10]

名詞paññā（智慧）是來自動詞pajānāti，愛瑞光教授在其專題研究中指出，動詞pajānāti是認知用詞，總是用在四諦（sacca）的文本中。[11] 在《分別界經》，對經文仔細檢視即可見到觀察受之生滅即是領悟四諦：當他知道（pajānāti）此感受（即是苦），感受的生起（即是集），感受的止滅（即是滅），以及平息感受（即是滅之道），如其實地，paññā（智慧）產生。如此，從觀察三種感受而領悟四諦，領悟四諦即是智慧生起，由此分析也就觀察到如何覺悟四諦。四諦之覺悟是經由觀察三種受而得，得四諦即得paññā，此文脈明白地顯示paññā是在禪那定境中如此培養令其生起。正如同前章所說，唯有paññā而已

---

10 M.III.242；BB.M.1091；《中阿含經》（CBETA, T01, no. 26, p. 691b）。

11 愛瑞光（P. D. Premasiri）1987: p.63。亦見於M.I.292: "Pajānāti pajānātī ti kho āvuso, tasmā paññavā ti vuccati. Kiñ ca pajānāti. Idaṃ dukkhan ti...... dukkha-samudayo ti...... dukkha-nirodho ti...... dukkha-nirodha-gāminī paṭipadā ti......"

並不能表示究竟解脫，它必需再前進以至ñāṇa（知）生起，以及阿羅漢智生起；所以，經中行文至此尚未見言斷漏或般涅槃，而是還有下述步驟要進行。

於此要特別強調的一點是，前文分析所見的清淨和純淨識的境界是含蓋了四種禪那，因為文脈顯示意識知道三受。當經文說意識知道苦受和樂受時，也就表示修練者尚未證入第四禪那，因為第四禪那定境是有非苦非樂受（adukkham-asukha）顯現，而不是苦受和樂受。接著，那段有關非苦非樂之止滅的經文不僅是表示證入了第四禪那，也是顯示一個有別於一般常見的第四禪那的更高層次。[12]

在許多經典常見的常識，第四禪那有四禪支：非苦非樂（adukkham-asukha）、捨（upekkhā）、念（sati）、和一心（eka-ggatā）。[13] 非苦非樂之止滅，如此經所說，表示修持者證入一種只剩三個禪那心所的境界：捨、念、和一心。三種受之止滅可說是清淨和純淨識的功能停止作用。沒有經文顯示此僅能發生於命終後或在命終時，亦非他證入了一種無知覺狀態。此處應當理解的重點是：此成就是在此生命期間達到，而且是在一種有知覺狀態中。

執取非苦非樂受者不能證涅槃。此亦見記載於巴利《解說概要經》以及其相對應的漢譯《分別觀法經》。[14] 若修練者的意識跟隨著非苦非樂感受，他就是所謂的內在阻塞。[15] 值得注意的是此處僅僅

---

[12] 羅侯羅法師針對四禪那心所或禪支作比較研究。他作結論認為，在處理四禪那課題上，無著菩薩（Asaṅga）的《阿毘達磨集論》（Abhidharma-samuccaya）和世親菩薩（Vasubandhu）的《阿毘達磨俱舍論》（Abhidharma-kośa）比上座部的阿毘達磨更加接近巴利經典原意，尤其是愈晚期的上座部阿毘達磨。（Rahula 2001（1978）: pp.84-92.）

[13] 羅侯羅法師主張，根據巴利經典第四禪那有四禪支。無著菩薩的《阿毘達磨集論》和世親菩薩的《阿毘達磨俱舍論》都與巴利經典說法一致。然而，他進一步指出，上座部的《分別論》（Vibhaṅga）和《清淨道論》（Visuddhi-magga）則不一致地分別說第四禪那有三禪支和二禪支，而這都不見於巴利尼卡雅。（Rahula 2001（1978）: p.92）

[14] M.III.227；《中阿含經》（CBETA, T01, no. 26, p. 694b）。

[15] M.III.226.

提到非苦非樂，第四禪那的其他禪那心所，upekkhā-sati-pārisuddhi，並沒有被提及。[16] 在《六六經》（Chachakka Sutta）[17] 和《疾病經》（Gelañña Sutta）都說到三種受與三種潛伏相應。[18] 樂、苦、不苦不樂三受之生起分別相對應到潛伏貪（rāgânusaya，或稱貪隨眠）、潛伏憎惡（paṭighânusaya，或稱瞋恚隨眠）、以及潛伏癡（avijjânusaya，或稱無明隨眠）。這也就解答了為何非苦非樂被視為是一種障礙，執取它則是「內在阻塞」，不能證涅槃，因此而應當被棄捨。

消除三受意味著拋棄三潛伏，並表示證得涅槃，此即是經典中以「苦之盡了」描述所表達的。[19] 知道非苦非樂感受之現起、消失、享用、危險、和逃離，能夠防止心免於潛伏癡所纏縛。[20] 在此處很明確地說出了非苦非樂與潛伏的avijjā之間的關係，非苦非樂是第四禪那主要心所之一，拋棄了此受也就是使心解脫於潛伏著的avijjā。

---

[16] 羅侯羅比丘認為《分別論》（Vibhaṅga）沒有列adukham-asukha為禪那心所是很怪異的，而《阿毘達磨集論》和《阿毘達磨俱舍論》則是都與尼卡雅記載一致。（Rahula 2001（1978）: p.92）

[17] M.III.286: “So sukhāya vedanāya...... tassa rāgânusayo n’ānuseti. Dukkhāya vedanāya ......tassa paṭighânusayo n’ānuseti. Adukkham-asukhāya vedanāya...... tassa avijjânusayo n’ānuseti.”

[18] S.IV.212: “Yo kāye ca sukhāya ca vedanāya rāgânusayo so pahīyati...... Yo kāye ca dukkhāya ca vedanāya paṭighânusayo so pahīyati...... Yo kāye ca adukkham-asukhāya so vedanāya avijjânusayo so pahīyati.”

[19] M.III.286: “Diṭṭdh’eva dhamme dukkhass’ antakaro bhavissatī ti.”《滅愛大經》（Mahā-taṇhā-saṅkhaya Sutta, M.I.266-67）提示樂愛及讚歎（abhinandati abhivadati）此三受者無法如其實地知道心解脫（ceto-vimutti）和慧解脫（paññā-vimutti）。在《滅愛小經》（Cūḷa-taṇhā-saṅkhaya Sutta, M.I.251-52）明確地記載捨棄三受引領修持者至證得阿羅漢果位， 相同說法亦見於《瑪甘笛雅經》（Māgandiya Sutta, M.I.500）。在《增支尼卡雅》，A.IV.88一經，佛陀告訴大目犍連尊者，經由捨棄三受修持者就證得究竟解脫或涅槃（parinibbāyati）。《因緣大經》（Mahā-nidāna Sutta）討論執著我（attā）和受的關係，由此而顯示出徹底息滅了受就找不到我了。因此，能從受中找到attā的概念是非正見。經文接著又說，以不執持諸受為attā，此人就不會顫抖，而不顫抖則證得阿羅漢果位（D.II.67-68; MW.D.227-228）。

[20] M.III.286: “Adukkham-asukhāya vedanāya phuṭṭho samāno tassā vedanāya samudayañ ca atthaṅgamañ ca assādañ ca ādīnavañ ca nissaraṇañ ca yathā-bhūtaṃ pajānāti; tassa avijj-ânusayo n’ānuseti.”

許多經典提到斷除avijjā，而描述的方式共有三種，在上述《六六經》和《疾病經》以avijjânusaya描述；在《正見經》（Sammā-diṭṭhi Sutta）則是以asmī ti diṭṭhimānânusaya（「我是」見慢隨眠）一句描述；在其他多部經典則是提到avijjâsava（無明漏）；這些都是三潛伏的內容之一。

三潛伏，在許多經典中共有三種描述方式。第一種方式，根據《六六經》和《疾病經》，三潛伏是rāgânusaya、paṭighânusaya、和avijjânusaya。第二種方式，根據《正見經》，三潛伏是rāgânusaya、paṭighânusaya、和asmī-ti diṭṭhi-mānânusaya；[21] 此中顯示，知道十二緣起（paṭicca-samuppāda）每一支的四諦就會導向消除rāgânusaya、移除paṭighânusaya、滅除asmī-ti diṭṭhi-mānânusaya。[22] 由於vedanā是十二緣起支之一，消除受（vedanā）也就表示滅除三潛伏（rāgânusaya、paṭighânusaya、和asmī ti diṭṭhi-mānânusaya），滅除三潛伏即表示滅除avijjā。由此，avijjā被消除了，vijjā生起，而此即是苦盡之處。[23] 有說消除十二支中的任何一支就能帶來流轉（saṃsāra）之終止，此《正見經》亦印證此說法。相互比較第一和第二種方式，我們注意到二者的差別是在avijjânusaya和asmī ti diṭṭhi-mānânusaya，亦即顯示二者的對應關係，avijjā-anusaya對應到asmī ti diṭṭhi-mānānusaya，avijjā即是指asmī ti diṭṭhi-mānānusaya。

第三種方式，如同在許多經典中所見，也是最普遍常見的；它是從āsava（漏）來說avijjā之滅除，所滅除的āsava有三種：kāmâsava、bhavâsava、和avijjâsava。[24] 三種方式相較之下，滅除avijjâsava和

---

21 M.I.49-55.

22 M.I.55: "So sabbaso rāgânusayaṃ pahāya paṭighânusayaṃ paṭivinodetvā asmī ti diṭṭhi-mānânusayaṃ samūhanitvā..."

23 M.I.55: "……avijjaṃ pahāya vijjaṃ uppādetvā diṭṭhe va dhamme dukkhass' antakaro hoti."

24 諸如M.I.348、M.I.522、及M.III.36。

滅除avijjânusaya似乎有其不同處。《六六經》與《疾病經》的avijjânusaya、《正見經》的 asmī-ti diṭṭhi-mānânusaya、和其他許多經典常見的avijjâsava，儘管依目前提及的這些經典，此三者[25]之間是對應關係，但是內容並不明確，但，前二者是與vedanā有關聯之事實是無庸置疑的。此外，三種描述方式的經文都接著提到「到了苦之盡頭」或「阿羅漢智生起」。

Avijjā之滅除和觸（phassa）之間的關係可見於巴利《增支尼卡雅》A.II.11一經文中。根據此文本，avijjā之結合（avijjā-yoga）或與avijjā相應，是指不知道六觸的生起、不知道自已對它的喜愛與享用、不知道它的危險、也不知道逃離六觸。六觸佔據（sânuseti）了他的心，而因此生起avijjā。

停止和平息樂受所需的操作就是停止觸（phassa），因為有觸而有三受之生起：苦受、樂受、或不苦不樂受。[26] 觸來自六感官、它們的所緣對象、以及相關的生起識之結合，停止觸意味著感官捨離了其所緣境，這也就表示「非苦非樂之停止」意味著六感官捨離了其所緣對象。本經並沒有解釋當六感官都捨離了六所緣境時，他如何還能活著，我們該如何描述處於這種狀況的人。

根據記載於《解說概要經》的佛陀之教導，現前證得涅槃是可能的，即是透過於外無散亂、於內無滯礙、和無有任何執著。[27] 如上所示，棄除非苦非樂之受應當得的結果是現前證得涅槃。然而，在《分

---

25 Avijjânusaya, asmī ti diṭṭhi-mānânusaya, 及avijjâsava.

26 M.III.242；《中阿含經》（CBETA, T01, no. 26, p. 691b）。“Sukha-vedanīyaṃ, bhikkhu, phassaṃ paṭicca uppajjati sukhā vedanā. ……Dukkha-vedanīyaṃ…… Adukkham-asukha-vedanīyaṃ……”

27 M.III.223；BB.M.1074；《中阿含經》（CBETA, T01, no. 26, p. 694b）。“Tathā tathā, bhikkhave, bhikkhu upaparikkheyya yathā yathā’ssa upaparikkhato bahiddhā c’assa viññāṇaṃ avikkhittaṃ avisaṭaṃ, ajjhattaṃ asaṇṭhitaṃ anupādāya na paritasseyya; bahiddhā, bhikkhave, viññāṇe avikkhitte avisaṭe sati ajjhattaṃ asaṇṭhite, anupādāya aparitassato āyatiṃ jāti-jarā-maraṇa-dukkha-samudaya-sambhavo na hotī ti.”

別界經》，宣稱證入涅槃的經文是出現在停止abhisaṅkharoti（心行／心行建構）和停止abhisañcetayati（意向／有意志地傾向……）之後，也就是意味著upekkhā之捨棄。此文本接續下去即凸顯upekkhā之棄捨，這是表示著另一與涅槃有關的重點，此關鍵要點並不普遍又少為人知；目前無論是在著重實修的佛教界，乃至偏重研究的學術界都未曾見有此認識。

（二）Upekkhā之棄絕

本文在前面已經指出棄捨地、水、火等六元素引領修練者的心境到達僅具有三禪那支或心所的層次：捨（upekkhā）、念（sati）、和一心ekaggatā。經文接著凸顯upekkhā是三者當中最突出或主要的心元素。[28] 此時的心層次，除了前述清淨的（parisuddha）和純淨的（pariyodāta）二種特質之外，又出現了三種特質：柔韌的（mudu）、易操作的（kammañña）、和發光的（pabhassara）。[29] 具有此五種特質[30]的心層次可見於許多經典中。由為特別的是，這些經典都緊接著提及表示成就阿羅漢果位的三知（ñāṇa），或者僅提及斷盡一切漏（āsava）。在此處討論的這部《分別界經》，這些mudu、kammañña等五特質其實是分為二階段培養完成的，每一階段都有其個別的功能。棄除了捨，修練者於現前當下證得涅槃或稱現法涅槃。在此階段，念和一心二禪那支或心所仍然存在。

光耀心（pabhassaraṃ cittaṃ）是與第四禪那有關聯，而且此時的第四禪那有捨（upekkhā）而無非苦非樂（adukkham-asukha）。有關光耀

28　更多有關upekkhā可見於葛汀（Gethin 2001: p.157）和阿羅申（Aroson 1979: pp.1-18）的探討。

29　M.III.243: “Athā ‘paraṃ upekkhā yeva avasissati parisuddhā pariyodātā mudu ca kammaññā ca pabhassarā ca.”「彼比丘唯存於捨，極清淨也。」《中阿含經》（CBETA, T01, no. 26, p. 691, c5-6）

30　“parisuddha, pariyodāta, mudu, kammañña, pabhassara.”

心的經文，雖然可見於多部經典，但是只有《分別界經》持續提及證悟涅槃的細節。如在前所指出，非苦非樂之中斷表示另一層次的第四禪那。[31] 它不同於諸多經典所描述的、常見的第四禪那，而是比這種更高一層次的第四禪那。此中斷也表示六識的中斷，因為非苦非樂是受（vedanā），而受來自感官、對象、和識的結合；非苦非樂中斷也就表示沒有受生起，也就是六識的中斷；剩下捨，也就表示此時是證入了第四禪那而卻沒有非苦非樂。在他處經典中，第四禪那的心是發光的或稱光耀心（pabhassaraṃ cittaṃ）。《分別界經》說尚存在的捨是光耀的（upekkhā y'eva……. pabhassarā），[32] 此即明顯地表示，光耀心是指在第四禪那並且非苦非樂也消除了。

心處於此階段時，佛陀教誡仆枯莎提不應該將心導向四處（āyatana）。[33] 此階段的心堪能證入四處亦堪能證得種種直接知識（abhiññā），[34] 修持者應當要瞭解，執取四處只會導致滯留在其中很長一段時間。[35] 當他留住在第四禪那時，在那種平等捨的狀態中，還有一步驟才能於現前當下證得涅槃：此即是棄除光耀的「捨」。

在《分別界經》中有關證入涅槃的經文說：

---

[31] 在《相應尼卡雅》，S.V.214，談到苦、憂、樂、喜四根與四禪那的關係。此經也談到捨根（upekkhîndriya）是在進入想受滅（saññā-vedayita-nirodha）時才息滅，這應當是指一般禪定狀況而言。我們在《分別界經》認識到的是世尊如何在第四禪那就已經能棄除upekkhā，這在下面的段落將會談到。世尊在他處經典中指出，外道禪修者證入四處或四無色定並非真正的如他們認為的解脫或涅槃，因為四處之等至成就只不過是upekkhā的延伸。

[32] 這令人想起唯識學派（Vijñaptivādin）說八識心說，即一王（心）和七隨從（心所）。

[33] 此教誡顯示第四禪那與四處的第一處，空無邊處，之間的關係。此則點破了穆克紀（Murkhejee）的論點，即第一處之前並不一定必然是第四禪那（Murkhejee 1995: p.458）。

[34] 在《相應尼卡雅》，S.V.283一經，佛陀告訴阿難尊者，當他的心愈是柔韌的（mudu-taro）、愈易操作的（kammaniya-taro）、更加光耀的（pabhassara-taro），他就能體驗種種更高階的能量變化。亦參見三界智尊者的《阿毘達磨研究》（Nyanatiloka 1998（1949）: p.78）。

[35] M.III.244: "Evaṃ me ayaṃ upekkhā tan nissitā tad upādānā ciraṃ dīgham-addhānaṃ tiṭṭheyya."

So **n'eva abhisaṅkharoti, na abhisañcetayati** bhavāya vā vibhavāya vā. So anabhisaṅkharonto anabhisañcetayanto bhavāya vā vibhavāya vā **na** kiñci loke **upādiyati**, anupādiyaṃ **na paritassati**, aparitassaṃ paccattaṃ y'eva **parinibbāyati**. "Khīṇā jāti, vusitaṃ brahma-cariyaṃ, kataṃ karaṇīyaṃ, n'āparaṃ itthattāyā"ti pajānāti.

他沒有心行建構也沒有意志傾向存有或非存有。當他沒有心行建構，也沒有意志傾向存有或非存有，他不會執取此世間的任何東西；當他沒有執取，他就不會顫動；當他不顫動，他個人證悟涅槃；他〔如此〕了解：「生已盡，梵行已立，所應作皆已作，不再有來生」。[36]

相對應的漢譯經典說法為：

彼於爾時不復有為，亦無所思，謂有及無。彼受身最後覺，則知受身最後覺；受命最後覺，則知受命最後覺。身壞命終，壽命已訖，彼所覺一切滅息止，知至冷也。[37]

棄除捨（upekkhā）表示棄除心行（citta-saṅkhāra）。從他處經典我們瞭解口行（vacī-saṅkhāra）和身行（kāya-saṅkhāra）分別在第二禪那和第四禪那停止活動，於此處我們注意到心行之活動中止。根據此經可瞭解捨並不歸屬於受（vedanā）之下，因為三種受在此階段之前就已經被棄除了，只剩捨而沒有受；這或許可說是晚期論著，《分別論》（Vibhaṅga）的經證。《分別論》指出捨分為兩類：一是受，而另一是行蘊（saṅkhāra-kkhandha）。

36　M.III.244. 參考菩提比丘《中尼卡雅》英譯本，BB.M.1092-93。
37　《中阿含經》（CBETA, T01, no. 26, p. 692, a2-6）

捨，在此討論的經典文脈中是屬行蘊一類，在此正要證得現法涅槃前的階段，屬行蘊的捨一定要被棄除；[38]而此棄除正是由片語"na abhisaṅkharoti na abhisañcetayati"所顯示。[39]哈爾威似乎解釋正確：「某些關於其性質的明確描述是比較不那麼詩韻地表示。它是『平息（samatha）所有建構性活動』。」[40] "Abhisaṅkharoti"意為「心行建構」，"abhisañcetayati"意為「意志傾向」，談及證悟現法涅槃的經典都可發現此二詞，或以現在式或以過去分詞方式出現。

兩個現在式動詞加上否定詞，"na abhisaṅkharoti"和"na abhisañcetayati"，表示著在第四禪那中證得現法涅槃所要採取的運作。在前一章本文已經指出，記載於巴利《八支城經》的作觀方法即是詮釋如何在禪那定境中作觀，其文中使用上述兩個動詞的過去分詞，abhisaṅkhata和abhisañcetayita。那一經使用過去分詞即意味著那是出定之後回顧自己如何在禪那定境中操作，而目前本章討論的文本中的兩個現在式動詞是表示心的潛力。

證入第四禪那者是有能力證入四處（āyatana），即以心行建構和有意志地傾向四處。此文中兩個現在式動詞加上否定詞na即表示不作此二者，亦表示不進入四處。由於捨（upekkhā）遍行所有四處，放棄證入四處也就真正意味著棄除捨。正如同在本章註31所指出的S.V.214一經所說，「捨」是在進入到想受滅定才停止，那麼，也就表示空無邊處等四處等至都是以捨為最顯著的心所。

---

[38] 在他處經典中，佛陀聲稱他藉由知道行滅而超越了諸處（āyatana）。（M.II.238; BB.M.846 以及相類似的經典：M.II.233; BB.M.842）

[39] 棄捨行（saṅkhāra）以及證得涅槃常同時出現於經文中，如：「一切諸行無常……一切諸行苦……一切諸行無我……涅槃為永寂」或「一切諸行無常，一切法無我，涅槃寂滅」，或可譯為巴利：「"sabbe saṅkhārā aniccā, sabbe saṅkhārā dukkhā, sabbe dhammā anattā"，涅槃寂靜」。此句可與禪那定境之心所息滅相比對，可見其間的密切關聯：前二句意味著口行與身行分別於第二禪那和第四禪那息滅，而心行息滅是在三三摩地中（此三三昧將在第三篇討論）。接著，涅槃之證得是在第四禪那中達成。而現代諸學者們是如何解讀此句呢？相當另類的解讀。（參見諾門（Norman）1992: pp.207-）

[40] 哈爾威（Harvey）2004: p.63；他引證律藏文本，Vin.I.5。

一般禪修者必須要等到進入想受滅定，捨才會停止；此處討論的《分別界經》記載則是，世尊教導如何在第四禪那就能停止捨。然而，直至於此階段，修持者仍然未算是證入涅槃。當屬於saṅkhāra-kkhandha的捨被釋放，下一步要消除的就是無明（avijjā）。[41] 接下來的經文也就顯示了無明如何被消除。那麼，我們在此處又有一新發現，即棄除了捨並不等同證得涅槃。因此，捨之停止也可經由進入想受滅定（saññā-vedayita-nirodha）而獲得，但這並不等同於涅槃。所以，證入想受滅定並不是涅槃，也不能視為「暫時性地體驗無餘涅槃」。

Bhava（存在或有）和vibhava（斷滅或非有）二詞表示這是從證入等至而延生的見解（diṭṭhi），並且反映了佛世時兩派外道思想。[42] 這些見解都與證入四處有關係。如同本書在第一篇所指出，外道認為四處之證得即是生命永恆存在或斷滅，而這些都被視為僅是外道的推測。目前討論的經典記載，捨棄這些見解即能引領至證悟涅槃，此亦表示這些見解是來自證入等至，它們其實是禪那定境的一種現象，並非僅僅是推測而已，那麼也就應當如其實地觀照。

這種看法可以從《獅吼小經》（Cūḷa-sīha-nāda Sutta）獲得支持，此經記載，若人如其實地見到這兩種見解之生起、消失、享用、危險、和逃離，其結果就是從痛苦解脫。[43] 相同經文概念可見於他處多部經典中，此即是佛陀所教導的徹觀一切現象本質的方法；有鑑於此，《獅吼小經》也提到這兩種從等至延生出來的見解，並顯示它們不僅僅是外道的推測而已。由於外道們證入等至而沒有如其實地見到其本質

---

[41] 根據十二支緣起（paṭicca-samuppāda），識（viññāṇa）滅則行（saṅkhāra）滅，行滅則無明（avijjā）滅。

[42] M.I.65: “Dve’mā, bhikkhave, diṭṭhiyo: bhava-diṭṭhi ca vibhava- diṭṭhi ca.”

[43] M.I.65: “Ye ca kho keci, bhikkhave, samaṇā vā brāhmaṇā vā imāsmiṃ dvinnaṃ diṭṭhīnaṃ samudayañ ca atthagamañ ca assādañ ca ādīnavañ ca nissaraṇañ ca yathā-bhūtaṃ pajānanti, te vīta-rāgā te vīta-dosā te vīta-mohā te vīta-taṇhā te anupādānā te viddasuno te ananuruddha-appaṭiviruddhā te nip-papañcârāmā nip-papañca-ratino, te parimuccanti jātiyā jarāya maraṇena sokehi paridevehi dukkhehi domanassehi upāyāsehi, parimuccanti dukkhasmā ti vadāmi.”

（即：等至之生起、消失……逃離……），他們就生起並執持如此的見解，或永恆存在或斷滅。

值得注目的是，修練者從貪－瞋－癡解脫（vīta-rāga, vīta-dosa, vīta-moha「離貪、離瞋、離癡」）。在許多經典，涅槃是簡要地描述為貪、瞋、和癡之消滅。《分別界經》和《獅吼小經》都顯示貪－瞋－癡在何處、於何時、及如何被滅除。貪－瞋－癡在第四禪那中被滅除，即當修練者止息了心，沒有建構與傾向，經由見到二種見解（diṭṭhi）的生起、消失、享用、危險、以及遠離它們。

外道修練者的無明或迷惑（avijjā）生起是因為缺乏對禪那現象的覺察力。在目前討論的經文中，無明是指不如其實地見到禪那等至本質，以及不認識從此微妙等至湧現的見解（diṭṭhi）。無明迷惑了修練者而導致他執取，並且誤以為自己可以永恆存在或永遠斷滅，因此而建立自己的見解，或永恆存在之見或永遠斷滅之見。在他處經典中，執持此二見的外道分別名為永恆存在論者或存在論者，以及永遠斷滅論者或斷滅論者。不同於外道們，當佛教修練者辨識這些見解並且如其實地見到它們的本質，他的無明就消除了，接著，經文聲稱他證得涅槃。

隨後，經文說不執著於任何世間，因此他不顫動（na paritassati）而穩定；他知道自己證得究竟涅槃（parinibbāna）；以及證得阿羅漢果位的知識顯現。"Na paritassati" 一句值得深入探討，因為它表示穩定而又有知覺的涅槃狀態。探討至此，本文已展示六感官與其所緣境之分離，以及放棄不證入四處。此顯示心在第四禪那中，處於穩定而光耀之狀態，而此即是所謂的現法涅槃（diṭṭha-dhamma-nibbāna）。有鑑於此，哈爾威說涅槃是「停止識別（viññāṇa）」是正確的。[44] 作者認為，停止「識」（viññāṇa）是指與六感官關聯的識，而不是五蘊（pañca-kkhandha）

[44] 哈爾威（Harvey）1995: p.202。

的識；其原因是，禪修者是仍然活著，他的五蘊也是活的、沒有分散，他的五蘊將會在命終時才分解。因此，作者不認同哈爾威所主張的：此光耀境界是永恆存在的境界，甚至到命終後亦如是。[45] 作者也不同意他的主張認為涅槃是一種意識（viññāṇa）的形態。[46] 諾門也指出，「經由停止意識，於中此[名與色]也停止了」。[47] 此中，名與色的停止表示證得涅槃；然而，他並沒有指出此涅槃境界可以在命終前就證得。

另一方面，在《相應尼卡雅》S.III.16-18一經，"na paritassati"一句也表示執著於**我**（attā）和棄捨**我**，而**我**則是從取五蘊為我和屬於我的角度而言，這也與本文從前至此所討論的相符合。存有（bhava）和非有（vibhava）二概念都涉及對**我**之執著，因此，以如其實而觀來棄除此二概念正表示著棄捨**我**和滅除無明（avijjā）。當棄捨無始以來執持為真實不變異的**我**時，修練者不畏懼或不顫抖或不受驚嚇。Paritassati或者paritasati來自pari + tasati的複合詞。動詞Tasati有兩種意思：一、來自梵文動詞tṛṣyati，意思為口渴，比喻地意思為渴望；二、來自吠陀動詞trasati，意思是顫抖、發抖、害怕、受驚嚇。在佛教經文中，取第二種意思是比較適合的。在某些經典中，佛陀或批評或笑說，每當外道們聽到世尊說無我（an-attā）就會顫抖或害怕或受驚嚇[48]，而佛弟子瞭解無我故無有顫抖。

更進一步驟，在《六處經》（Saḷāyatana Sutta）中明確的說，要證入涅槃就必然要棄除捨。經中說捨有兩種：各種捨（upekkhā nānattā）和唯一捨（upekkhā ekattā）。[49] 前者是指與五種感官有關的捨[50]，而後

---

[45] 哈爾威（Harvey）1995: pp.208-10。
[46] 哈爾威（Harvey）1995: p.207。
[47] 諾門（Norman）1996: p.29。
[48] 菩提比丘把"paritassati"譯為 "agitation"，意為激動、焦慮不安，置於此文脈中似乎不太適合。
[49] M.III.220: "Atthi, bhikkhave, upekhā nānattā nānatta-sitā; atthi upekhā ekattā ekatta-sitā."
[50] M.III.220: "Katamā ca, bhikkhave, upekhā nānattā nānatta-sitā? Atthi, bhikkhave, upekhā rūpesu, atthi saddesu, atthi gandhesu, atthi rasesu, atthi phoṭṭhabbesu. Ayaṃ, bhikkhave, upekhā

者則是指與四處（āyatana）有關的捨。[51] 換言之，各種捨是指當前五感官與其所緣境及所生識接觸時生起的捨，唯一捨則是指當第六感官與其所緣境及所生意識（mano-viññāṇa）接觸時所生起的捨。

在他處經典中，前五感官緣取其所對境生起的五種識會在進入到第四禪那時消失，而第六意識則仍然存在。在四處，第六意識是特別地活躍。因此，《六處經》記載依於唯一捨以消除種種捨。此意思即是，當修練者證入第四禪那或者四處時，種種捨消除了，剩下唯一捨。

消除唯一捨的方法是atammayatā（不視為同一）。[52] 如前所述，在幾部有關八或九等至的經典中，佛陀警誡有關執持或構想等至（samāpatti）為attā的危險。不視為同一（atammayatā）是佛陀的嚴肅教誡。[53] 「視為同一」正是外道修練法的關鍵操作，因為他們以與大梵（Brahmā）結合為修行目標，因此務必要將禪定所緣乃至禪定境界視為與己合一。在前面，本書也展示有（bhava）和非有（vibhava）兩個概念是從證入等至而延生的，因此應當如其實地徹觀它們；換言之，修練者不能以為它們就是**我**。由於「視為同一」，外道禪修者落入二種見之一，或常見（sassata-diṭṭhi）或斷見（uccheda-diṭṭhi）。

《分別界經》所說的步驟，棄除「捨」，是超越了梵我合一思想的終極目標，因為小我與大梵就是在「捨」境界中結合為一。即如同柳歐凱在其專題研究有關如何與大梵結合之修持中指出，征服

---

nānattā nānatta-sitā."

51 M.III.220: "Katamā ca, bhikkhave, upekhā ekattā ekatta-sitā? Atthi, bhikkhave, upekhā ākāsānañcâyatana-nissitā; atthi viññāṇañcâyatana-nissitā; atthi ākiñcaññâyatana-nissitā; atthi n'eva-saññānâsaññâyatana-nissitā. Ayaṃ, bhikkhave, upekhā ekattā ekatta-sitā."

52 M.III.220: "Atammayataṃ, bhikkhave, nissāya atammayataṃ āgamma, yāyaṃ upekhā ekattā ekatta-sitā, taṃ pajahatha taṃ samatikkamatha; evam etissā pahānaṃ hoti; evam etissā samatikkamo hoti."

53 金剛智長老認為《清淨道論》中所說的"anuloma-ñāṇa "（他譯為 "adaptive knowledge"）即是《中尼卡雅》中的"atammayatā"一詞所「暗指」的。（Vajirañāṇā 1961: p.380）

（jita） 諸根或不尋思（nivartaka）欲樂，並且專注禪思最上創造者（adhyātma），且又立足於捨（upekṣaka），[54] 其中立足或安住在upekṣa（梵）/upekkhā（巴）是其重點。不同派別的外道各自證入一處（āyatana）、二處，乃至四處，而且認為那是與大梵合一的境界，而四處其實全都是屬於「捨」的狀態；那麼，放棄了「捨」亦即等同於放棄「梵我合一」。

在另一方面，當修練者在第四禪那中證涅槃，仍然現前的禪那支是sati和ekaggatā。雖然此成就是在禪那定境中達成，但是其證入的能力並沒有因為出定而消失。此能力並不會消失，因為它是與慧（paññā）一同培養起來，而慧是究竟解脫的決定性因素。此外，有關複合詞upekkhā-sati-parisuddhi（捨-念-清淨）到底該如何拆解之論辯現在也就明朗了，它應當是upekkhā-parisuddhi和sati-parisuddhi。[55]

另外，令人注目的是，此經中並沒有提到三知（ñāṇa）中的前二知。在所有提及究竟解脫的經典中，有些經典提及三知，而另一些經典則只提及第三知，從那些經典無法得知其原因為何。依此處的《分別界經》，從仆枯莎提（Pukkusāti）對佛陀的淨信來看，可以說對於一位於佛有淨信者而言，前二知在證得究竟解脫上並非不可或缺；畢竟第三知，漏盡知，才是成為解脫聖者的決定性因素。

（三）證入涅槃過程中Saññā持續存在

上述探討顯示出，saññā（想）在證入涅槃進程中一直都持續現前。至此，本文已經展示五蘊中的四蘊已平息，即色（rūpa）、受

[54] 柳歐凱（Ryokai）1996: p.124-25。

[55] 無論是無著菩薩的《阿毘達磨集論》或世親菩薩的《阿毘達磨俱舍論》都說此複合詞是表示二禪支。然而，《分別論》和《清淨道論》都說它是一禪支，即「以捨而得清淨念」（“purity of mindfulness by equanimity”）（Rahula 1978: p.92）。

（vedanā）、行（saṅkhāra）、識（viññāṇa）。[56] 色已被棄捨，受也被平息，六識停止作用，行被棄除，然而saññā並沒有被提到。此即意味著saññā仍然現前，此亦解答了為何修練者知道自己證悟涅槃。修練者自己知道阿羅漢智之顯現，即常見於許多經典的一句：“ ‘Khīṇā jāti, vusitaṃ brahma-cariyaṃ, kataṃ karaṇīyaṃ, nâparaṃ itthattāyā’ti pajānāti.”（他知道：「生已盡，梵行已立，所應作皆已作，不再有來生」）。

《分別界經》引發一個問題，即有關受、想、及識之間的關係；另外，至少有三部經典對saññā的描述不同於《分別界經》。巴利《韋達拉大經》（Mahā-vedalla Sutta，或稱《大毘陀羅經》）記載，受（vedanā）、想（saññā）、和識（viññāṇa）三者是聯合的，而不是分離的[57]：「將三者一一分離以便描述它們之間的不同是不可能的，因為凡有所感受（vedeti，受）就會有察覺（sañjānāti，想）；凡有所察覺就會去認知（vijānāti，識）。」[58] 哈米爾頓引用了《相應尼卡雅》的一段經文以顯示這三者的排序是分層級的，而不是同一層級地平行的。[59] 另外，在《蜜丸經》（Madhu-piṇḍika Sutta）[60] 的記載，受（vedanā）和想（saññā）都是因為觸（phassa），也就是二者的因（hetu）和緣（paccaya）。此經說依眼（根）和色（境）生眼識（cakkhu-viññāṇa），三者和合生觸（phassa），因觸而有受（vedanā），因感受（vedeti）而

---

[56] 儘管受（vedanā: sukha, dukkha, adukkham-asukha）、行（saṅkhāra: vacī, kāya, citta）、識（viññāṇa: cakkhu, sota……mano）都息滅了，在他處經典中說，剩下的upekkhā是一種行（saṅkhāra），即指尚有壽行（āyu-saṅkhāra）（M.I.296）還沒有息滅一直到進入想受滅定（saññā-vedayita-nirodha）；以及結生識（paṭisandhi-viññāṇa, 從一期生命結束連接到下一期生命的識）仍然存在。

[57] M.I.293: “Yā c’āvuso, vedanā yā ca saññā yañ ca viññāṇaṃ ime dhammā saṃsaṭṭhā no visaṃsaṭṭhā.”

[58] M.I.293; BB.M.389. “Na ca labhā imesaṁ dhammānaṁ vinibbhujitvā vinibbhujitvā nana-karaṇaṁ paññāpetuṁ. Yaṁ h’āvuso, vedeti taṁ sañjānāti, yaṁ sañjānāti taṁ vijānāti.” 在《中阿含經》的相對應經典《大拘絺羅經》說完全相同：「尊者大拘絺羅答曰：『覺、想、思，此三法合不別，此三法不可別施設。所以者何？覺所覺者，即是想所想、思所思。是故此三法合不別，此三法不可別施設。』」（CBETA, T01, no. 26, p. 791, b2-5）

[59] 哈米爾頓（Hamilton）1996, chp.III。

[60] M.I.112.

有感知或想（sañjānāti），因感知或想而有尋思（vitakketi），因尋思而有增殖（papañceti）。[61]《韋達拉大經》的排序是受＞想＞識，而《蜜丸經》的排序是識＞觸＞受＞想＞尋思＞增殖，三者在此《分別界經》的排序是識＞受＞想。這三經都顯示說saññā出現在vedanā之後。

然而，在《分別界經》所揭示的是，這些元素一個個分解而saññā持續存在。對於本經如此的記載，作者解讀為：《分別界經》顯示眾緣和合而成的人如何在禪那定境中漸漸地分解。修練者藉著禪定潛力，徹底瞭解從生以來執著為我的五蘊身，進而在禪定勝境中見到五蘊一一瓦解，實證無我。經由此瓦解，修練者證得現前當下涅槃。此瓦解是解脫之道的修練，這在《中尼卡雅》的《語給孤獨經》也有彰顯出來。[62] 這是佛陀的禪那修法與外道的禪那修法之間的大差別。另一要點也可以從此觀察得到，即在《韋達拉大經》和《相應尼卡雅》的saññā是指一般心境或一般人的saññā；而在《蜜丸經》的M.I.112經文及《分別界經》的saññā則是指一種更高層次的心境或精練禪修者的saññā。

再者，多部經典乃至部份現代學者都說saññā在證悟涅槃進程中扮演重要角色。《分別界經》顯示，對於證得現法涅槃（diṭṭha-dhamma-nibbāna），一定要捨棄受（vedanā）但卻沒有提及saññā。此經所記載的證悟涅槃進程，含蓋消除三種受以及緊接著不有意志地傾向存有或非存有二種操作，亦可見於《如是語》（Iti-vuttaka）五十二經簡要地如此描述：「滅除諸受，比丘也沒有憧憬，證得了涅槃」。[63] 因此，對於要證得究竟解脫並沒有必要消除saññā，而其實saññā在驗證或感知自己證得涅槃中，有著重要的角色。

---

[61] M.I.111-112: "Cakkhuñ c'âvuso paṭicca rūpe ca uppajjati cakkhu-viññāṇaṁ, tiṇṇaṁ saṅgati phasso, phassa-paccayā vedanā, yaṁ vedeti taṁ sañjānāti, yaṁ sañjānāti taṁ vitakketi, yaṁ vitakketi taṁ papañceti……."

[62] M.III.260.

[63] It. 46: "Vedanānaṃ khayā bhikkhu, nicchāto parinibbuto ti".

我們也在《相應尼卡雅》S.V.134找到一段經文如此記載著，修持滅想（nirodha-saññā）帶來兩種果中的一種或另一種，即現法究竟智（diṭṭh'eva dhamme aññā），或者若尚有遺留執著的殘餘（sati vā upādisese anāgāmitā）則是不來果，[64] 在《中尼卡雅》也有相同意思的一經。

部份現代學者指出saññā的重要性。研究了阿毘達磨，向智長老（Nyanaponika）結論說：「就上座部阿毘達磨而言，在記憶心理學中，實際上是saññā應當被認為扮演了重要角色」。[65] 根據阿毘達磨的定義，葛汀認為說saññā「與sati具有特別密切關係——強勁的saññā其實是sati的根基」。[66] 若果真如此，那麼我們也就有補充證據支持我們的探討所獲得的結論，即當證入涅槃時saññā仍然持續著。如同本文已經指出的，當修練者在第四禪那證入涅槃時，sati（念）持續存在；本文還要進一步指出，sati和saññā「目睹」或「證明」涅槃之證得。Sati，如前所述，在解脫道中一直都持續著，甚至在證得現法涅槃時也一樣現前。如前所證明的，現法涅槃是在有想等至（saññā-samāpatti）中證得的。因此，sati和saññā其實是二個心的活動在「目睹」證悟現法涅槃。

上述觀察明確地顯示，只要是有關現法涅槃，想受滅（saññā-vedayita-nirodha）不可能是一種涅槃境界。如前所指出的，經由受滅，修練者證得涅槃。然而，證入想受滅者，儘管其受已暫時性地停止作用，也仍然不能證得涅槃；原因是當他住於想受滅，他的saññā也同時暫時性地停止。當他住在此等至時，他不能斷漏，他必須要等到從想受滅出定後才能以慧（paññā）斷漏（āsava），就如在前章引經舉證的。目前的觀察分析是補助解答一個常見問題，即為何此句

---

[64] D.III.251.《彙集經》（Saṅgīti Sutta）將「滅想」（nirodha-saññā）歸類為有助於徹觀的想之一（nibbedha-bhāgiya-saññā）。
[65] 參見葛汀（Gethin）1992: p.41。
[66] 葛汀（Gethin）1992: p.41。

“paññāya cassa disvā āsavā parikkhīṇa honti”在許多經典中總是出現在想受滅之後。

二、《五三經》和《解說概要經》：棄除「我」

Adukkham-asukha（非苦非樂）和upekkhā（捨）是在證入涅槃時必要捨棄的兩個心所或心活動，這是在《五三經》（Pañca-ttaya Sutta）特別強調的重點。此經指出，執著於「**我**」（attā）的概念障礙現法涅槃（diṭṭha-dhamma-nibbāna）之證得。《解說概要經》（Uddesa-vibhaṅga Sutta）提出了放棄五蘊作為逃離「**我**」概念的方法，而根據《分別界經》，非苦非樂停止後接著是棄除捨，而再來就是現法涅槃證悟之顯現。

根據《五三經》，非苦非樂之停止並不直接帶來現法涅槃之證悟，因為修練者仍然執著於「**我**」，藉由棄捨「**我**」，修練者才證得現法涅槃。這意味著upekkhā和attā之間是有關係的。外道無論是執著永恆「**我**」或「**我**」永遠斷滅，都是因為執著於四處之全部或其一，而遍行於四處的就是捨（upekkha）。《五三經》正是佛陀簡要地歸納了外道思想之後強調「**我**」概念之棄捨的重要經典。顯然地，那些在棄除非苦非樂之後自稱證得涅槃的修練者，實際上並沒有真的得解脫，亦即是指那些越過了非苦非樂為主要元素的第四禪那而證入空無邊處及以上的修練者。佛陀解釋說：

> Idha pana, bhikkhave, ekacco samaṇo vā brāhmaṇo vā pubbantânudiṭṭhīnañ ca paṭinissaggā, aparantânudiṭṭhīnañ ca paṭinissaggā, sabbaso kāma-saṃyojanānaṃ anadhiṭṭhānā, pavivekāya pītiyā samatikkamā, nirāmisassa sukhassa samatikkamā, adukkham-

asukhāya vedanāya samatikkamā — Santo'ham asmi, nibbuto'ham asmi, anupādāno'ham asmī ti samanupassati....... Addhā ayam āyasmā nibbānaṃ sappāyam eva paṭipadaṃ abhivadati. Atha ca pan'āyaṃ bhavaṃ samaṇo vā brāhmaṇo vā pubbantânudiṭṭhiṃ vā upādiyamāno upādiyati, aparantânudiṭṭhiṃ vā upādiyamāno upādiyati, kāma-saṃyojanaṃ vā upādiyamāno upādiyati, pavivekaṃ vā pītiṃ upādiyamāno upādiyati, nirāmisaṃ vā sukhaṃ upādiyamāno upādiyati, adukkham-asukhaṃ vā vedanaṃ upādiyamāno upādiyati.

諸比丘，有一隱士或婆羅門，捨棄了與過去和未來有關聯之見，經由全然消退了感官欲樂之結縛，以及超越離喜、非世俗樂、和非苦非樂受，如此看待自己：「**我**平靜，**我**證涅槃，**我**沒有執著」……必定地，此尊者聲稱證得涅槃之道。然而，此尊敬的隱士或婆羅門還是執著。執著於與過去和未來有關聯之見，或執於感官欲樂之結縛，或執於離喜、非世俗樂、非苦非樂。[67]

此經文凸顯一個決定證現法涅槃的關鍵轉折點。雖然棄離了三種vedanā，而執取另一期生命的潛伏傾向仍然存在，那就是以attā概念的方式存在。只要是attā概念未棄除，他就是仍然有執取；由於「執取」，那種心境就是受限又粗劣的。接下來的經文顯示證悟涅槃的轉折點，經典說：

Tay-idaṃ saṅkhataṃ oḷārikaṃ, atthi kho pana saṅkhārānaṃ nirodho atth'etan ti—iti viditvā tassa nissaraṇa-dassāvī Tathāgato tad upātivatto.

---

[67] M.II.237; BB.M.846.

那是受限及粗劣的，然而有「行滅」。了解到：「有此」，見到由此逃離，如來已超越此。[68]

此「行滅」（saṅkhārānaṃ nirodho）一詞，表示在證得涅槃前還有一步要走。因為瞭解執取之心境是受限又粗劣的，也知道有所謂「行滅」這一回事；由瞭解有「行滅」所以也就見到從這裡逃離，而如來則是一位已經成功超越了的人。所以，經由逃離「行」，他證得涅槃。縱觀前後文，顯然地，attā概念是來自「行」，那麼，捨棄「行」與中止attā概念即是相同的意思。中止「行」的方法並不見於此《五三經》，然操作方法可見於《分別界經》，亦即，經由「無心行建構，無意志傾向」（na abhisaṅkharoti na abhisañcetayati）。「行滅」一句也表示棄捨upekkhā，如在前章所述，upekkhā是saṅkhara-kkhandha，「見到由此[行]逃離」也就是很清楚地表示棄捨upekkhā。

離喜（pavivekāya pītiyā）、非世俗樂（nirāmisassa sukhassa）、和非苦非樂受（adukkham-asukhāya vedanāya）幾個詞是指禪那中的心所或禪支。經中說，即使沒有這三種心所，修練者仍然執取著attā概念。因此，他會這麼認為：「**我**平靜，**我**證涅槃，**我**沒有執著」。這種對attā之執著出現在過去、未來、或現在，如在此句中所顯示：「執著於與過去有關之見，或與未來有關之見，或感官欲樂之結縛，或遠離之喜，或非世俗之樂，或非苦非樂受」。

在《解說概要經》也指出這種對現行attā之執著是證悟涅槃的一種障礙。據此經，佛陀簡要地開示一群比丘說，一位往外不分散、於內不滯塞、不落入執取的人沒有苦之生起。[69] 大迦旃延尊者為比丘們對

[68] M.II.237; BB.M.846.

[69] M.III.223: "Tathā tathā, bhikkhave, bhikkhu upaparikkheyya yathā yathā 'ssa upaparikkhato bahiddhā c'assa viññāṇaṃ avikkhittaṃ avisaṭaṃ, ajjhattaṃ asaṇṭhitaṃ anupādāya na paritasseyya. Bahiddhā, bhikkhave, viññāṇe avikkhitte avisaṭe sati ajjhattaṃ asaṇṭhite anupādāya aparitassato

此作如下的解說：「往外不分散」，意思是不追隨經由六感官進入的任何相；[70]「於內不滯塞」，意思是不追逐那些隨著禪那而來的喜受、樂受、不苦不樂受；[71]「不執著」，意思是不把色、受、想、行、識當作是attā。[72] 簡言之，涅槃之證悟是經由不執取，而不執取則是含蓋了三個面向的遣離：遣離外在的分散、遣離內在的附著、和遣離將自己視為等同於五蘊。

本章依《分別界經》分析如何在第四禪那定境中現證涅槃，又依《五三經》和《解說概要經》補充說明「我」（attā）概念之息滅的必要性及操作方法。下一章將要依《不動道經》等經典探討如何在無所有處證現法涅槃。

āyatiṃ jāti-jarā-maraṇa-dukkha-samudaya-sambhavo na hotī ti."

70 M.III.225-6: "Kathañ c'āvuso, bahiddhā viññāṇaṃ avikkhittaṃ avisañan ti vuccati? Idh'āvuso, bhikkhuno cakkhunā rūpaṃ disvā na rūpa-nimittânusārī viññāṇaṃ hoti rūpa-nimitta'ssāda-gathitaṃ na rūpa-nimitta'ssāda-vinibandhaṃ na rūpa-nimitt' assāda-saṃyojana-saṃyuttaṃ, bahiddhā viññāṇaṃ avikkhittaṃ avisañan ti vuccati. Sotena saddaṃ sutvā…… ghānena gandhaṃ ghāyitvā…… jivhāya rasaṃ sāyitvā…… kāyena phoṭṭhabbaṃ phusitvā…… manasā dhammaṃ viññāya……"

71 M.III.227: "Kathañ c'āvuso, ajjhattaṃ cittaṃ asaṇṭhitanti vuccati? Idh'āvuso, bhikkhu vivicc'eva kāmehi …… paṭhama-jjhānaṃ upasampajja viharati. Tassa na vivekaja-pīti-sukhânusāri viññāṇaṃ hoti na vivekaja-pīti-sukhassāda-gathitaṃ na vivekaja-pīti-sukhassāda-vinibaddhaṃ na vivekaja-pīti-sukhassāda-saṃyojana-saṃyuttaṃ, ajjhattaṃ cittaṃ asaṇṭhitan ti vuccati……. Dutiya-jjhānaṃ…… Tassa na samādhija-pīti-sukhânusāri viññāṇaṃ hoti…… Tatiya-jjhānaṃ…… tassa na upekkhā-sukhânusārī viññāṇaṃ hoti…… Catuttha-jjhānaṃ …… Tassa na adukkham-asukhânusāri viññāṇaṃ hoti……"

相對應的漢譯《中阿含經》把四處（āyatana）也納入在內，如在《中阿含經》記載：「復次，諸賢，比丘度一切色想，滅有對想，不念若干想，無量空，是無量空處成就遊。彼識不著空智味、不依彼、不住彼、不緣彼、不縛彼，識住內也。……是無量識處成就遊……是無所有處成就遊……是非有想非無想處成就遊。彼識不著無想智味、不依彼、不住彼、不緣彼、不縛彼，識住內也。諸賢，如是比丘心住內也。」（CBETA, T01, no. 26, p. 695, c5-18）

72 M.III.228: "Kathañ c'āvuso, anupādā aparitassanā hoti? …… na rūpaṃ attato samanupassati na rūpavantaṃ vā attānaṃ na attani vā rūpaṃ na rūpasmiṃ vā attānaṃ……. Na vedanaṃ …… na saññaṃ …… na saṅkhāre…… na viññāṇaṃ……" 亦可參見S.III.16-8。

第七章：現法涅槃與無所有處等至

第四禪那是微妙境界，它能令心就緒作進一步的建構，諸如證入四處（āyatana）、獲得直接知識或舊稱種種神通（abhiññā）、以及得種種知（ñāṇa）。在佛教解脫道上，證入第四禪那並獲得三知基本上就是圓滿達成了梵行生活的目標。證悟者可以進一步獲得種種直接知識，或者體驗證入四處。在非佛道者的修行道上，他們會在第四禪那之後繼續證入四處，並認為那即是涅槃或與大梵合一，而也有少部份會證入想受滅等至。[1] 佛陀確實為他們提出修持方法以便證入佛說的那種真正的涅槃。四處等至中，無所有處等至（ākiñcaññâyatana samāpatti）最容易令人困惑，因為它與無所有心解脫（ākiñcaññā ceto-vimutti）相近似。

無所有是四種心解脫（ceto-vimutti）之一，是暫時性的境界，必須要進一步轉換為永恆性的境界，即轉換成為不動心解脫（akuppā ceto-vimutti），如《韋達拉大經》（Mahā-vedalla Sutta，或稱《大毘陀羅經》）所記載。有些學者也根據此經典之論述而主張無所有處（ākiñcaññâyatana）是四處等至中唯一可視為心解脫的等至（samāpatti）。然而，有充份的尼卡雅及阿含經經典提供與此觀點相對立的資訊。這些經典很明白地說，無所有心解脫與無所有處等至是不同的境界。

1　作者瞭解如此說法會有人不同意，但無論是巴利尼卡雅或漢譯阿含經都不缺乏正與負兩方的證據支持此說法。想受滅相關課題有千年以上的爭辯歷史而至今仍然疑雲懸滯。

無庸置疑地，《韋達拉大經》明確陳述有一種心解脫稱為無所有心解脫；如何證入的方法也已陳述，亦即思量「無－所有」（there is "no-thing"）。Kiñcana之意義經中也有說明，即，rāga、dosa、和moha，那麼，ākiñcaññā即應該是指沒有rāga、dosa、和moha。這些「所有」（kiñcana）都必須要排除以便把無所有心解脫（ākiñcaññā ceto-vimutti）轉換成為不動心解脫（akuppā ceto-vimutti）。

在另一方面，有些經典顯示無所有處等至（ākiñcaññâyatana samāpatti）可以經由多種方式證得，如同在《不動道經》（Āṇañja-sappāya Sutta）所記載，而其所列出的方法沒有任何一種是與《韋達拉大經》所說的方法相同。此外，也有些經文顯示佛陀教誡弟子們徹觀無所有處等至的變異性本質，以及對此等至修持厭離（nibbindati）與脫離（virajjati）。[2] 這樣的經文引生質疑，即質疑為何把無所有處等至視為那種與佛教究竟解脫有關的心解脫。同時，《不動道經》也有一暗示說修練者能夠在無所有處等至（ākiñcaññâyatana）證涅槃，即使在空無邊處（ākāsānañcâyatana）和識無邊處（viññāṇañcâyatana）亦能。有鑑於此，這些相對立的經文意義值得我們，也有必要，作進一步的探討與釐清。

一、無所有處等至與無所有心解脫

《韋達拉大經》所闡述的證入無所有心解脫（ākiñcaññā ceto-vimutti）的方法似乎是外道的方法而非純屬佛陀的方法。此經陳述，無所有心解脫之證得是經由超越識無邊處（viññāṇañcâyatana）並且心想「無所有」而得。[3] 此文是可疑的，因為這種修持方法是證入無所

---

2 A.V.63.
3 M.I.297: "Katamā c' āvuso, ākiñcaññā ceto-vimutti? Idh' āvuso, bhikkhu sabbaso viññāṇañcâyatanaṃ

有處等至（ākiñcaññâyatana samāpatti）的方法，如在他處許多經典中所見。

《韋達拉大經》清晰地描述，清淨的意識（parisuddha mano-viññāṇa）知道無所有處是「無所有」。[4] 這是一段明確的經文顯示著修練者並沒有證得究竟解脫。正如同《六處相應》（Saḷāyatana-saṃyutta）明確地陳述，只要是意識（mano-viññāṇa）還沒有停止，究竟解脫就不可能獲得。[5] 因此，很明白的，《韋達拉大經》陳述的證入無所有心解脫的方法其實就是證入無所有處等至的方法，二者無有差別。

視等至（samāpatti）為等同於心解脫（ceto-vimutti），這可以是佛道與非佛道共通的，而二者對它的更深層的認知則是迥然不同。外道把等至視為等同於心解脫，而此心解脫即是他們修習梵行的終極目標，即是究竟解脫，或說見到大梵或與梵合一。佛陀並不認同這種看法，這樣的心解脫並不是如來之梵行的終極目標，而是尚有進一步的操作才能達到佛陀說的究竟解脫。正如同此經接著說的，要把它轉為「不動心解脫」。

《韋達拉大經》提到如何把無所有心解脫轉換成不動心解脫（akuppā ceto-vimutti），這才是與佛陀的教示相符合的成就。關於佛教的心解脫概念，它應當是與貪（rāga）、瞋（dosa）、癡（moha）的滅除有關係。我們從《增支尼卡雅》A.V.31一經瞭解到，所謂善解脫心（suvimutta-citto）是要從其本質與貪－瞋－癡三者的關係斷除而言。如同經文所示，在佛教的意義，善解脫心或（亦可譯為心圓滿解脫）之證得是與脫離貪－瞋－癡有關，或說從貪、瞋、癡得解脫[6]，而善解脫

---

samatikkamma n'atthi kiñcī ti ākiñcaññâyatanaṃ upasamapajja viharati."

4 M.I.293: "Nissaṭṭhena h'āvuso, pañca hi indriyehi parisuddhena mano-viññāṇena …… n'atthi kiñcī ti ākiñcaññâyatanaṃ neyyan ti."

5 諸如S.IV.21, 26, & 35。

6 A.V.31: "Kathañ ca, bhikkhave, bhikkhu suvimutta-citto hoti? Idha, bhikkhave, bhikkhuno rāgā cittaṃ vimuttaṃ hoti, dosā cittaṃ vimuttaṃ hoti, mohā cittaṃ vimuttaṃ hoti. Evaṃ kho,

慧或慧圓滿解脫（suvimutta-pañño）則是指確認知道貪－瞋－癡被根除了。[7] 從心解脫和慧解脫來說，前者是指心捨離了貪－瞋－癡；而後者則是指根除貪—瞋—癡。前者是暫時性質的境界，會有消失的危險；而後者則是永久性質的境界。[8]

《韋達拉大經》接著陳述從暫時性的無所有心解脫變成永久性的不動心解脫（akuppā ceto-vimutti）之轉換，此即是指透過從根拔除貪、瞋、和癡。「無－所有」即是ā-kiñcaññā，而「所有」即是kiñcana，kiñcana即是貪－瞋－癡；因此「無－所有」即是「無－貪瞋癡」。[9] 這是與前述所引的《增支尼卡雅》那段經文相呼應。換言之，無所有心解脫是暫時性地心解脫於貪、瞋、和癡；而不動心解脫則是永久性地從心根除了貪、瞋、和癡。

《韋達拉大經》中有一個問題，就是無所有處等至（ākiñcaññâyatana samāpatti）與無所有心解脫（ākiñcaññā ceto-vimutti）之間到底有沒有差別？此經中所描述的，證入無所有心解脫的方法，竟然是與證入無所有處等至的方法相同，這應該就是表示此處的心解脫是外道所持的觀點。從經文接著說要把心解脫轉換成不動心解脫，此則更凸顯那種心解脫概念是與外道共通的。那種心解脫並非究竟處，而是要達到「不動」才是終極成就，如上述經文中佛言：「善友，就無所有心解脫而言，不動心解脫為最極至」（Yāvatā kho, āvuso, ākiñcaññā ceto-vimuttiyo akuppā tāsaṃ ceto-vimutti aggam akkhāyati）。簡言之，《韋

---

bhikkhave, bhikhu suvimutta-citto hoti."

7 A.V.31-2: "Kathañ ca, bhikkhave, bhikkhu suvimutta-pañño hoti? Idha, bhikkhave, bhikkhu 'rāgo me pahīno ucchinna-mūlo tālā-vatthu-kato anabhāvaṃ kato āyatiṃ anuppāda-dhammo' ti pajānāti, 'doso me pahīno...... moho me pahīno ucchinna-mūlo tālā-vatthu-kato anabhāvaṃ kato āyatiṃ anuppāda-dhammo' ti pajānāti. Evaṃ kho, bhikkhave, bhikkhu suvimutta-pañño hoti."

8 若此理解是可接受的，那麼，這也就給慧解脫（paññā-vimutti）可以不須要心解脫（ceto-vimutti）之說法帶來一個質疑。

9 M.I.298: "Rāgo kho, āvuso, kiñcano, doso kiñcano, moho kiñcano, te khīṇâsavassa bhikkhuno pahīnā ucchinna-mūlā tālā-vatthu-katā anabhāva-katā āyatiṃ anuppāda-dhammā. Yāvatā kho, āvuso, ākiñcaññā ceto-vimuttiyo akuppā tāsaṃ ceto-vimutti aggam akkhāyati."

達拉大經》彰顯了心解脫與等至之同異，更意味著佛陀與外道對心解脫的認知不同。

《不動道經》（Āṇañja-sappāya Sutta）陳述了幾個證入不動境（akuppā）[10]和無所有處等至的方法。這些方法顯得是在展示今生得阿羅漢果位的可能性，因為我們發現，在每一個所描述的方法的結尾都出現了這一句："etarahi vā āṇañjaṃ/ākiṅcaññâyatanaṃ samāpajjati, paññāya vā adhimuccati."（「現在，他或證入不動／ākiñcaññâyatana或以慧而解脫」）。[11] 有鑑於此，作者認為此經保存了屬於佛教的證入不動定境的方法，即指無所有處等至和非想非非想處等至（n'eva-saññā-nâsaññâyatana samāpatti），儘管其中有些方法，如髻智比丘和菩提比丘所指出，顯得是在表示那是在非佛教修練團體中所流傳的方法，[12]《不動道經》顯示他們如何在佛教觀點下修練。

接下來的探討中，本文研究把焦點集中在證入無所有處等至和非想非非想處等至的方法上，因為本文的討論只專注於無所有處等至和無所有心解脫（ākiñcaññā ceto-vimutti）之差別上。

《不動道經》記載有三種方法證入無所有處等至。這三種方法都不像是與外道共通的。第一種方法是以心想無所有處（ākiñcaññâyatana）是比識無邊處（viññāṇañcâyatana）更寂靜和更殊勝之境。[13] 如本文在前所述，佛陀瞭解四處為寂靜住（santa-vihāra），而外道修練者們則執以為是涅槃。是故，在此巴利經典中所見證入等至的方法是屬於佛教的方法，在其相對應的漢譯經典也是代表著佛教的方法。漢譯版本陳述，修練者觀見到下層āyatana（處）的saññā（想）為無常的、苦的、

---

10 第四禪那（jhāna）以及四處的前三處（āyatana）。

11 相較於漢譯本，巴利版本似乎有點訛誤。本書會在下述的討論再回到這個問題來討論。

12 髻智比丘（Bhikkhu Ñāṇamoli）1991: p.848 note 19；菩提比丘（Bhikkhu Bodhi）1995: p.1311 note1016。我們很難想像莉麗秀瓦的建議，她認為這些方法都是證入者的娛樂。

13 M.II.263: "Etaṃ santaṃ etaṃ paṇitaṃ yad idaṃ ākiñcaññâyatanan ti."

必然會滅的，如此觀照後，他證入無所有處等至。[14] 二版本都表示其中的方法是佛教的方法，而且是不共外道的修法。

第二種方法是思惟：「此是空無有**我**或無有**我所**」，[15] 漢譯本也傳達著相同的見解：「此世空，空於**神**、**神所有**；空有常、空有恒、空長存、空不變易」。無庸置疑地，這也是佛陀教導的方法。

第三種方法是思惟：「我既不是什麼東西屬於誰的、屬於哪裡的，也不是有什麼屬於誰的、屬於哪裡的是屬於我的」。[16] 此句也出現在其他多部經典中，而且被視為是共通於外道修練者。[17] 此句顯示的是裸體外道的一種修法，他們解讀為不穿衣服。[18] 然而，佛陀否定了這種解讀，因為它不能帶來廣大結果和大利益。同時，在《增支尼卡雅》A.II.177一經告訴我們，佛陀認定它是婆羅門教士的真諦。[19] 經文亦陳述，直接瞭解此句的真諦即是修練無所有（ākiñcañña）。[20] 所謂的「此句的真諦」，其意思顯示在其二種漢譯本中，二漢譯本都說此修練是關於無我和無我所。[21] 簡言之，第三種方法其實也是屬於佛

---

14 《中阿含經》：「彼一切想是無常法、是苦、是滅。」（CBETA, T01, no. 26, p. 542, c12-13）

15 M.II.263: "Suññaṃ idaṃ attena vā attaniyena vā ti"；BB.M.871；《中阿含經》（CBETA, T01, no. 26, p. 542, c18-19）此中suññaṃ在原書為saññaṃ。

16 M.II.263-264: "N' āhaṃ kvacani, kassaci kiñcana tasmiṃ, na ca mama kvacani kismiñ ci kiñcanaṃ n'atthī ti." BB.M.I.871: "I am not anything belonging to anyone anywhere, nor is there anything belonging to me in anyone anywhere."《中阿含經》的語意並不如巴利本的詳盡完整，經言：「我非為他而有所為，亦非自為而有所為。」（CBETA, T01, no. 26, p. 542, c25-26）

17 髻智比丘（Bhikkhu Ñāṇamoli）1991: p.848 note19；菩提比丘1995: p.1311 note1016。

18 A.I.206. 此句並未見於相對應的漢譯本（T2.770b）。

19 A.II.177: "Puna ca paraṃ paribbājakā brāhmaṇo evam āha: 'n'āhaṃ kvaci kassaci kiñcanaṃ tasmiṃ na ca mama kvaci katthaci kiñcanaṃ n'atthī' ti, iti vadaṃ brāhmaṇo saccaṃ āha no musā."

20 A.II.177: "Api ca yad eva tattha saccaṃ tad abhiññāya ākiñcaññaṃ yeva paṭipadaṃ paṭipanno hoti."

21 《雜阿含經》：「復次，婆羅門作如是說：『無我處所及事都無所有。無我處所及事都無所有，此則真諦，非為虛妄。』」（CBETA, T02, no. 99, p. 251, b11-13）《別譯雜阿含經》：「復次，婆羅門第三諦者，離我、我所，真實無我。」（CBETA, T02, no. 100, p. 450, c23-24）

教的方法。總而言之，記載於《不動道經》的這三種證入無所有等至的方法都是佛教的方法，而且是不共外道的修法。

《不動道經》中所陳述的三種證入無所有處的方法沒有任何一種是相同於《韋達拉大經》中描述證入無所有心解脫（ākiñcaññā ceto-vimutti）的方法。在每一種證入方法之後出現這一句"paññāya vā adhimuccati"，其中的paññā（慧）一詞意味著這些方法並不能僅靠其本身就能到達究竟終點站，而是還要加上paññā的運作。"paññāya vā adhimuccati"一句所要表達的意義並不明確，在其相對應的漢譯本亦然。菩提比丘英譯為"......or else he decides upon [perfecting] wisdom"。[22]

我們可從《增支尼卡雅》經典瞭解到，paññā之應用必然地能引領修練者證入涅槃（parinibbāna）。正如經文中所述，瞭解諸處（āyatana）為猶如疾病、空、無我等等的修練者將能夠證得二種成就之一：一者，他在今生命終時就證入涅槃；二者，或者若今生命終未能證得，他將投生到相對應的世界，並且當他在那世界命終時就必定能證入涅槃。此中所表示的是，以正慧徹觀諸處將會得到不退還果位。

至此也就明確瞭解到，在《韋達拉大經》中所見的，證入無所有心解脫（ākiñcaññā ceto-vimutti）的方法，是外道修練者的修持方法；而在《不動道經》經中所見的方法是佛教的方法。《韋達拉大經》提及心解脫要轉換成為不動心解脫，而要證得此不動心解脫就必須要去除貪瞋癡；而《不動道經》則是提到要證得解脫的方法就是加上慧之應用（paññāya）。在下述所要進行的探討將會顯示修練者如何在無所有處等至證入涅槃。

---

22 BB.M.871.

二、放棄Upekkhā

《不動道經》及另外二經都是顯示在無所有處（ākiñcaññâyatana）以無所執著（anupādāno）證入涅槃（parinibbāyati）。《不動道經》陳述說修練者經由放棄捨（upekkhā）而於現前證入涅槃，此方法正是與《分別界經》中所見的方法相同。《蘇那卡德經》（Sunakkhatta Sutta）聲稱從根剪斷非想非非想處（n'eva-saññā-nâsaññâyatana）結縛的修練者將會於現前證得涅槃。《馬龍奇亞大經》（Mahā-māluṅkhya Sutta）以及其他多部經典，都是談及以等至為基礎而證入現法涅槃，並沒有提到非想非非想處和想受滅。

《不動道經》不僅止於顯示證入涅槃發生於無所有處，也顯示了單憑作觀單方面的操作並不能證得涅槃。根據此經，佛陀教導幾個方法以越過如洪水般的四處。佛陀給予教導之後，阿難尊者又向佛陀提出另一問題，即關於獲得捨（upekkhaṃ paṭilabhati）的修練者能否證入涅槃。[23] 獲得捨（upekkhā）的方法，如阿難尊者所講述，是以禪修「若它不曾是，它就不是我的；它將不會是，它也就不是我的。所顯現的，已經呈現的，那些我都會捨棄。他如此獲得捨」。[24] 此即是觀修空，在他處經典中，此修持即是確立必定得真正解脫的作觀操作法。出乎意料之外地，佛陀回答說有些比丘能證涅槃而有些則不能。[25] 佛陀解釋指出，其問題在於比丘執著與否，亦即，他是否喜於

---

[23] M.II.264: "Evaṃ vutte, āyasmā Ānando Bhagavantaṃ etad avoca—'Idha, bhante, bhikkhu evaṃ paṭipanno hoti—"No c'assa, no ca me siyā; na bhavissati, na me bhavissati; yad atthi yaṃ bhūtaṃ taṃ pajahāmi"ti. Evaṃ upekkhaṃ paṭilabhati. Parinibbāyi nu kho eso, bhante, bhikkhū' ti." (CSCD: "Parinibbāyeyya nu kho so, bhante, bhikkhu na vā parinibbāyeyā ti.")

[24] M.II.264, BB.M.872. "No c'assa, no ca me siyā; na bhavissati, na me bhavissati; yad atthi yad bhūtaṃ taṃ pajahāmi ti. Evaṃ upekkhaṃ paṭilabhati."

[25] M.II.264: "Ap'etth'ekacco, Ānanda, bhikkhu parinibbāyeyya, ap'etth'ekacco bhikkhu na parinibbāyeyyā ti."

upekkhā、歡迎它、乃至安住於執持著它。[26] 若比丘執著於upekkhā，他就不能證涅槃。在前面討論《分別界經》時也曾指出此相同見解。[27] 此外，如前章所討論的，持續地專注於upekkhā不可能導致證入涅槃，即A.I.257一經所說，單單作意於捨相並不會得至漏盡。[28]

經中解釋說明比丘所執著的其實就是非想非非想處，[29] 此非想非非想處被描述為「最上的執著」（upādāna-seṭṭha）。[30] 雖然比丘培養了能導致究竟解脫的觀行，由於涉入此「最上的執著」，而使得他無法證入涅槃；此執著導致他再投生到相對應的世界中，而不是證入涅槃。相對的，若比丘觀空，又不執著於所修得的upekkhā，他就會證入涅槃；[31] 顯然地，僅僅等至之證得是無法保證究竟解脫。證得無所有處等至的修練者尚有兩步驟就能於現前證入涅槃，即修空觀及建立無執著兩步驟。經文如此說：

> Idh'Ānanda, bhikkhu evaṃ paṭipanno hoti: 'No c'assa, no ca me siyā; na bhavissati, na me bhavissati; yad atthi, yaṃ bhūtaṃ taṃ pajahāmī'ti. Evaṃ upekkhaṃ paṭilabhati. So taṃ **upekkhaṃ** nâbhinandati, nâbhivadati, na ajjhosāya tiṭṭhati. Tassa taṃ upekkhaṃ anabhinandato anabhivadato anajjhosāya tiṭṭhato na tan nissitaṃ hoti **viññāṇaṃ** na tad upādānaṃ. **Anupādāno**, Ānanda, bhikkhu **parinibbāyatī'** ti.[32]

---

[26] M.II.265: "So taṃ upekkhaṃ abhinandati, abhivadati, ajjhosāya tiṭṭhati. Tassa taṃ upekkhaṃ abhinandato abhivadato ajjhosāya tiṭṭhato tan nissitaṃ hoti viññāṇaṃ tad upādānaṃ. Sa-upādāno, Ānanda, bhikkhu na parinibbāyatī ti."

[27] 參見前章第一節。

[28] A.I.257: "Ekantaṁ upekkhâ-nimittaṁ yeva manasikareyya ṭhānaṁ taṁ cittaṁ na sammā samādhiyeyya āsavānaṁ khayāya."

[29] M.II.265: " 'Kahaṁ pana so, bhante, bhikkhu upādiyamāno upādiyatī ti? 'N'eva-saññā-nâsaññâ-yatanaṃ, Ānandā'ti."

[30] M.II.265: "Upādāna-seṭṭhaṃ so, Ānanda, bhikkhu upādiyamāno upādiyati. Upādāna-seṭṭhaṃ h'etaṃ, Ānanda, yad idaṃ n'eva-saññā-nâsaññâyatanaṃ."

[31] M.II.265.

[32] M.II.265.

> 現在，阿難，比丘如此修持：「若它不曾是，它就不是我的；它將不會是，它也就不會是我的。所顯現的，已經呈現的，那些我都會捨棄。」如此他證得捨。他沒有喜於**捨**、沒有歡迎它、沒有安住於黏執著它。當他沒有喜於**捨**、沒有歡迎、沒有安住於黏執著它，他的**意識**沒有依賴著它，沒有執著於它。阿難，**沒有執著**的比丘證入**涅槃**。[33]

於此文本中，經文並沒有提及修練者從等至出來而證入涅槃。相對的，經文說若修練者不執著於非想非非想處（即經中所說的**捨**（upekkhā））他就證入涅槃（parinibbāyati）。相當明確地，修練者是還在等至中就證入涅槃。

在目前的所引的經典中，當修練者還在無所有處時他證入涅槃。他「沒有喜於」（nâbhinandati），也「沒有歡迎」（nâbhivadati），更「沒有安住於黏執著」（na ajjhosāya tiṭṭhati）非想非非想處，他證入涅槃。在他處經典記載，無所有處被視為是saññā（想）的最高點（saññagga）也是有想等至之一。修練者在此層次證入涅槃，也就是在尚有saññā的狀況下證入。

Saññā（想）與diṭṭḥa-dhamma-nibbāna（現法涅槃）的密切關係在前一章的探討中已經指出，現前的經典是進一步地詳述它；其關係在《禪那經》（Jhāna Sutta）[34]和《說經》[35]有詳細陳述及定位，正如同本書在前章所引述的：「yāvatā saññā-samāpatti tāvatā aññā-paṭivedho（只要有想等至，就有徹觀之究竟智）」[36]。

---

[33] 參考BB.M.873.

[34] A.IV.422-26；漢譯缺。

[35] 《中阿含經》（CBETA, T01, no. 26, p. 716b），巴利本從缺。

[36] 參見第四章第二節。

相對應的漢譯《淨不道經》也有一段相近似的經文是關於不執著於非想非非想處而證入涅槃：「阿難，若比丘不樂彼捨、不著彼捨、不住彼捨者，阿難，比丘行如是，必得般涅槃」。[37] 文脈緊接著說修練者所證入的是無餘涅槃，經中佛陀為阿難尊者解釋了淨化不動的方法、淨化無所有的方法、淨化無想的方法，以及證入無餘涅槃的方法：「阿難，我今為汝已說淨不動道，已說淨無所有處道，已說淨無想道，已說無餘涅槃。」[38] 巴漢二經所說各有所著重的要點，巴利經說是證入現法涅槃，漢譯經說是證入無餘涅槃。

上述觀察顯示，必要捨棄非想非非想處才能證入現法涅槃。此經並沒有提及想受滅，而佛陀卻說他已經解釋了無餘涅槃。在無所有處就不要執著於非想非非想處，要捨棄非想非非想處就證入現法涅槃，而且是無餘涅槃。那麼，此經也就引發一項質疑，即關於晚期佛教傳承所推崇的想受滅是涅槃之說法。覺音論師把想受滅等同於涅槃；[39] 接著在他之後稍晚期的註釋家，護法（Dhammapāla），為此見解作澄清說此涅槃是暫時性的無餘涅槃。[40] 根據我們在前面所觀察的經文，很顯然地這是佛教傳承中的晚期發展，它並不是早期佛教經典的原意。

三、非想非非想處與涅槃

《蘇那卡德經》（Sunakkhatta Sutta）[41]是另一部經典記述以無所著而證入涅槃是發生於證入無所有處之後。它展示，傾向於涅槃者是不會受非想非非想處的結使所束縛，[42] 反而，修持者徹底地從根切斷

[37] 《中阿含經》（CBETA, T01, no. 26, p. 543, b1-3）
[38] 《中阿含經》（CBETA, T01, no. 26, p. 543, b20-22）
[39] Vism. p.607.
[40] Vism. T. 2:92. 亦參見功德寶長老（Gunaratana）1985: p.188。
[41] M.II.252；漢譯缺。
[42] M.II.256: "So evam assa veditabbo—'n'eva-saññā-nâsaññâyatana-saṃyojanena hi kho

非想非非想處之結使；從根斷除結使者不會再遭受未來生之生起，就如同一顆棕櫚樹，從根砍除就不可能再生長。[43] 非想非非想處被稱為存有之最（bhavagga），投生此處者將得要承受無量長之壽命；那麼，對於一位期願證入涅槃者而言，則非想非非想處是必定要從根斷除。再一次，值得注意的是，此經也是沒有提及想受滅（saññā-vedayita-nirodha）；更重要的是，此經亦顯示證入涅槃是經由不執著**捨**（upekkhā）。[44] 經中說，於六觸處收攝或約制自心，並且瞭解執著是一切苦之根源的修練者，將會以斷盡執著而得解脫。[45]

在《馬龍奇亞大經》也有描述在無所有處以無所執著而證得究竟解脫，此經甚至未提及非想非非想處。根據此經，不僅是可依無所有處證得究竟解脫，修持者亦可依前六等至證得。此中所陳述的方法有三階段運作：第一階段是徹觀等至的本質，第二階段是修持厭離，第三階段是將心轉向涅槃界。其相對應的漢譯阿含經也說在無所有處中證入涅槃；[46] 而且尚有其他的經典，包括《八支城經》（Aṭṭhaka-nāgara Sutta）及相對應漢譯本、《中阿含經》的《說經》、以及《增支尼卡雅》的《禪那經》，也都持相同觀點。

---

visaṃyutto sammā-nibbānâdhimutto purisa-puggalo'ti".

43 M.II.256: "Seyyathā pi, Sunakkhatta, tālo matthaka-cchinno abhabbo puna virūḷhiyā. Evam eva kho, Sunakkhatta, sammā-nibbānâdhimuttassa purisa-puggalassa ye n'eva-saññā-nâsaññâyatana-saṃyojane se ucchinna-mūle tālā-vatthu-kate anabhāva-kate āyatiṃ anuppāda-dhamme."

44 《分別論》（Vibhaṅga）分類upekkhā為兩種：一種屬於受（vedanā），另一種屬於行蘊（saṃkhāra-kkhandha）。在此證入涅槃的階段，此時的upekkhā是指行蘊的upekkhā，因為屬於受的upekkhā在稍早的階段就已息滅。亦參見葛汀（Gethin）2001: 157 note 69。

45 M.II.260: "So vata, Sunakkhatta, bhikkhu chasu phassâyatanesu saṃvutakārī 'upadhi dukkhassa mūlan'ti iti viditvā nirupadhi upadhi-saṁkhaye vimutto, upadhismiṃ vā kāyaṃ upasaṃharissati cittaṃ vā uppādessatīti, n'etaṃ ṭhānaṃ vijjati."

46 《中阿含經》：「彼度一切無量識處，無所有，無所有處成就遊。彼若有所覺，或樂，或苦，或不苦不樂，彼觀此覺無常、觀興衰、觀無欲、觀滅、觀斷、觀捨。彼如是觀此覺無常，觀興衰、觀無欲、觀滅、觀斷、觀捨已，便不受此世；不受此世已，便不恐怖；因不恐怖，便般涅槃；『生已盡，梵行已立，所作已辦，不更受有』，知如真。」（CBETA, T01, no. 26, p. 780, a16-23）

諸等至是外道修練者也知道的禪定層次，正如同本書在前章所提出的看法；儘管如此，佛教修持者與外道修練者都能證入諸等至，但是其往後引生而來的結果則是彼此不相同。上述經典告訴我們的是，依佛陀傳授的方法證入諸等至就能夠在今生獲得立即效果，即現證涅槃，所謂「現法涅槃」（diṭṭha-dhamma-nibbāna）；而那些無法於此生證得現法涅槃者，則將會投生到與其禪定成就相對應的上界，並且於彼界命終時證入涅槃（parinibbāna）。非佛道修練者則是不可能於此生證涅槃，就算是能於死後投生到上界，也無法於彼上界證入涅槃。這是佛陀的聖弟子與一般無聞外道修練者之間的差別（visesa）、優越之處（adhippāyāsa/ adhippāyosa）、以及殊異之點（nānā-karaṇa）。[47]

四、結語

從前述探討與分析所得的結論是：《不動道經》所傳達的正是在每一等至之中斷盡一切漏的可行性。以四處的前三處為基礎而得斷漏是有可能的，是可行的，那也就意味著第四禪那亦可作為斷漏的基礎，因為第四禪那和前三處都稱為不動（aneñja）。因此，若能在第四禪那斷漏，他也就不須要進入四處。此避免進入四處而得漏盡正是《分別界經》所說的，即，修練者可以在沒有證入四處的經驗之下也能斷漏。

本文也展示了saññā在證入現法涅槃所扮演的重要角色。然而，saññā的概念是佛世時代外道修練者之間談論與爭辯的議題。各派外道之間對saññā之息滅的爭議，以及他們持此議題諮詢佛陀的見解，不只是證明了九等至之存在，也顯示了外道不能瞭解諸等至的真正功能角

47　A.I.267-68; A.II.126-28: “Ayaṃ kho, bhikkhave, viseso ayaṃ adhippāyoso idaṃ nānā-karaṇaṃ sutavato ariya-sāvakassa assutavatā puthu-jjanena yad idaṃ gatiyā uppattiyā sati.”

色。外道們對此議題爭論不休而始終沒有滿意一致的結論，而佛陀則是能夠給予清晰的分析與解說，這也顯示佛陀對九等至之熟練度與瞭解之徹底。在他處經典中記載，佛陀聲稱他是在順向和逆向入出九等至之後，才宣稱他證得的無以超越的覺悟。[48] 下述是討論有關saññā之滅和saññagga的概念，以辨別佛陀與外道對二者的概念上之差異，並藉此更進一步認識與確認saññā在佛教解脫道上的關鍵功能。

48 A.IV.448: "Yato ca kho ahaṃ, Ānanda, imā nava anupubba-vihāra-samāpattiyo evaṃ anuloma-paṭilomaṃ samāpajjim pi vuṭṭhahim pi, ath'āhaṃ, Ānanda, sadevake loke samārake sabrahmake sassamaṇa-brāhmaṇiyā pajāya sadeva-manussāya 'anuttaraṃ sammā-sambodhiṃ abhisambuddho' paccaññāsiṃ. Ñāṇañ ca pana me dassanaṃ udapādi—'akuppā me ceto-vimutti, ayam antimā jāti, na'tthi dāni punabbhavo'ti." 漢譯缺。

第八章：外道的與佛陀的Saññagga

如前所述，saññā（想）在佛教解脫道上證得現法涅槃（diṭṭha-dhamma-nibbāna）中扮演著重要角色。Saññā對於熟練四處（āyatana）的外道而言也是很重要，因為四處其實就是不同類型的saññā，外道們甚至認為無所有處（ākiñcaññâyatana）就是saññagga（想之最至上，或稱為頂想）；然而，佛陀對saññagga的詮釋並不同於外道所說。

以下的討論將要辨別佛陀與外道對saññagga一詞的理解，由此也就凸顯了九等至在佛教解脫道上的角色。同時，這些不同的見解也就無疑地證明了佛世時的外道們也都懂這些等至，並不是像有些現代學者所推論，指責那是後代佛弟子添加進去的禪定層次。此外，對saññagga的理解也支持本書先前的觀察（參見第六章小節）所做的結論：saññā在證入現法涅槃時仍然存在，而此涅槃是在禪那定境中證入。

一、佛弟子的錯誤見解

《跋德吉經》提及外道與佛陀對agga（summit，頂／最至上）的不同見解，外道的見解是與上界的成就有關聯，而佛陀的見解則是與斷盡一切漏有關。根據此經，阿難尊者要跋德吉尊者解釋五種頂或最至上的意思，所謂：最至上之見（dassanānaṃ aggaṃ）、最至上之聞（savanānaṃ aggaṃ）、最至上之樂（sukhānaṃ aggaṃ）、最至上之想

（saññānaṃ aggaṃ）、以及最至上之存有（bhavānaṃ aggaṃ）。[1] 跋德吉尊者回答說：

一、見到不敗勝者，大梵（Brahma），是最至上之見；[2]

二、聽到光音天天神宣稱樂之體驗，是最至上之聞；[3]

三、諸遍淨天天神所享之樂，是最至上之樂；[4]

四、證入無所有處，是最至上之想；[5]

五、證入非想非非想處（n'eva-saññā-nâsaññâyatana），是最至上之存有。[6]

漢譯本說法與巴利本有些許出入，見第一是與巴利本相同；而聞第一，漢譯本說是指聽到他人得證初禪那的離生喜樂；樂第一，漢譯本說是第三禪那的離喜之樂；想第一，漢譯本與巴利本共同指是證入無所有處之想；最後的有第一，亦是漢本與巴本相同，都說是證入非想

---

1 A.III.202.

2 A.III.202: "Atth'āvuso, Brahmā abhibhū anabhibhūto aññad-atthu-daso vasavattī. Yo taṃ Brahmānaṃ passati, idaṃ dassanānaṃ aggaṃ."《雜阿含經》卷17：「尊者跋陀羅語尊者阿難言：『有梵天自在造作、化如意，為世之父。若見彼梵天者，名曰見第一。』」（CBETA, T02, no. 99, p. 123, b26-28）

3 A.III.202: "Atth'āvuso, ābhassarā nāma devā sukhena abhisannā parisannā. Te kadāci karahaci udānaṃ udānenti— 'aho sukhaṃ, aho sukhan'ti. Yo taṃ saddaṃ suṇāti, idaṃ savanānaṃ aggaṃ." 關於Ābhassara Devā，可參見A.V.60。而《雜阿含經》的聞第一是指聽聞有人證得離生喜樂，亦即是初禪那。《雜阿含經》卷17：「阿難！有眾生離生喜樂，處處潤澤，處處敷悅，舉身充滿，無不滿處，所謂離生喜樂。彼從三昧起，舉聲唱說，遍告大眾：『極寂靜者，離生喜樂，極樂者，離生喜樂。』諸有聞彼聲者，是名聞第一。」（CBETA, T02, no. 99, p. 123, b28-c4）

4 A.III.202: "Atth'āvuso, subha-kiṇṇakā nāma devā, te santaṃ yeva sukhitā sukhaṃ paṭisaṃvedenti, idaṃ sukhānaṃ aggaṃ." 關於Tusitā deva，可參見A.V.59。然《雜阿含經》的樂第一是離喜之樂，亦是第三禪那。《雜阿含經》卷17：「復次，阿難！有眾生於此身離喜之樂潤澤，處處潤澤，敷悅充滿，舉身充滿，無不滿處，所謂離喜之樂，是名樂第一。」（CBETA, T02, no. 99, p. 123, c4-7）（註：上文sukhitā 是依錫蘭BJT版訂正，原在PTS版為Tusitā，今參照《雜阿含經》以第三禪之樂為樂第一，改為sukhitā。Subha-kiṇṇakā即是三禪天的最上位，遍淨天。）

5 A.III.202: "Atth'āvuso, ākiñcaññâyatanûpagā devā, idaṃ saññānaṃ aggaṃ."《雜阿含經》卷17：「云何想第一？阿難！有眾生度一切識入處，無所有，無所有入處具足住。若起彼想者，是名想第一。」（CBETA, T02, no. 99, p. 123, c7-9）

6 A.III.202: "Atth'āvuso, n'eva-saññā-nâsaññâyatanûpagā devā, idaṃ bhavānaṃ aggan ti."《雜阿含經》卷17：「云何有第一？復次，阿難！有眾生度一切無所有入處，非想非非想入處具足住。若起彼有者，是名有第一。」（CBETA, T02, no. 99, p. 123, c9-11）

非非想處。五項第一中漢巴不同調的是第二和第三，而與本處討論主題相關的第四項，想第一，漢巴本都一致的說是指無所有處。漢巴本除了想第一這一項有相同的詮釋之外，阿難尊者的評語亦是漢巴一致，即阿難尊者回應說這些都只是許多人的普遍理解。[7] 阿難尊者這樣的回應也就表示跋德吉尊者的理解是非佛教之見，而是非佛道修練社群及一般群眾的常識。接著，阿難尊者就從佛教的觀點解釋這五種最至上：

一、見到無間／直接的（anantara）漏盡是最至上之見；

二、聽到無間漏盡是最至上之聞；

三、享受無間漏盡之樂是最至上之樂；

四、無間漏盡之想是最至上之想；

五、無間漏盡之存有是最至上之存有。[8]

這也就很明確地，從佛教的觀點而言，凡是所謂最至上的都是要與漏盡有關係。相對應的漢譯阿含經典所說也是與巴利本所說的相同一致：「如其所觀，次第盡諸漏，是為見第一；如其所問，次第盡諸漏，是名聞第一；如所生樂，次第盡諸漏者，是名樂第一；如其所想，次第盡諸漏者，是名想第一；如實觀察，次第盡諸漏，是名有第一。」[9] 五者之中，第四項與我們正在探討的主題相關，也是我們現在要關心的一項。此巴漢二經顯然地展示了佛陀及外道對於所謂「最至上」的不同見解，佛陀是從諸漏斷盡而論最至上之想，而後者則僅就禪定成就而論第一想。

7　A.III.202: “Sameti kho, idaṃ āyasmato Bhaddajissa, yad idaṃ bahu-janenā ti.”《雜阿含經》卷17：「尊者阿難語尊者跋陀羅比丘言：『多有人作如是見、如是說，汝亦同彼，有何差別？』」（CBETA, T02, no. 99, p. 123, c12-13）

8　A.III.202: “Yathā passato kho, āvuso, anantarā āsavānaṃ khayo hoti, idaṃ dassanānaṃ aggaṃ. Yathā suṇato anantarā āsavānaṃ khayo hoti, idaṃ savanānaṃ aggaṃ. Yathā sukhitassa anantarā āsavānaṃ khayo hoti, idaṃ sukhānaṃ aggaṃ. Yathā saññissa anantarā āsavānaṃ khayo hoti, idaṃ saññānaṃ aggaṃ. Yathā bhūtassa anantarā āsavānaṃ khayo hoti, idaṃ bhavānaṃ aggan ti.”

9　《雜阿含經》（CBETA, T02, no. 99, p. 123, c14-19）

基於此理解，本文要詳細分析《波特葩德經》（Poṭṭhapāda Sutta），然後與其相對應的漢譯本作比較，如此的比對能釐清兩經之間的差異點。重點是，這能闡明那些屬於外道的見解也影響到了佛弟子的見解；換言之，有部份佛世時的佛弟子混淆了佛、非佛的見解，而此亦涉及佛教解脫道的修持進程之正確性以及終極目標之達成。

二、佛陀的Saññagga概念

波特葩德（Poṭṭhapāda）向佛陀提出的兩個問題揭露了佛陀的兩個觀點。第一個問題是關於佛陀解釋「上階saññā之消失」（abhisaññānirodha）。這特別突顯了佛陀對四處（āyatana）的重要觀點；此外，佛陀的解釋也意味著非想非非想處與想受滅（saññā-vedayita-nirodha）的排序是平行的，而非一般所知的前後順序。此分析結果令人感到訝異，但本文謹慎處理，希望此分析是合理無誤的。第二個問題是有關佛陀對saññagga（頂想）概念的觀點。這顯示了佛陀重新評估了saññagga的普遍見解，並且給予新定義，即佛陀的saññagga是從漏盡而言。

（一）Saññagga之理解

外道修練者們依其所證入的種種處（āyatana）建立種種宗派之見，而佛陀則是經由漸進的修心作觀而得以徹底瞭解這些等至。九等至之證得其實是牽涉到一系列的saññā之消失。外道修練者們都一致同意無所有處是最至上想或稱頂想。然而，在無所有處等至之後saññā如何完全消失則是掀起了外道修練者之間各方意見之爭辯，他們推測、提議、爭論saññā完全消失的原因。[10]

---

[10] D.I.181.

有的說saññā之消失是無因無緣的（ahetū appaccayā）；有的說saññā是一個人來來去去的自我（purisassa attā）；有的說saññā消失是因為大勢大力的沙門、婆羅門（samaṇa-brāhmaṇā mahîddhikā mahânubhāvā）的干預；有的說saññā消失是因為大勢大力的天神們（devatā mahîddhikā mahânubhāvā）的涉入。

佛陀對於此課題的見解並不同於那些外道修練者們，佛陀認為saññā消失是經由修持而得的結果，就算是saññā的徹底消失也是因為修持的結果。[11] 佛陀解釋從初禪那到第七等至（samāpatti）漸次修持而使saññā消失的因和果，但令人注目的是，在此回應波特葩德的問題時，佛陀並沒有提到在非想非非想處和在想受滅之中saññā之消失。

此經文脈絡顯示有關這兩等至的三個面向。第一個面向是，於此二等至中，依佛陀的理解，saññā並不存在；[12] 第二個面向是，想受滅是在無所有處之後；第三個面向是關於想受滅之證得。在前章已引據經證指出，最後兩等至缺乏saññā，這是根據佛陀的理解，而這一點在《波特葩德經》也得到了證實。就如同經文中所明確顯示的，在解說saññā消失的議題上，佛陀並沒有提到此二等至。

根據經文所示，想有多種，而其生滅是修持者可以操作的；修持者一旦掌控saññā之生滅，即可漸漸地前進上昇至有想之頂點，如經中說：「波特葩德，從比丘能夠掌握其saññā那一刻起，他一層層地向上前進，一直到他到達saññā之最至上點。」[13] 當證入無所有處時，就是觸到了頂想（saññagga），於此等至修練者可以進一步觸到saññā之

---

[11] D.I.183-85.

[12] 在他處經典中，尤其是《增支尼卡雅》，非想非非想處顯得也是一種saññā：“n’eva-saññā-nâsaññâyatana-saññā”。而目前所討論的經典，明白地顯示佛陀並沒有認為它就是saññā息滅的方法。

[13] D.I.184: “Yato kho, Poṭṭhapāda, bhikkhu idha saka-saññī hoti, so tato amutra tato amutra anupubbena saññaggaṃ phusati.” MW: D.162.

完全消失。中止saññā的方法即是中止心意向及心行（na ceteyyaṃ na abhisaṅkhareyyaṃ）。《波特葩德經》說：

> Tassa saññagge ṭhitassa evaṃ hoti — "cetayamānassa me pāpiyo, acetayamānassa me seyyo. Ahañ c'eva kho pana ceteyyaṃ abhisaṅkhareyyaṃ, imā ca me saññā nirujjheyyuṃ, aññā ca oḷārikā saññā uppajjeyyuṃ. Yaṃ nūnā 'haṃ na ceteyyaṃ na abhisaṅkhareyyan"ti. So na c'eva ceteti, na abhisaṅkharoti. Tassa acetayato anabhisaṅkharoto tā c'eva saññā nirujjhanti, aññā ca oḷārikā saññā na uppajjanti. So nirodhaṃ phusati. [14]
>
> 當住在此最上頂點，此顯現：「心意向對我是不好的，心沒有意向對我是比較好的。若我有意向及心行，這些想都會消失，而另外更粗的想會生起。倘若我心不意向也不心行呢？」因此，他心不意向也不心行。當他心不意向也不心行時那些想就消失了，而其他更粗的想也沒有生起。他觸到滅（nirodha）。

文中acetayato和anabhisaṅkharoto二詞值得深入研究。在前面討論到證入涅槃時，如同在《分別界經》所見，本文已指出兩個關鍵詞，anabhisañcetayanto和anabhisaṅkharonto，以現在分詞的方式出現在證涅槃和阿羅漢智出現的經文之前，這就是在第四禪那中捨棄upekkhā的運作方法（M.III.244）。

而在此《波特葩德經》討論到saññā之消失時，兩個關鍵詞是以過去分詞方式出現，acetayato和anabhisaṅkharoto；以acetayato和anabhisaṅkharoto，修練者觸到滅（so nirodhaṃ phusati）。由於此經文

[14] D.I.184.

是出現在證入無所有處等至的經文之後，那麼，此「觸到滅」的境界有可能是指非想非非想處，或者也有可能是指想受滅，或者前二者都不是。"nirodhaṃ phusati"所指的nirodha，在三種可能性之間最容易被選定的是想受滅；而我們也發現在《七界經》（Satta-dhātu Sutta）的分類中，想受滅被稱為「滅等至（nirodha-samāpatti）」；[15] 巴利註釋書對此段經文的解說也是如此，主張"nirodha"是想受滅。若果真如此，則想受滅是在無所有處之後，而不是如一般所說的在非想非非想處之後。這也就表示想受滅和非想非非想處是平行的，而不一定是如同一般所知的那樣，是有先後次第之排序。

若巴利註釋書的解說是可接受的，那麼此經文也就是揭露了佛陀的方法，即關於如何證入saññā完全消失的境界，所謂的想受滅。這就是以中止心意向和心行兩種心活動而成就，亦即是巴利經文的na ceteti na abhisaṅkharoti所示。然而這並不一定是表示證入想受滅就是證入涅槃。倘若此即是涅槃，那麼佛陀應該就會直接了當的宣稱這就是證入涅槃；相反地，佛陀對波特葩德的第二個問題的回應顯示，此想之消失並不是指證入涅槃，而是第三個可能性，即，既不是非想非非想處，也不是想受滅，而是斷盡一切漏。正如下一節引證分析所示。

（二）一種或多種saññagga

佛陀對波特葩德第二個問題的回應否定了在想受滅中證涅槃的可能性，反而是顯示了在前七等至中證涅槃的可行性。佛陀被問到saññagga只有一種或者有多種，佛陀回答有一種saññagga也有多種saññagga。佛陀解釋：

---

[15] S.II.150.

> Yathā yathā kho, Poṭṭhapāda, nirodhaṃ phusati, tathā tathā ‘haṃ saññaggaṃ paññāpemi. Evaṃ kho ahaṃ, Poṭṭhapāda, ekam pi saññaggaṃ paññāpemi, puthu pi saññagge paññāpemî ti.[16]
>
> 波特葩德，隨其所觸滅，於彼我說為頂想。因此，波特葩德，我說一種頂想，我也說多種頂想。

由於經文並沒有進一步的解說，我們參考前一節討論的《跋德吉經》（Bhaddaji Sutta）所說的頂想之意，此經記載阿難尊者詮釋，saññagga是指在任何有saññā的狀態中斷盡一切漏。依此，我們理解佛陀的主張是在任何saññā中斷盡一切漏，那saññā就成了saññagga。因此，依上述經文所意味的是，修練者無論證入任何等至，基於那等至他就能夠斷盡一切漏；當漏盡時，其所處的等至saññā即成為saññagga。

佛陀能夠根據修練者所證入的等至教導他斷諸漏，因此《波特葩德經》中佛陀說他能教一種saññagga，也教多種saññagga。更詳細的舉例來說，若修練者證入空無邊處（ākāsānañcâyatana），佛陀就能教導他在空無邊處之中斷諸漏。若修練者依佛陀的指示在空無邊處之中斷盡一切漏，那麼空無邊處等至對他而言就是頂想（saññagga），這是一種saññagga。若修練者證入識無邊處（viññāṇañcâyatana），佛陀就教導他在識無邊處之中斷一切漏。若他真能依教示在此等至之中斷盡一切漏，那麼對他而言識無邊處就是頂想，證入其他等至者也是如此。

由於前七等至的任何一等至都可以於其中斷漏，因此也就是證得saññagga之處，所以說有多種saññagga。這就是為什麼佛陀說他教導一種saññagga也教導多種saññagga。

---

[16] D.I.185.

三、漢譯《布吒婆樓經》之異見

巴利《波特葩德經》及其相對應的漢譯《布吒婆樓經》，[17] 整體而言是相當一致的；若更進一步的檢視就會顯示漢譯本中所見的saññagga是比較接近或可說等同於外道的見解。關於佛陀對八等至的理解與外道對八等至的理解，以下的比較研究很顯然的展示了另一選擇性的理解。在他處經典中，saññā令papañca生起；然而目前討論的經典則是顯示saññā與現法涅槃有密切關係。

關於saññagga，本書在前一節已經展示外道修練者認為無所有處即是saññagga，而佛陀則認為在哪個等至中斷盡一切漏，那等至就是saññagga。九等至中，哪些等至是有想等至？根據《七界經》（Satta-dhātu Sutta）所說，證入非想非非想處與想受滅二等至者缺乏saññā，而證入前七等至者都有saññā。[18] 此佛經的分類是與外道共通的，因為有些外道把最後一個有想等至，即第七無所有處等至，視為是唯一的saññagga。

對此外道觀點，佛陀並不認同。如前所指出，佛陀的觀點是，只有當下斷盡一切漏的有想（saññā）境界才是saññagga，也就表示前七等至都有可能成為saññagga。因此，唯有當修練者證入無所有處並且在當下斷盡諸漏時，此無所有處才能稱為saññagga。不同於外道的看法，從佛陀的觀點而言，只有證入無所有處並不等同於證得saññagga。儘管如此，在佛陀時代的某些佛弟子也無法分辨此差異，前面討論的跋德吉尊者即是一例；下述為另一例證，即記載於漢譯《布吒婆樓經》之事例。

---

[17] 《長阿含經》（CBETA, T01, no. 1, p. 109, c27）

[18] 亦參見S.II.150-51；T2.116c。

首先，漢譯本說saññā是在非想非非想處中消失，而這一點是與巴利本及其他經典的說法不相符。[19] 漢譯經明確地說：「彼有想無想處想滅，入想知滅定。」[20] 巴利本並沒有提及此非想非非想處和想受滅最後二等至。漢譯本的說法不但與其巴利對應本說法不相應，其說法亦與巴利《七界經》所說的不同。[21] 根據《七界經》，最後二等至各分別被視為行餘等至（saṅkhārâvasesa-samāpatti）和滅等至（nirodha-samāpatti）。[22] "N'eva-saññā-na-asaññā-āyatana"此一複合詞的詞義含糊不清或語義雙關，或許也是顯示此境界並不穩定。在巴利尼卡雅和漢譯阿含經，有些經典說非想非非想處有saññā，有些經典則說它沒有saññā。佛陀對此等至的見解明確地記載於巴利《波特葩德經》，並且也可從《七界經》的記載獲得支持；這一經對此等至的辨識是從行（saṅkhāra）來說，而不是從想（saññā）來談，即非想非非想處是「行餘等至」，而不是「有想等至」或「無想等至」。

第二點，漢譯本的這一句：「於其中間能次第得想知滅定者，是為第一無上想」是與巴利《跋德吉經》（Bhaddaji Sutta）所說的相對立："Yathā saññissa anantarā āsavānaṃ khayo hoti, idaṃ saññānaṃ aggaṃ"（無間漏盡之想是最至上之想）。根據漢譯文本，梵志或婆羅門問：「此諸想中，何者為無上想？」[23] 佛陀回答說：「不用處想為無上」，[24] 此中「不用處」即是指無所有處。婆羅門又問：「諸想中，何者為第一

---

[19] 《長阿含經》：「捨不用處，入有想無想處。梵志，彼不用處想滅，有想無想處想生，以是故知有因緣想滅，有因緣想生。彼捨有想無想處，入想知滅定。梵志，彼有想無想處想滅，入想知滅定，以是故知有因緣想生，有因緣想滅。」（CBETA, T01, no. 1, p. 110, b12-17）

[20] 《長阿含經》（CBETA, T01, no. 1, p. 110, b12-17）

[21] S.II.150；《雜阿含經》（CBETA, T02, no. 99, p. 116c）。

[22] 亦可參見《五三經》。此經說非想非非想被界定為「行餘等至」（M.II.232；漢譯從缺）。

[23] 《長阿含經》（CBETA, T01, no. 1, p. 110, c4-5）

[24] 《長阿含經》（CBETA, T01, no. 1, p. 110, c5-6）

無上想？」，[25] 此中「第一無上想」即指頂想（saññagga）。佛陀回答說：「諸想、諸言無想，於其中間能次第得想知滅定者，是為第一無上想。」[26] 依能否證得想知滅定（即想受滅定）來決定是否得第一無上想或頂想，這並不是佛教的觀點，此與《跋德吉經》所說相反；如前所指出的，《跋德吉經》說saññagga是在有想等至中當下斷盡一切漏。依是否斷盡一切漏來決定是否得頂想，這才是佛教的觀點；最高無可超越的saññā，在佛教的觀點中，一定是隨即斷盡一切漏的有想境界。換言之，在斷盡諸漏時，saññā仍然現前，那麼在想受滅中就不可能斷盡一切漏，因為此中缺乏saññā。由此而論，想受滅不可能是最高無可超越的saññā。[27]

第三點，漢譯本說只有一種saññagga。這也是與巴利版本的說法不一致。漢譯本的《布吒婆樓經》有這樣的一個問題提出：「只有一種saññā？或是有多種saññā？」，佛陀回答說只有一種saññā，沒有很多種。[28] 本文在前面已討論過，根據巴利版本，佛陀教授一種saññagga也教授多種saññagga；那是外道才認為只有一種saññagga，也就是他們把無所有處當作是唯一的saññagga（頂想）。

基於前述探討，我們可以得下述四個結論：一、在解釋saññagga中，把最後二等至合為一談，如在漢譯本所見的，是一種錯誤；二、漢譯本中說無所有處是saññagga，是不正確的；三、如在漢譯本所說的，把想受滅視為最上無可超越的saññā，也是錯誤的；四、如同漢譯本所陳述，執持以為只有一種saññagga，是一種誤解。關於九等至和

---

25 《長阿含經》（CBETA, T01, no. 1, p. 110, c6-7）

26 《長阿含經》（CBETA, T01, no. 1, p. 110, c7-9）

27 這一點就讓人想起有一組經典的主題討論：「我無想（na saññā），但我是有想者（saññī）」，巴利註釋書指稱，這是阿羅漢的境界。此相關經典將在第三篇討論三三昧時再作深入探討。

28 《長阿含經》：「梵志又問：『為一想？為多想？』佛言：『有一想，無多想。』」（CBETA, T01, no. 1, p. 110, c9-10）

saññagga，上述這四點都意味著漢譯本的持誦者及翻譯者[29] 都是執持佛陀時代的一般見解，而不是真正的佛教觀點，亦即如同被阿難尊者駁斥的跛德吉尊者的見解。

四、Saññā之存在與證入涅槃

根據巴利《波特葩德經》，除了可以瞭解佛陀對saññagga的觀點，它也支持本書的看法，即在現生證得現法涅槃的進程中saññā一直都存在，沒有消失。在回應波特葩德下一個問題，有關ñāṇa（知）和saññā之顯現時，佛陀說saññā先出現，然後ñāṇa才出現。[30] 從在生前就證得究竟解脫來分析，當「解脫-saññā」出現，「解脫-ñāṇa」才跟著出現。在尼卡雅及阿含經他處經典中，三種ñāṇa決定究竟解脫之證得，宣佈得阿羅漢果位也就認定得到了āsava-kkhaya-ñāṇā（漏盡知）；由於saññā的出現是在ñāṇa之前，那麼「漏盡-saññā」也就是出現在「漏盡-ñāṇa」之前。所以，理所當然地應當如此作結論，即saññā在證得現法涅槃的過程中一直都存在或現前，是合理且正確的觀點。[31]

上述的觀察闡明了修練者如何在禪那中證得涅槃，對於證入涅槃而言，saññā之消失不是必要的。然而，上述所提及的經典並沒有說明證入現法涅槃者的viññāṇa（意識）其狀況如何變化。只要是還活著viññāṇa就持續存在，因為viññāṇa是有情眾生存活的元素之一。在他處經典中，對於尚在輪迴中的有情眾生，有這樣的說法：「有四食資益眾生，令得住世攝受長養。何等為四？謂一、麤摶食；二、細觸食；

[29] 漢譯本是大約在公元358-91年之間由佛陀耶舍所譯。

[30] D.I.185: “Saññā kho, Poṭṭhapāda, paṭhamaṃ uppajjati, pacchā ñāṇaṃ, saññûppādā ca pana ñāṇûppādo hoti.”

[31] 亦參見智雄比丘（Ñāṇavīra 2001: pp.110-111）。智雄比丘指出，saññā甚至一直到ñāṇa出現之後都仍然不會消失。

三、意思食；四、識食。」[32] 對於現生活著時就證得斷除輪迴之成就的解脫聖者又該如何描述？《經集》（Sutta-nipāta）闡釋了證入現法涅槃者的saññā和viññāṇa，將如下一節所示。

五、無所有處中的頂想（saññagga）與識（viññāṇa）

《經集》的《烏巴希瓦所問經》（Upasīva-māṇava-pucchā）之記載，不但確認了無所有處（ākiñcaññâyatana）是四處中能於其中證得涅槃的一境，也解決了有關證入涅槃者的saññā和viññāṇa的問題。有關佛教的saññagga（頂想）是不同於外道之理解，亦可從此經再次獲得確認；有關viññāṇa（識），佛陀說viññāṇa在此境界中是無法以任何現有語言描述的。

在此經中，烏巴希瓦尊者請佛陀教導如何越過洪流。[33] 此問題意味著烏巴希瓦尊者已具備證入處（āyatana）等至的能力，但仍然未能脫離如洪流般的等至。此洪流般的等至似乎是指識無邊處（viññāṇañcâyatana）。在他處經典記載， viññāṇa從一期生命流轉到另一期生命，稱為識流（viññāṇa-sota）；[34] 在識無邊處中，viññāṇa被無限量地延伸展開，因此被喻為如洪流般。那麼，烏巴希瓦向佛請問的就是如何證入無所有處，就是在識無邊處之後的上一層次的等至，這一點亦顯示在佛陀的回應中。

---

[32] 《雜阿含經》（CBETA, T02, no. 99, p. 101, c26-28）。相對應的巴利經典說："Kabaḷiṃkāro āhāro oḷāriko vā sukhumo vā, phasso dutiyo, mano-sañcetanā tatiyo, viññāṇaṃ catutthaṃ. Ime kho, bhikkhave, cattāro āhārā bhūtānaṃ vā sattānaṃ ṭhitiyā sambhavesīnaṃ vā anuggahāyāti."（S.II.13）

[33] Sn 1069: "Eko ahaṃ, Sakka, mahantam oghaṃ (icca-āyasmā Upasīvo), anissito no visahāmi tarituṃ, ārammaṇaṃ brūhi samanta-cakkhu, yaṃ nissito ogham imaṃ tareyya."

[34] D.III.105, 134.

佛陀在回答中教導，專心念無所有處並且想著「無所有」，他就能越過洪流，[35] 在他處經典，這種證入無所有處的修法是與外道修練者共通的修法。[36] 既然這不是佛教的方法，如此證入無所有處的修練者也就不會證得涅槃，此即為何文脈緊接著就是一段有關捨棄感官欲樂的經文出現。

佛陀為已有能力證入無所有處的烏巴希瓦講述證入涅槃的方法，並強調其中重要的步驟。這些步驟是捨棄感官欲樂、遠離交談、以及常常專注於斷諸漏。《烏巴希瓦所問經》那兩首偈頌也提示，四處（āyatana）中的無所有處等至是最適宜作為努力修證涅槃之等至。[37]《經集》1082偈陳述如何以佛陀的方法超越洪流，此方法是不同於外道的方法；所有這些經義都與《不動道經》（Āṇañja-sappāya Sutta）所說一致。

此經的詮釋除了可從《不動道經》獲得確認，此經也顯示saññā是中性的， saññā本身並不一定會引起能導致執著的心行增殖。無所有處也稱為saññagga，意為「最頂點之想」或「最高最上之想」，這是依外道的普遍信解而言；然而，佛教的saññagga之見解是指當下斷諸漏的有想等至。在烏巴希瓦的例子，他留住在無所有處並且斷盡諸漏，雖然saññā仍然存在，他並不會再落入輪迴（saṃsāra）。佛陀回答烏巴希瓦的問題說：「烏巴希瓦，一切欲樂已遠離者，依於無所有，棄離其餘的，解脫於最高的想解脫，他會住在那裏且不會再隨著[輪迴]」。[38] 修練者住於無所有處，又心無意向亦無心行於存有（bhava）

---

[35] Sn 1070: "Ākiñcaññaṃ pekkhamāno satimā (Upasīvā ti Bhagavā): na'tthī ti nissāya tarassu oghaṃ, kāme pahāya virato kathāhi, taṇha-kkhayaṃ nattam-ahâbhipassa."

[36] M.I.456.

[37] 有趣的是，葛美斯辯稱此"ākiñcaññam"難於恰當地解釋為正統等至（samāpatti）層次的參考，但他也認為若此文能實質地、正確地分析與理解，那麼，它將會帶來嶄新及富有啟發性的訊息。（Gómez 1976: p.144）

[38] Sn 1072: "Sabbesu kāmesu yo vātarāgo (Upasīvā ti Bhagavā), ākiññcaññaṃ nissito hitva-m-aññaṃ, saññā-vimokhe parame 'adhivimutto, tiṭṭheyya so tattha anānuyāyi." 參考諾門譯本

或斷滅（vibhava），又斷盡一切漏安住於saññagga，他證入現法涅槃。他住於彼且不會再隨著輪迴去，他是住於種種不動的其中之一種，即無所有處。

烏巴希瓦尊者仍然為viññāṇa之念所困惑著：對於一位證入涅槃者，他的viññāṇa是存在？或者消失？[39] 佛陀回答說：「烏巴希瓦，正如同一團火焰被風吹離了[火柱]，仍有義而不再有名稱（仍有火焰而不能再稱之為火焰），一位聖者亦如是，從其名身離去，仍有義而不再有名稱（仍有身而不能再稱之為身）。」[40] 對於已證得涅槃者，他的viññāṇa就不能以任何語言描述，佛陀解釋說：「烏巴希瓦，一位已去者是無法衡量的。沒有任何他們可以用來描述他的，當所有現象都移除了，那麼，一切陳述的方法也都移除了。」[41]

上述的觀察也支持本書的提議，九等至在佛陀時代就已為人所知。佛陀與外道對saññagga的不同見解，是顯然地證明種種處（āyatana）是外道也通曉的。這些等至並非後期的佛弟子所創造，也不是晚期佛教徒所組合成，如一些學者們所猜測的那樣；我們也不接受那種見解，即認為佛陀向其他宗教借用了他們的三摩地（samādhi）。這些等至是心在平靜狀態下的各種層次，換言之，等至都是自然現象；對此自然現象的瞭解與應用，就是佛陀與外道見解的差別所在。根據佛陀的實證與宣示，沒有任何一個等至本身即是涅槃；然而，涅槃之證得不能

（Norman 2001: p.136）。

39 Sn 1073: “Tiṭṭhe ce so tattha anānuyāyi, pūgam pi vassānaṃ samanta-cakkhu, tatth’eva so sīti siyā vimutto, cavetha viññāṇaṃ tathā vidhassa.” 諾門（Norman）視“anānuyāyi”為「落入輪迴」（“subject to ‘saṁsāra’”）。根據作者對無相三摩地（animitta samādhi）的理解，作者認為anānuyāyi的意思應當是「追隨『感官所緣相』」。

40 Sn 1074: “Accī yathā vātavegena khitto (Upasīvā ti Bhagavā), atthaṃ paleti na upeti saṅkhaṃ, evaṃ munī nāma-kāyā vimutto, atthaṃ paleti na upeti saṅkhaṃ.” 參考諾門譯本（Norman 2001: p.136）

41 Sn 1076: “Atthaṃ gatassa na pamāṇam atthi, (Upasīvā ti Bhagavā), yena naṃ vajju taṃ tassa n’atthi, sabbesu dhammesu samūhatesu, samūhatā vādapathā pi sabbe ti.” 參考諾門譯本（Norman 2001: p.137）.

沒有等至之助。三摩地在涅槃之證得上有其重要角色，尤其是甚深的禪那（jhāna），更是不可或缺的環境。

此外，佛陀的聲聞弟子也執持著外道般的見解，這件事實意味著我們要投入更多的努力，更進一步找出佛教的最初型態禪法，當時佛陀所發現的古仙人道，當時佛陀藉以修證正等正覺的禪法，當時佛陀教授給弟子們的禪法。以下是幾項與上述現法涅槃引發的其餘探討，這些探討將會帶領我們進入下一篇章，對佛教的最初型態禪法的深入研究。

第九章：從三摩地根到無所著涅槃

本章的討論是要從前面的探討來進行與以無所執著入現法涅槃相關的理解，也將由此而導入本書第三篇的研究。首要關心的是samādhîndriya（三摩地根或定根）被定義為“vossaggârammaṇaṃ karitvā”（作了「捨離所緣」），它可能就是佛陀所發現的禪修法的明確定義；第二項是關於禪修而無所緣，這與第一項有相互密切的關聯。若定根即是指捨離了所緣，那麼禪修而無所緣就是有可能的，或即是其結果；相反的，若真有能夠無所緣而禪修，那麼定根的定義為「作了『捨離所緣』」就是正確的。第三項是有關以無所著得涅槃與三三昧（samādhi）的關係；三三昧即空三昧、無相三昧、無願三昧。若定根即是捨離了所緣，而又真有能夠禪修而無所緣，那麼，以無所著而般涅槃就不難理解；而無所著涅槃與常見被視為阿羅漢三昧的三種三昧之間的關聯為何，此處僅點到為止，深入詳細地探討將在本書第三篇進行。

一、定根之定義

《分別界經》（Dhātu-vibhaṅga Sutta）有一個顯示是關於現法涅槃與三摩地根定義之間的可能性關聯。Samādhîndriya有不同的定義，有些經典定義為四禪那[1]，有其他經典又定義為「作了『捨離所緣』」。[2] 巴利註釋書解釋此後者的定義為「令離所緣之專注」（“the

1　例如S.V.197&199; M.III.152 將三摩地根定義為四禪那。
2　S.V.197& 200.

concentration that makes release the object"），即專注於捨棄所緣境。[3] 菩提比丘認為可以將它「寬鬆地解釋為描繪一種以解脫為目標的禪定，亦即，導向涅槃。」[4]實際上，依據前述《分別界經》的探討結果所理解，此詞可譯為「作了『捨離所緣』」。此samādhîndriya的定義相當能代表佛陀傳授給仆枯莎提（Pukkusāti）尊者的那種三摩地，也就是一種真正的又可信的教授，一種關於如何修持禪定而引領至究竟解脫的教授。

《分別界經》中所描述的涅槃之證悟有三個階段，而三個階段的特徵是「脫離執著任何對象」；這意味著此悟入涅槃之道與三摩地根之間有直接的關聯性。三個階段為：脫離六界、放棄證入四處（āyatana）、和放棄「捨」（upekkhā）。根據此經文所示，能證入第四禪那者亦具備能力去分辨有情眾生的組成，即所謂地、水、火、風、空、識六元素或界；未受指導者傾向於將這些元素視為等同於自己或我（attā），而在佛教解脫道中則是應當要避免如此的心意趨向，不可視之為我。此外，有能力證入第四禪那者也具有潛力進一步證入四處，而《分別界經》肯定地說一定要避免證入四處。如同在前所述，證入第四禪那者獲得清淨的和純淨的「捨」（upekkhā-parisuddhi），而此獲得是必要進一步放棄它以便證得現法涅槃。

這三個階段都有一個特徵，即，放棄對象或所緣。如此解讀得以瞭解這些修持進程的階段有助於釐清複合詞vossaggârammaṇa之意義，同時也解開samādhîndriya被定義為"vossaggârammaṇaṃ karitvā"的原因所在。由此也理解在佛教解脫道中，正定之修持特重強調放棄所緣或對象。至於另一定義，由於經此方法證入涅槃是在第四禪那，所以我們發現在他處經典就把samādhîndriya定義為四種禪那。

---

3 Bodhi 2002: p.45.
4 Bodhi 2002: p.45.

更進一步地，vossaggârammaṇa一詞也是與究竟解脫有關係。在《相應尼卡雅》S.V.134一經描述如何修持滅想，並且點出其重要性，vossagga一詞即出現在經中。經中所展示的修持過程為："viveka-nissita→virāga-nissita→nirodha-nissita→ vossagga-pariṇāmiṃ（依遠離→依離欲→依滅→成熟放棄）"。[5]

此過程是可與《分別界經》所說的涅槃過程相比對。《分別界經》描述的涅槃過程是：捨離六元素（nibbindati）→令心厭離六元素（cittaṃ virājeti）→滅受（vedanā nirujjhati）→無執著（anupādiyati）。前經的「成熟放棄（vossagga-pariṇāma）」與後經的「無執著（anupādiyati）」是相同意義，二詞都是描述證悟現法涅槃的最後階段。

Samādhîndriya定義為「作了『放棄所緣』（vossaggârammaṇāṃ karitvā）」即是描述著佛陀所發現的禪修方法。它涉及修持脫離，此脫離使心維持著不執取任何所緣境，以及不將自己與所謂的最高上創造者結合。此脫離修持之最高境界為究竟解脫，因此S.V.134一文以「成熟放棄」（vossagga-pariṇāma）為結束。Vossagga（放棄）表示佛教解脫道的特色，即漸次放棄之道。此外，S.V.239一經聲稱五根之修持是依遠離、依離欲、依滅、依成熟放棄，[6] 這也肯定了上述分析。

---

5 "Vossagga-pariṇāmi"：vossagga意為棄捨、放棄等，pariṇāmi是動詞pariṇāmati的過去式，意為成熟、轉成等；二者組成複合詞表示涅槃（Nibbāna）（Bodhi 2003: p.45 note 14）。此概念亦見於S.V.120。此經顯示brahma-vihāra證入者證得得涅槃（BB. S.II.1609）。亦參見S.V.12；BB.S.II.1530。

6 S.V.239: "Idha, bhikkhave, bhikkhu saddhîndriyam....... viriyîndriyaṃ .... satîndriyaṃ....... samādhîndriyaṃ bhāveti viveka-nissitaṃ, virāga-nissitaṃ, nirodha-nissitaṃ, vossagga-pariṇāmiṃ. Paññîndriyaṃ bhāveti viveka-nissitaṃ....... vossagga-pariṇāmim."

二、現法涅槃與無所緣禪定

有一組經典所描述的一種三摩地（samādhi）是與上述的修法有相同特質。這種三摩地的修法是修練者禪修而放棄所緣境，諸如地、水……青、紅……無所有處等。由於這一類經典中沒有任何一部經典有此三摩地的名稱，所以，作者在此處給它一個名稱方便討論，名為「未命名三摩地」。這樣的禪修法似乎也具有《分別界經》中所描述的那種禪修法的特徵。接下來將要分析《分別界經》中的禪修法與這些經典中的禪修法之關聯。這將會凸顯這兩種禪修事實上是同一類型的禪法，而且都是導向涅槃之道。接著，我們將能進一步把此「未命名三摩地」稱名為「**佛教三摩地**」。

除此上述二組經典之外，《烏達那》（Udāna，或舊稱《優陀那》）對涅槃之描述也與此「未命名三摩地」禪修之描述相似。作者認為《烏達那》的文本所述是解開此「未命名三摩地」的一條線索。同時值得注意的是此處對涅槃之描述，因為它顯示佛陀對瑜伽系統的不同意見。瑜伽系統的究竟目標或終極成就是由禪修想像而得，佛陀對此修持之道及其終極成就有不同的看法，基本上佛陀是持否定立場。

見於《分別界經》中有關證悟涅槃的禪修之道與一組經典中所見的未命名三摩地有一共通特色，而此共通性意味著未命名三摩地與現法涅槃之間有一種關聯性。在巴利註釋書中乃至現代學術界，此未命名三摩地通常都被指向為阿羅漢果位（arahatta-phala），或者阿羅漢三摩地（arahatta-samādhi）。如同在前面對《分別界經》的審察中，修練者以正慧見六元素或界（dhātu）之後，將心轉離六元素，以使心不再執著於這些元素。如此修持之後，他的識（viññāṇa）仍然在那境界中，並且沒有附著於任何元素，但是他是有知覺的。他也注意到三種受的生、滅、和止息，而這意味其諸根脫離諸所緣境，他留意著、維持著此功夫；此外，他也克制心不導向四處（āyatana）。這些「脫離」、「放棄」、「克制」的特色是與禪修而無所緣想的未命名三摩地之描述相容一致。

有多達八部經典描述此「未命名三摩地」，大多都出現在《增支尼卡雅》。根據這些經典所描述的，禪修者不是六元素（dhātu）、四處（āyatana）、此世間後世間（loka）、見（diṭṭhaṃ）、聞（sutaṃ）、覺（mutaṃ）、識（viññātaṃ）、得（pattaṃ）、尋（pariyesitaṃ）、心所隨行（anuvicaritaṃ manasā）的想者（saññī）。這一切都是由六感官或六根門進入。不成為這一切的想者（saññī），修練者仍然是有想者（saññī ca pana assā），或者是有知覺的，或者仍然感知。佛陀在回應阿難尊者問是否有可能證入這樣的一種禪定時，確認地回答說：

> Siyā, Ānanda, bhikkhuno tathā-rūpo samādhi-paṭilābho yathā n'eva paṭhaviyaṃ paṭhavī-saññī assa, na āpasmiṃ āpo-saññī assa...... tejasmiṃ ...... vāyasmiṃ...... ākāsānañcâyatane ... viññāṇañcâyatane ...... ākiñcaññâyatane ...... n'eva-saññā-nâsaññâyatane ...... idha loke ...... na para loke para-loka-saññī assa, yam 'pi 'daṃ diṭṭhaṃ sutaṃ mutaṃ viññātaṃ pattaṃ pariyesitaṃ anuvicaritaṃ manasā, tatrā'pi na saññī assa; saññī ca pana assā' ti.[7]
>
> 是的，阿難，比丘有可能證入這樣的一種禪定，於地而非地想者，於水而非想者，於火……於風……於空無邊處……於識無邊處……於無所有處……於非想非非想處……於此世間……於彼世間而非彼世間想者；凡是所見、聞、覺、識、得、尋、及心所隨行，於彼等都無有彼等想，然而他是有想者。

7　A.V.318-319.

當地、水等四大元素，乃至意識所緣的空無邊處，乃至一切的見、聞、覺、識等都被捨棄之後，禪修者所緣的或者所感知的是涅槃，正如下一段經文所示：

> Idh' Ānanda, bhikkhu evaṃ saññī hoti—"etaṃ santaṃ etaṃ paṇītaṃ yad idaṃ sabba-saṅkhāra-samatho sabbûpadhi-paṭinissaggo taṇhakkhayo virāgo nirodho nibbānan"ti.[8]
>
> 現在，阿難，比丘如是感知：「此寂靜，此殊勝，亦即一切行平息、一切著捨離、滅貪、離欲、滅、涅槃。」

此經也將涅槃描述為一切行止息（sabba-saṅkhāra-samatha）、一切著捨離（sabbûpadhi-paṭinissagga）、滅愛、離欲、滅，在他處經典中，此即是證悟究竟解脫之描述，也是佛陀初成道時無意願說法的原因之一。那時佛陀觀見及瞭解有情眾生最難於明白的兩件事是：「此緣性的緣起」以及「一切行止息，一切著捨，滅貪，離欲，滅，涅槃」。[9] 簡言之，經由徹底放棄內在的和外在的對象或所緣境，他就證入涅槃。此未命名三摩地的描述是與《烏達那》（Udāna）第八品第一經所描述的證悟涅槃，和諧一致：

> Atthi, bhikkhave, tad āyatanaṃ, yattha n'eva paṭhavī, na āpo, na tejo, na vāyo, na ākāsānañcâyatanaṃ, na viññānañcâyatanaṃ, na ākiñcaññâyatanaṃ, na n'eva-saññā-nâsaññâyatanaṃ n'āyaṃ loko na paro loko na ubho candima-suriyā. Tatra' p'āhaṃ, bhikkhave, n'eva

---

[8] A.V.319.

[9] M.I.167: "…….duddasaṁ idaṁ ṭhānaṁ yad-idaṁ idappaccayatā paṭicca-samuppādo, idaṁ pi kho ṭhānaṁ duddasaṁ yad-idaṁ sabba-saṅkhāra-samatho sabbûpadhi-paṭīnissaggo taṇhakkhayo virāgo nirodho nibbānaṁ."

āgatiṃ vadāmi na gatiṃ na ṭhitiṃ na cutiṃ na upapattiṃ appatiṭṭhaṃ appavattaṃ anārammaṇaṃ eva taṃ, es'ev'anto dukkhassā ti.

諸比丘，有一處，無地、無水、無火、無風、無空無邊處、無識無邊處、無無所有處、無非想非非想處、無此世間、無彼世間、無太陽與月亮二者。諸比丘，那處我說是無來、無去、無住、無死、無生、無依止、無輪轉、無所緣，而這，其實就是苦的盡頭。[10]

常見學者們引用此段經文以支持他們的見解，認為涅槃是不可言說的、超越的境界。有些學者認為涅槃是一種經驗，因此，它既不是不可言說，也不是不可超越的。[11] 無疑地，涅槃是一種實際證得的或獲得的體驗，因為佛陀所教導的就是他所證得的。[12]

顯然地，根據此處所討論的經典，涅槃是要在現前當下，於一種心有感知的狀態下，去實證的，因為這些經典都重覆地、一致地說："saññī ca pana assa"。舍利弗尊者聲稱當他證入那種禪定時（非想者定境），他想：「涅槃即是存有滅」（Bhava-nirodho nibbānan ti），[13] 他感知一想生一想滅，他感知他現前當下了證存有之滅，而此即是證入涅槃，他仍然是有想者（saññī ca panâhaṃ……）。[14]

---

10 Ud. 80；參考阿桑嘎（Asanga）2002: p.79譯文。

11 例如阿桑嘎（Asanga）2002: p.79。

12 布朗柯斯（Bronkhorst）反駁威特爾（Vetter）的觀點。他說佛陀的教法或修持方法之目的並不是為解脫之「經驗」，而是「解脫」。（參見布朗柯斯評論威特爾的文章："The Idea and Meditative Practice in Early Buddhism"）

13 舍利弗是在等至中產生此想，那麼此時的等至不就是「滅等至」（"nirodhā samāpatti"）嗎？這是很有趣的。於此我們發現一個重點，即「滅等至」在此文脈中是表示九等至中的任何一等至都可以轉成為滅等至。然而，晚期傳統卻把它的歸屬僅限制在想受滅等至（saññā-vedayita-nirodha samāpatti）。此外，「有滅」（"bhava-nirodha"）是唯佛所宣示，非佛道修練者並不宣揚此。（參見《無疑經》，Apaṇṇaka Sutta， M.I.412-13）

14 A.V.9-10: "……evam eva kho me, āvuso, bhava-nirodho nibbānaṃ, bhava-nirodho nibbānan ti kho me, āvuso, aññā' va saññā uppajjati, aññā' va saññā nirujjhati, bhava-nirodho nibbānaṃ — saññī ca panâhaṃ, āvuso, tasmiṃ samaye ahosin'ti."

進一步對這組經典作一番審視，即能瞭解這種禪修法在佛陀時代是佛弟子之間普遍知道的。這些經典有多個例子顯示，不只是佛陀教導這種禪修法，佛陀的諸弟子之間也都有討論這種禪修法。反而值得注意的是，這些經典中，沒有任何一部經典提到非佛道修練者，也沒有任何一部經典的說法者或聞法者屬非佛道修練者。

下述的幾個例子顯示這個禪修主題是由多個不同的對話者討論著：在《舍利弗經》（Sāriputta-sutta, A.V.9），是阿難尊者問舍利弗尊者；在《作意經》（Manasikāra-sutta, A.V.320）、《三摩地經》（Samādhi-sutta, A.V.7）、以及《想經一》（Paṭhama-saññā-sutta, A.V.318），是阿難尊者請問佛陀；在《三摩地經一》（Paṭhama-samādhi-sutta, A.V.353），是一群比丘問佛陀；在《三摩地經二》（Dutiya-samādhi-sutta, A.V.354），是佛陀考驗一群比丘；在《三摩地經三》（Tatiya-samādhi-sutta, A.V.356），是一群比丘請問舍利弗尊者；以及在《三摩地經四》（Catuttha-samādhi-sutta, A.V.357），是舍利弗尊者問一群比丘。

雖然有如此多部《增支尼卡雅》的經典由不同的主角相對問答這種三摩地，但是卻沒有任何一部經典有相對應的漢譯本，尤其是在漢譯《增一阿含經》，這部對應於巴利《增支尼卡雅》的經典。[15]

除了顯示佛陀所體證的涅槃境界，《烏達那》第八品第一經（Ud.80）傳達了一個佛陀對瑜伽系統的觀點，而且是相當顯著的對立觀點。在關於人類與世界之關係上，這是佛陀的主張，並且是與瑜伽系統的主張相對立。

瑜伽系統[16] 認為人體是由粗身和微細身組成，粗身相似於微細身，粗身即是肉體身或色身，而微細身則是相似於外在宇宙。他們認

---

15 《增壹阿含經》屬大眾部（Mahāsaṅgika），是達摩難提（Dhammanandi）從克什米爾（Kashmir）帶進中國。他翻譯了《增壹阿含經》，後來由僧伽提婆重修校正。（關於《增壹阿含經》的真正譯者，學者似乎有不同的看法，也尚未有普遍接受的定論。）

16 瓦瑞內（Varenne）1973: p.155。

為外在宇宙所有的一切，也都可以在人體內找得到；因此，粗身不只是由地、水、火、風等所組成（這是普遍常識），瑜伽系統還認為粗身內也有星星、太陽、行星等等。[17] 瑜伽士就是要經由控制呼吸修練到能駕御地、水等元素，他們認為如此修成功就能保護自己免於死亡，或稱為達到不死。[18]

相對於此，佛陀所覺悟到的是，人類是由色、受、行、想、識五蘊所組成，而不死（即涅槃，nibbāna）是經由放棄執著而證得的。由是故，證悟後，佛陀發表了上述《烏達那》中記載的那段證悟之言，此證悟是正與瑜伽系統的主張相反。言中否定涅槃中有地、水、火、風乃至非想非非想處。這些都是一方面彰顯如來的涅槃之境，一方面是凸顯其與外道的不同，或否定外道把操控地、水等當成是涅槃或修行的究竟目標。尤其說到無太陽和月亮，更可確認如來是在否定瑜伽系統所認為的解脫概念與成就。

上述所引自《烏達那》的經文也顯示其與一組向來未受到佛教傳統充份重視的三種三摩地的關聯。智慶比丘依據《法句經》（Dhammapada, 第92偈）和《無礙解道論》（Paṭi-sambhidā-magga, Paṭis.II.62）指出，此經文中有三個詞是與三解脫（vimokkha）相關。[19] 他認為appatiṭṭha（不建立）、appavatta（不延續）、以及anārammaṇaṃ（無所緣）三詞可分別對應上空解脫（suññata-vimokkha）、無願解脫（appaṇihita-vimokkha）、以及無相解脫（animitta-vimokkha）。[20] 《烏達那》（Udāna）這一經是關於涅槃的描述，其中存在著與三三昧有關聯的用語，也就意味著三三昧與涅槃有著密切的關係。在本書第三篇將會進

[17] 瓦瑞內（Varenne）1973: p.155，參見Shiva-Saṃhita, 2.1-2.5.的偈頌。
[18] 瓦瑞內（Varenne）1973: p.157，參見Dhyana-bindu-Upanishad, I.34。
[19] 智慶比丘（Bhikkhu Ñāṇananda）1971: p.73。
[20] 參見 Paṭis.II.62.

一步釐清此未命名三摩地與三三摩地或三三昧[21]的關聯，所要依據的經典則是鎖定在巴利尼卡雅及漢譯阿含經。

三、無所著涅槃（anuppāda nibbāna）與三三昧

《分別界經》和《不動道經》（Āṇañja-sappāya Sutta）所描述的，依無所執著而得的涅槃證悟，具有三三昧的本質。二部經典中所顯示的漸次證入涅槃之進程，可與以涅槃為終極證悟的三三昧之修持作比較。除了顯示涅槃與三三昧之關係外，下述觀察也明確顯示，在禪那定境中涅槃如何顯現。本節僅點出它們之間的關聯，詳盡分析將在本書第三篇進行。

（一）《分別界經》之描述

《分別界經》中所描述的能引領直至現法涅槃的禪修之道有三階段。第一階段是於五內界或元素（dhātu）和五外界或元素觀空。所謂內、外即例如，地界是由內地界和外地界組成、水界是有內水界和外水界二種；其餘四界亦如是。而這些內、外界都要以正慧作如是觀：「這不是我的，我不是這，這不是我的我」（taṃ n'etaṃ, mama n'eso'ham'asmi, na m'eso attā.）。「以正慧觀種種界」導致心能夠以不執著而遠離這種種界。這可對稱到三三昧中的第一種，空三昧（suññata samādhi）。

第二階段是放棄種種受（vedanā）。在前一階段，棄離或遣除了五界，依經文脈絡所示，剩餘最後要處理的就是識，這第六元素的問題。於此處，「識」（viññāṇa）認知的是三種受。[22] 經文說當三受滅

[21] 空三摩地（suññata samādhi）、無相三摩地（animitta samādhi）、和無願三摩地（appaṇihita samādhi）。

[22] M.III.242. "Tena viññāṇena kiñci jānāti? Sukhan...... dukkhan...... adukkham-asukhan ti pi, vijānāti."

了，剩下的心所就只有upekkhā（捨）。這也意味著三受之滅是指證入四禪那。三受之息滅，根據《分別界經》的說法是與證入四種禪那有關：[23] 苦受（dukkhā vedanā）在證入初禪那時息滅，樂受（sukhā vedanā）在證入第三禪那時息滅，不苦不樂受（adukkham-asukhā vedanā）在證入第四禪那時息滅。這種種受生起是因為有觸或緣觸而生（phassaṃ paṭicca），經由觸之息滅，相對應的受就不會生起。當文脈說到三受息滅，那麼，由三事（感官、對象、與識）和合而生的觸也就不存在。這是諸感官完全脫離所緣相。此即可對稱到三三昧中的無相三昧（animitta samādhi）。

第三階段放棄upekkhā。當感官都脫離了它們的對象，心有upekkhā而沒有adukkham-asukha。在傳統上，或在他處許多經典中，當處於清淨與純淨意識的狀態時，心變得柔軔、易操作、發光（mudu ca kammaññā ca pabhassarā ca）。[24] 接著，經文描述修練者如何證入涅槃。當修練者「不構成任何因緣，亦不產生任何意志傾向於存在或不存在，他不執著於此世間的任何東西；當他不執著，他就不顫抖；當他不顫抖，他自己證入涅槃。」[25] 此一境界，「不構成任何因緣，亦不產生任何意志傾向於存在或不存在……」（so n'eva taṃ abhisaṅkharoti na abhisañcetayati bhavāya vā vibhavāya vā……），可以理解為「無願」（appaṇihita）；若此理解是可行的，那麼此境界即可對稱到三三昧中的無願三昧（appaṇihita samādhi）。如此我們瞭解到《分別界經》的修持次第可配對三三昧的順序，經典的修持次第是：

---

23 參見S.V.214-16.

24 漢譯《中阿含經》說法也與巴利經典相同一致。《中阿含經》：「若比丘不染此三覺而解脫者，彼比丘唯存於捨，極清淨也。」（CBETA, T01, no. 26, p. 691, c4-6）

25 M.III.244; BB.M.1093: "So anabhisaṁkharonto anabhisañcetayanto bhavāya vā vibhavāya vā na kiñci loke upādiyati anupādiyaṁ na paritassati aparitassaṁ paccattaṁ y'eva parinibbāyati." 《中阿含經》：「彼於爾時不復有為，亦無所思，謂有及無。彼受身最後覺，則知受身最後覺；受命最後覺，則知受命最後覺，身壞命終，壽命已訖，彼所覺一切滅息止，知至冷也。」（CBETA, T01, no. 26, p. 692, a2-6）.

觀非我非我所→棄受（vedanā）→棄捨（upekkhā），所配對的三三昧順序是修空（suññata）→修無相（animitta）→修無願（appaṇihita）。

（二）《不動道經》之描述

另一經，《不動道經》描述以無執著證入究竟解脫，也是與三三昧有關聯。如本書在前章節所分析，依無所有處證入涅槃的行者，在證入涅槃前會經過三階段，在此小節要指出這三階段可對應到三三昧，如下所示。經文說「比丘如此修持：『若它不曾是，它就不是我的；若它將不會是，它也就不是我的；所顯現的，已經呈現的，那些我都會捨棄』」，這意味著修持空（suññata）；經文說「如此他證得捨。他沒有喜於捨、沒有歡迎它、沒有安住於黏執著它」，這意味著修持無相（animitta）；經文說「他的意識沒有依賴著它，沒有執著於它」意味著修持無願（appaṇihita）；經文接著說修持者證入涅槃：「阿難，沒有執著的比丘證入涅槃（Nibbāna）。」[26]

此經修證次第為：觀空→息滅執著→證入涅槃。從經文的描述來看，它對應上三三昧的次第可以分析出有兩種。[27] 第一種次第如前段落所示的，即是：suññata→animitta→appaṇihita，即空→無相→無願。觀空表示修持空三昧；息滅執著表示修持無相三昧；修習放棄渴求未來生（即識不依賴、不執著於所得捨）表示修持無願三昧，如此而證入無所著涅槃。此處看出無願三摩地即無所著涅槃。

那一段關鍵經文也可以作另一種解讀，也就看出它可配上第二種三三昧次第：suññata→appaṇihita→animitta，即空→無願→無相。觀空是空三摩地；描述修練者不喜歡、不歡迎、亦不執持upekkhā表示修持無願三摩地；修持不依賴、不執著於upekkhā是修持無相三摩地，由此

[26] 參見第七章第二節。
[27] 兩種三三昧順序次第將在第三篇詳細分析。

證得無所著涅槃。在巴利註釋書也有提到無相三摩地與涅槃的關係，註釋書認為無相三摩地是涅槃的同義詞。

四、結語

總結以上的探討，有兩系列經典明確地說以無所執著而證入涅槃，一系是依第四禪那解釋無所著涅槃，另一系則是依無所有處解釋。「無所著涅槃」一詞表示佛陀領悟到了外道在證悟涅槃上的種種困境，他們不能夠證得究竟解脫是因為執著。在《相應尼卡雅》佛陀提示弟子們應當要知道，佛陀說法的目的是為令證入無所著涅槃，並強調地宣稱：「我所說的法（Dhamma）是以無所著涅槃為目的」，[28]《輪替馬車經》（Ratha-vinīta Sutta）兩位傑出的佛陀弟子也很明確地說：「依世尊修習梵行的目的，是為了無所著涅槃」。[29]

那些佛陀時代的外道修練者，諸如至上現法涅槃論者（Parama-diṭṭha-dhamma-nibbāna-vādin）認為禪那本身即是涅槃，是因為伴隨著越來越高的禪那成就而來的，越來越微細的覺受，他們執著此微細覺受為涅槃。佛陀特別地宣稱究竟涅槃為「無所著涅槃」（anupādā-parinibbāna），一是說明依佛修習梵行的終極成就，一是彰顯其與外道的終極成就之差別。

---

[28] S.IV.48；漢譯缺。“Sādhu, kho pana tvam bhikkhu anupādā-parinibbānattham mayā dhammaṃ desitam ājānāsi. Anupādā-parinibbānattho hi, bhikkhu, mayā dhammo desito.”

[29] M.I.148: “Anupādā parinibbānathaṁ kho, āvuso, Bhagavati brahmacariyaṁ vussatī ti.” 此巴利相對應的漢譯《中阿含・七車經》記載世尊以此七步驟為方法，證得無餘涅槃，而非無所著涅槃。《七車經》說：「以戒淨故，得心淨；以心淨故，得見淨；以見淨故，得疑蓋淨；以疑蓋淨故，得道非道知見淨；以道非道知見淨故，得道跡知見淨；以道跡知見淨故，得道跡斷智淨；以道跡斷智淨故，世尊施設無餘涅槃。」（CBETA, T01, no. 26, p. 431, b6-10）另一相對應的漢譯經典也說，依世尊修習梵行是為了證得涅槃，《增壹阿含經》說：「戒清淨義者，能使心清淨；心清淨義者，能使見清淨；見清淨義者，能使無猶豫清淨；無猶豫清淨義者，能使行跡清淨；行跡清淨義者，能使道清淨；道清淨義者，能使知見清淨；知見清淨義者，能使入涅槃義。是謂於如來所得修梵行。」（CBETA, T02, no. 125, p. 734, c5-11）

此見解也獲得《增支尼卡雅》A.V.64一經全然的支持，經中佛陀對 “parama-diṭṭha-dhamma-nibbāna”一詞的解釋，就是從六根放棄執取相對應的所緣來分析；[30] 而外道是正相反，他們必要執取意味著大梵的六根所緣境（外在世界），終極成就即是成功地與梵結合為一。禪那（jhāna）是達成放棄的強而有效的方法，但是它本身並不是修持的終極目標。佛陀所傳授的究竟涅槃，是要以修持無執著才能證得的，這是很確定地顯示於《分別界經》和《不動道經》，以及其他一些相關的經典。

另外值得注意的是，巴利註釋書對anupādā-pari-nibbāna一詞，有與經典不一樣的解釋。其對anupādā-pari-nibbāna一詞的解釋為「無緣究竟涅槃」（appaccaya-parinibbāna）。[31] 而且又說「upādāna有二義：執取（gahaṇa），即是在一般關於四種執著的經文中所說的；和緣（paccaya）……註釋家們解釋『究竟無所著涅槃』為阿羅漢果位，因為它不能以四種執著的任何一種來執著，或為無緣涅槃，因為它不依任何緣而現起」。[32]

作者認為這些註釋書的注釋是值得商榷的。如前所重覆一再提到的，此詞“anupādā-pari-nibbāna”只是強調證得究竟涅槃之道是放棄執著，在最後階段是指不執著「我」（attā），亦即以無執著而證得的涅槃。此詞也彰顯了佛陀與外道的不同見解，外道們認為所證入的某種禪那境界本身就構成涅槃。在下一篇將要討論以修持無執著為起始的一種禪修，並且以證入無所著涅槃（anupādā-pari-nibbāna）為終極點，然而它並沒有拋棄九等至，它可以應用於九等至並導致證入涅槃。

---

[30] A.V.64: “Etad aggaṃ, bhikkhave, parama-diṭṭha-dhamma-nibbāna paññāpentānaṃ, yad idaṃ channaṃ phassâyatanānaṃ samudayañ ca atthaṅgamañ ca assādañ ca ādīnavañ ca nissaraṇañ ca yathā-bhūtaṃ viditvā anupādā-vimokho.”

[31] BB.M.1214 note 289.

[32] BB.M.1214 note 289.

第三篇

三三昧
——佛教獨門禪法

四禪那是修持止觀雙運之最佳定境，以便達成依佛座下修習梵行生活的究竟目標——涅槃。不同於至上現法涅槃論者（parama-diṭṭha-dhamma-nibbāna-vādin）以四禪那為終點，佛陀從未認為禪那本身即是最崇高、最殊勝的涅槃。在涅槃之道的構成上，四禪那有其不可或缺的一席之地，而對於現生即已圓滿成就的聖弟子們而言，四禪那是聖弟子們餘生中的日常安住之樂住處。

四禪那對於聖弟子而言是樂住，但四處（āyatana）卻未被認定為適合於聖弟子所住。反而，追求今生證入涅槃而又已具備能力證入四處者被忠告遠離四處不要證入四處。例如，佛陀教示仆枯莎提尊者（Pukkusāti）不要把心導向四處的任何一處，因為若如此做只會使心沉溺在那些寂靜境界中，這將帶來無量長的壽命而不是解脫與涅槃。對於那些曾經證入四處的經驗者，佛陀教導他們不要將自己視為等同於（atammayata）那些禪定境界。對四處執著與視為等同，不會使修練者導向涅槃，反而會使修練者命終後投生到相對應的世界。

由於四處在證入涅槃上並無助益，那麼在第四處之後才證入的想受滅（saññā-vedayita-nirodha）也就難以被認定為暫時性的涅槃境。從這種次第漸進的等至來看，想受滅不可能是佛陀所認可的暫時性的涅槃境；由於其本質如此，想受滅也難以被認為是斷盡一切漏能發生的定境。想受滅本質上是缺乏saññā（想），而saññā卻是證悟現法涅槃的必要要素，因此想受滅不可能是證悟涅槃操作之處。我們在前面已經討論過，按照佛陀的處方，依於任何禪那（jhāna）或處（āyatana）證入涅槃的可能性。這些當代已流行於修練社群的禪那和處等至修持，佛陀根據自己的透徹觀照，都給予新鑒定，並揭示它們的真正本質與效用。既然如此，我們緊接著想知道的就是佛陀所教的、不同於外道的禪法。考察佛陀所認定為他自己發現的禪修法是我們最感興趣的，也是此第三篇要探討的主題。

在巴利尼卡雅和漢譯阿含經有兩類三摩地（samādhi），通常都被關聯到解脫聖者之成就。第一類是三三昧，即空三昧（suññata samādhi）、無相三昧（animitta samādhi）、無願三昧（appaṇihita samādhi）。[1] 在漢譯經典中三者通常都是同時出現，因此常見其統稱為三三昧或三三摩地，且又以三三昧一詞最常見於諸漢譯經典。第二類是上一篇第九章提到的「未命名三摩地」。在多部經典中，對未命名三摩地之描述都是非常簡要，而後期佛弟子們乃至現代學者們也都只是把它歸屬為阿羅漢的禪定。在個人的看法，作者認為未命名三摩地與三三昧彼此是有密切的關聯，未命名三摩地應當是指三三昧的成就現象。以下藉由討論這些禪定及顯示他們之間的關係，本文要指出，佛陀是第一個、第一次發現這樣的禪修法。這絕對是不共外道的禪法。因此本書在第十五章稱它為「**佛教三摩地**」，即純粹是佛陀教導的三摩地。

此第三篇是針對三三昧的重要角色之探討，尤以巴利尼卡雅、漢譯阿含經、以及律藏（Vinaya Piṭaka）為主要依據。[2] 本書採用這些典籍，即試圖展示三三昧是佛陀發現的禪法，是根本、原型的佛陀的禪法，應用這類典籍作探討也相當幅度地提高了此主張的可信度、真實性。本書也將指出，較晚期的巴利註釋書將三三昧配對上無常（anicca）、苦（dukkha）、無我三相（anattā），即佛陀所開示的有

[1] 三種三昧和解脫以名詞方式出現在經典中，三三昧是指空三昧（suññata-samādhi）、無相三昧（animitta-samādhi）、無願三昧（appaṇihita-samādhi）（D.III.219, S.IV.269, M.III.108, A.I.299, Vin.III.92），以及三解脫是指空解脫（suññata-vimokkha）、無相解脫（animitta-vimokkha）、和無願解脫（appaṇihita-vimokkha）（Vin.III.92）。而三種心解脫和等至則是以形容詞方式出現，三種心解脫是指空心解脫（suññatā-ceto-vimutti）、無相心解脫（animittā-ceto-vimutti）、無願心解脫（appaṇihitā-ceto-vimutti）（D.III.249, S.IV.297, M.I.296, Vin.III.92），以及三種等至是指空等至（suññatā-samāpatti）、無相等至（animittā-samāpatti）、和無願等至（appaṇihitā-samāpatti）（Vin.III.92）。以名詞方式出現的心三昧是"animitta ceto-samādhi"，可見於《中尼卡雅》（M.III.108）。"samādhi"一詞，最常見於大多數經典中，而只有在少數經典所見為"ceto-samādhi"一詞，因此在這探討中，本書採用「三摩地」（samādhi）而不用「心三摩地」（ceto-samādhi）。「三摩地」或「三昧」都是古來漢譯經典對"samādhi"的譯法。

[2] 一種非常自由地，又具有高成份想像力，並且少有應用到早期經典參考的分析，可參見康子的書（Conze 2002: pp.59- 69）。

關世間真實相的教法，現代研究上座部的學者們也都跟隨著註釋書的這種趨勢認識三三昧。更有些主要依據巴利註釋書及論典作研究的現代學者，傾向於認為三三昧是晚期佛教的發展結果。[3]

在同時考量巴利和漢譯經典之下，則顯示三三昧確實在佛教的解脫道上扮演著關鍵角色。若此是晚期的發展，那麼我們期待能在晚期的著作看到此三三昧的詳細又有系統的修練解說，例如在阿毘達磨論書。然事實所顯卻是相反的，我們發現在晚期的論書等著作中，並沒有關於此三三昧的詳細解說，因此作者認為我們應該有合理的源由，相信這種禪修法是原始於佛陀，專屬於佛教的禪法。

如前所分析討論的，三三昧和未命名三摩地存在著某種關聯。欲論證此關聯，是具有相當的挑戰性，因為兩者在尼卡雅和阿含經中都僅保存著少量資料。三三昧的相關經典數量不僅很少，且又零零散散地見於各經典中的這件事實，以及巴利註釋書對未命名三摩地的微薄解說此一實情，二者都足以證明這兩種三摩地的真相尚未受到充分的瞭解，更別說其之間的關係。另一點值得注意的是，有些後期的佛教傳統，甚至把這種禪修法詮釋得像外道禪法般，他們對此三三昧的重要性的瞭解，僅見於他們能夠把它與佛陀的無常、苦、無我核心教義配對。

根據上述初步瞭解，以下的討論要專注於巴利尼卡雅及漢譯阿含經中的三三昧相關經典。關於三三昧的修持，在尼卡雅和阿含經中各有兩種修持，綜合起來則僅有兩種順序。此處特別值得提示的是，無論是修持方法或是順序，沒有任何一種是與巴利註釋書所說的相同；更重要的是，這些順序是與本書在第二篇所分析的現法涅槃（diṭṭha-dhamma-nibbāna）證入次第相符。此外，在幾部經典經文段落中，無

---

3 如康子（Conze）2002: p.68。

相心解脫（animittā ceto-vimutti）和究竟智（aññā）同時出現，這或許意味著無相心解脫即是現法涅槃。它也顯示這段經文是描述如何在今生證入涅槃。因此，本文將要詳細地討論此三三昧修持的結果，最後要檢視的要點是未命名三摩地的相關經典，以及指出它與三三昧的關係。

第十章：在三藏中的三三昧角色

首先，本章要檢視三三昧在經典、律典、以及屬早期的論典所顯之重要角色。在經典中，三三昧被賦予明確的定位；在律典中，宣示三三昧修證之違越是與根本重戒有關聯；在論典中，三三昧亦出現在關鍵位置。經由這些初步的檢視則更加確認三三昧之重要性與關鍵性，及研究意義。

一、三三昧與解脫道

巴利尼卡雅中保存著少數幾部有關三三昧的經典，而其內容卻是顯示此三三昧在解脫道上的重要角色。根據《相應尼卡雅》，世尊說修持無相三昧會帶來大果、大功德。[1]《長尼卡雅》記載兩組在解脫道上扮演著主要角色的三昧。 第一組是四禪那（jhāna），依尋（vitakka）和伺（vicāra）而分別，即有尋有伺三昧（savitakko savicāro samādhi）、無尋唯伺三昧（avitakko vicāra-matto samādhi）、及無尋無伺三昧（avitakko avicāro samādhi）。[2] 第二組是三三昧，即空三昧（suññata samādhi）、無相三昧（animitta samādhi）、及無願三昧（appaṇihita samādhi）。[3]在漢

1 S.III.93: "Animitto, bhikkhave, samādhi bhāvito bahulī-kato maha-pphalo hoti mahânisaṃso."

2 D.III.219: "Tayo samādhi. Sa-vitakko sa-vicāro samādhi, avitakko vicāra-matto samādhi, avitakko avicāro samādhi." 在相對應的漢譯本缺此段落。

3 D.III.219: "Apare pi tayo samādhi. Suññato samādhi, animitto samādhi, appaṇihito samādhi." 在漢譯《長阿含經》的次第是suññata>appaṇihita>animitta.《長阿含經》：「復有三法，謂三三昧，空三昧、無願三昧、無相三昧。」（CBETA, T01, no. 1, p. 50b） 這是見於十一世紀施護的譯本《大集法門經》中，經文說：「復次，三三摩地是佛所說，謂有尋有伺三摩地、無尋唯伺三摩地、無尋無伺三摩地。復有三三摩地是佛所說，謂空解脫三摩

譯《長阿含經》的《十報法經》則列舉空、不願、不想為「三活向」，是比丘所應修習，不過其相對應的巴利經典則記載有尋有伺等三種三昧為所應修習。[4]

第一組三三昧被列為比丘所應修習的項目，因為它在斷除漏及成就更高層次禪定上，扮演著作為基礎或進程起始點的角色。此組三昧出現在《中尼卡雅》（M.III.136）以及《增支尼卡雅》（A.IV.301），二經都記載此三三昧會帶來阿羅漢果成就。另一方面，以尋伺分類的四禪那也出現在《中尼卡雅》（M.III.162）。根據此經，佛陀在去除了心的染污（upakkilesa）之後才修持此尋伺等三三昧；此經亦說佛陀以此修持而斷盡一切漏。在S.IV.360的經文則指定此三三昧是通往涅槃之道。此外，許多經典明確地說斷盡一切漏是在第四禪那中成就的，亦即是屬於無尋無伺三昧的境界。根據這些經典分析所瞭解，第四禪那提供一個環境適合於斷盡一切漏，經典中如此描述此環境：「專注、清淨、純淨、無瑕疵、解脫於染污、柔韌、易操作、穩定、和不動。」[5] 此第四禪那的描述，通常是與證得三明（ñāṇa）之經文同時出現。[6]

第二組三三昧是現生證得究竟解脫之道。此三昧之修持是為了證得直接知識（abhiññāya）、遍知（pariññāya）、完全滅盡（pari-kkhayāya）、棄除（pahānāya）、滅盡（khayāya）、敗壞（vayāya）、離欲（virāgāya）、滅（nirodhāya）、拋棄（cagāya）、和捨離（paṭinissaggāya）貪、

地、無願解脫三摩地、無相解脫三摩地。」（CBETA, T01, no. 12, p. 228, a17-20）

4 《十報法經》：「第八三法，可作，三活向：空、不願、不想。」（CBETA, T01, no. 13, p. 234, a11）然而，其巴利相對應經則列出另外三種三摩地，D.III.274: "Katame tayo dhammā bhāvetabbā? Tayo samādhī, sa-vitakko sa-vicāro samādhi, avitakko vicāra-matto samādhi, avitakko avicāro samādhi. Ime tayo dhammā bhāvetabbā."

5 例如 M.I.23, 182, 247, 278, M.II.38, M.III.36: "Samāhite cite parisuddhe pariyodāte anaṅgaṇe vigatûpakkilese mudu-bhūte kammaniye ṭhite ānejja-ppatte".

6 例如 M.I.22, 117, 182, 247, 277, 347, 412, 447, 522; M.II.227; M.III.36.

瞋、和無明。[7] 此道能引向無為，如同《相應尼卡雅》所言：「諸比丘，何道能引向無為？空三昧、無相三昧、無願三昧之道能引向無為。」[8] 再者，於此相應尼卡雅的經文中，只有四禪那和三三昧被列為能引向無為之道，經中並沒有提及四處和想受滅，可惜的是經文僅列舉而已，並沒有給予任何解釋。

三三昧也與證入和退出想受滅定有關。《相應尼卡雅》和《中尼卡雅》都認為，若人從想受滅定退出會觸三觸，即空觸（suññato phasso）、無相觸（animitto phasso）、無願觸（appaṇihito phasso）。[9] 在漢譯阿含經則說若人證入想受滅定，他會在證入之前一刻觸此三觸。修持者在證入和退出想受滅定時都觸空、無相、無願。換言之，尼卡雅及阿含經二者都無疑地顯示，三三昧不同於想受滅定。儘管這些經典會令讀者以為想受滅即是涅槃，但是本書在前篇已指出，修練者可於其中證入現法涅槃之禪定，含蓋從第一等至初禪那至第七等至無所有處，這當中沒有任何一項是想受滅。

有別於想受滅定，有關三三昧能領引修持者至無為是明確地記載於諸部經典中。[10] 《增一阿含經》敘述有七種人能現生得其果，他們是修持四梵住、空、無想、無願的行者。[11]上述觀察證明此三三昧是源

---

[7] A.I.299: "Rāgassa, bhikkhave, abhiññāya tayo dhammā bhāvetabbā. Katame tayo? Suññato samādhi, animitto samādhi, appaṇihito samādhi. Rāgassa, bhikkhave, abhiññāya ime tayo dhammā bhāvetabbā. Rāgassa, bhikkhave, pariññāya, parikkhayāya, pahānāya, khayāya, vayāya, virāgāya, nirodhāya, cāgāya, paṭinissaggāya. Ime tayo dhammā bhāvetabbā. Dosassa ……. Mohassa……."

[8] S.IV.360; BB.S.II.1373. "Katamo ca, bhikkhave, asaṅkhata-gāmi maggo? Suññato samādhi, animitto samādhi, appaṇihito samādhi. Ayaṃ vuccati, bhikkhave, asaṅkhata-gāmi maggo."

[9] S.IV.295; M.I.302: "Saññā-vedayita-nirodha-samāpattiyā vuṭṭhitaṃ kho, āvuso Visākha, bhikkhuṃ tayo phassā phusanti: suññato phasso, animitto phasso, appaṇihito phasso ti."

[10] 例如 S.IV.360、S.IV.363。

[11] 《增壹阿含經》：「爾時，世尊告諸比丘：『有七種之人可事、可敬，是世間無上福田。云何為七種人？所謂七人者：一者行慈、二者行悲、三者行喜、四者行護、五者行空、六者行無想、七者行無願，是謂七種之人可事、可敬，是世間無上福田。所以然者？其有眾生行此七法者，於現法中獲其果報。』」（CBETA, T02, no. 125, p. 739, a25-b2）

自於佛陀的獨門禪法，並以四禪那為其基礎。[12] 此觀點是下述的研究所支持的，尤以律藏的記載最為顯而易見，經藏的說法則須要深入探討與分析，方可窺見其完整原貌。

二、實修與學術詮釋

作者認為三三昧是佛陀所參悟的禪法，也是世尊原創的禪法，此觀點可藉由解讀律藏對「過人法」（uttari-manussa-dhamma）[13] 的詮釋獲得充分證據證實， 也可從《無礙解道論》（Paṭi-sambhidā-magga）對止觀合修（samatha-vipassanā-yuga-nandha）的解說得到另一論藏證明。關於此二來源，律藏本身在佛教傳統中被認定為早期的文獻；[14] 而《無礙解道論》，在作者的看法，不會是太晚期的典籍。[15] 綜觀此典籍，三三昧的解釋有兩種，而且彼此相對立。一種解釋是與尼卡雅和阿含經所說相符一致，而另一種解釋則似乎是後期佛教傳統傳承所依據的。這也就間接地證明此典籍的編撰時間點是相當的早期。或許，它的時間可早到與阿毘達磨佛教同一時期。

在巴利律藏，此空－無相－無願三者（suññata-animitta-appaṇihita）有三種分類：解脫（vimokkha）、三昧（samādhi，或定或三摩地）、以及等至（samāpatti，或三摩缽地）。第一類是依解脫稱名為空解脫（suññata vimokkha）、無相解脫（animitta vimokkha）、和無願解脫

12　《大釋義》（Mahā-niddesa）在解釋《經集》第95偈中的jhāyī一詞時，也從三種尋伺三摩地（vitakka vicāra samādhi）和三三摩地角度進行分析。（MNid. 373）

13　葛汀譯為：「超越常人能力的成就」。（Gethin 2001: p.240）

14　雖然有些早期西方佛教學者認為它是晚期的集成品，但是二十世紀的學者，如葛汀，則認為它是屬於早期的典籍。（Gethin 2001: p.10）

15　沃德爾（Warder）認為此典籍的出現是大約在公元三世紀晚期，然後經過一段時間發展成今日所見的文本模樣。（Warder 1982: p.XXXV）依努伯（Hinüber）認同弗羅沃那（Frauwallner）的看法，認為它是晚至公元二世紀才集成（Hinüber 1997: p.60），並同時批評沃德爾的觀點是粗略的推測。然而，柯欣斯（Cousins）則認同沃德爾的說法，甚至還認為它可能是由單一作者編撰，時間可能比公元三世紀晚期又稍早一些。

（appaṇihita vimokkha）；第二類是依三昧分別稱名為空三昧（suññata samādhi）、無相三昧（animitta samādhi）、和無願三昧（appaṇihita samādhi）；第三類則是從等至分類稱名為空等至（suññata samāpatti）、無相等至（animitta samāpatti）、和無願等至（appaṇihita samāpatti）。

在〈波羅夷〉部份（Pārājikā，即，若違越則是擯出僧團之重罪）和〈波逸提〉部份（Pācittiya，即，若犯則得受罰之過失）詮釋所謂謊稱證得「過人法」，意即謊稱證得超越常人的成就，也就是公開宣稱得到此類心靈成就，而實際上並沒有真正真實的經驗，或依經典用詞即為「沒有身觸」。如此不實的宣稱即是指宣稱有關證得禪那（jhāna）、解脫、三昧、等至、以及知見（ñāṇa-dassana）。

根據巴利律典，此過人法的禪那即指四禪那，而解脫、三昧、等至則是指空－無相－無願。解脫，即是指空解脫、無相解脫、無願解脫；三昧，即指空三昧、無相三昧、無願三昧；等至或三摩缽地，即是指空等至、無相等至、無願等至。[16] 若出家的佛弟子實未證得這些禪定而聲稱得到亦名為過人法的禪定，那麼他就是違越了根本重罪，要被擯出僧團。

最引人注目的重點是，律藏說過人法的內容是四禪那和三三昧，而完全沒有提到四處（āyatana）以及想受滅（saññā-vedayita-nirodha），例如在Vin.III.97以及Vin.IV.28經文所見。部份巴利律典文本僅以三三昧為過人法的內容，例如在Vin.III.94、III.99、IV.26、以及IV.29。相同的詮釋亦見於巴利《長尼卡雅》和漢譯《長阿含經》，如同本書在前一章節所引述的。雖然律藏的集成被認為是較經藏之集成稍為晚一

[16] Vin.III.92: "Uttari-manussa-dhammo nāma jhānaṃ vimokkho samādhi samāpatti...... Jhānan ti paṭhamaṃ jhānaṃ...... catutthaṃ jhānaṃ. Vimokkho ti suññato vimokkho animitto vimokkho appaṇihito vimokkho. Samādhī ti suññato samādhi animitto samādhi appaṇihito samādhi. Samāpattī ti suññatā samāpatti animittā samāpatti appaṇihitā samāpatti."

些，如漢爾那所建議，可能至少是在佛陀大般涅槃後二百餘年；[17] 然而，從上述的觀察來看，漢爾那的看法應該值得再研究。

在漢譯的幾種律藏中，只有《四分律》[18]有提到過人法的相關經文。過人法即包含了未得定而「自言得定」，此文詮釋「得定」之意為四禪那和三三昧，如經文說：

> 若比丘實無所知自稱言：「我得上人法，我已入聖智勝法，我知是我見是。」彼於異時若問若不問，欲自清淨故作是說：「我實不知不見，言知言見」，虛誑妄語，除增上慢，是比丘波羅夷不共住。……**上人法者**，諸法能出要成就，自言念在身……自言得定、自言得正受……自言得、自言果。……**自言得定者**，有覺有觀三昧，無覺有觀三昧，無覺無觀三昧，空、無相、無作三昧，狎習親附，思惟此定，餘如上說。**自言得正受者**，想正受、無想正受、隨法正受、心想正受、除色想正受、不除色想正受、除入正受、一切入正受。[19]

另外兩部漢譯律典是屬於上座部傳統，在過人法的詮釋中完全沒有提及三三昧。漢譯本《五分律》（原稱《彌沙塞部和醯五分律》，梵文Mahīśāsaka-vinaya）是法顯大師在公元339年從錫蘭（今日的斯里蘭卡）無畏山寺（Abhyagiri Vihāra）獲得此律本，帶回到中國後由罽賓律師佛壽（Buddhajīva）與漢地沙門智嚴合譯。根據印順導師的說法，此律藏是屬於化地部或彌沙塞部（Mahīśāsaka），而其內容則是與銅鍱部（Tāmraśāṭīya）的《善見律毘婆娑》（或簡稱《善見律》）相同，兩部

---

[17] 漢爾那（I. B. Horner）1936: p.32.
[18] 屬法藏部（Dharmaguptaka）或曇無德部所有，並由來自克什米爾（Kasmira）的佛陀耶舍（Buddhayaśa）所譯。
[19] 《四分律》卷2，CBETA, T22, no. 1428, p. 578, b8-c3。

派都可說是上座部（Theravāda）的分派，二律本在漢傳佛教中並沒有被弘揚流傳。[20] 此二漢譯律本在解說「過人法」的文脈中，並沒有提到三三昧。

這些提及空－無相－無願三三昧（suññata-animitta-appaṇihita）的經文僅見於現今南傳上座部的巴利律藏中，或許可說是表示巴利律藏之古老，以及三三昧在佛世時的教法中之根本角色。三三昧出現在漢譯《四分律》，它是來自迦濕彌羅（Kasmira，現稱喀什米爾，Kashmir），此一事實也意味著三三昧在諸多佛教早期分裂的部派之間是共通常識，反而是到了流派間就消失了。[21] 既然在早期部派典籍中出現在根本重罪內，此應當是表示這是純屬佛教的禪修法，在本篇後段也將展示此三三昧是聖弟子們所安住之處。

這些經文也引發一個質疑，即關於有些後期佛弟子對想受滅之認知。若想受滅果真如同他們所說的，是阿羅漢聖者生前體驗無餘涅槃（anupādisesa nibbāna）的暫時性境界，且也是佛陀所認可的話，那麼它理應會被列入律典中，作為牽涉到根本重罪的過人法內容之一。但是，實際上現存的律典卻未見它如三三昧那樣被列入為根本重罪的內容。反而有趣的是，《善見律毘婆沙》說滅盡定既非聖人定亦非凡人定；因此沒有真實經驗而卻宣稱自己證得滅盡定者，並沒有犯過人法之波羅夷重罪。[22] 這也就是為何《善見律》在詮釋過人法時，並沒有列入想受滅定的真正原因。於此同時我們注意到，在巴利尼卡雅及漢譯阿含經中，與三三昧相關的經典僅存留少數幾部之事實即意味著尼

[20] 《以佛法研究佛法》（p.236）和《印度佛教思想史》（p.47）。

[21] 三三昧可見於許多大乘經典，又與空性（suññata）有關聯，因此而有人推測此三昧是晚期佛教所創立的。然而，三三昧並不見於從錫蘭帶回中國，屬於上座部分派的化地部（Mahīśāsaka）律本，但是卻出現在錫蘭上座部的律本中。此事實也就消除了有人認為三三昧是屬於大眾部所有，或由大眾部自創的猜測。

[22] 《善見律毘婆沙》卷12〈舍利弗品〉：「或言六通中我一一已得，亦得波羅夷罪。……或言我入滅盡三昧不犯重。何以故？滅盡三昧，非聖人定、非凡人定……」（CBETA, T24, no. 1462, p. 757, a3-7）

卡雅和阿含經有些經典已遺失與散佚，或者也可能是意味著此類修持的衰微乃至失傳。

另一方面，三三昧的概念在《無礙解道論》有相當多的討論，可說是受到相當的重視。此論保存在五部尼卡雅中的最後一部，《小尼卡雅》或稱《雜尼卡雅》（Khuddaka Nikāya），也是尼卡雅經藏中唯一的一部論書。關於此論的特點，沃德爾強調：「《無礙解道論》是非常堅持實修的」，我們略探此論如何詮釋三三昧實修法門？[23] 實際上，如本文在此第三篇一開始所強調的，《無礙解道論》對三三昧的解說前後相矛盾。由此現象或可推測這部論典，是早期尼卡雅佛教實踐之道與晚期阿毘達磨部派佛教詮釋之道，二者混合的一個結果。

《無礙解道論》在止觀雙運的詮釋中提到三三昧。它說止觀雙運可分析為十六項作詮釋，其中包含了無相（animitta）、無願（appaṇihita）、空（suññata）。[24] 這些三昧出現在《無礙解道論》的某些重要部份，如髻智比丘所指出，包括了〈聖道相關種種意義〉（pp.17-18）和〈十八要觀〉（p.22）之列表、〈住與成就〉（pp.89-90）、〈解脫論述〉（pp.236-267）、以及〈雙運論述〉（pp.290-293）。[25] 如此看來，空、無相、無願三三昧在此論典集成時，它們在解脫道中仍然有著關鍵功能。那麼，為何後來的佛教傳統中似乎都已完全忽略了它們的存在？這應該是值得深入探討的課題，但是在此處僅提出其議題所在，它不在本書的探討範圍內。此處僅就其所處的特殊位置（巴利經藏中唯一的一部論典）指出三三昧在其中的重要性。以下是從最早期的經典巴利尼卡雅及漢譯阿含經探討三三昧。

---

23 沃德爾（Warder 1982: p.XII）。

24 Paṭis.97: "Kathaṃ samatha-vipassanaṃ yuga-nandhaṃ bhāveti? Soḷasahi ākārehi samatha-vipassanaṃ yuga-nandhaṃ bhāveti…… animitt-aṭṭhena, appaṇihit-aṭṭhena, suññat-aṭṭhena……" 亦參見髻智比丘譯本（Ñāṇamoli 2002 (1982): p.290）。

25 髻智比丘（Ñāṇamoli 2002 (1982)）。

第十一章：阿含經之三三昧修持

在巴利尼卡雅和巴利律藏中都是僅有少數經典是與三三昧有關。在那少數的巴利尼卡雅三三昧相關經典中，又以詮釋無相三昧（animitta samādhi）和空三昧（suññata samādhi）的數量為多。相較於巴利經典，漢譯阿含經相對地擁有比較多的經典同時提到全部三種三昧。三種三昧當中，唯獨無願三昧（appaṇihita samādhi）在尼卡雅和阿含經保存著最稀少的訊息。至於三三昧的排序，從漢譯阿含經可分析出兩種排序，而巴利尼卡雅則只有一種排序。因此，首先針對漢譯阿含經作探討與分析，之後才探討巴利尼卡雅所記載的修持。

以下的探討是根據三部阿含經典作分析，一部來自《雜阿含經》（T2.20b），以及另兩部來自《增一阿含經》（T2.773b和T2.630b）。[1]《增一阿含經》所見的三三昧排序是空＞無願＞無相（suññata>appaṇihita>animitta），而《雜阿含經》所見的排序則是空＞無相＞無願（suññata>animitta>appaṇihita）。T2.20b的經典是五世紀求那跋陀羅（Gunabhadra）所譯。此經有一部更早繙譯的版本，竺法護所譯的《佛說聖法印經》（此後以T2.500a為代號），[2] 繙譯時間大約是在三到四世紀之間。此經的第三個譯本是晚至第十世紀末，由施護所譯，名為《佛說法印經》（此後以T2.500c為代號）。[3] 此三譯本的三三昧排序都是空＞無相＞無願，正如下述所探討。

---

1 這些經典都沒有經名也沒有相對應的巴利本，因此其代號即依大正藏的出處為代號。例如T2.20b即指此經出自大正藏第二冊第二十頁中欄。

2 西晉竺法護（Dharmarakṣa）譯於公元215-316之間。

3 宋代施護（Dānapāla）譯於約公元973年（《印度佛教思想史》p.386）。

一、第一種順序：有學者之修習

第一種三三昧順序，空＞無相＞無願，見於《雜阿含經》（T2.20b）。在 T2.20b 和 T2.500a的兩部同本異譯經典都一致強調，若人尚未修習空三昧就無法成就無相及無願，[4] 而且此人也就不可能從根拔除慢（māna）。[5] 但是，此文卻未見於較晚期的施護譯本，T2.500c，此晚期譯本亦含有更多前二早期譯本所沒有的資料。

第一種順序表示了證入現法涅槃之道的三個階段：一、知和見五蘊的自性；二、放棄六根所緣的六境相；三、去除心的三不善，貪、瞋、癡。此三個階段相對應於三三昧的空＞無相＞無願之順序。作者認為此順序是世尊為有學弟子們開示的道路，其原因是最後一個階段是去除貪、瞋、癡；而且從另一角度而言，每個階段所觀、所捨，都是不共他教或外道的佛教核心概念，此意味著三三昧是唯屬佛教的禪法。以下就針對這幾部經典作一比較研究。

---

4 《雜阿含經》：「爾時，世尊告諸比丘：『當說聖法印及見清淨。諦聽！善思。若有比丘作是說「我於空三昧未有所得，而起無相、無所有、離慢知見」者，莫作是說。所以者何？若於空未得者，而言我得無相、無所有、離慢知見者，無有是處。若有比丘作是說「我得空，能起無相、無所有、離慢知見」者，此則善說。所以者何？若得空已，能起無相、無所有、離慢知見者，斯有是處。』」（CBETA, T02, no. 99, p. 20, a26-b5）
《佛說聖法印經》：「是時，佛告諸比丘：『聽。』諸比丘：『唯諾受教。』佛言：『當為汝說聖法印，所應威儀，現清淨行。諦聽！善思念之。』佛言：『比丘，假使有人說不求空，不用無想，欲使興發，至不自大禪定之業，未之有也。設使有人，慕樂空法，志在無想，興發至要，消除自大憍慢之心，禪定之業此可致矣。輒如道願，普有所見。所以者何？慕樂於空，欲得無想，無慢自大見，於慧業皆可致矣。』」（CBETA, T02, no. 103, p. 500, a7-16）

5 「慢」字見於《雜阿含經》（T2.148b）和（T2.331c）。在T2.148b的「依慢離慢」一句是巴利A.II.146經文中māna-sambhūta（由māna生起）的māna。在《雜阿含經》T2.331c的「瞿曇莫生慢，斷慢令無餘」則是巴利S.I.403（188）“mānaṃ pajahassu Gotama māna-pathañ ca jahassu asesaṃ”的māna。兩個例子都出自同一譯者，「慢」字是對應到巴利的māna。

（一）空之修持

在第一個階段，空之修習是指「見五蘊自性」而激發離欲心之生起。空之修持是觀色為無常和磨滅，如是觀而得離欲；以同樣的方法運行，修練者徹觀受、想、行、和識。徹觀五蘊是無常、必至滅盡、是不堅固、是變易法，心因而傾向於或樂於清淨和解脫。三個漢譯本都傳達了相同的空修持法，然第十世紀的晚期譯本比較早的兩個譯本多了些訊息。首先，在較早期的譯本，T2.20b說：

> 善觀色無常、磨滅[6]，離欲[7]之法[8]。如是觀察受、想、行、識，無常、磨滅，離欲之法。觀察彼陰無常、磨滅、不堅固、變易法，心樂清淨、解脫，是名為空。[9]

雖然此譯本沒有相對應的巴利本，但其內涵是可見於其他的巴利經典，巴利《相應尼卡雅》S.III.51-2一經即是一例。[10] 關於漢譯本「心樂清淨、解脫」一文，巴利《相應尼卡雅》S.III.70和S.III.71二經也傳達了相同的意思。S.III.70一經說：「……因此眾生厭離色；當厭離時，他們離貪欲；由於離貪欲，他們被淨化」（rūpasmiṃ nibbindanti, nibbindaṃ virajjanti, **virāgā visujjhanti**）。此經說「被淨

---

6 「磨」字意為「消失、損滅」（《漢語大字典》p.1318）此字亦見於《雜阿含經》T2.64c，可對應到巴利《相應尼卡雅》S.III.175，或許是與atthagama有關。
7 此詞亦見於《雜阿含經》T2.1c，而其相對應的巴利本則是在《相應尼卡雅》S.III.19。巴利字nibbidā、virāga、nirodha分別對應上漢譯的「厭、離欲、滅盡」。
8 「之法」亦見於T2.176c23的「敗壞之法」，而此則是源自巴利S.V.163經文中的複合詞paloka-dhamma，意思為「必會瓦解」（“subject to disintegration”）。兩段漢譯經文都是同一位譯者所漢譯。然而，「之法」一詞在他處也出現為不同的意思，例如在T02.243b所見，它在相對應的巴利經典中（S.II.191）並沒有出現相關字詞。
9 《雜阿含經》（CBETA, T02, no. 99, p. 20, b8）
10 S.III.51: “Aniccaññ’eva, bhikkhave, bhikkhu rūpaṃ aniccan ti passati. Y’āyaṃ hoti sammā-diṭṭhi sammā-passaṃ nibbindati.”

化了」，而在S.III.71則說「心解脫了」（nibbindaṃ virajjati, **virāgā vimuccati**, vimuttasmiṃ vimuttam iti ñāṇaṃ hoti）。此二部《相應尼卡雅》經典，意示淨化與解脫是同一義。

T2.20b一文所述之意是比較接近巴利經文之意，如同S.III.21一文所見[11]，而T2.500a一文亦傳達相同之意。雖然這詮釋並不見於T2.20b，但是T2.500a有一義是與T2.20b相同的，即「解色無常」而生起離欲，由於離欲而淨化及解脫。此文以徹觀色蘊為一例。T2.500a的經文說：

> 解色無常，見色本無；已解無常，解至空無，皆為怳惚[12]；無我無欲，心則休息，自然清淨而得解脫，是名曰空。[13]

T2.500c這較晚的譯本也保存著相同描述的修持法，然它有更多的解釋；而此修持則被稱為「空解脫門」。[14] 此T2.500c經說：

> 如實觀察色是苦、是空、是無常，當生厭、離，住平等見。如是，觀察受、想、行、識，是苦、是空、是無常，當生厭、離，[15] 住平等見。諸苾芻，諸蘊本空，由心所生。心法滅已，諸蘊無作。如是了知，即正解脫；正解脫已，離諸知見，是名空解脫門。[16]

11　例如，在S.III.21的經文，若人見色是無常那麼就會帶來離欲之果：“Rūpaṃ, bhikkhave, aniccaṃ……viññāṇaṃ aniccaṃ …….Evam passam, bhikkhave, sutavā ariya-sāvako rūpasmim pi nibbindati...viññāṇasmim pi nibbindati, nibbindaṃ virajjati, virago vimuccati……”

12　「怳惚」，宋、元、和明本的漢譯大藏經中的「怳」遭改為「恍」，導致它在此經脈中失去了意義。「怳惚」之意為沒有形像，《漢語大字典》中，高誘注為：「忽、怳，無形貌也」。（《漢語大字典》p.956）。而「恍惚」之意則為「不清楚」，字典中，李善注為：「寥廓惚恍，未分之貌」（《漢語大字典》p.970）。

13　《佛說聖法印經》（CBETA, T02, no. 103, p. 500, a18-20）.

14　此詞應對應為巴利的vimutti-mukha。

15　見色為無常而使觀修者產生厭離和離欲之說可常見於整部《蘊相應》（Khandha-saṁyutta）。因此，「厭」對應 nibbinda，而「離」對應 virāga。

16　《佛說法印經》（CBETA, T02, no. 104, p. 500, c7-12）

在他處經典中，觀見五蘊不是**我**、**我**沒有五蘊、或五蘊不在**我**中、或**我**不在五蘊中，將會導致的結果是能面對及忍耐苦痛，因為修持者經由如此的徹觀，瞭解五蘊本質上就是會變易的，其所帶來的苦痛也是會變易。反之，若以任何方式將**我**視為等同於任何一蘊將會導致負面效果。此即如上述三經所言，不視**我**為等同於諸蘊，而是如其實地觀見它們的真實相，是苦、空、無常的，是會磨滅的，即是修持離欲，亦即隨之生起厭心、離心。相同的意思亦見於S.II.191，此經說見無常則足以厭離行，足以生起離欲，乃至足以從它們得解脫。[17] 總而言之，三個版本所分析的空之修持，基本上其意思相同。

從觀五蘊無我乃至離欲之修持不會立即帶來究竟解脫，正如在T2.20b和T2.500a二經所見的，二經文脈都接著強調如此的觀察（即諸蘊是無常的、會滅的、以及將導致離欲），禪修者尚未能夠使自己離慢[18]（T2.20b說為「不能離慢」; T2.500a說為「未得捨憍慢自大」），以及未能獲得知和見的淨化（T2.20b說：「知見清淨」；T2.500a：「禪定清淨所見業」）。[19] 他必須前進邁入到第二階段，即去除種種相之修持。

（二）無相之修持

在第二階段，修練者訓練克制六根緣取六境的能力。基本訓練是如前節所述，瞭解五蘊之本質，完完全全地瞭解五蘊，致使心傾向清

---

17 S.II.191: "Evam aniccā, bhikkhave, saṅkhārā. Evam addhuvā, bhikkhave, saṅkhārā. Evam anassāsikā, bhikkhave, saṅkhārā. Yāvaṃ c'idaṃ, bhikkhave, alam eva sabba-saṅkhāresu nibbindituṃ alaṃ virajjituṃ alaṃ vimuccituṃ."《雜阿含經》：「比丘，當知一切諸行皆悉無常，不恒、不安、變易之法。於一切行，當修厭離、離欲、解脫。」（CBETA, T02, no. 99, p. 243, b25-27）

18 給瑪尊者（Khema）之事即是一例。他沒有把五取蘊（upādāna-kkhandha）當成是我和我的，然而，慢、欲、和「我是」之潛伏傾向尚未從根拔除（S.III.130-31）。

19 《雜阿含經》：「如是觀者，亦不能離慢、知見清淨。」（CBETA, T02, no. 99, p. 20, b11-12）；《佛說聖法印經》T2.500a：「尚未得捨憍慢自大，禪定清淨所見業也。」（CBETA, T02, no. 103, p. 500, a20-21）.

淨又莊嚴的解脫。修練者前進修持無相，即是透過棄除所有色、聲、香、味、觸、及法之相。此處又是如此地，三個漢譯本都傳達了相同的無相修持之見解，只有名稱不同，一說無相，一說無想，第十世紀的晚期漢譯本，稱此修持為「無想解脫門」。三個版本中，稍早的T2.20b譯本說：

> 觀色相斷，聲、香、味、觸、法相斷，是名無相。[20]

色相、聲相、香相、味相、觸相、和法相，即是六根的所緣對象，斷除或棄除緣取這些所緣相即是修持無相。T2.500a經文的譯詞是用「想」而非「相」，經言：「除諸色想、聲想……」，對照二經經文，「無想」即是「無相」。除了譯詞不同之外，T2.500a一經的文義比其餘二譯本具有更多關於空三昧和無相三昧的訊息。如此經接續空三昧修持之後，繼續分析，當修持者不能使自己脫離「慢」，亦即障礙成就阿羅漢果位的一種束縛（亦稱結使），他會證入第四禪那。進而以第四禪那所提供的適當環境條件，他證得脫離六感官所帶來的種種想（saññā），亦是修持無相；此文脈是相當明確地顯示，無相三昧是在第四禪那中證得的。以下將分析此經文內容與第四禪那的關聯，T2.500a的經文說：

> ……是名曰空。尚未得捨憍慢自大，禪定清淨所見業也。雖爾，得致柔[21]、順[22]之定，即時，輒[23]，見除諸色想、聲想、香

20　《雜阿含經》（CBETA, T02, no. 99, p. 20, b13）

21　柔字之意：「木質柔和，可以曲直。」《段玉裁注》：「凡不曲者可直，直者可曲日柔。」（《漢語大字典》p.501）

22　順，意為：「順應、依順」《釋名》：「順，循也。循其理也。」《廣韻》：「順，從也。」（《漢語大字典》p.1812）

23　輒，根據《漢語大字典》的意思為「不動」（p.1472）。

想，以故，謂言至於無想，故曰無欲[24]。[25]

此文的柔、順、輒幾個字顯示修練者證得第四禪那。在他處多部巴利經典中，只要是提到在第四禪那證入涅槃的經文，都會出現三個詞，mudu-bhūta（柔韌）、kammaniya（易操作）、āṇañja（不動），然後接著談到證得第一宿命明、第二有情死生明、及第三漏盡明。那麼，此漢譯本中的「柔」即是指巴利的mudu-bhūta，「順」即是kammaniya，「輒」即是指āṇañja。所以，此漢譯本說「見除諸色想……至於無想，故曰無欲」之前的這一段，「……得致柔順之定，即時，輒……」，即是指在第四禪那中。不同於T2.500a一經，稍晚的譯本T2.500c說修練者住於三摩地。依此三摩地，修練者見到六感官脫離六所緣境。此經文陳述說：

復次，住三摩地，觀諸色境皆悉滅盡，離諸有想。如是，聲、香、味、觸、法，亦皆滅盡，離諸有想。如是觀察名為無想解脫門。[26]

T2.20b和T2.500a二經文都強調，無相三昧之證得不會帶來立即的究竟解脫，[27] 在T2.20b一經僅說修練者「猶未離慢，知見清淨」，[28] 在T2.500a一經也說修練者「尚未得消自大憍慢，至於禪定清淨見也」，[29] T2.500c一經則說修持者證入了「無想解脫門」之

---

24 「故曰無欲」是訛文。它應該是「無想」。
25 《佛說聖法印經》（CBETA, T02, no. 103, p. 500, a20-23）
26 《佛說法印經》（CBETA, T02, no. 104, p. 500, c13-15）
27 關於無相，《空之探究》（pp.34-44）有詳細的分析，其結論與本論文所作的結論有相吻合之處，其結論說：「無相心三昧是有深淺的：淺的還可能會退墮；深的是見滅得道，成為聖者；最究竟的，當然是一切煩惱空，阿羅漢的不動心解脫了。」《究之探究》所論述的還涉及了部派之間的爭辯、看法，這是值得參考之處，但不在本書探討範圍。
28 《雜阿含經》（CBETA, T02, no. 99, p. 20, b16）
29 《佛說聖法印經》（CBETA, T02, no. 103, p. 500, a23-24）

後，再證「得知見清淨」。以此清淨，他的貪、瞋、癡都滅盡了。T2.500c一經說：

> ……名為無想解脫門。入是解脫門已，即得知見清淨。由是清淨故，即貪、瞋、癡皆悉滅盡。彼滅盡已，住平等見；住是見者，即離我見及我所見；即了諸見無所生起、無所依止。[30]

經典接著提到一些內容，是在另外兩部稍早的譯本缺漏的。如經文說，由於滅盡了貪、瞋、癡，他住於平等見。經文很明顯地說，他是在此刻脫離了我見和我所見。脫離了我見和我所見的接續結果是，任何見之建立都是不可能的。此經義並不見於另外兩個譯本；然而其意義是可以在他處其他經典找得到。似乎，譯者在經文中加上了自己的理解以使此修持的結果顯得更清楚。

（三）無願之修持

第三階段是無願三昧之修持，即無所願求。各經版本對此階段的用詞不一，或無願，或無所有，或無欲，或無作，加上相關經文簡短，未見有詳盡詮釋，這些用詞之間的意義和異同並不明朗，只能說相當複雜。以下的分析討論中，除了原本的三經之外，作者也會引用其他經典，嘗試釐清這些用詞概念和意義。

T2.500c一經指出，滅盡貪、瞋、癡之後，住於離我、我所的平等見，並且諸見不再生起，而T2.20b和T2.500a二經都說滅盡了貪、瞋、癡之後，修持者證入之境界，前經說為「無所有」，後經則說為「無欲之定」。對照到空、無相、無願三三昧，此無所有或無欲之定應該

[30] 《佛說法印經》（CBETA, T02, no. 104, p. 500, c15-19）

就是無願三昧。以下將要分析無所有及無欲的意思，首先T2.20b一經在講到此第三階段時說：

> 復有正思惟三昧，觀察貪相斷，瞋恚、癡相斷，是名無所有。如是觀者，猶未離慢，知見清淨。[31]

經文中所說的「正思惟三昧」，是指哪一種三昧並不清楚，當對照在T2.500a的經文說「柔、順之定」，就很顯然的此定即是第四禪那，如T2.500a一經說：

> 其心續存柔、順之定。彼則見除所有貪婬、瞋恚、愚癡，是故名曰無欲之定。尚未得除自大憍慢，至於禪定清淨見也。[32]

在其中達到滅盡貪、瞋、癡的禪定，T2.20b一經稱之為「無所有」，而T2.500a一經稱之為「無欲之定」。有鑑於此，文中「無所有」定之證得，並非指證得「無所有處」（ākiñcaññâyatana），它也表示在佛教文獻中，「無所有」並不限定於指說是「無所有處」。下述分析將引用他處經典協助釐清「無所有」一詞在經典中的意義。

上述的經脈並沒有意味著此「無所有」之修持即是指修持第七等至的無所有處。許多經典所記載的與「無所有」有關的修持方法是屬外道的修持法，也就是修持無所有處的方法是思惟「沒有任何東西」（n'atthi kiñci），即「無所有」。[33] 如同在前面第二篇所指出，《韋達拉大經》（Mahā-vedalla Sutta）和《歌達特經》（Godatta

---

31 《雜阿含經》（CBETA, T02, no. 99, p. 20, b14-16）
32 《佛說聖法印經》（CBETA, T02, no. 103, p. 500, a24-27）
33 例如M.I.160, 209, 455等。

Sutta）[34] 二經所陳述的無所有（ākiñcaññā）修持方法，似乎是與外道的修持法混淆了。二經所陳述的無所有修持方法是與證入無所有等至（ākiñcaññâyatana samāpatti）修持方法相同。在經典的結尾處，經文還特別提出，從滅盡貪－瞋－癡（rāga-dosa-moha）的角度而言，無所有與三種心解脫是相同的。所以《韋達拉大經》和《歌達特經》二經所說的無所有修持，並不是無所有三昧或無願三昧之修持。在上述所討論的二部經典中，無所有（ākiñcaññā）之修持意思就是滅盡貪－瞋－癡；而且二經都沒有提到無所有處。

此外，a-kiñcana（無－所有）一詞在其所出現的經典中，通常都是用在意指阿羅漢境界。例如《經集》（Sutta-nipāta）第76偈和第1059偈都說："akiñcanaṃ kāmā-bhave assattaṃ"（無－所有，不執著於感官欲樂和存有）[35]，而第501偈則說"akiñcanā sabbadhi vippamuttā"（無－所有，於一切處解脫）[36]；另外在《烏達那》（Udāna）說："vedahuno hi janā akiñcanā"（具有最高智慧者沒擁有／無所有）。[37] 它也表示涅槃，如在《經集》第1094偈說："akiñcanaṃ anādānaṃ etaṃ dīpaṃ anāparaṃ, Nibbānam iti naṃ brūmi jarā-maccu-parikkhayaṃ"（此島嶼，無－所有、無－執著、無－其他，我稱之為「熄滅」，完全滅盡老與死），[38] 此修持顯示其所得的結果即是阿羅漢果。在《增支尼卡雅》A.I.299一經文也支持此說法，此經明確地說欲滅盡貪（rāga）、瞋（dosa）、癡（moha），則應當修空三昧、無相三昧、無願三昧。[39]

---

[34] 分別見於M.I.297 和S.IV.295-97。
[35] 諾門（Norman）2001: pp.22 &134。
[36] 諾門（Norman）2001: p.61。
[37] Ud. 14: "vedaguno hi janā akiñcanā".
[38] 諾門（Norman）2001: p.139。
[39] A.I.299: "Suññato samādhi, animitto samādhi, appaṇihito samādhi. Rāgassa, bhikkhave, abhiññāya ime tayo dhammā bhāvetabbā. Rāgassa, bhikkhave, pariññāya parikkhayāya pahānāya khayāya vayāya...... Ime tayo dhammā bhāvetabbā. Dosassa...... Mohassa...... "

我們回到T2.20b和T2.500a來看，二經都顯示貪瞋癡之去除即是表示證入無所有，或無欲，或亦即是無願三昧，而T2.500c一經並沒有如此直接了當的說法，而是此經隨後提到其他的元素，最後才以證入「無作解脫門」作為結束。由此經典，我們發現無願三昧的名稱，除了無所有和無欲之外，還有另一名稱是「無作」，其意義將如下所分析顯示。T2.500c一經言：

> ……即離我見及我所見……無所依止。復次，離我見已，即無見、無聞、無覺、無知。何以故？由因緣故，而生諸識。即彼因緣及所生識皆悉無常。以無常故，識不可得。[40] 識蘊既空，無所造作，是名無作[41] 解脫門。入是解脫門已，知法究竟，於法無著，證法寂滅。[42]

這段經文的附加訊息或許是意味著，在前階段無想解脫門修持的貪瞋癡之滅除，並不表示證得阿羅漢果，而是要進展到此無作解脫門，才是真正證得阿羅漢果位。上述經文所描述的無作解脫門與涅槃的關聯，可從前章談現法涅槃的《分別界經》得到啟示。若將此經文中的「無作」與《分別界經》所見之an-abhisaṅkharoti（無心行建構）和an-abhisañcetayati（無意志趨向）二詞相對照，那麼此經文即是意味著現法涅槃之證得，因為此二詞正是表示在第四禪那中現證涅槃之操作關鍵點，而且二詞都是加上前置詞an- 否定詞，也正是與此具有表示不產生、不興起之意的「無作」一詞有相同意味。除此字義上可以得到證實之外，此經文中也有表示得究竟解脫之意。上述經文提及「知

[40] 相同意思的經文亦見於《相應尼卡雅》S.IV.167-68。
[41] 「作」：產生、興起。《說文》：「作，起也。」（《漢語大字典》p.57）
[42] 《佛說法印經》（CBETA, T02, no. 104, p. 500, c17-24）

法究竟，於法無著，證法寂滅」，其意即表示對於法或現象究竟瞭解，沒有執著於現象，修練者證得了現象之寂靜，或如經言「證法寂滅」。因此這句經文也就表示，證得無作解脫門即是證得究竟解脫。此外，「無作三昧」即是「無願三昧」之別譯，在漢譯本《十上經》（Das'uttara Sutta）得到證明：「云何三修法？謂三三昧：空三昧、無相三昧、無作三昧。」。[43]

在上述T2.500c經文中，從「貪、瞋、癡皆悉滅盡」到「是名無作解脫門」一詞出現之間，其中的其他元素是觀「因緣」法，亦即是先觀因緣而後入無作解脫門，觀因緣法之操作亦見於另二經，T2.20b和T2.500a。此三經都提到觀因緣或緣起，T2.500c一經是先觀因緣法後入無作解脫門，入此解脫門才「知法究竟……證法寂滅」，T2.20b和T2.500a二經則是先入無願三昧後觀緣起法，才「知見清淨」、「除於自大，無慢……現清淨」。後二經所說即如下節所分析。

（四）觀緣起

較早的T2.20b和T2.500a兩部譯本顯示，空（suññata）、無相（animitta）、無願（appaṇihita）之證得並不會立即帶來究竟解脫，尚有下一步必要的步驟，即觀無常與觀緣起（paṭicca-samuppāda）。[44] T2.20b一經說：

> 復有正思惟三昧，觀察我、我所從何而生？
>
> 復有正思惟三昧，觀察我、我所，從若見、若聞、若嗅、若嘗、若觸、若識而生。

---

[43] 《長阿含經》（CBETA, T01, no. 1, p. 53, a23-24）

[44] 相同說法亦可見於巴利與漢譯的《象跡喻大經》（Mahā-hatthi-pad'opama Sutta, M.I.190-91; T1.466c）。

復作是觀察，若因、若緣而生識者，彼識因、緣，為常、為無常？

復作是思惟，若因、若緣而生識者，彼因、彼緣皆悉無常。復次，彼因、彼緣皆悉無常，彼所生識云何有常？

無常者，是有為行[45]。從緣起，是患法、滅法[46]、離欲法[47]、斷知法[48]。是名聖法印知見清淨……[49]

如同上述所觀察，修持三三昧並不會即刻帶來究竟解脫。相同的意思亦見於提及無相三昧（animitta samādhi）之修持的S.III.93-94一經。據此經說，無相三昧修持會帶來大果和大利益（animitto, bhikkhave, samādhi bhāvito bahulī-kato maha-pphalo hoti mahânisaṃso.）。在經末特別提到了緣起，而這意味著，對於要把暫時性的心解脫（ceto-vimutti）轉換成永久性的不動心解脫（akuppā ceto-vimutti），緣起之領悟是必要的。

此三三昧的順序應當理解為成就阿羅漢果位的過程。空修持即是徹觀每一現象的本質，以及瞭解它們是無常且會滅盡，其相續性的改變與滅盡，激發起對五蘊失去愛執，因捨愛執而來的可見的即刻反應，就是克制自己不把心導向任何由感官接觸而來的所緣及由所緣延生的一切；漸漸地，努力試圖逃離由變異而帶來的折騰或苦痛。最適當的逃離方法，應當就是脫離由六感官進入的所緣境相，經由不執取

45 此文可與《相應尼卡雅》S.IV.68-9和129-31二處經文相比對。
46 可等同於atthagama，例如在T2.15b說：「云何色集？云何色滅？」是相對應到《相應尼卡雅》S.III.14: "Ko ca, bhikkhave, rūpassa samudayo?... Ko ca, bhikkhave, rūpassa atthagamo?"
47 可等同於 nissaraṇa。
48 「斷」，《漢語大字典》頁851：盡，極；絕對，一定。例如在T2.19c的「得斷知」是對應到 S.III.27：pajahatha，意為「棄離」。而T2.102c的「名色斷知」是對應到S.II.100：nāma-rūpaṃ pariññātaṃ，意為「遍知」或「全然知道」名色。
49 《雜阿含經》（CBETA, T02, no. 99, p. 20, b16-25）

六所緣境相，就能避免根境相合生觸所引起的激發，必然地，心也就昇華至更深層的寂靜。

在此階段就能夠見到引生大苦痛聚集的微細元素，即根深蒂固的貪、瞋、癡；此發現促使採取下一步驟，即去除貪、瞋、癡。由於此三者之去除是在禪定境界下達成的，也就有必要進一步將它轉換成永久性的；經中建議的轉換方法即是見緣起，徹底去除了貪、瞋、癡的結果即是獲證阿羅漢果位。

在尼卡雅中有兩處經證支持上述三三昧修持順序的看法。首先，我們要把它與《分別界經》陳述的證入現法涅槃（diṭṭha-dhamma-nibbāna）的方法作比較。以正慧（samma-ppaññā）觀見六元素或六界（dhātu）的前五界，即「這不是我的，我不是這，這不是我的我（attā）」，此表示空（suññata）之修持；於五元素修持厭離與捨棄，表示無相（animitta）之修持；三種受（vedanā）之中止與平息，以及不執取upekkhā（捨），表示無所有（akiñcana）之修持，如上所示，無所有之修持是以去除貪、瞋、癡達成。而三種受與貪、瞋、癡之間的關係，在《受相應》的《疾病一經》[50]如此陳述：

> 凡是身體和與樂受關聯的潛伏貪欲，那都被他棄除……凡是與身體和與苦受關聯的潛伏瞋恚，那都被他棄除……凡是與身體和於非苦非樂受關聯的潛伏愚癡，那都被他棄除。[51]

樂受、苦受、非苦非樂受各別與貪欲、瞋恚、愚癡相應。徹底脫離三受是能夠在禪那定境中達成，但這種暫時性的心解脫（ceto-vimutti）

---

[50] S.IV.212-13，漢譯缺。

[51] S.IV.212: "Yo kāye ca sukhāya ca vedanāya rāgânusayo, so pahīyati... Yo kāye ca dukkhāya ca vedanāya paṭighânusayo, so pahīyati...... Yo kāye ca adukkham-asukhāya ca vedanāya avijj' ânusayo, so pahīyati."

一定要轉換成永久性的不動心解脫（akuppā ceto-vimutti）。如在前章所指出，upekkhā（捨）之放棄，表示心解脫轉換成不動心解脫。

（五）三三昧與輪迴流轉

三三昧之空＞無相＞無願這一種修持排序，亦可見於《增一阿含經》T2.630b一經。根據此經所記載，佛陀對一群比丘不僅是講解此三三昧之修持，亦警示不能修證三三昧的後果，即其與生死輪迴流轉有關。在進入分析T2.630b經文之前，T2.20b（的空＞無相＞無所有）與本經T2.630b（的空＞無想＞無願），二經的用詞和意義之差別須先釐清。

仔細觀察此經（T2.630b）與前經（T2.20b）對三三昧個別的詮釋，二經在詮釋上之差異處是從「能緣」、「所緣」來分辨；前經是從所緣分析三三昧，而此經則是從能緣談修三三昧，此差異是因為詮釋角度不同而有名稱上的差別。T2.20b一經的空＞無相＞無所有，是從所緣或所應捨離者而言，觀五蘊皆無常是為空三昧、捨離六根所緣相是為無相三昧、斷貪瞋痴是為無所有三昧，如前章所引經文所示。而此小節將要討論的經典（T2.630b）之空＞無想＞無願，是從能緣而言，觀一切法皆空是為空三昧、於一切法無想念及不可見是為無想三昧、而於一切法無所願求是為無願三昧，如本節下述所引經文所顯。

由如此的角度解讀，即可發現無相與無想之間只有一線之隔，其差別在能、所，沒有所緣「相」就沒有相關之「想」，沒有相關之「想」即表示沒有執取相關之「相」；因此，無相三昧亦可說即是無想三昧，即從所緣角度而言是無相三昧，從能緣角度而言是無想三昧。由此而論，無相與無想之異同，似乎並不適合完全歸因於漢譯經典書寫或刻印之訛誤，至於其巴利原文為何已無從考察，因為二漢譯經都沒有相對應的巴利經典。[52]

T2.630b一經與T2.20b一經有另一差異點，即此經所分析之三三昧關聯到生死輪迴之延續與終止，其經曰：

> 爾時，世尊告諸比丘：此三三昧。云何為三？空三昧、無願三昧、無想三昧。彼云何名為空三昧？所謂空者，觀一切諸法皆悉空虛，是謂名為空三昧。彼云何名為無想三昧？所謂無想者，於一切諸法，都無想念，亦不可見，是謂名為無想三昧。云何名為無願[53] 三昧？所謂無願者，於一切諸法，亦不願求，是謂名為無願三昧。如是，比丘，有不得此三三昧，久在生死，不能自覺寤。如是，諸比丘，當求方便，得此三三昧。如是，諸比丘，當作是學。[54]

此經在列舉三三昧順序上，是誤置了無願和無想（相）的次第，即空＞無願＞無想，但文脈接著詮釋三三昧時的次第則是空＞無想＞無願。此經的空三昧是「觀一切法皆悉空虛」。此句亦出現在同為《雜阿含經》的T2.593c，而T2.593c一經的巴利對應經典中，“sabbe dhammā n'ālaṃ abhinivesāyati”（「一切都不值得或不足以令人執取」）[55] 應當是對應上其漢譯本的「觀一切法皆悉空虛」這一句。此句意是與前述經典觀修空三昧之意義相同，前述空三昧修持是觀一切無我、無我所，是無常，會變異，因而不執著；因為無常、變異而不值得執取。

---

[52] T2.630b一經在《大正藏》中，雖然註記A.III.163 為其相對應的巴利經，但實際對照二經，內容並不相稱。

[53] 《廣韻》：「願，欲也。」；《切韻》：「願，情欲。」；《方言》：「願，欲思也。」；《字彙》：「願，羨慕也。」；《爾雅》：「願，思也。」

[54] 《增壹阿含經》（CBETA, T02, no. 125, p. 630, b3-13）

[55] M.I.252.

總結第一種順序的分析：從觀察所緣境到捨離所緣境，在最後階段才出現貪、瞋、癡之滅盡，這表示它是屬於尚未證得阿羅漢果位的有學者之修持。一位有學者修持空（suññata），即是與修持徹觀我和我所之本質有關；接著修持無相，即是脫離六感官所緣；最後修持無願，即是以滅盡貪、瞋、癡為結束。這是從所緣（境）角度解析三三昧之修持。

《增一阿含經》T2.630b則是從能緣（心）解析三三昧之修持。從能觀一切法皆空，進而於一切法都無想念，最後於一切法無所願求。此外，這一經也把三三昧之證得與否關聯到流轉輪迴生死，這凸顯此三三昧之重要性。它是從瞭解及了斷生死而論修證之重要性，而不是從得種種神通變化，也不是從與最高上創造者結合而論，這彰顯了此三三昧是佛陀所教導的禪定，是不共他教的禪法。

三三昧與輪迴（saṃsāra）的關係更支持我們的看法，即三三昧是佛陀原創的禪法。在經中世尊加強語氣地強調：「不得此三三昧者，久在生死，不能自覺悟」。此三句：「不得此三三昧者」、「久在生死」、以及「不能自覺悟」，雖文句簡短，然其文義甚深。不得此三三昧者，意謂不能徹觀我及我所之本質、不能捨除能執心（六根緣取六境）、不能捨斷願求心（求永恆存在或永遠斷滅）。因此當然心就長久在生死輪迴之中流轉。不得此三三昧即等同不能徹觀世間真實相，既然不能徹觀又何來自己達到覺悟呢？因此，第三句說「不能自覺悟」。

在漢譯大正藏經的阿含經中，「無願三昧」和在生死中流轉的概念也出現在此經（T2.630b）之後的一經。但前後二經的三三昧順序並不相同，前經的順序是空＞無相＞無願，而後經中的順序是空＞無願＞無相（suññata>appaṇihita>animitta）。空＞無願＞無相之排序即是本文將要討論的第二種三三昧順序。從以下的論述中獲得的結果顯示，這種順序是屬於阿羅漢的三昧，亦即是阿羅漢弟子們的日常安住之方法。這兩種三三昧順序的相關經典都提及生死流轉，這是值得注意的重要共通點。

二、第二種順序：無學者之安住

第二順序，空＞無願＞無相，可見於《增一阿含經》T2.773b一經。此經有較詳盡的解說，而在其他經典所見的這種順序則較為簡略，甚至僅提及名稱。如在T2.761a，《增一阿含經》解釋三三昧的修證次第，即無願三昧之修持是立基於空三昧，再由無願三昧而入住於無相三昧：「由空三昧，得無願三昧；因無願三昧，得無相三昧。」[56]此經之以空三昧為首，即如同前一節討論的《雜阿含經》（T2.20b）也是強調空三昧為基礎；根據此經，世尊加強語氣提示，未先得空三昧就不可能證入無相三昧及無所有三昧。[57]

空三昧之修證表示修持者對一切法之三相，無常、苦、無我，有全然地瞭解與徹觀，藉由此全然瞭解與徹觀，行者不再執著於此生，亦不期望有永恆存在之來生；雖然行者完全地去除欲求，但是他還有不緣取六根所緣境的無相三昧作為日常生活安住之處。

此一順序亦見於另一《增一阿含經》（T2.760c），據此經記載，佛陀回應魔羅如何滅諸慢之問時，指出空三昧、無願三昧、和無相三昧是對治魔羅的方法。[58]

56　《增壹阿含經》（CBETA, T02, no. 125, p. 761, a7-8.）

57　《雜阿含經》：「爾時，世尊告諸比丘：『當說聖法印及見清淨。諦聽！善思。若有比丘作是說「我於空三昧未有所得，而起無相、無所有、離慢知見」者，莫作是說。所以者何？若於空未得者，而言我得無相、無所有、離慢知見者，無有是處。若有比丘作是說「我得空，能起無相、無所有、離慢知見」者，此則善說。所以者何？若得空已，能起無相、無所有、離慢知見者，斯有是處。』」（CBETA, T02, no. 99, p. 20, a26-b5）此經無相對應的巴利經典。

58　《增壹阿含經》：「魔語我曰：『汝以何義滅此諸慢？』時我報曰：『波旬，當知，有慈仁三昧、悲三昧、喜三昧、護三昧、空三昧、無願三昧、無相三昧。由慈三昧辦悲三昧，緣悲三昧得喜三昧，緣喜三昧得護三昧，由空三昧得無願三昧，因無願三昧得無相後來較經典晚期著作的巴利註釋書對三三昧修持之解說乖離了佛陀的詮釋，關於此點將會在後章節討論。最後一項值得提示的是，無願三昧，appaṇihita samādhi，的appaṇihita 一詞有數個漢文譯詞，而其間的差別反映了無願三昧之修證操作有多種描述方式，在T2.773b的無願一詞與T2.20b的無所有、T2.500a的無欲、T2.500c的無作是同義字。

（一）漢譯T2.773b一經

在《增一阿含經》T2.773b一經，其空＞無願＞無相之順序見於佛陀與舍利弗尊者之間的對答。除了顯示三三昧之順序以外，此經亦如前節討論的T2.630b一經，提到三三昧與輪迴之間的關係。以下為本經全文，加以標點及字詞註釋，經言：

> 爾時，佛告舍利弗曰：「汝今諸根清淨，顏貌與人有異。汝今遊[59]何三昧？」
> 舍利弗白佛言：「唯然，世尊，我恒遊空三昧。」
> 佛告舍利弗言：「善哉！善哉！舍利弗乃能遊於空三昧。所以然者，諸空三昧者最為第一。其有比丘遊**空三昧**[60]，計無吾我、人、壽命，亦不見有眾生，亦復不見諸行本末。已不見，亦不造行本；已無行，更不受有；已無受有，不復受苦樂之報。
> 舍利弗，當知我昔未成佛道，坐樹王下，便作是念：『此眾生類為不剋[61]獲[62]何法，流轉生死不得解脫？』

三昧。以此三三昧之力，與汝共戰。行盡則苦盡，苦盡則結盡，結盡則至涅槃。』」（CBETA, T02, no. 125, p. 761, a3-10）；巴利本從缺。

[59] 通常，巴利禪定相關經典中的“uppasampajja viharati”一詞表示，修持者證入之後安住於任何一種三摩地。然而，在由不同時期、不同譯者翻譯的四部漢譯阿含經中，此巴利句有譯為「入……住」，或譯為「具足住」，或譯為「成就遊」。

[60] 此處前後二句，《大正藏》記載為「虛空三昧」，依前後文訂正為「空三昧」。

[61] 《字林》：「剋，能也。」（《漢語大字典》p.143）

[62] 《廣雅》：「獲，得也。」（《漢語大字典》p.576）

時，我復作是念：『無有空三昧者，便流浪生死，不得至竟解脫。有此空三昧，但眾生未剋，使眾生起想著之念[63]。以起世間之想，便受生死之分。』

若得是空三昧，亦無所願，便得**無願三昧**。以得無願三昧，不求死此生彼，都無想念時，彼行者復有**無想三昧**可得娛[64]樂。

此眾生類皆由不得三昧故，流浪生死。觀察諸法已，便得空三昧。已得空三昧，便成阿耨多羅三藐三菩提。

當我爾時以得空三昧，七日七夜觀視道樹[65]，目未曾眴[66]。[67]舍利弗，以此方便[68]，知空三昧者，於諸三昧最為第一三昧。王三昧者，空三昧是也。是故，舍利弗，當求方便[69]，辦[70]空三昧。如是，舍利弗，當作是學。」[71]

---

[63] 「起想著之念」或可與 T2.594b 的「起世間想」相比照，其對應的巴利為 M.I.251 的“na upādiyati”「不執著／不執取」。因為「起世間想」一句是出現在漢譯《增壹阿含經》：「彼以觀此已，都無所著，已不起世間想，復無恐怖。以無恐怖，便般涅槃，生死已盡，梵行已立。」（CBETA, T02, no. 125, p. 594, b15-17）此句可對照到巴利M.I.251-252的：“na kiñci loke upādiyati, anupādiyaṃ na paritassati, aparitassaṃ paccattaññ’eva parinibbāyati; khīṇā jāti, vusitaṃ brahma-cariyaṃ……”。

[64] 《說文》：「娛，樂也。」；《注書》：「娛游往來。」；《注》：「娛，戲也。」（《漢語大字典》p.442）

[65] 「道樹」一詞亦可見於他處經典中，如在《增壹阿含經》T2.565c、618b、739a，以及《雜阿含經》T2.167b；其意指佛陀成道的那棵樹，菩提樹。

[66] 「眴」，《集韻》：「瞚，《說文》：“開闔目數搖也。或作眴。”」（《漢語大字典》p.1039）《廣韻》：「瞬，瞬目自動也。」（《漢語大字典》p.1051）

[67] 在《增壹阿含經》T2.618b也記載佛陀七日未睡眠地回憶其解脫成道過程：「爾時，世尊七日之中熟視道樹，目未曾眴」。此外，此經亦接著說佛陀在菩提樹下坐在金剛床上證悟：「今於此樹下，坐於金剛床」。金剛床似乎是意指空三摩地（suññata samādhi）。在巴利《染污經》（Upakkilesa Sutta）的巴利註釋書，也說佛陀維持在定中一日一夜（BB.M.1335 note 1197）。

[68] 「方」，意為標準、準則、基準，《毛傳》：「方，則也。」（《漢語大字典》p.910）；而「便」，意為適合的、適當的，《字彙》：「便，宜也。」（《漢語大字典》p.66）

[69] 「方」亦可意指本質、方法、門徑、資本等，如《廣韻》說：「方，道也。」（《漢語大字典》p.910）而「便」也可意指熟習、擅長，如《淮南子》所舉例：「胡人便於馬，越人便於舟。」）（《漢語大字典》p.66）

[70] 「辦」意指具備、致力。（《漢語大字典》p.1682）

[71] 《增壹阿含經》（CBETA, T02, no. 125, p. 773, b22-c18）

（二）有關此三三昧的要點

依據上述經典，一方面看出三三昧的順序為空＞無願＞無想，另一方面則有四要點是值得我們留意之處，這些都認可三三昧為唯佛教所屬。第一點、空三昧是三三昧之最首要的。空三昧是由觀一切諸法皆悉虛空而成就，[72] 如經文言，證入空三昧者沒有「我、存有、生命、有情，乃至諸行之生滅」之念。換言之，行者徹觀一切法並沒有實質的我、存有、生命等等。

第二點、空三昧是一切三昧之最勝，如經言：「知空三昧者，於諸三昧最為第一三昧」、「王三昧者，空三昧也」，空三昧亦稱為大人住（mahā-purisa-vihāra） 或上座禪。[73] 在漢譯的《四分律》及《五分律》記載一例子：大德一切去整夜遊於空三昧，並承認自己是阿羅漢。[74] 在此同一經中，空三昧亦稱為大人法，如此的稱讚亦見於《中尼卡雅》（M.III.294），佛陀讚歎舍利弗說他能安住於大人住。

第三點、若人不知三三昧則繼續在生死輪迴中流轉，他是不可能證得究竟覺悟。如同前節所述，空三昧之修習是指徹觀五蘊之本質是無常、會變易、滅、及會敗壞，而目前討論的T2.773b一經，顯示了空

[72] 《增壹阿含經》（CBETA, T02, no. 125, p. 630b）

[73] M.III.294; BB.M.1143; T02.57b & 773b. "Mahā-purisa-vihāro h'esa, Sāriputta, yad idaṃ suññatā." 《雜阿含經》：「舍利弗白佛言：『世尊，我今於林中入空三昧禪住。』佛告舍利弗：『善哉！善哉！舍利弗，汝今入上坐禪住而坐禪。若諸比丘欲入上座禪者，當如是學。』」（CBETA, T02, no. 99, p. 57, b10-13）

[74] 《彌沙塞部和醯五分律》：「離婆多次問一切去言：『上座今夜多遊何定？』答言：『我性好空觀，今夜多遊此定。』離婆多言：『比是大人所行。何以故？空三昧是大人法。』又問上座：『是阿羅漢不？』答言：『是。』」（CBETA, T22, no. 1421, p. 193, c10-13）《四分律》（亦稱《曇無德律》）：「即復問言：『大德一切去，此夜思惟何法？』答言：『我先白衣時習空法，我此夜多入空三昧。』彼言：『大德此夜思惟大人之法。何以故？大人之法入空三昧。』」（CBETA, T22, no. 1428, p. 970, c23-27）此皆可見於巴利律典中，如瑞瓦特尊者（Revata）問一切作尊者（Sabbakāmī）："Thero pana, bhante, katamena vihārena etarahi bahulaṃ viharatī ti? Suññatā-vihārena kho ahaṃ bhummi etarahi bahulaṃ viharāmī ti. Mahā-purisa-vihārena kira, bhante, thero etarahi bahulaṃ viharati, mahā-purisa-vihāro eso, bhante, yad idaṃ suññatā ti. Pubbe pi me bhummi gihi-bhūtassa āciṇṇā-suññatā, tenâhaṃ etarahi pi suññatā-vihārena bahulaṃ viharāmi. Api ca mayā cira-pattaṃ arahattan ti."（Vin.II.304）.

三昧之修證成果，即無有「我」念。沒有空三昧之成就，行者持續執著於「我」，並因此而在生死輪迴中持續流轉。

第四點、空三昧是佛陀的阿羅漢弟子所安住的三昧，舍利弗尊者是為一例子，而此T2.773b一經又說「彼行者復有無想可得娛樂」，即以無想三昧為安住之處。那麼，空三昧與無想三昧之關係為何？以我們對《聖尋經》（Ariya-pariyesana Sutta）及《五三經》的瞭解，此處所言行者住於空三昧，可能意味著空三昧與無相三昧是可互換的。《聖尋經》及《五三經》能提供解答，說明為何已成就阿羅漢果位的佛弟子住於無相三昧。在《聖尋經》，世尊回憶他以前出家是為了去「追尋無上最勝寂靜處」（anuttaraṁ santi-vara-padaṁ pariyesanaṁ）。在《五三經》，世尊宣說他已發現了無上最勝寂靜處，亦即逃離六根執取六境。[75] 逃離（nissaraṇa）六觸處意指無相三昧之最高成就。世尊啟程追尋「最勝寂靜處」（santi-vara-pada），他發現了此處並時常安住於其中，亦即是無上最勝寂靜之處。

無相三昧（animitta samādhi）是佛陀推薦給已成就的聖弟子們作為日常安住之境。儘管如此，佛陀並沒有解釋其原因。在多部經典中記載著佛陀常住於無相三昧，[76] 佛陀也說他時常住於空三昧（suññata samādhi）；[77] 然而，沒有任何一經說佛陀住於無願三昧（appaṇihita samādhi），但卻有經典記載某佛弟子住於無願三昧。《增一阿含經》說舍利弗尊者樂愛住於空三昧，耆利摩難尊者常遊無相三昧，而焰盛尊者則常住於無願三昧。[78]

---

75 M.II.237-238: “Tathāgatena anuttaraṁ santi-vara-padaṁ abhisambuddhaṁ yadidaṁ channa-phassâyatanānaṁ samudayañ-ca atthaṅgamañ-ca assādañ-ca ādīnavañ-ca nissaraṇañ-ca yathā-bhūtaṁ viditvā anupādā-vimokkho ti.” 亦參見《瑪甘地雅經》（Magandiya Sutta）M.I.504.

76 例如 M.I.249 和《梵摩渝經》（CBETA, T01, no. 76, p. 884, b16）

77 例如M.III.104。

78 《增壹阿含經》：「恒樂空定，分別空義，所謂須菩提比丘是。志在空寂，微妙德業，亦是須菩提比丘。行無想定，除去諸念，所謂耆利摩難比丘是。入無願定，意不起亂，所謂焰盛比丘是。」（CBETA, T02, no. 125, p. 558, b15-19）

（三）日夜住於空三昧

上述在T2.773b的漢譯經典，是唯一的一部經典聲稱佛陀住於空三昧七日七夜之久而且沒有睡覺；另有兩經則是記載修持者可以住於空三昧一整夜不睡覺。第一部經是在巴利《烏達那》（Udāna）第3.3經。根據此經記載，五百位比丘在傍晚時到達寺院來見佛，比丘們安單後就去禪坐，而此時佛陀也在禪坐。經中說佛陀是住在不動三摩地（aneñja samādhi），五百比丘亦進入了相同的三摩地，但是彼此是在不同的地方入定。然後按照一般慣例，阿難尊者安置了五百比丘後，來到世尊禪坐處並提示佛陀是時候為比丘們開示。他整個晚上前後共提示了三次，最後在黎明的那一次佛陀從禪定中出定，並且告誡阿難尊者不應該如是說，因為佛陀和比丘們從初夜開始一直到清晨都進入並安住在不動三摩地，也已為他們開示了。

在上述《烏達那》文脈中，沒有任何更多關於不動三摩地的訊息；在他處經典中，不動三摩地是指或第四禪那，或空無邊處（ākāsānañcâyatana），或識無邊處（viññāṇañcâyatana），或指無所有處（ākiñcaññâyatana），而《空小經》的文脈或許示意著不動三摩地即是指空三昧。此經記載在回應阿難尊者的催請中，佛陀確認說他時常住於空住（suññatā-vihāra）：「像在以前那樣，阿難，我現在也常常以空住而住。」[79] 此經文相當明白地顯示，住於空是佛陀的習慣，如同經文說 “pubbe ca ……. etarahi…… bahulaṃ……”（以前……現在……多次……）。在此巴利經相對應的漢譯阿含經也表達著相同的意思：「爾時，世尊答曰：『阿難，彼我所說。汝實善知、善受、善持。所以者何？我從爾時及至於今，多行空也。』」[80]

---

[79] M.III.104: “Pubbe c’āhaṃ, Ānanda, etarahi ca suññatā-vihārena bahulaṃ viharāmi.”

[80] 《中阿含經》（CBETA, T01, no. 26, p. 737, a5-8）

日與夜住空三昧的另一例子，亦可見於不同派系持誦的律典中，漢譯法藏部的《四分律》和彌沙塞部的《五分律》。根據此二部律典所記載，離婆多尊者問一切去尊者前一晚他入哪種禪定？一切去尊者明確地回答，他前一晚遊於空三昧，並且提示他身為白衣時就已經修習空法，另一經則記載其個性好樂修持空觀，如《四分律》說：「即復問言：『大德一切去，此夜思惟何法？』答言：『我先白衣時習空法，我此夜多入空三昧。』」而《五分律》則說：「離婆多次問一切去言：『上座今夜多遊何定？』答言：『我性好空觀，今夜多遊此定。』離婆多言：『比是大人所行。何以故？空三昧是大人法。』又問上座：『是阿羅漢不？』答言：『是。』」[81]在《五分律》中，離婆多尊者讚歎空三昧是大人所行，是大人法。一切去尊者亦承認自己是阿羅漢，此即為阿羅漢住空三昧的一例。

（四）已成就的聖弟子日常所安住

有關諸阿羅漢住於空三昧，除了上述的大德一切去阿羅漢之外，在目前討論的T2.773b經典中，舍利弗尊者也宣稱他時常住於空三昧，此宣稱亦可見於巴利本和漢譯本的《清淨托缽經》（Piṇḍa-pāta-pārisuddhi Sutta），[82]在《相應尼卡雅》S.III.235一經亦意味著舍利弗尊者由九等至（samāpatti）進入空三昧，此推論可從經中兩段文脈獲得證實。

首先，在上述所引三部經典中，舍利弗尊者的諸根淨化而面色純淨[83]，因為他證入空三昧；相類似經文亦見於S.III.235，儘管該經文並

81 《四分律》（CBETA, T22, no. 1428, p. 970, c23-25），《彌沙塞部和醯五分律》（CBETA, T22, no. 1421, p. 193, c10-13）。

82 M.III.294: "Suññatā-vihārena kho ahaṁ, bhante, etarahi bahulaṁ viharāmī-ti."《雜阿含經》：「舍利弗白佛言：『世尊！我今於林中入空三昧禪住。』」（CBETA, T02, no. 99, p. 57, b10-11）

83 在M.III.293-294一經說："Vippasannāni kho te, Sāriputta, indriyāni parisuddho chavivaṇṇo

未明文提到證入空三昧。[84] 第二，經文陳述他證入每一等至而沒有任何一思是與「我」有關，這是修持空三昧之結果，如經中說：

> 我進入並住於初禪那……然，善友，這沒有出現：「我證入初禪那」或「我已證入初禪那」，或者「我從初禪那出……第二禪那……想……受滅……」[85]

沒有「我」，與空三昧之修持相關，如在T2.773b一經所指出，修持空三昧的方法即是徹觀諸蘊而帶來滅盡我和我所的概念。一位成就的聖弟子必定滅除了我－作、我所－作、潛伏慢，就如同阿難尊者在S.III.236讚歎舍利弗尊者很久以前就已斷這三者時所明確顯示的。對於一位在此生命終之前就已證得涅槃者而言，「我」的概念不現前，而此則是用以驗證聲稱得阿羅漢果位的方法。在《蘇那卡德經》[86] 有一群比丘宣稱證得究竟智，而此事亦促使佛陀開示有關於「不動」，並強調中止對於感官所緣境像的意向，因為有此意向即顯示「執著」仍然存在，並不是真正證得究竟解脫。而有關根深蒂固的「我」之概念可以經由六感官與六所緣境互動時分辨出來，這是記載於《五三經》（Pañca-ttaya Sutta）。[87] 從六感官脫離或撤退以避免感官觸及其所緣境即是無相三昧（animitta samādhi）之修持。因此，這些經典正顯示空三昧（suññata samādhi）與無相三昧之間的密切關聯。

---

pariyodāto."

[84] 阿難尊者問舍利弗尊者："Vippasannāṇi kho te, āvuso Sāriputta, indriyāni parisuddho mukha-vaṇṇo pariyodāto. Katamenâ'yasmā Sāriputto, ajja vihārena vihāsī ti?"（S.III.235）

[85] S.III.235: "Idh'āhaṃ, āvuso, vivicceva kāmehi vivicca akusalehi dhammehi savitakkaṃ savicāraṃ vivekajaṃ pīti-sukhaṃ paṭhamaṃ jhānaṃ upasampajja viharāmi. Tassa mayhaṃ, āvuso, na evaṃ hoti — 'ahaṃ paṭhamaṃ jhānaṃ samāpajjāmī'ti vā 'ahaṃ paṭhamaṃ jhānaṃ samāpanno'ti vā 'ahaṃ paṭhamā jhānā vuṭṭhito'ti vā-ti." 漢譯缺。

[86] M.II.252-61，漢譯缺。

[87] M.II.236-38，漢譯缺。

除上述的律典，在尼卡雅乃至《如是語》（Iti-vuttaka）都有相關例證。這些例證中，有說佛陀住於空三昧。根據《薩迦柯大經》，向前來求法的群眾開示後，佛陀把心導入單一並且專注於三摩地相（samādhi-nimitta），如經言：「火種啊，當那些開示結束後，那時，我令心向內穩定、令安住於那先前的三摩地相，導向單一，專注持守；那是我時時常常安住的。」[88] 佛陀接著並沒有進一步說明「那先前的三摩地相」到底是哪種三摩地相，但我們可以從《空大經》和《空小經》獲得一些相關訊息。

《空小經》記載的是關於佛陀時常住於空，無論是巴利本或漢譯本內容都相符。此經中阿難尊者對自己記得佛陀常住於空有點困惑，他去問佛陀求證，佛陀確認地回答說他常住於空。巴利本已如前節所說，而漢譯本說法亦極近似：「阿難，彼我所說。汝實善知、善受、善持。所以者何？我從爾時及至於今，多行空也。」[89] 巴利註釋書也在多處說這是指空果等至（suññatā-phala-samāpatti）。[90]

《空大經》則是記載內住於空的方法是佛陀的發現，即不注意任何相，如經中說：「阿難，此是如來所發現之住：以不於一切相作意，入內在空而住」。[91] 在他處經典記載：「不於一切相作意」，即是修持無相三昧的方法，由此比對之下，此處的「入內在空而住」即是無相三昧。這也就表示《薩迦柯大經》的三摩地相（samādhi-

---

88 M.I.249: "So kho ahaṃ, Aggivessana, tassā y'eva kathāya pariyosāne, tasmiṃ y'eva purimasmiṃ samādhi-nimitte ajjhattam eva cittaṃ saṇṭhapemi sannisādemi ekodi-karomi samādahāmi, yena sudaṃ nicca-kappaṃ nicca-kappaṃ viharāmī ti."

89 《中阿含經》（CBETA, T01, no. 26, p. 737, a6-8）。巴利本見於M.III.104: "Taggha te etaṃ, Ānanda, sussutaṃ suggahītaṃ sumanasi-kataṃ sūpadhāritaṃ. Pubbe câhaṃ, Ānanda, etarahi ca suññatā-vihārena bahulaṃ viharāmi."

90 BB.M.1229 note 392; M.1328 note 1137; M.1329 note 1151.

91 M.III.111: "Ayaṃ kho pan'Ānanda, vihāro Tathāgatena abhisambuddho, yad idaṃ: sabba-nimittānaṃ amanasi-kārā ajjhattaṃ suññataṃ upasampajja viharituṃ."《中阿含經》（CBETA, T01, no. 26, p. 738, b14）。

nimitta）即是無相（animitta），這三部經典顯示空（suññata）和無相（animitta）是可以互換的。

又如《旺奇舍相應》（Vaṅgīsa-saṃyutta）顯示佛弟子之住與三三昧的關聯。[92] 旺奇舍尊者為貪慾心所折磨，但他的老師尼羅德卡伯尊者（Nigrodha-kappa） 卻正在靜坐，因此旺奇舍尊者只好決定自己努力驅除貪慾焚心的煎熬，並且努力生起歡喜心。之後，他說出了五個偈頌，展示他如何驅除那種煎熬和生起歡喜心，從五偈頌分析中顯示出他是入三三昧。

首先，他徹觀一切皆無常並且終究會消失，如偈頌說：「凡是此處的大地和虛空，都是色所成、都落入世間——任何一個都會老衰、一切是無常，如此洞悉後智者們雲遊」，[93] 此意味著修持空三昧（suññata samādhi）。第二，他驅除了所有因見、聞、覺、和受而生的欲求，偈頌說：「人們被束縛於所獲得的、所見聞、所應對、所知覺的；於此處斷除欲求，不動；於此處不沾染者，他們說是牟尼（聖者）」，[94] 此意味者修持無相三昧。第三，他說沒有渴望，聖者證入寂靜之境——涅槃（nibbāna），偈頌說：「有能者，長久住定、不詭詐、謹慎的、不渴求；牟尼（聖者）證入寂靜境，徹底熄滅者依此等待[命終]時間」，[95] 這意味者修持無願三昧（appaṇihita samādhi）。

第二種三三昧順序，無學者之安住，可以從他處經典獲得更多支持。在多部經典提及九眾生居（nava sattâvāsā）、七識住（satta viññāṇa-ṭṭhiti）及二入處（dve āyatana）都是應當徹觀其生起、消失等

---

92 S.I.400-02（186-88）.

93 參照菩提比丘英譯本，以下二處同此；BB.S.282。S.I.401 (186): "Yam idha paṭhaviñ ca vehāsaṃ, rūpa-gatañ ca jagat-ogadhaṃ; kiñci parijīyati sabbam aniccaṃ, evaṃ samecca caranti mutattā."

94 S.I.402 (187): "Upadhīsu janā gadhitāse, diṭṭhasute paṭighe ca mute ca; ettha vinodaya chandam-anejo, yo ettha na limpati taṃ munim āhu."

95 S.I.402 (187): "Dabbo cira-ratta-samāhito, akuhako nipako apihālu; santaṃ padaṃ ajjhagamā muni, paṭicca parinibbuto kaṅkhati kālan ti."

並且應得捨離，「當求方便，離此九處」，甚至說成就捨離此等者即是慧解脫阿羅漢：「阿難！若有比丘彼七識住及二處知如真，心不染著，得解脫者，是謂比丘阿羅訶，名慧解脫」。[96] 九眾生居、七識住及二入處都與九等至相互關聯，亦即與三界六道關聯。

作為已現生得究竟解脫的聖弟子即表示他已得脫離三界六道之繫縛，亦即能夠在生時就修得心識不住七識住及二入處之任何一住一處，而欲達此成就即是要透過三三昧之修持。三三昧能令脫離九眾生居、七識住及二入處，正如很早期傳來漢土由支謙譯出的《梵摩渝經》所記載，三三昧能夠幫助停止九層次之識，亦即是與九等至有關之識住：「以空、不願、無想之定，斷九神處」。[97] 此經的三三昧順序亦是屬於表示無學者之安住的第二種順序，空＞不願＞無想。「斷九神處」，意味著修持者已達到解脫聖者之成就，其三三昧是以無想為三者中之後者，亦為安住之心境。

三、結語

上述兩個三三昧的順序，空三昧都是優先第一位。徹觀一切現象之本質皆是無常和苦引領修練者以正慧觀見一切，亦即是說，無有一物是我和屬於我。瞭解空義（suññatta）之後，有學弟子們進一步修持無相三昧，再修無願三昧；而無學弟子們則是進一步證入無願三昧，然後安住於無相三昧。這些經典闡明《相應尼卡雅》S.IV.360一經中難於詮釋的一句："Katamo ca, bhikkhave, asaṅkhata-gāmi maggo? Suññato samādhi, animitto samādhi, appaṇihito samādhi. Ayaṃ vuccati, bhikkhave, asaṅkhata-gāmi maggo"。空、無相、無願三三昧為何是通往無為之道

[96] 諸如T01.62a-b & D.II.68-70；T01.581b-582a；T01.846a-b；T2.764c-765a等等。
[97] 《梵摩渝經》（CBETA, T01, no. 76, p. 884, b17-18）

（asaṅkhata-gāmi maggo），欲解開此迷就得依賴前述章節漢譯經典之分析去瞭解。

有關三三昧的這兩種順序與有學、無學之關係亦可從其他漢譯阿含經獲得更多支持。《中阿含經》說國王與大臣們以妙華鬘自莊嚴，而比丘和比丘尼們則是以三種定為華鬘：空、無願、無相。[98] 又根據《增一阿含經》，佛陀列舉七種人是世間無上福田（anuttara puñña-kkhetta），其中最後三種人即指修持空者、修持無想者、和修持無願者。[99] 修持三三昧者是為世間福田，得此三三昧者可用此為華鬘而自莊嚴，不得者則流轉生死之中，不得脫離，更無覺悟可言。

印順導師認為在T2.20b一經的「空」是指以作觀而證得的空三昧。依經典而言，此空三昧能夠將修練者導引至究竟涅槃，然而他卻解釋說此T2.20b的經文與巴利《空小經》相對照，就會顯示出《空小經》中解釋的空三昧是一種禪定境界之空，並且是屬於世俗道，因此這三摩地不可能導引修持者至究竟解脫。他也認為此三三昧的順序是漸次地建構的，他解釋說三三昧從空＞無相＞無願順序被調整為空＞無願＞無相，是因為晚期佛弟子企圖建立諸處（āyatana）的順序。[100]

根據本書前述的觀察，他的看法並不可信。作者在前章已經指出，佛陀並不認為四處之修持是解脫道上必要的。《分別界經》有明確的經文脈絡說明這一點，佛陀勸誡弟子們不要沈溺於四處中、不要

---

98 《中阿含經》：「舍梨子，猶如王及大臣有妙華鬘、青蓮華鬘、瞻蔔華鬘、修摩那華鬘（sumana-mālā）、婆師華鬘（vassika-mālā）、阿提牟哆華鬘（atimuttaka-mālā）。舍梨子，如是，比丘、比丘尼以三定為華鬘：空、無願、無相。舍梨子，若比丘、比丘尼成就三定為華鬘者，便能捨惡，修習於善。」（CBETA, T01, no. 26, p. 519, b21-26）巴利本從缺。

99 《增壹阿含經》：「爾時，世尊告諸比丘：『有七種之人可事、可敬，是世間無上福田。云何為七種人？所謂七人者：一者行慈、二者行悲、三者行喜、四者行護、五者行空、六者行無想、七者行無願。是謂七種之人可事、可敬，是世間無上福田。所以然者，其有眾生行此七法者，於現法中獲其果報。』」（CBETA, T02, no. 125, p. 739, a25-b2）巴利本從缺。

100 印順1998，《性空學探源》，pp.94-98。

將心導向那些境界去，因為那只會使得自己將來投生到相關的世界去，並且得到很長的壽命。

另一經，《不動道經》則是顯示佛陀調整和增強了證入這些處（āyatana）的方法，此調整過的方法能夠導引修練者得究竟解脫。此二經就是經證證明諸處（āyatana，或四無色定）並不是晚期佛弟子們有系統地建構起來的，而是佛在世時就早已流行於禪修社群的禪定次第。

此外，《聖尋經》也說佛陀在他依自己發現的解脫方法證得圓滿覺悟之前，曾經修練過也成功證入了這些處（āyatana）。如同本書在前面所指出的，佛陀在圓滿覺悟成佛後，重複進出諸處（āyatana）；徹底地瞭解並且確認了諸處的本質後，佛陀才正式宣佈他證得了圓滿覺悟。[101]

所有這些經典都明確地足以證明四處（āyatana）或四無色定不是後期佛弟子所建構的禪定層次。[102] 儘管有些學者否定了《聖尋經》所說的，其他學者也不接受世尊曾經修持這些禪定，並且還說它們是晚期添加的內容。在下面的探討，所有這些質疑都會是研究中注意事項之一，列入考量與審視。我們也可以透過比較四處與三三昧修持方法來檢視並否決印順導師的觀點。簡言之，四處之修證是以放棄下一處（āyatana），並且將專注力放在上一處；相反的，三三昧之修證是徹觀五蘊的本質，捨棄所有感官經驗，以及斷盡貪、瞋、和癡。

---

[101] A.V.59-65.

[102] 參見本書第八章結語部份。

第十二章：尼卡雅之三三昧修持

本章僅根據巴利尼卡雅探討三三昧之修持。尼卡雅並沒有完整或詳細的三三昧詮釋經典，從尼卡雅搜尋出的談三三昧相關經典可說是零散的。在這些零零散散的少數資料中，可分析出兩種修持方法：一種修持方法是未曾證入四處（āyatana）者所修持的，另一種則是熟練諸處者所修持的。在進入審察此二修持方法之前，作者首先要指出巴利尼卡雅和漢譯阿含經所見之三三昧修持有許多共通觀點，以及指出三三昧與涅槃有直接關係。

首先，《長尼卡雅》、《相應尼卡雅》、和《增支尼卡雅》所見的三三昧順序是空＞無相＞無願（suññata>animitta>appaṇihita），這順序是與漢譯《雜阿含經》T2.20b一經的順序相同。在《長尼卡雅》中一一列舉眾法的《十上經》[1] 所列出的三三昧順序是空＞無相＞無願。雖然此順序是與有學者所修的順序相同，如同在前章所展示的，但是此經並沒有任何的解釋，只有列舉名目。此外，巴利尼卡雅與漢譯阿含經中另一相同見解是有關無相心解脫（animittā ceto-vimutti）之修持。在D.III.249的經文只見有無相心解脫修持方法，並沒有提及空心解脫（suññatā ceto-vimutti）和無願心解脫（appaṇihitā ceto-vimutti）。此經文明確地陳述，從一切相逃離即是無相心解脫。[2] 經

---

[1] Das'uttara Sutta, D.III.219.

[2] D.III.249: "Nissaraṇaṃ h'etaṃ, āvuso, sabba-nimittānaṃ, yad idaṃ animittā ceto-vimutti." 三三昧稱為「三昧」而不是「心三昧」，可參考相一致的巴利經典，如在D.III.219，S.IV.360，和A.I.299。

中強調，成功地修持無相心解脫，修練者的意識不會再執取任何相。[3] 此詮釋是與漢譯經典說法一致。

第二，巴利《相應尼卡雅》和《增支尼卡雅》的訊息顯示三三昧是通往究竟解脫之道。在A.I.299和S.IV.360二處經典的三三昧順序相同，亦即如同《長尼卡雅》所說的：空＞無相＞無願。《增支尼卡雅》經文提供關鍵訊息，修持三三昧是為了全然地了知貪（rāga）、瞋（dosa）、癡（moha），[4] 此貪、瞋、癡的進階知識對於究竟解脫是關鍵性的。除了顯示空＞無相＞無願的順序之外，S.IV.360一經甚至說三三昧是無為之道（asaṅkhata-gāmi maggo）。[5] 遺憾的是，二經都沒有更多關於三三昧修持的訊息。以下進一步要討論三三昧的修持方法，即如同在巴利《空大經》（Mahā-suññata Sutta）和《空小經》（Cūḷa-suññata Sutta），以及其相對應漢譯經典所顯示的。

從經文字面上而言，二經並沒有明白地說那就是三三昧；然而，就其意義而言，則是與本書在前章討論的漢譯本所說的相符。此外，二經都明確地記載佛陀宣稱他時常住於如此的三昧，應該是由於此原故，二經的巴利註釋書和現代學術界都將此三昧歸屬為阿羅漢的果等至（phala-samāpatti）。然，作者另有看法，二經都內含一些特殊訊息，亦即是佛陀對修持三昧的一些改良方法。《空大經》傳達的矯正方法是應用於四禪那，由此而致究竟解脫；《空小經》保存的矯正方法是針對修持四處而設，由此而能得究竟解脫，以下分別對此作進一步探討。

---

3 D.III.249: "Yaṃ animittāya ceto-vimuttiyā bhāvitāya bahulī-katāya yāni-katāya vatthu-katāya anuṭṭhitāya paricitāya susamāraddhāya, atha ca pan' assa nimittânusāri viññāṇaṃ bhavissatī ti, n' etaṃ ṭhānaṃ vijjati."

4 A.I.299: "Suññato samādhi, animitto samādhi, appaṇihito samādhi. Rāgassa, bhikkhave, abhiññāya ime tayo dhammā bhāvetabbā...... Dosassa ...... Mohassa......"

5 S.IV.360: "Katamo ca, bhikkhave, asaṅkhata-gāmi maggo. Suññato samādhi, animitto samādhi, appaṇihito samādhi. Ayaṃ vuccati, bhikkhave, asaṅkhata-gāmi maggo."

一、為未曾證入四處者施設的方法

《空大經》所描述的是在今生於禪那中證得究竟解脫的進程，此進程含蓋了空三昧修持和無相三昧修持二者；更重要的是，從最究竟意義而言，二種三昧都是涅槃的同義詞。二段文脈都沒有提及四處（āyatana），因此，作者認為此方法可以說是適應於那些未曾證入四處任何一處的修練者。根據經中所言，佛陀聲稱是他發現了此安住法，如經言:「阿難，此住是如來所覺悟，亦即以不專注（作意）於一切相而進入並安住於內空」。[6]「不專注（作意）於一切相」這一句正是在他處經典中所說的無相三昧之修持法，如在D.III.249一經中所言。由於此《空大經》中也說此是內空（ajjhattaṃ suññataṃ），那麼，此文義也就應該是跟空三昧有關聯。接下來是要檢視巴利和漢譯的《空大經》以及加上其他經典作為補充資料以展示此即是空三昧和無相三昧的修持法。

佛陀從證入禪那和去除感官所緣分析所謂「住於空」。第一階段的內住於空是指證入禪那。修持者「向內穩定自心，使心寂靜，將心導入單一，以及令心集中」，[7]如此住於內空，此處經意是指修持禪那。從巴利和漢譯本經文差異處瞭解此安住可應用於初禪那乃至第四禪那，巴利本陳述的是標準的四種禪那[8]，而漢譯本只提到初禪那。漢

---

[6] M.III.111: "Ayaṃ kho pan'Ānanda, vihāro Tathāgatena abhisambuddho yad idaṃ—sabba-nimittānaṃ amanasikārā ajjhattaṃ suññataṃ upasampajja viharituṃ."

[7] BB.M.972. M.III.111: "Tasmātih', Ānanda, bhikkhu ce pi ākaṅkheyya: Ajjhattaṁ suññataṁ upasampajja vihareyyan ti, ten' Ānanda bhikkhunā ajjhattam eva cittaṁ saṇṭhapetabbaṁ sannisādetabbaṁ ekodi-kātabbaṁ samādahātabbaṁ."

[8] M.III.111. "Kathañ c' Ānanda, bhikkhu ajjhattam eva cittaṃ saṇṭhapeti sannisādeti ekodi-karoti samādahati? Idh' Ānanda, bhikkhu vivicc' eva kāmehi vivicca akusalehi dhammehi…… paṭhama-jjhānaṃ…… dutiya-jjhānaṃ…… tatiya-jjhānaṃ…… catuttha-jjhānaṃ upasampajja viharati."

譯本說修持者證入「一定」，而此定以一明喻作說明；[9] 此明喻在他處經典所見即是陳述初禪那之證得。

第二階段是去除感官所緣。如巴利經典所陳述，修練者證入諸禪那並作內空觀：「……證入之後安住於第四禪那……他作意於內空……」（......catuttha-jjhānaṁ upasampajja viharati...... so ajjhattaṁ suññataṁ manasī-karoti）。[10]「內空」，ajjhataṁ suññataṁ，意指以不專注於所緣相以去除感官所緣，如經言：「即是不作意於一切相證入內空……」（yad-idaṁ sabba-nimittānaṁ amanasi-kārā ajjhattaṁ suññataṁ upasampajja...... ）。

在巴利和漢譯二版本中，修持者修空的次第是內（ajjhattaṁ）、外（bahiddhā）、內外（ajjhatta-bahiddhā）、以及不動（āṇañjaṃ）。巴利本解釋說修持者應當修習住於內空，以及應當留意不能安住於此境界的狀態，如經文所述："na pakkhandati na-ppasīdati na santiṭṭhati na vimuccati（不好樂或不落入，不歡喜，不安住，不解脫）"。在漢譯本也有相似經意：「不趣向近、不得清澄、不住、不解」。[11] 此經文支持作者的理解，如同在本書第一篇所指出，修持者應當以念（sati）留意和掌握禪那現象。這是現前當下在禪那定境中，修持者如實地見到，乃至採取適宜的行動以便在解脫道上向前邁進。經文強調在那當下全然知道（Iti ha tattha samapajāno hoti）[12]，而不是要從禪那出定然後回憶及作觀才知道。

---

9 有關此禪那明喻，本書在前篇章已討論巴利本。漢譯本如《中阿含經》：「阿難，云何比丘持內心住止令一定耶？比丘者，此身離生喜樂，漬盡潤漬，普遍充滿，離生喜樂，無處不遍。阿難，猶人沐浴，器盛澡豆，以水澆和，和令作丸，漬盡潤漬，普遍充滿，內外周密，無處有漏。如是，阿難，比丘此身離生喜樂，漬盡潤漬，普遍充滿，離生喜樂，無處不遍。阿難，如是比丘持內心住止令得一定。」（CBETA, T01, no. 26, p. 738, b25-c3）在漢譯T01.85b一經也有相同經文表示此境界即是證得初禪那。

10 M.III.111-12.

11 《中阿含經》卷49（CBETA, T01, no. 26, p. 738, c4-5）

12 M.III.112.

當修持者留意到自己不能維持在內空情境中，他應當試著專注於外空（bahiddhā suññataṃ manasi-karoti／當念外空）；若修持者仍然無法使心寂靜，他應當專注於內外空（ajjhatta-bahiddhā suññataṃ manasi-karoti／當念內外空）；若他還是失敗，他應當專注於不移動。[13] 這些修持應當要重複地練習一直到他能證入空並安住於其中。漢譯本陳述，此修持是在他所證入的禪那定境中的進行；[14] 他應當練習一直到他證入內空、外空、和內外空，最後證入不移動。

巴利與漢譯二版本都沒有解釋內、外、內外、和不動所指的意思。巴利註釋書則解釋：「內空是與個人的五蘊有關，而外空則是與他人的五蘊有關」，[15] 此外，註釋書也提示「……此處所說的空因此一定是暫時性的心解脫，經由對無我想作觀而得」。[16] 當與《解說概要經》（Uddesa-vibhaṅga Sutta）的空觀修持作比較時，此註釋書的解說會顯得問題重重。此陳述於《空大經》的修持是可與《解說概要經》所說的修持相比較，二經都顯示此修持的終極成就是涅槃。《空大經》指出此修持有助於毫無困難地獲得四種樂（sukha），[17] 四種樂當中，覺樂（sambodha-sukha）即指涅槃之證得；《解說概要經》則陳述，透過不執著修持者就能不顫動，而此即是苦之盡頭。[18]

---

[13] M.III.112；《中阿含經》：「彼持內心住止令一定已，當念內空。……若比丘觀時，則知念內空，其心移動、不趣向近、不得清澄、不住、不解於內空者，彼比丘當念外空。……若比丘觀時，則知念外空，其心移動、不趣向近、不得清澄、不住、不解於外空者，彼比丘當念內外空。……若比丘觀時，則知念內外空，其心移動、不趣向近、不得清澄、不住不解於內外空者，彼比丘當念不移動……」（CBETA, T01, no. 26, p. 738, c3-16）

[14] 《中阿含經》：「彼比丘彼彼心於彼彼定，御復御，習復習，軟復軟，善快柔和，攝樂遠離。若彼心於彼彼定，御復御，習復習，軟復軟，善快柔和，攝樂遠離已，當以內空成就遊。彼內空成就遊已，心不移動、趣向於近、得清澄住、解於內空……」（CBETA, T01, no. 26, p. 738, c20-25）

[15] BB.M.1329 note 1152.

[16] BB.M.1329 note 1152.

[17] M.III.110: “Yan taṃ nekkhama-sukhaṃ, paviveka-sukhaṃ, upasama-sukhaṃ, sambodha-sukhaṃ, tassa sukkhassa nikāma-lābhi bhavissati akiccha-lābhi akasira-lābhi ti,— ṭhānaṃ etaṃ vijjati.”

[18] M.III.223: “Anupādāya na paritasseyya……. anupādāya aparitassato āyatiṃ jāti-jarā-maraṇa-

此《空大經》的「內空」即是《解說概要經》的「不於內阻塞」。「不於內阻塞」是指意識不隨禪那的心所，喜、樂、捨、和非苦非樂，這些都是在禪那定境中現前的心活動，[19] 是不應當專注的相，此即是無相三昧之修持。若從空三昧而言，修持者不專注於那四種相是因為他即不將自己視為等同於四相，也不將四相視為屬於自己的，如此於四種相不見我和我所即是空三昧之修持，正如同在他處經典所陳述。

相同的方法也能應用到外空。經文接著是教導若其心不進入內空或起淨信、穩定、和決定[20]，他就應當修持外空，此「外空」即是相同於《解說概要經》的「不於外動亂與分散」，[21]「不於外動亂與分散」意即六感官不執取其所緣境。目前討論的經典《空大經》，談的是在禪那定境中修持「於外不動亂和分散」，是故，此「於外不動亂和分散」即是指停止意識（mano-viññāṇa），那就是停止去證得種種直接知識（abhiññā，舊譯的神通），即那些要立足於第四禪那去證得的知識。在多部經典記載，修持者獲得種種直接知識的方法是以將心導引向或轉向（abhininnāmeti）種種直接知識。此類活動的中止正是對應上無所願求的無願三昧的文義。[22]

若他不住於內空或外空，他應當將心導向不動境界——涅槃，這是要達致空三昧和無相三昧的最頂極成就。由此，從其究竟意義而言，空與無相二者都是涅槃的同義詞。「不動境界」即是與《解說概要經》的「無執取而不顫動」平行或對應。「無執取而不顫動」意即

---

dukkha-samudaya-sambhavo na hotī ti.”

[19] M.III.226; BB.M.1075.

[20] M.III.113; BB.M.1973.

[21] M.III.226; BB.M.1075.

[22] 或許可以建議āneñja一詞的意義是指：一、在第四禪那中的中止狀態；二、與非佛教修練共通的行動懸停（somanassa-domanassa atthaṅgama）；三、前進[證得種種直接知識]之停頓以便證入涅槃。

修持者不執著於「我」的概念，他不執著於這些概念：五蘊即是我、我沒有五蘊、五蘊在我中、或我在五蘊中。[23]

上述詮釋顯示空三昧與無相三昧之間的關聯。《空大經》描述無相三昧為「空住」，即六感官不緣取其所緣境。對「無我」和「無我所」之領悟所帶來的結果是六感官脫離其所緣境。在禪定中領悟無我、無我所，此禪定即稱為空三昧。無我、無我所即是空之意義，這正如在《相應尼卡雅》S.IV.54，《空經》（Suñña），所分析的。在定中使六感官脫離所緣境，即是無相三昧。因對無我、無我所這種空的領悟而「不專注於任何相」的安住方法表示對空（suññata）的領悟。那麼，空三昧與無相三昧之關聯是密切又可互換，乃至說是意義相同，都可以從這些經典的隱含義中分析瞭解。因此，我們可以作此結論：在此經中，空三昧和無相三昧再次顯示為涅槃的同義詞。

其他傳達著相同教導的經典例子，有例如《長爪經》（Dīgha-nakha Sutta）。[24]於此經中，佛陀為外道阿奇維舍那或火種（Aggivessana）解釋此色身是由四大元素組成等等之徹觀，此即表示空之修持；接著，佛陀教導他捨離三種受，此即表示無相之修持。

在《空大經》中可發現有兩個值得注意的要點。第一，佛陀所發現的安住孕育此心傾向遠離（viveka-ninnena）、趨向遠離（viveka-ponena）、偏向遠離（viveka-pabbhārena）、收攝（vūpakaṭṭhena）、以及樂於出離（nekkhammâbhiratena）。[25] 處於如此的心境，佛陀授予弟子們的任何教誡都是與此心境相關聯，以便打發弟子們離開[去各自精勤用功]。對於與人眾來往缺乏興趣是有助益於證得暫時性的寂靜心解脫（sāmāyikaṃ kantaṃ ceto-vimuttiṃ）以及非暫時性的不動心解脫

---

23 M.III.228; BB.M.1077.
24 M.I.500-01.
25 M.III.111.

（asāmāyikaṃ akuppaṃ）。[26]

第二，《空大經》的巴利與漢譯本二者都沒有提及四處（āyatana）。這意味著此修持是適合那些未曾有證入四處任何一處的經驗者修持的方法，抑或它是意味著這種安住是不須有證入四處任一的經驗。更重要的是，無論是暫時性的心解脫或永久性的不動心解脫，都與證不證入四處無關聯。此經典為後期佛教的一個觀點引發質疑。後期佛教有認為四處都是心解脫，而且都是與究竟解脫無關聯的心解脫。那麼，《空大經》的隱含意義揭開來之後就對此後期觀點帶來衝擊。

二、為熟練四處者施設的方法

《空小經》（Cūḷa-suññata Sutta），如同《空大經》那般地，只詮釋三三昧的其中兩種三昧：空三昧和無相三昧，此經中所說的修空是與《空大經》所說相同。在《空大經》所見的修持是與四禪那有關，其操作方法是修持者不執取內相亦不執取外相；而在《空小經》所見的修持則是與四處有關，其操作方法是訓練「單一」（單一即指ekatta，即單一的心）。修持者以捨棄種種想（nānatta saññā）為手段進行「單一」之修持，而所棄之想從村落想為始，逐漸延伸至四處（āyatana）之想（saññā）。二部經典都顯示空三昧與無相三昧的密切關聯。根據《空大經》，從其空三昧修持之描述觀察，空三昧是無相三昧的同義詞；根據《空小經》，經文脈絡明確地顯示空三昧的終極成就即是無相三昧。

《空小經》揭示單一（ekatta）修持是通往涅槃之道，這是專屬於那些精通四處修證者的方法。在他處經典中，空無邊處（ākāsānañcâyatana）

[26] M.III.110-111: “TassaRetaṃ bhikkhuno pāṭikaṅkhaṃ sāmāyikaṃ vā kantaṃ ceto-vimuttiṃ upasampajja viharissati asāmāyikaṃ vā akuppan ti—ṭhānam etaṃ vijjati.”

是以不專注或不作意於種種想（nānatta-saññānaṃ amanasikārā）而證入，[27]《空小經》指出了對種種想（saññā）不專注或不作意的要領，即修持單一（ekatta）。修持單一即是空住，也就是心不被禪定所緣相以外的相所束縛；單一是單一所緣的禪修，亦即四處的任何一處。此經把無相三昧作為單一修持的最高成就點，接著的關鍵點是無相三昧如何轉成現法涅槃。無相三昧之證得能轉變成為現法涅槃是透過徹觀三昧的本質而引發斷盡諸漏，而諸漏滅盡之時，即是無相三昧轉成現法涅槃之時；在他處經典記載，此時的無相三昧即是無相心解脫（animittā ceto-vimutti），亦稱為不動心解脫（akuppā ceto-vimutti）。[28]

在《空小經》中，佛陀解說以修持單一（ekatta）住於空，經中提到的各種想有多種，例如村莊想、群眾想、以及森林想。[29] 經由專注於森林想，佛陀解釋說，他進入了沒有村莊想和群眾想之想境中，此即所謂空。[30] 參見另一經典記載有助於瞭解《空小經》的這種修持法可說是一種修持空三昧的修練法，即如同佛陀在《薩迦柯大經》說：「我將心向內穩定，使它平靜，使它進入到單一……」[31]，此經也明確的說此即是佛的常安住法。在《空小經》所說的空修持是與《空大經》所說一致，經中強調「單一」（ekatta）一詞是處理高階禪那定境的各種想，[32] 藉由此修持可把種種想摒棄於一邊。

以上述修持方法重複地進行修練，但單一心所專注之想則是從外而內、由粗到細。村莊想、群眾想等是與外在有關之想；由外而內地

---

[27] 例如，《增支尼卡雅》A.IV.349。亦見三界智長老（Nyanatiloka）2004: p.84：「種種想（nānatta-saññā）即是於各處所生起的感知（perceptions），或者種種感知」。
[28] 這將在後章節討論。
[29] M.III.105；《中阿含經》（CBETA, T01, no. 26, p. 737a）
[30] M.III.105.
[31] M.I.250.
[32] M.III.105-06.

進入到地想、空無邊處想、識無邊處想、無所有處想、和非想非非想處想，這些是與內在昇華有關之想。[33]二者相較之下，前者與外在有關的是屬於粗的所緣，而後者與內在有關的是屬於微細的所緣。無論外內、粗細，一切都要漸次地捨棄。由外而內，由粗而細，最終進入到連最微細之想都捨棄，即進入到無想之境界，無想即表示無所緣相或捨棄了所緣相，亦即是無相三昧。此處應當特別說明的一點是，此無想境界即是無相三昧亦可稱為無想三昧，而此無想三昧應當區別其與外道的無想之差別。

外道與佛陀的無想之差異可見於前述第二篇提到的《波特葩德經》。據此經說，外道對於有想、無想之生滅分別歸因為或無因無緣，或一個可來可去的自我所影響，或有大神通力的苦行僧或婆羅門所操控，或大力天神所給予。佛陀分析說想之生滅是經由個人自己修練所使然，並非無因無緣乃至亦非外力所操控。當修持者自在地掌控想之生滅時，他即是得到「自在想」（saka-saññā）或「自己的想」，意即能掌握想之生起與消失。由此自在地操作想之生滅，他能達到「頂想」（saññagga），亦即是得漏盡。

回到《空小經》的經脈來觀察，由如此自在地運作有想與無想而進入無相三昧，接著再運作最後一道手續而證得現法涅槃。即如經中所陳述，在修持到以非想非非想處想為單一心所專注的對象之後，接著單一所緣則是無相三昧。[34] 依此無相三昧，修持者就能夠以徹觀三摩地本質而斷盡一切漏，亦即現證涅槃。

此處巴利經典顯示的，在非想非非想處後進入到無相三昧一文，西方學者們有諸多猜測與想像，如布朗柯斯、斯密道先、以及威特

---

[33] M.III.106-07.

[34] M.III.107: “Puna ca paraṁ, Ānanda, bhikkhu amanasi-karitvā ākiñcaññâyatana-saññaṁ amanasi-karitvā n’eva-saññā-nâsaññâyatana-saññaṁ animittaṁ ceto-samādhiṁ paṭicca manasi-karoti ekattaṁ.”

爾。布朗柯斯爭辯說這是一個不可信的詭計，目的只不過是為了要給無相三昧安立一個位置。[35] 斯密道先甚至提出想受滅和無相三昧是可互為交換的主張，或者彼此是同義詞。[36] 威特爾也持相同看法，並將二等至視為是相同的。[37] 當我們將這些看法與尼卡雅和阿含經相對照研究，這些建議都是難於立足的。漢譯阿含經的《大拘絺羅經》（相對應的巴利經即《韋達拉大經》（Mahā-vedalla Sutta），或有稱《大毘陀羅經》）和《法樂比丘尼經》（相對應的巴利經即《韋達拉小經》（Cūḷa-vedalla Sutta））都明確地陳述無相三昧和想受滅之間的差異點。漢譯《大拘絺羅經》說：

> 若入滅盡定[38]及入無想定者[39]，有何差別？……比丘入滅盡定者，想及知滅。比丘入無想定者，想、知不滅。若入滅盡定及入無想定者，是謂差別。[40]

此段漢譯經文並不見於相對應的巴利《韋達拉大經》，這也難怪西方學者會有那樣的看法。然而，若對巴利藏經作更全面廣泛地解讀，也可以從他經瞭解無相三昧的特質。例如，在巴利《長尼卡雅》的《般涅槃大經》陳述佛陀證入無相三昧時，某些受覺消失，而其身體則感覺比較舒服（phāsu-kato）。[41] 既然進入無相三昧仍然有感覺，那麼它就不可能等同於想受滅。

---

[35] 布朗柯斯（Bronkhorst）2000: p.83。
[36] 斯密道先（Schmithausen）1981: pp.236 & 238。
[37] 威特爾（Vetter）1988: p.67 note 8。
[38] 此處漢譯「滅盡定」，即指「想受滅」（saññā-vedayita-nirodha）。
[39] 漢譯經中的「無想定」有的是相對應於巴利的「無相三昧」，所以「想」可以等同於「相」。
[40] 《中阿含經》（CBETA, T01, no. 26, p. 791, c22-26）。
[41] D.II.100: "Yasmiṃ, Ānanda, samaye Tathāgato sabba-nimittānaṃ amanasi-kārā ekaccānaṃ vedanānaṃ nirodhā animittaṃ ceto-samādhiṃ upasampajja viharati, phāsu-kato, Ānanda, tasmiṃ samaye Tathāgatassa kāyo hoti."《長阿含經》（CBETA, T01, no. 1, p. 15, b5）

巴利《空小經》的文脈有四點是值得注意之處。首先，非想非非想處想出現在巴利經脈中是可疑的。根據此巴利經典，在證入無相三昧之前是進入非想非非想處；然而根據相對應的漢譯本，無相三昧之前是無所有處。漢譯本似乎是比較合理的，因為漢譯經沒有把非想非非想處列入之意含，是與佛陀對非想非非想處的觀點相一致。在佛陀的認知中，非想非非想處之境界並不是歸屬於有想等至（saññā-samāpatti），而是歸屬於「行餘等至」（saṅkhārâvasesa-samāpatti），即如同在本書第一篇中所討論顯示。此外，在他處經典中記載，外道將非想非非想處視為存有之最頂點（bhavagga），但是佛陀曾經強調要從根將此處（āyatana）拔除才能證得涅槃。所以此處討論的巴利《空小經》論及等至中作觀及現法涅槃，卻把非想非非想處列入，這是可議的，也會令讀者困惑乃至誤解。

第二點，前章討論的兩個關鍵詞（abhisaṅkhataṁ和abhisañcetayitaṁ）與現法涅槃有密切關聯，也於此經中再度出現，而且正好是在提及斷盡一切漏的經文之前。[42] 這不應該視之為僅是一個巧合，而應該正視其出現之時機所透露出其與斷漏之間的關係的訊息。

如在巴利本和漢譯本所展示，在證得無相三昧後，應當還要採取下一步驟以斷盡一切漏。當修持者證得以無相三昧為單一（ekatta）時，修持者應當要知和見，事實上它是因緣所成或心行建構（abhisaṅkhataṁ）和意所成就或意志傾向之果（abhisañcetayitaṁ），所以它是無常的，而且也是會滅的。[43] 漢譯本提出進一步的對應，在領悟到三摩地的本質後，修持者應當「不樂彼、不求彼、不應住彼」。[44] 以此知和見，

---

42 如同本書在第二篇所討論。

43 M.III.108: "So evaṃ pajānāti—'ayam pi kho, animitto ceto-samādhi abhisaṅkhato abhisañcetayito'. 'Yaṃ kho pana kiñci abhisaṅkhataṃ abhisañcetayitaṃ tad aniccaṃ nirodha-dhamman ti pajānāti."

44 《中阿含經》：「彼作是念：『我本無想心定，本所行、本所思。若本所行、本所思者，我不樂彼、不求彼、不應住彼。』如是知、如是見，欲漏心解脫，有漏、無明漏心解脫。」（CBETA, T01, no. 26, p. 737, c9-12）

其心從三種漏解脫：欲漏（kāmâsavā）、有漏（bhavâsavā）、無明漏（avijjâsavā），然後得阿羅漢果位智出現。[45]

無論是在巴利或是在漢譯經典，最後一項成就都是無相三昧，而不是想受滅；而且很明確地也相一致地，二經都以徹觀三摩地的本質而斷漏為終點。其實是很明確的，此經的修持目標是朝向佛教解脫道的終極目標，而此修持法是施設給那些熟練四處（āyatana）的修持者。此外，強調此二詞："abhisaṅkhataṁ"和"abhisañcetayitaṁ"，尤其是正好在斷諸漏的前一刻，也就說明了於現前當下證悟涅槃的方法就是經由停止「心行」和「意向」，而不是以完全滅盡受和想，尤其是一旦「想」滅了就不會有漏盡之證得。

第三點，證得無相三昧之後，接著是斷盡三種漏（āsava），亦即是證得究竟解脫。捨棄了非想非非想處想之後，修持者證入無相三昧，於此定中所有六感官所緣都不現前。在他處經典中記載，口行（vacī-saṅkhārā）和身行（kāya-saṅkhārā），（此二行包括了眼（cakkhu-）、耳（sota-）、鼻（ghāna-）、舌（jivhā-）、和身識（kāya-viññāṇa）），各別在證入第二和第四禪那時消失，心行（citta-saṅkhāra，即指意識，mano-viññāṇa）在全部四處（āyatana）中都仍然現前。換言之，四處是意識的四種活動。

在他處經典記載，所有六識（viññāṇa）都要中止以證得無增殖境界（ni-ppapañca），即涅槃的同義詞。[46] 在《空小經》，佛陀開出了有效的對治處方，以修持單一（ekatta）為進程運作方法而至究竟

---

45 M.III.108: "Tassa evaṃ jānato evaṃ passato kāmâsavā pi cittaṃ vimuccati, bhavâsavā pi cittaṃ vimuccati, avijjâsavā pi cittaṃ vimuccati. Vimuttasmiṃ vimuttam iti ñāṇaṃ hoti: 'Khīṇā jāti, vusitaṃ brahma-cariyaṃ, kataṃ karaṇīyaṃ, nâparaṃ itthattāyā ti pajānāti."

46 根據《蜜丸經》（Madhu-piṇḍika Sutta），增殖（papañca）是來自六根、六所緣境、和六識三者的相遇。亦可參見《增支尼卡雅》A.II.161: "Yāvatā channaṁ phassâyatanānaṁ gati tāvatā papañcassa gati …… Channaṁ phassâyatanānaṁ asesa-virāga-nirodhā papañca-nirodho papañca-vūpasamo ti."

證得涅槃，此修持最高境界為無相三昧。在無相三昧中，意識的活動是暫停的。那麼也就顯然地，無相三昧在此刻即是暫時性的涅槃。或許也可換個角度理解，即將此境界視為無相心解脫（animittā ceto-vimutti），因為無相心解脫的定義即是完全脫離相。[47]

然而意外地，《空小經》沒有出現無相心解脫的用詞，而是接著提及斷盡一切漏。那麼這就表示，此暫時性的涅槃就被轉換成永久性的。我們在前面已討論過，領悟到無相三昧是因緣所成的（abhisaṅkhataṁ）和意所成就的（abhisañcetayitaṁ）就能夠帶來斷盡一切漏的結果。

以此對無相三昧真實相的領悟，無相三昧就能轉換成不動心解脫（akuppā ceto-vimutti），亦即是由徹底斷盡三種漏而得的結果。此即是現前或現生證得涅槃，或稱現法涅槃。哈爾威也曾經對此《空小經》作深入的探討與分析，但是僅僅依據巴利文獻，哈爾威無法理解無相三昧的終極意義即是證得現法涅槃。[48]

有關不動心解脫，《空小經》是依斷三漏而言，說它即是斷盡三種漏（欲漏、有漏、無明漏）的境界；而在《相應尼卡雅》S.IV.297一經則是從三毒而論，說不動心解脫即是貪（rāga）、瞋（dosa）、癡（moha）三者皆空，即是指沒有了貪、瞋、癡，如同此巴利經說：「凡所有無相心解脫，不動心解脫是其最高最上者；而不動心解脫是空於貪、空於瞋、空於癡」。[49]

由此瞭解，證得不動心解脫等同證得究竟解脫，或證得現法涅槃。二經分別從三漏及三毒論不動心解脫，如是則三漏與三毒之關係

[47] D.III.249: "Nissaraṇaṃ h' etaṃ āvuso sabba-nimittānaṃ, yad idaṃ animittā ceto-vimutti."
[48] 哈爾威（Harvey）1995: p.206.
[49] S.IV.297: "Yāvatā kho, bhante, animittā ceto-vimuttiyo, akuppā tāsaṃ ceto-vimutti aggam akkhāyati. Sā kho pana akuppā ceto-vimutti suññā rāgena, suññā dosena, suññā mohena." 漢譯本則說空於貪、瞋、癡者即是無諍者。《雜阿含經》（CBETA, T02, no. 99, p. 150a）

從此二經的文脈觀察尚無法瞭解kāmâsava-bhavâsava-avijjâsava是否等同於rāga-dosa-moha。

第四點，這一句經文："Atthi c'ev'idaṃ asuññataṃ, yad idaṃ—imam eva kāyaṃ paṭicca saḷāyatanikaṃ jīvita-paccayā ti"，隱含著三個有趣的要點，以及表示修持者是在生時證得無餘涅槃。根據此經，當修持者以斷盡諸漏證無相三昧，他只有單一想，所謂有六處（āyatana，或稱六根）之身，而此即是不空：「有此不空，所謂：有六處之身是命之所依」。[50] 相對應經的漢譯《中阿含經》說：「然有不空，唯此我身六處命存」。[51] 菩提比丘對巴利本的英譯為：「那與依此身且又受限於生命的六處關聯的（.......That connected with six bases that are dependent on this body and conditioned by life）」，但此譯文似乎不太適合於原文之義。

此段經文隱含三個有趣要點。首先，它顯示著此禪定境界是一種有知覺境界。文脈中甚至根本沒有任何隱含意味表示修持者從那境界中出來後回憶其中的境界。事實上，他是住於那禪定境界中，同時覺知到只有此身和六根或六內處。它也就絕對不是等同於那無知覺的境界——想受滅（saññā-vedayita-nirodha）。

第二點，由此證境修持者淨除了錯誤的見解，所謂大梵（Brahma）能於定境中見到。佛陀證入並且見到此禪定境的本質，而在目前討論的經典中，佛陀開示這種運作方法以淨除外道所倡導的不正見。

第三點，它闡明念處（sati-paṭṭhāna）與無相三昧之間的關係。修持者依持熟練的正念正知證入四處，有次第地將心從種種想轉移抽

---

[50] M.III.108. "Atthi c'ev'idaṃ asuññataṃ, yad idaṃ—imam eva kāyaṃ paṭicca saḷāyatanikaṃ jīvita-paccayā ti"

[51] M.III.108; BB.M.969. "Atthi c'ev'idaṃ asuññataṃ, yad idaṃ — imam eva kāyaṃ paṭicca saḷāyatanikaṃ jīvita-paccayā ti. ...... taṁ santaṁ idam atthī-ti pajānāti."《中阿含經》：「空欲漏、空有漏、空無明漏。然有不空，唯此我身六處命存。」（CBETA, T01, no. 26, p. 737, c14-16）

離，修持者所見的僅有此身及其六處或六根，也沒有任何感官所緣。修持至此有六根而不緣取六所緣境即是證入無相三昧。

《空小經》清楚地顯示空三昧和無相三昧都是通往究竟解脫之道，而達至其極致之處即是現法涅槃。當修持者證得阿羅漢果位，其心是空於欲漏（kāmâsavā）、有漏（bhavâsavā）、和無明漏（avijjâsavā），亦即沒有此三種漏。之後，所僅剩而不空的是此身及其六感官。[52]

此外，在這例子中，知和見禪那定境中空於諸漏（āsavā）是永久性的境界，而這是由此句經文所確認的：「生已盡……不再有來生（"khīṇā jāti……. nâparaṃ itthattāyā ti"）」。它不再是一般所認為的暫時性的解脫。在此文脈中，無相三昧和空三昧呈現出其與涅槃是同義詞。

從四禪那到四處並以無相三昧為終點的修持順序，是如來所施設的改善或所給予的補救，這是給那些熟練或體驗過四處者得證涅槃的善巧方法。相同的修持方法也出現在《相應尼卡雅》S.IV.263-69一系列經典中，這些經典是佛陀指導目犍連尊者（Moggallāna）不放逸地一一證入四禪那、四處、和無相三昧；此處經典記載目犍連尊者修持的無相三昧也是以「不於一切相作意」而證入。

無相三昧的最究竟終極成就點即是六感官完全脫離它們的所緣，這也可從《烏達那》第三品，《南德品》（Nanda-vagga），第五經（Udāna, 3.5）得到支持。此經的主、配角也是佛陀和目犍連尊者。佛陀這次是稱讚目犍連尊者在收攝六感官上的成就。

若從外道修證上來看待《空小經》，則此經所顯的是如來戳穿外道認為四處是與大梵結合的途徑之邪見或謬見。許多外道派系主張證入四處（āyatana），即是與最高創造者或掌控者結合為一的途徑。於此，在依佛陀指導而修持下，也就被證實為是虛妄不實的宣稱。

---

[52] M.III.108；《中阿含經》（CBETA, T01, no. 26, p. 737c）.

三、結語

從上述考察巴利經典中所呈現的三三昧修持，得到的結論：在《空小經》，佛陀宣稱他常住於空；在《空大經》佛陀聲稱他發現了空住，在兩個例子中，二經都顯示空三昧是無學者之安住。經由對照《空大經》和《空小經》，於此再一次顯示出《空大經》所陳述的修持是展示了為那些沒有四處之體驗者所施予的處方，相對的，《空小經》所陳述的是為那些熟練四處的修持者所施設的處方。

此觀察再次顯示佛陀對四禪那和四處的看法。四禪那是所應當修持的禪定，並且立基於禪那，修持者漸次地令心脫離執取任何所緣，方法是透過修練內空、外空、內外空、以及不動。四處之「想」（saññā）應當要去除，當修持者以單一（ekatta）修持，並完全地淨化了包含處等至在內的種種想，他就是證入無相三昧。根據諸經典，兩類修持者都在現前當下證得涅槃，然而這些經典都沒有提及無願三昧。

如同本書在第三篇一開始就指出的，尼卡雅和阿含經中有關無願三昧的資料非常稀少。《巴英字典》定義“appaṇihita”為不轉向、不意向、不折向、或「無有盼望」，[53] 這些定義都可以從前述的經典討論中得到支持。根據《空大經》，立基於四禪那而證入無相三昧的修持者，經由修持內空、外空、和內外空遠離諸相，此即與《巴英字典》的定義「無有期望」相一致。

另一方面，根據《分別界經》，修持者不生起任何心行建構（na abhisaṅkharoti）亦不令生意向（na ceteti），此可詮釋為證入無願三

53 PED: p.403： “not directed, not intent on, not bent on, or “free from all longings”.

昧，因為na abhisaṅkharoti 和na ceteti都具有不轉向、不意向、或不折向的意思。

相同的詮釋也能夠應用在依四處證入無相三昧的修持者。修持者徹觀三昧的本質，亦即abhisaṅkhataṃ（因緣所成）和abhisañcetayitaṁ（意所成就），然後他證入無願三昧。二種禪定的最究竟成就都是證得涅槃，而這些三昧被認知為不動境界，即不動心解脫（akuppā ceto-vimutti）。

第十三章：三三昧之關鍵角色與蛻變

如同前章節所指出，有別於漢譯阿含經在單一經典中就有完整的三三昧修持次第解說，巴利尼卡雅並不見有任何一經典有完整的三三昧修持的資料。巴利經典中，有分析三三昧修持的卻只有三種中的一種或二種，而有完整提出三三昧的卻又僅止於列舉三三昧名稱。

所以，如同前章所陳述，作者嘗試從相關的巴利經典明確地詮釋出其所隱含的三三昧修持次第及意義，在本章將討論散落於巴利尼卡雅其他各經典中的三三昧訊息。藉此我們對三三昧得以更深入瞭解，也會明瞭其獨特性，及其與解脫聖者的密切關係。

首先是有關無相心解脫（animittā ceto-vimutti）之修持，第二是關於三三昧之應用，第三是有關於將心解脫轉換成為不動心解脫（akuppā ceto-vimutti），和第四是關於上座部對三三昧有不同於經典說法的理解。這四個主題分析將會展示三三昧在佛教解脫道的關鍵角色以及在佛教傳統中的蛻變。

一、無相心解脫之修持

從巴漢對應經典分析與解讀無相心解脫，除了讓我們認識無相三昧與無相心解脫之關係，以及其不等同於想受滅之外，也足見漢譯阿含經在研讀佛陀的教法上有其舉足輕重之地位與價值。

《韋達拉大經》列有五種心解脫（ceto-vimutti）：非苦非樂（akukham-asukhā）、無量（appamāṇā）、無所有（ākiñcaññā）、空

（suññatā）、以及無相（animittā）心解脫。除了第一種心解脫，其他四種都是與斷除貪（rāga）、瞋（dosa）、癡（moha）有關。從它們的終極意義而言，四種心解脫是空於貪、瞋、癡，意即沒有貪、瞋、癡。[1] 有趣的是，這五者當中只有無相心解脫在經典中有記載關於其證入、留住、以及出定的解釋。

有關無相三昧和無相心解脫的差異，《韋達拉大經》顯示無相心解脫即是無相三昧，或無相心三昧。[2] 在《增支尼卡雅》的《沙樂尼雅品》（Saraṇīya-Vagga），[3] 有一段經文指出無相三昧與無相心解脫之差異，前者是以擺脫相為修持目標，而後者則是徹底擺脫了相之成就。此經典分析解釋，若人對於無相心解脫重覆不斷地修持，直至運作精熟（yānikatā）、徹底熟練（vatthukatā）、隨意安住（anuṭṭhitā）、習以為常（paricitā）、以及完善掌控（susamāraddhā），他的意識就不可能（n'etaṃ ṭhānaṃ）會追隨種種相（nimittânusāri viññāṇaṃ bhavissatī ti）。[4] 無相心解脫即是徹底擺脫了諸相的境界（nissaraṇaṃ h'etaṃ, āvuso, sabba-nimittānaṃ yad idaṃ animittā ceto-vimutti）。

根據巴利《韋達拉大經》，入無相心解脫等至（animittāya ceto-vimuttiyā samāpattiyā）有二因緣，即不注意任何相和注意無相界。而其相對應的漢譯《大拘絺羅經》則說是以此二因緣「生無想定」。巴利 animittā ceto-vimutti samāpatti是否等同於「無想定」，就字面意義是不可等同，但就「入」或「生」之二因緣而言，則二者可謂相同。[5]

---

1 M.I.298: "Suññā rāgena suññā dosena suññā mohena."

2 M.I.298: "Katamā c'āvuso animittā ceto-vimutti? Idh'āvuso bhikkhu sabba-nimittānaṁ amanasi-kārā animittaṁ ceto-samādhiṁ upasampajja viharati. Ayaṁ vuccat'āvuso animittā ceto-vimutti." 此段漢譯從缺。

3 A.III.292.

4 "yānikatā"，字面意義為「作車」（yāna，車），意為「精通到成為一種習慣」；"vatthukatā"，字面意義為「作依」，意為「徹底修持至成為所依」；"anuṭṭhitā"，字面義為「隨立」，意為「成功到可以隨時安住其中」，"paricita"意為「慣常習慣的」，以及"susamāraddhā"意為「善於持守」。

5 M.I.297; BB.M.393. "Dve kho, āvuso, paccayā animittāya ceto-vimuttiyā samāpattiyā sabba-

於漢巴二經所見的證入此無相心解脫等至之因緣亦可見於他處巴利經典，即與其《無相經》（Animittā Sutta）所說無相三昧之因緣相同。[6] 根據此經，如何證入無相三昧（animitta samādhi）的知識完全顯現給目犍連尊者，即不將心固著於（amanasikārā，或舊稱作意）一切相。[7] 經中記載佛陀運用神通力介入目犍連的禪修以便當下提示他，因為目犍連的心溜走了，而他自己卻沒有注意到。據此《無相經》之入無相三昧因緣，我們可推論前述漢譯文本的「無想定」其實可視為等同於巴利經的「無相心解脫等至」。

無相心解脫的第二種因緣則是僅見於此《韋達拉大經》。在前面我們討論有關無相三昧時，那些經典並沒有提及此因緣，但是若從《馬龍奇亞大經》（Mahā-māluṅkya Sutta）去觀察，其實此因緣是與《馬龍奇亞大經》所說相容。經中說修持者不專注於禪那定境之想，而是將心導向涅槃界，而此涅槃界是被如此地描述：「此寂靜，此殊勝，亦即一切行止息，一切著捨，滅貪，離欲，滅，涅槃」（“etaṁ santaṁ etaṁ panitaṁ yad idaṁ sabba-saṅkhāra-samātho sabbûpadhi-paṭinissaggo taṇha-kkhayo virāgo nirodho nibbānan ti”）。

根據此巴利《韋達拉大經》，持續安住於無相心解脫（animittāya ceto-vimuttiyā ṭhitiyā）須要三條件，即是持續地不固定於任何相，而持續地固定於無相界，以及前行決意（意即在入定前先決定留住定中的時間長短，或稱為「留住期限」的前行因緣）。[8] 巴利經典說要具備這三條件才能維持在無相心解脫，然而漢譯《大拘絺羅經》說持續安住

---

nimittānañ ca amanasi-kāro, animittāya ca dhātuyā manasikāro.”《中阿含經》：「尊者大拘絺羅答曰：『有二因二緣生無想定。云何為二？一者、不念一切想；二者、念無想界；是謂二因二緣生無想定。』」（CBETA, T01, no. 26, p. 792, b12-15）

6 S.IV.269.

7 S.IV.268-269: “Tassa mayham, āvuso, etad ahosi: ‘Idha bhikkhu sabba-nimittam amanasi-kārā animittaṃ ceto-samādhim upasampajja viharati’.”

8 M.I.296-97; BB.M.393; “Tayo kho, āvuso, paccayā animittāya ceto-vimuttiyā ṭhitiyā: sabba-nimittānañ ca amanasikāro, animittāya ca dhātuyā manasikāro, pubbe ca abhisaṅkhāro.”

的因緣是只須要巴利經中所說的前二種因緣。[9] 巴利經的第三因緣，「留住期限的前行因緣」，並不見於漢譯經典。

至於為何第三因緣沒有出現在漢譯經典中，其原因可見於漢譯《大拘絺羅經》的一段相關經文，而這段文於其相對應的巴利《韋達拉大經》從缺。[10] 如前第十二章所引出，此段文是有關無相三昧和想受滅（saññā-vedayita-nirodha）的差別：「尊者大拘絺羅答曰：『比丘入滅盡定者，想及知滅。比丘入無想定者，想知不滅。若入滅盡定及入無想定者，是謂差別。』」[11] 入想受滅定者想與受（受即指經文中的「知」，即巴利複合詞的vedayita）都息滅，而入無想定者則是想與受不滅；既然想與受不滅則入無想定者不須要第三因緣：「留住期限的前行因緣」。

欲證入想受滅的修持者，應在入定前就要先決定入定後要在定中停留多久時間，以及從定中出來的時間。其原因，據漢譯本的說法，是修持者入想受滅時的心理活動暫時性地停止。因此，為了能進出此等至，在入定前就要先作好事先的決定，這是不可或缺的一環節。

相對的，證入無相三昧者的想和受都仍然存在，因此，事先的決定是不必要的。巴利《般涅槃大經》也同意，入無相三昧者的想和受不滅，此經提到佛陀因入無相三昧而能減少背部疾痛。[12] 有鑑於此，我們可作的結論是，巴利《韋達拉大經》所列的第三因緣應該是一種錯置。

此外，上述漢譯經說無相三昧有想和受存在，亦解答了為何佛陀常常住於無相三昧，而不是想受滅。若佛陀入想受滅，他就會如同死

9　《中阿含經》：「有二因二緣住無想定。云何為二？一者、不念一切想；二者、念無想界；是謂二因二緣住無想定。」（CBETA, T01, no. 26, p. 792, b18-20）

10　《韋達拉小經》的漢譯本也有相同意思，參見《中阿含經》CBETA, T01, no. 26, p. 789a）

11　參見第十二章第二節。《中阿含經》（CBETA, T01, no. 26, p. 791, c23-26）

12　D.II.102; MW.D.245. 漢譯阿含經也記載相同的意思。《長阿含經》：「自力精進，忍此苦痛，不念一切想，入無想定。時，我身安隱，無有惱患。」（CBETA, T01, no. 1, p. 15, b4-5）

人般，他也就無法回應那些前來尋求教導的人；而且也有經證證明佛陀住於無相三昧時，也察覺到周圍發生的事。由這一點來看，想受滅不能等同於無相三昧。

從無相心解脫出定（animittāya ceto-vimuttiyā vuṭṭhānāya）的條件，巴利《韋達拉大經》列有二項：注意所有相以及專注於無相界，[13] 然而漢譯《大拘絺羅經》說從無相心解脫出有三條件。[14] 漢譯本的第一及二條件是與巴利經典一致，不見於巴利經本的第三元素是：「因此身因六處緣命根」[15]，字義上意為：「依於此身和六處是生命『的因緣』」。

相同的經句亦見於巴利《空小經》（Cūḷa-suññata Sutta），講述證入無相三昧的一經，此經說：“kāyaṃ paṭicca saḷâyatanikaṃ jīvita-paccayā”[16]（「有六根之身是生命所依」）。如在前面所述，當修持者在無相三昧中達到最上最終極成就時，他證得無相心解脫，即是六根停止作用的境界。儘管如此，根據《空小經》，當修練者住於無相三昧時，他知道他是住於此境界中，他能夠依此具有六根之身而從此境界出。他並不須要在進入之前就先決定要安住多久以及何時出來。顯然地，在巴利《韋達拉大經》中缺乏了此三摩地的一個重要條件。

巴漢經典對比解讀之下，巴利《韋達拉大經》的住定因緣多一項，出定因緣少一項，若僅依巴利經典研究無相三昧或無相心解脫，其結果就會帶來更多的疑問，會誤認為無相三昧與想受滅定相同。至此，也足見僅依巴利經典欲瞭解原本始於佛陀傳授的教法是不足的，甚至會得到錯誤的認知。

---

[13] M.I.297: “Dve kho, āvuso, paccayā animittāya ceto-vimuttiyā vuṭṭhānāya: sabba-nimittānañ ca manasi-kāro, animittāya ca dhātuyā amanasi-kāro.”

[14] 《中阿含經》：「尊者大拘絺羅答曰：『有三因三緣從無想定起。云何為三？一者，念一切想；二者，不念無想界；三者，因此身因六處緣命根；是謂三因三緣從無想定起。』」（CBETA, T01, no. 26, p. 792, b23-27）

[15] 《中阿含經》（CBETA, T01, no. 26, p. 792, b26）

[16] M.III.108；BB.M.969；《中阿含經》（CBETA, T01, no. 26, p. 737, c18）

二、三三昧之應用

（一）空三昧

空三昧具有保護潛力。根據《烏達那》（Udāna）的《玡柯襲經》或亦可稱為《夜叉襲經》（Yakkha-pahāra Sutta），[17] 有一次舍利弗尊者靜坐時進入某種三摩地（aññatara samādhi），一個玡柯或舊稱夜叉以非常大的力量偷襲擊他，但舍利弗尊者僅僅感受到輕微的頭痛（sīsaṃ thokaṃ dukkhaṃ）。[18] 巴利註釋書解釋說，舍利弗尊者所入的這「某種三摩地」是梵住（brahma-vihāra）；而有其他人說那是想受滅等至（saññā-vedayita-nirodha-samāpatti）；又有其他人說那是果等至（phala-samāpatti），似乎沒有一個定論。[19] 註釋書也說在諸多種種等至中，只有梵住、想受滅、和果等至這三種等至具有保護身體的潛力（kāya-rakkhaṇa-samatthā）。那麼，保護舍利弗尊者免於受到玡柯猛力襲擊傷害的三摩地到底是哪一種？

在上述三種可能性中，作者認為前二者的可能性基於下述的原因應是可排除的。梵住之修持是以有意識和有目的地向所有有情眾生延展無量的慈（mettā）、悲（karuṇā）、喜（muditā）、以及捨（upekkhā）來修持乃至圓滿。這是為了能夠避免其他眾生對修持者產生憎惡心。[20] 然而，舍利弗尊者所入的三摩地並沒有使得那個玡柯息滅其無故的瞋恚心，因此梵住修持也就應該排除在「某三摩地」之可能性項目之外。

[17] Ud. 4.4/ p.39-41.
[18] It.40.
[19] 《如是語註釋》（Itivuttaka-aṭṭhakāthā）："Tattha aññataraṃ samādhin ti upekkhā-brahma-vihāra-samāpattiṃ, keci saññā-vedayita-nirodha-samāpattin ti vadanti, apare pan'āhu 'āruppa-pādakaṃ phala-samāpattin' ti. Imā eva hi tisso kāya-rakkhaṇa-samatthā samāpattiyo."
[20] 可參見 M.I.336。

關於想受滅等至，進入此等至者缺乏想和受，而此經說舍利弗尊者有感受到輕微的疼痛，這也就意味著舍利弗尊者並不是證入想受滅，依此理由，想受滅等至也應當排除在可能性項目之外。

那麼，大有可能舍利弗尊者是進入了果等至，又加上，在他處經典中，有經典記載舍利弗尊者時常住於空三昧，[21] 而空三昧，從其究竟意義而言即是果等至。在巴利《長老偈》（Thera-gāthā）的註釋書某處，有解釋舍利弗尊者被玡柯攻擊時，立刻進入無尋（avitakka）之定，以及維持聖寂默然（ariyā tuṇhī-bhāva）。[22] 無尋三摩地（avitakka samādhi）[23] 應當是與空三昧（suññata samādhi）有密切關係，如同上文所示，此二種三摩地都被歸類為阿羅漢弟子們的禪定。最後的結論是，舍利弗尊者當時是在空三昧，亦即是說，空三昧具有保護的力量。

（二）無相三昧

在三三昧當中，無相三昧之應用最多次見於各經典中，它的應用可見於從沒有禪那經驗者到已證得阿羅漢果位者。佛陀本身在背痛時應用它以減少疼痛，羅侯羅（Rāhula）和難陀尊者（Nanda）也都被教導修持無相以去除潛伏慢心。如經所言，「修持無相，棄除潛伏慢；之後，現前觀透慢，寂靜者將雲遊」。[24] 更多的無相三昧及去除潛伏慢的相關資料可見於《相應尼卡雅》第三和四冊，如下所列舉與分析。

無相三摩地常用於對治已生起之貪欲。有一次，旺奇舍（Vaṅgīsa）尊者心為貪欲火所焚，他向阿難尊者求救，而阿難尊者就指出他為

21 《增壹阿含經》（CBETA, T02, no. 125, p. 773, b24）

22 巴利註釋書對《長老偈》偈998註為：“Yadā yakkhena sīse pahato, tāvad’eva avitakkaṃ catuttha-jjhānika-phala-samāpattiṃ samāpanno ariyena tuṇhī-bhāvena upeto samannāgato ahosi”。

23 此三摩地將在下一章探討。

24 見於Sn.342；Thag. & Thīg./ p.125：“animittañ ca bhāvehi, mānânusayaṃ ujjha, tato mānâbhisamayā upasanto carissati”。

貪欲火焚之原因：「由想顛倒，其心焚燒，轉離那可愛又激發貪欲之相。」[25] 他指出如何徹觀所緣相：「見一切行為異己、為苦、為非我」，[26] 以及給予教導對治已生起之貪欲的方法：「依不淨修心，專一、善巧專注，將你的專注置於身，以及多修習厭離。」[27] 之後，他給予進一步的教導關於去除潛伏慢的方法：「修持無相，棄除潛伏慢；之後，現前徹觀慢，寂靜者將雲遊」（“Animittañ ca bhāvehi, mānânusayam ujjaha; tato mānâbhisamayā, upasanto carissasī ti.”）。[28] 此經相對應的兩部漢譯本都與巴利經極近似，以《雜阿含經》卷45一經為例：

> 尊者阿難說偈答言：[29]
>
> 以彼顛倒想，熾然燒其心，遠離於淨想，長養貪欲者。
>
> 當修不淨觀，常一心正受，速滅貪欲火，莫令燒其心。
>
> 諦觀察諸行，苦空非有我，繫念正觀身，多修習厭離。
>
> 修習於無相，滅除憍慢使，得慢無間等，究竟於苦邊。

兩部相對應的漢譯經典在“tato mānâbhisamayā, upasanto carissasī”（現前徹觀慢，寂靜者將雲遊）這最後一句有不同的解讀。《雜阿含經》說：「得慢無間等，究竟於苦邊」，[30] 而《別譯雜阿含經》則說：「若知斷慢已，苦則有邊際」。[31] 將專注力轉移離開激發貪欲之相的貪欲對治法，或許支持我們在第一篇指出的看法認為五蓋是要被

[25] S.I.405（189）；《雜阿含經》（CBETA, T02, no. 99, p. 331a, 458b, 701a）“Saññāya vipariyesā, cittaṃ te pariḍayhati; nimittaṃ parivajjehi, subhaṃ rāgûpasaṃhitaṃ.” Thag. & Thīg.: p.110

[26] S.I.405（189）: “Saṅkhāre parato passa, dukkhato mā ca attato.”

[27] S.I.405-06（189）: “Asubhāya cittaṃ bhāvehi, ekaggaṃ susamāhitaṃ; sati kāya-gatā ty-atthu, nibbidā-bahulo bhava.”

[28] S.I.406（189）.

[29] 《雜阿含經》（CBETA, T02, no. 99, p. 331, a28-b7）

[30] 《雜阿含經》（CBETA, T02, no. 99, p. 331, b7）

[31] 《別譯雜阿含經》（CBETA, T02, no. 100, p. 458, b15）

棄除而不是被壓制。以上述經典為例，我們對“pañca nīvaraṇe pahāya”一句中的“pahāya”一詞的詮釋，應當為「棄除」（abandoned）或「消除」（eliminated），而不應是「壓制」（surpressed）。「棄除」並不一定是代表了斷除貪欲，而是就在那特定情況中，修持者棄除了已生起的貪欲，然而其根尚未被從根拔除。

在旺奇舍的例子中，我們在另外一段經文瞭解他能夠不依他人的協助來處理貪欲，而且在該經中我們也觀察到三三昧的操作。該經意味著的三三昧順序是空＞無相＞無願（suññata>animitta>appaṇihita），這是屬於有學者的順序。

在消除了已生貪欲後，他說出幾個偈頌，從這些偈頌中可以分析出三三昧的排序。首先，他徹觀世間一切皆無常及會消滅之真實相——此意味著空三昧修持。然後，他不貪求任何所見、所聞、所覺、和所識——此意即無相三昧修持。最後，作為長久以來修持禪定者，他不渴求，並且證入平靜境界，等待徹底平息的時間到來——此即是無願三昧修持。

在《相應尼卡雅》S.IV.98-100一經也陳述，佛陀教導比丘們關於六處之息滅（saḷ-āyatana-nirodha），亦即是收攝六根。[32] 此收攝是與斷盡一切漏有密切關係，如在《長老偈》中所陳述：「捨棄六觸處，守護著根門，善盡收攝，以及拒絕了苦之根源，我證得漏盡。」[33]

此偈顯示在收攝六感官後，尚有一步驟要採取，如偈說：「拒絕了苦之根源」。所謂「苦之根源」（agha-mūla）其意為何並不清楚，文脈中並沒有明言解釋。巴利註釋書對偈頌116將它解釋為dosa（瞋），而在偈頌321則說是rāga（貪）。[34] 此中討論的漢譯經典似乎

32 BB.S.II.1191. 亦參見智慶比丘（Ñāṇananda）1974: p.76-77。
33 Thag. 116: “Cha phassâyatane hitvā, gutta-dvāro susaṃvuto, agha-mūlaṃ vamitvāna patto me āsava-kkhayo.”
34 諾門（Norman）1995, p.148 note116。

是顯示說它是rāga（貪）、dosa（瞋）、moha（癡），如經中所示，第三階段是以去除貪相、瞋恚相、和癡相作為無所有（akiñcana）之修持。[35] 漢譯經文陳述，去除了六感官所緣並不表示是完成了修道，就如同文脈所示，如此徹觀者尚未脫離慢以及尚未淨化知和見。[36]

另有一例子似乎是表示無相禪定修持能帶來現前究竟解脫。其文陳述，一位原為寡婦的新出家比丘尼在為比丘尼僧團提水的路途中跌倒了，而且她累到無法再站起來，就在那地點，她修持禪定而證得阿羅漢果位。她道出一首偈，偈中顯示她的修持方法和立即的成就："animittañ ca bhāvemi, ekaggā susamāhitā, anantarā-vimokkhāsiṃ, anupādāya nibbutā"[37]「專一地、善巧專注地，我也修持無相，立即解脫了，以無所執著而息滅」，[38] 原來她是修無相而得解脫。

（三）無願三昧

關於無願三昧之修持的資料則是相當稀少，而有關其應用的資料則近乎於零。在《經集》（Sutta-nipāta）有一偈頌似乎是暗示著修此三摩地的方法。《經集》第779偈頌說若人完全地瞭解了感官之想（saññā）就是已渡過了洪流，而他既不欲求此世間，亦不希求他世間："saññaṃ pariññā vitareyya oghaṃ, pariggahesu muni n'opalitto, abbūḷha-sallo caram appamatto, n'āsiṃsati lokam imaṃ parañ cā ti"「瞭解[並棄捨]了想，[聖者]應當渡過洪流，不執著於擁有。箭已拔出，不懈怠地生活，他不渴求此世間或他世間」。[39]

---

35 《雜阿含經》：「觀察貪相斷，瞋恚、癡相斷，是名無所有。」（CBETA, T02, no. 99, p. 20, b15-16）
36 《雜阿含經》：「觀色相斷……如是觀者，猶未離慢、知見清淨。」（CBETA, T02, no. 99, p. 20, b13-16）
37 《長老尼偈》（Thīg.105）。
38 諾門（Norman）1995: p.14。
39 諾門（Norman）2001: p.104。

換言之，若人完全地瞭解（pariññā）無色界是唯想所構成，則能越過無色界。無色界以洪流譬喻，那就意味著在無色界中滯留就如同陷入泥濘洪流，難於逃脫。經文接著說，他不再渴求投生到有無量極樂的無色界，他也不渴望永駐於此世間，立足於此，他即是證入了無願三昧（appaṇihita samādhi）。

三、從心解脫到不動心解脫之轉換

如同在前面所指出，種種心解脫都是要以徹觀緣起（paṭicca-samuppāda）轉換成為不動心解脫。有兩部巴利經典及其相對應的漢譯本，一共四部經典明確地陳述著，心解脫之轉換是藉由從根拔除貪、瞋、癡達成。

巴利《韋達拉大經》（Mahā-vedalla Sutta）和《歌達特經》（Godatta Sutta）例舉四種心解脫：無量心解脫（appamāṇā ceto-vimutti）、無所有心解脫（ākiñcaññā ceto-vimutti）、空心解脫（suññatā ceto-vimutti）、以及無相心解脫（animittā ceto-vimutti）。這些心解脫名稱不同，修持方法也不同，然而從它們的究竟意義而言，它們都被視為代表一種永久性的心解脫，即不動心解脫（akuppā ceto-vimutti），也即是沒有貪、瞋、癡的心解脫。[40]

於此四例心解脫中，巴利經僅列出其中三種為不動心解脫，唯獨空心解脫被排除了，不在不動心解脫之列中。此排除引起了學者們的注意。莉麗秀瓦認為，這是因為空心解脫本身即是不動心解脫，[41] 然而相對應的漢譯經典表達不同的觀點。

---

[40] M.I.298; S.IV.297.

[41] 莉麗秀瓦（Lily de Silva）1978:p.129-30。

這兩部巴利經典的經文內容是彼此相一致，但其相對應的漢譯經典則未見相符一致。在巴利《韋達拉大經》所見的整段心解脫轉換成不動心解脫的經文並未見於其相對應的漢譯《大拘絺羅經》，整段完全缺漏。[42] 巴利《韋達拉大經》的那段經文亦可見於巴利《歌達特經》，而巴利《歌達特經》所見的心解脫轉換成不動心解脫的這段經文，則可見於其相對應的漢譯《歌達特經》，但在行文上則是巴漢經典未完全一致。漢譯《歌達特經》的文脈意味著四種心解脫可以轉換成不動心脫，經言：

> 復問長者：「云何法一義種種味？」
> 答言：「尊者！謂貪有量，若無諍者第一無量；謂貪者是有相，恚、癡者是有相，無諍者是無相；貪者是所有，恚、癡者是所有，無諍者是無所有。復次，無諍者空，於貪空，於恚、癡空，常住不變易空，非我、非我所，是名法一義種種味。」[43]

漢譯《歌達特經》這一句關鍵語，從其究竟意義而言，空心解脫，即空於貪、瞋、癡：「無諍者空，於貪空，於恚、癡空，常住不變易空，非我、非我所」。「於貪空、於恚、癡空」這一句在巴利《歌達特經》中，是分配給前三種心解脫，也因此而至使巴利經中不見有空心解脫轉換成不動心解脫之行文。所以，依此漢譯經來看，空心解脫亦須要轉換成不動心解脫。換言之，空心解脫有兩層次，不是不動也是不動，亦即並非如莉麗秀瓦所認為的那樣直接屬於不動。

---

42 《中阿含經》（CBETA, T01, no. 26, p. 792a）.
43 《雜阿含經》（CBETA, T02, no. 99, p. 150, a6-11）

莉麗秀瓦的看法從給瑪尊者（Khema）事例來看也是不能成立。[44] 此事例中，給瑪尊者不見（samanupassati）五蘊為我或我所，但他並不是阿羅漢，他解釋說那是因為「我是（Asmīti）」此概念仍然纏繞著（anusahagata），尚未從根拔除；觀五蘊非我、非我所正是空三昧的修持。此事例也顯示無相三昧應當要在證得空三昧之後修持，以便根除此概念。

根據這些經典，無量心解脫、無所有心解脫、以及無相心解脫都被視為是不動心解脫是從無有貪、瞋、癡而言。根據經典文義，這些心解脫都被認為是有量作者（pamāṇa-karaṇo）、是某某者（kiñcano）、是諸相作者（nimitta-karaṇo）。滅除貪、瞋、癡則表示三種心解脫的終極成就。這是與漢譯《歌達特經》相一致。此漢譯經也說空心解脫要轉換成不動心解脫，因為從其究竟意義而言，空心解脫是貪空、瞋空、癡空。

當證入此無貪、瞋、癡的境界時，是人即是達到修持之終極點。於此終極點的心解脫，被視為是不動心解脫，並且也表示是一種永久性境界。經言：

> Yāvatā kho, bhante, appamāṇā ceto-vimuttiyo...... Yāvatā kho, bhante, ākiñcaññā ceto-vimuttiyo...... Yāvatā kho, bhante, animittā ceto-vimuttiyo, akuppā tāsaṃ ceto-vimutti aggam akkhāyati. Sā kho pana akuppā ceto-vimutti suññā rāgena, suññā dosena, suññā mohena.[45]
>
> 盡無量心解脫……盡無所有心解脫……盡無相心解脫，不動心解脫是彼等之最。不動心解脫是貪空、瞋空、癡空。

---

44 S.III.126-132.

45 S.IV.297；《雜阿含經》（CBETA, T02, no. 99, p. 150a.）

儘管如此，當經中說修持者棄捨了諸相，那並不表示他已斷盡一切漏。修持者要進一步以去除貪、瞋、癡將無相心解脫轉換成為不動心解脫，不動心解脫即是阿羅漢境界。此是修習梵行的終極目的，如《韋達拉大經》說：「然此是不動心解脫，即是梵行之目標，是其心材，亦是其終點。」[46]此即是證入涅槃：「斷貪、斷瞋、斷癡，善友，此即所謂涅槃」。[47]

佛陀時常住於內空，亦即是不專注於一切相，[48]那即是空三昧和無相三昧的終極成就。此不動心解脫境界，即是於其中貪、瞋、癡都斷盡，而它也被視為於現生證得的涅槃境界。那是從此意義上說，佛陀在他四十九年的弘法生涯中住於涅槃。

四、上座部之理解

上座部傳統對三三昧有不同的詮釋，此詮釋是與巴利尼卡雅乃至漢譯阿含經所說相去甚遠。當代上座部禪修僧慶智長老解釋說：

> 信根利者能領悟無常，並繼而理解涅槃為無相（animittā），而其道則稱為無相解脫；定根利者能領悟苦相，並繼而理解涅槃為無願（appaṇihita），而其道則稱為無願解脫；慧根利者能領悟無我，並繼而理解涅槃為空（suññatā），而其道則稱為空解脫。[49]

---

46 M.I.197; BB.M.290; T02.759a（此段缺）。亦見於M.I.205；BB.M.297；漢譯缺。“Yā ca kho ayaṃ, bhikkhave, akuppā ceto-vimutti---etad’attham’idaṃ, bhikkhave, brahma-cariyaṃ, etaṃ sāraṃ etaṃ pariyosānan ti.”

47 S.IV.251; BB.S.II.1294. “Yo, kho, āvuso, rāga-kkhayo dosa-kkhayo moha-kkhayo--- idaṃ vuccati nibbānan ti.” 漢譯本亦有相同說法，《雜阿含經》：「舍利弗言：『涅槃者，貪欲永盡，瞋恚永盡，愚癡永盡，一切諸煩惱永盡，是名涅槃。』」（CBETA, T02, no. 99, p. 126, b3-4）

48 《空大經》（Mahā-suññata Sutta） M.III.111: “Ayaṃ kho pana, Ānanda, vihāro Tathāgatena abhisambuddho yad idaṃ: sabba-nimittānaṃ amanasi-kārā ajjhattaṃ suññataṃ upasampajja viharituṃ.” 漢譯本並未見有相對應的詞句（T01.738b）。

49 喜智（Matara Sri Ñāṇārāma）2000: p.57。

這種把信、定、慧與無相（animittā）、無願（appaṇihitā）、空（suññatā）配對的作法應該是根據《無礙解道論》（Paṭi-sambhidā-magga）而來的結果。來自《無礙解道論》的一段文傳達了相同的意思，[50] 此文由另一位上座部學者法師金剛智長老，在總結他對此三三昧的分析中作了引用。他分析說：

> 觀無常者，信充裕，證得無相解脫門；觀苦者，輕安充裕，證得無願解脫門；觀無我者，智充裕，證得空解脫門。[51]

功德寶法師，另一位上座部弘揚禪法的學者法師，也說：

> 若主要的作觀是無常觀，所得的果就稱為無相解脫（animitta-vimokkha）；若所作觀是以苦觀為主，其結果即稱為無願解脫（appaṇihita-vimokkha）；若所作觀是以無我觀為主，其結果則稱為空解脫（suññata-vimokkha）。[52]

顯然的，這些詮釋都是來自《無礙解道論》，一部阿毘達磨論書型態的著作，但卻被收錄在屬經藏的《小尼卡雅》，似乎企圖顯示其與經典有著同等價值與地位，然就上述例子而言，此論義乖離了經義。哈爾威在他廣泛的無相三昧研究中引用了多處《無礙解道論》的段落，[53] 然而這些段落顯示了三三昧排序上的置換與內容上的變形，

---

50 Paṭis.II.58.

51 金剛智（Vajirañāṇa）1987: p.399。《無礙解道論》（Paṭis.II.58）："Aniccato manasi-karonto adhimokkha-bahulo animitta-vimokkhaṃ paṭilabhati. Dukkhato manasi-karonto passadhi-bahulo appaṇihita-vimokkhaṃ paṭilabhati. Anattato manasi-karonto vedabahulo suññata-vimokkhaṃ paṭilabhati."

52 功德寶（H. Gunaratana）1994: p.187。

53 哈爾威（P. Harvey）1986: pp.25-48。

它們顯示的是阿毘達磨佛教的一個傾向。三三昧順序的置換是為了符合無常（anicca）、苦（dukkha）、無我（anattā）三相在經中陳述的順序，繼而三三昧意義也同時隨著此置換而發生變形。

無論是在巴利尼卡雅或是漢譯阿含經，三三昧的順序都是或空＞無相＞無願（suññata>animitta>appaṇihita），或空＞無願＞無相（suññata> appaṇihita>animitta）。正統上兩種順序都是實際修持過程，而且也是可以從此角度來理解，正如同在前面已經討論顯示。

然而在《無礙解道論》所見的無相＞無願＞空（animitta> appaṇihita> suññata），這種排序不曾出現在比論典更早集成的巴利經典文獻中，甚至漢譯經典亦如是。

在前述觀察中，尼卡雅以及阿含經都不曾出現任何經文將三相與三三昧配對，反而，如同經文所顯示的，在三三昧修持開端就要先徹觀和徹底瞭解無常、苦、無我三相，這是有學者的必修課。在漢譯阿含經T2.20b一經中所顯示的是有學者的修持，它說空三昧之修持是徹觀無常、苦、無我，瞭解了一切的本質後，他才前進修習無相三昧，即去除一切經由六感官進入的種種相。

對三相的徹觀與瞭解，其實是在修持空三昧時就已完成，《無礙解道論》和上座部學者法師的說法完全違背了經義，也使得三三昧的意義變得相當膚淺。

此外，在他處經典中有這麼樣的說法："yad aniccaṃ taṃ dukkhaṃ, yaṃ dukkhaṃ tad anattā, yad anattā taṃ n'etaṃ mama n'eso'ham'asmi, na me so attā ti; evam etaṃ yathā-bhūtaṃ samma-ppaññāya daṭṭhabbaṃ"（凡是無常的即是苦的，凡是苦的即是無我的，凡是無我的則：「這不是我的，我不是這，這不是我的『我』（attā）」，如是應當如其實地以正慧觀察之。）[54] 亦

[54] S.III.22.

即是說，無論是巴利經典或是漢譯經典，空三昧之修持都是包含了對無常等三相全然的瞭解，然而在阿毘達磨論著中，對三相的觀修卻被詮釋為三三昧的修持。

論書的這個轉換亦可在巴利註釋書中觀察到。在註釋書對《一切之根本經》（Mūla-pariyāya Sutta）的註釋中，貪、瞋、癡（rāga, dosa, moha）和苦、無常、無我（dukkha, anicca, anattā），按順序配對上無願解脫（appaṇihita-vimokkha）、無相解脫（animitta-vimokkha）、空解脫（suññata-vimokkha）。

註釋書分析，若人見貪之危險則住於思惟苦，那麼他就會由無願解脫得解脫；若人見瞋之危險則住於思惟無常，那麼他就會由無相解脫得解脫；若人見癡之危險則住於思惟無我，那麼他就會由空解脫得到解脫。[55]

然而依漢譯阿含經T2.20b一經的陳述，無願三昧（appaṇihita samādhi）修持是以去除貪、瞋、癡完成。此漢譯經聲稱無願三昧之修持可以斷貪、瞋、癡，這並不意味著僅僅修持無願三昧就能斷貪、瞋、癡，空三昧和無相三昧都是必要的前行修持。此前行修持引領修持者在無願三昧中斷貪、瞋、癡，這將會在稍後的段落中討論展示，此處再引用巴利《增支尼卡雅》的一段經文討論以佐證上述理解。

在A.I.299一經也以不同方式傳達了相同的意義，此經說對於欲完全理解、完全斷除、滅除、衰減、離欲、滅、棄、捨離貪，就應當要修持三三昧。對於瞋和癡也以相同方式陳述。換言之，三三昧對於斷除貪、瞋、癡每一個不善根都是必要的，它並不是說僅僅以無願三昧就能斷貪，僅僅以無相三昧就能斷瞋，乃至僅僅以空三昧就能斷癡。

---

55 MĀ.1.18: "Rāge ādīnavaṃ disvā dukkhânupassī viharanto appaṇihita-vimokkhena vimutto khayā rāgassa vīta-rāgo hoti. Dose ādīnavaṃ disvā aniccânupassī viharanto animitta-vimokkhena vimutto khayā dosassa vīta-doso hoti. Mohe ādīnavaṃ disvā anattânupassī viharanto suññata-vimokkhena vimutto khayā mohassa vīta-moho hotī ti."

此外，《相應尼卡雅註釋》（Saṁyutta-nikāya-aṭṭha-kathā），名為《顯揚心義》（Sārattha-ppakāsinī），解釋無相三昧揭掉「常相」。[56] 從前至此，我們觀察到去除相是指內相和外相，並沒有特別專指是常相，到了註釋書才說去除相是去掉「常相」。

指出同一本巴利註釋書對同一概念有不同的解釋是很有趣的。註釋書闡明，修持無相、無願、空是各別地為了去除「相」（nimittā）、願求（paṇidhi）、執著（abhinivesa），[57] 此解說是與漢譯T2.20b一經相同一致。一般未聞法受教者執著（abhinivesa）於「我」的概念，以及執取有某某是屬於我的，或者他們有傾向（abhinivesa）於將自己等同於某某，以及掌控某某以為是屬於自己的。經由瞭解無常和苦，他瞭解無我以及沒有任何是屬於自己的（即無我所），此即是空三昧。以空三昧斷除執著（abhinivesa）也可以從《相應尼卡雅》S.III.181-182一經分析瞭解。因為有五蘊，又有執取與附著，此人見五蘊為我的、我為五蘊、五蘊為我的「我」（attā）。空三昧修持是作為瞭解五蘊的正確方法，也就沒有任何空間讓種種見生起。

有學者（sekha）應當進入的下一步驟是脫離和去除經由六感官進入的種種相。由此去除而使得相關的眼識、耳識、鼻識、舌識、身識、意識都無法生起，此時心處於僅剩兩個元素的境界，即捨（upekkhā）和念（sati），而如此的心境界，經中都說是會發光（pabhasaraṃ cittaṃ）。此即是無相三昧修持。

然後，他前進修持無願三昧。他斷除求取未來生的貪欲（rāga），他斷除「願斷滅」之瞋（dosa），他斷除存有（bhava）與不存有（vibhava）之癡（moha）。住於如此的光明心，他不渴望（paṇidhi）

---

56 BB.S.I.461 note 506.

57 MĀ.1.18: "Animittânupassanāya nimittaṃ [pahāya], appaṇihitânupassanāya paṇidhiṃ [pahāya], suññatânupassanāya abhinivesaṃ [pahāya]."

未來生，亦不決定（paṇidhi）要「斷滅」。他不導向（na câbhinato），亦不傾向（na câpanato），也不來至能阻擋「收攝行」的狀態（na ca sasaṅkhāra-niggayha-vārita-gato）。[58] 因此，他解脫了；因解脫，他滿足了；因滿足，他不顫抖；不顫抖，他證涅槃。簡言之，從基礎（瞭解無我）導向收攝六感官（去除諸相），以及達致斷盡一切漏（āsava）（斷貪、瞋、癡）。此即是現前或現生證入涅槃，或稱現法涅槃。

修持無相是為了去除諸相；修持無願是為了去除渴望；修持空是為了去除執著，巴利註釋書此處的詮釋是與前述佛陀在A.III.292經中的教導相吻合。相同的經文意義亦見於《長尼卡雅》D.III.249一經。此詮釋也出現在《梵網經》（Brahma-jāla Sutta）的註釋書，以及《增支尼卡雅》的《一補特伽羅品》（Eka-puggala-vagga）的註釋書。

然而有趣的是，同為巴利註釋書的註釋，卻在不同點處對三三昧作了完全不同的解說。這種解說乖離了屬早期佛教時期的經典原意，反而是與比經典晚期出的論書解說相同一致。在更晚期的註釋書和阿毘達磨佛教對空－無相－無願的解說改變了，無相解脫（animitta-vimokkha）、無願解脫（appaṇihita-vimokkha）、空解脫（suññata-vimokkha）之修證是分別經由觀「無常（anicca）、苦（dukkha）、無我（attā）」而證得，以及觀「無常、苦、無我」則是能分別斷除「貪（rāga）、瞋（dosa）、癡（moha）」。

同為註釋書，在同一論著中保存著如此的變形註釋。作者認為此轉換含藏了三個意義：一、三三昧其實是佛陀的核心禪修法；二、由於此重要地位，註釋家們將它們與觀三相和斷三毒關聯起來；以及三、此不規則的排序顯示此三摩地修證之衰微。還有一項是，無相＞無願＞空（animitta>appaṇihita>suññata）的順序如此被調整以符合三

58 此部份將在本章稍後的部份討論。

相順序，無常＞苦＞無我（anicca>dukkha>anattā）。此調改導致現代學者們為無相三昧修持創立了推理性的哲學詮釋。

五、結語

三三昧的順序，空＞無相＞無願（suññata>animitta>appaṇihita），明確地顯示通往究竟解脫的漸次道。那是從徹觀一切的本質為起始，一直到捨棄執取任何所緣，以及最後渴望來生也都放棄了。此真實又實際的方法在諸經典中都有合理的解釋，如同在前一章所討論，《分別界經》所示即是一例。另外，在《五三經》所見的涅槃證悟進程，則是顯示空＞無相＞無願（suññata>animitta>appaṇihita）的順序。此經從另一角度顯示此順序：若人成功地修觀（意指空，suññata）以及棄捨一切相（意指無相，animitta），但仍然有此想法：「我證得涅槃」，此人就不會證得涅槃。他仍然持有「我」的概念，也就意味著他尚有欲望，以及仍未證得無願（appaṇihita）。

另一方面，空＞無願＞無相的順序顯示佛或阿羅漢成就者的生活。這些成就者徹底瞭解一切現象空、無我、非我所。由此，他們不欣求命終後再有輪迴與來生，而在他們日常生活中，他們住於一種心境，即不讓六感官緣取其所緣境。佛陀如此解釋：

> 全然欣向涅槃者，他不再會追逐那些不適宜於全然欣向涅槃者的東西。他不再會以眼追逐不適宜觀看之色；他不再會以耳追逐不適宜之聲、以鼻追逐不適宜之香、以舌追逐不適宜之味、以身追逐不適宜之觸、或以心追逐不適宜之所緣。[59]

---

[59] M.II.258; BB.M.866. “Sammā-nibbānâdhimuttassa eva sato so yāni sammā-nibbānâdhimuttassa asappāyāni tāni nânuyuñjeyya, asappāyaṁ cakkhunā rūpa-dassanaṁ nânuyuñjeyya,

對於已證涅槃者，他活著而「不會導其身或與其心向於任何執著之對象」（upadhismiṁ vā kāyaṁ upasaṁharissati cittaṁ vā uppādessatîti, n’etaṁ ṭhānaṁ vijjati）。[60] 正如同在《空大經》所記載的，此即是佛陀日常之安住。[61]

基於此三三昧之修持與應用的瞭解，在接下來的兩個章節要進一步討論與三三昧相關的兩個要點。第一是三三昧修持之結果，即證得現法涅槃。這些描述現法涅槃的經典，在現今學術界仍未見有相關詮釋。第二是討論一組同主題的經典，據說令讀者困惑已久，然而作者相信也認為這些經典都是與三三昧相互關聯，它們其實是佛教獨有的禪法。

asappāyaṁ sotena saddam nânuyuñjeyya, asappāyaṁ ghānena gandhaṁ nânuyuñjeyya, asappāyaṁ jivhaya rasaṁ nânuyuñjeyya, asappāyaṁ kāyena phoṭṭhabbaṁ nânuyuñjeyya, asappāyaṁ manasā dhammaṁ nânuyuñjeyya.”

60 M.II.261; BB.M.867.

61 M.III.111.

第十四章：三三昧修持之結果

此章節要考察修持三三昧所得到的結果。在漢譯阿含經中至少有四部經典告訴我們，入無相三昧者證得究竟智之果和功德（aññā-phala智果、aññânisaṁsa智功德／智益）；而在巴利尼卡雅則只有一部經典與三三昧修持結果有關。

在解讀這些巴利和漢譯經典時都面臨相當的困難，因為這些巴利與漢譯經典是獨立的，並不是彼此相對應的，而同時又都含有一部份難於理解的經文，亦即是在巴利經典的這一句："na câbhinato na câpanato na ca sasaṅkhāra-niggayha-vārita-gato"以及在漢譯經典的這一句：「若無相心三昧，不踊不沒，解脫已住，住已解脫」。此巴漢二經並非相對應的經典，但作者認為這一句應該是相對應的經句。無論是僅依巴利經典研究某個主題的學者，或是英譯整部巴利經藏的譯者，在處理這一經句時都顯得相當艱辛，而最後的結論仍然不明朗，更不用談有一致的結論。

以下本文要做的是，嘗試以比較巴利與漢譯經典來為這些難解、令人困惑的經句找出一個可行的解讀。儘管這些經典並不彼此相對應，但其主題及義理是相通的，那麼如此的比對是可行的，也是有意義、有結果的。

可預期的結果是巴利與漢譯經句二者都是另一種方式描述"diṭṭha-dhamma-nibbāna"（現法涅槃）。如此我們也就瞭解乃至確認無相三昧（animitta samādhi）之終極成就，以及其與證得現法涅槃之密切關聯。

一、分析漢譯的共同主題經典

在前述那些相關的漢譯經典中，可發現有趣的一點，即證入和安住此三摩地中的修持者並不瞭解此即是究竟智果。在漢譯《雜阿含經》T2.146b一經記載，「有異比丘」證入無相三昧，但是他不知道那是什麼果、什麼功德，而他又不願意向阿難尊者直接詢問答案。他寧願跟隨著阿難尊者長達六年之久，他一直盼望著某天某人會來問同樣的問題，他就能間接地從他們的對話中得到答案。然而在期盼長達六年之久，他都沒有遇到有任何人問這個問題，最後他只好自己開口詢問阿難尊者。阿難尊者反問他是否有證入那種禪定，怪異的是他如此被反問，竟也仍舊默然不願多說；阿難尊者只好回答，無相三昧帶來究竟智果和究竟智功德，那位比丘至此才歡喜地離開。

在他處經典中，究竟解脫之智是自然地現前給修持者，然而在此經中卻是修持者並不知道那就是已經證得究竟解脫。那麼有關六年中無人問此三摩地結果或許意味著，如此實修實證者實屬稀有罕見，或者如此實修實證而不自知者實屬罕見。

儘管此經告訴我們修持無相三昧的結果是得到智果和智功德，整體經文之意義並不能立即解讀明白，其中有段艱深難解的經文，即是那位比丘所提的問題：「若無相心三昧，不踊[1]不沒，解脫已住，住已解脫，世尊說此是何果、何功德？」[2] 按字面意義而言，可解讀為：「若有比丘證得無相心三昧，不踊向亦不沒入，解脫之後而安住其中，安住於已解脫中，世尊說這種情形是什麼結果？有什麼功德呢？」

---

1 根據CBETA註記，此字原在《大正藏》為「勇」，在各漢譯版本的用詞分別為，勇＝踊【宋】，＝涌【元】【明】【北藏-CBETA】【磧砂-CBETA】【CBETA】。此字義將在本章後小節中有進一步的分析，並訂正為「踊」。

2 《雜阿含經》（CBETA, T02, no. 99, p. 146b）

阿難尊者給的答案是如此描述的：「若比丘得無相心三昧，不踊不沒，解脫已住，住已解脫，世尊說此是智果、智功德」。[3] 就字面意義上而言，即說這種情形就是證得了智果和智功德。「不踊不沒，解脫已住，住已解脫」一句，無論是在問題中出現，或是在答案中出現，其意義都是隱晦不明。儘管如此，按照字面上的字義解讀這段經文，可說無相三昧達至如此成就：「不踊不沒，解脫已住，住已解脫」，那就是究竟解脫的境界。[4]

在漢譯《雜阿含經》T2.145c和T2.146a二經也出現與此相同的經文。其中的對話者不相同，是一群比丘尼、佛陀、和阿難尊者，而佛陀的回答與阿難尊者的回答卻是完全相同。在T2.145c一經說，一群比丘尼問佛陀相同的問題；在T2.146a，闍知羅比丘尼[5] 問阿難尊者，並在得到答案後就讚歎而且也提及T2.145c經中的事件，說大師與弟子都給了相同的答案。

根據T2.146a一經，闍知羅比丘尼問阿難尊者，有關修持無相三昧的結果與功德。當阿難尊者給予答案時，闍知羅比丘尼非常歡喜並且讚歎道，大師與弟子用相同的文字回答問題，而且兩者的回答是「同句、同味、同義」。[6] 此趣事接著提及T2.145c的事件，闍知羅比丘尼

3　《雜阿含經》（CBETA, T02, no. 99, p. 146b）

4　《增壹阿含經》在T2.667b有關優填王的典故有「踊沒自在」一詞，或許此文可為此處所討論的主題提供一線索。此經說：「是時，彼比丘即從坐起，收攝衣鉢，飛在虛空，遠逝而去。是時，夫人見道人在虛空中高飛而去，便遙語王曰：『唯願大王觀此比丘有大神足，今在虛空踊沒自在。今此比丘尚有此力，何況釋迦文佛而可及乎？』」（CBETA, T02, no. 125, p. 667, b10-15）文中的「踊沒自在」意指以禪定功夫在虛空飛行自在。那麼，我們目前討論的經文可能就是指比丘證入而沒有將心導向任何方向，亦不證入更高階的禪定層次，也沒有追求種種超常成就或神通。

5　此典故亦可見於《阿難德經》（Ānanda Sutta）。據此經，迦帝拉（Jaṭila）是指一城市名而不是人名。

6　《雜阿含經》：「尊者阿難！大師及弟子同句、同味、同義……世尊以如是句、如是味、如是義為諸比丘尼說，是故當知奇特，大師弟子所說同句、同味、同義，所謂第一句義。」（CBETA, T2, no. 99, p. 146, a21-26）此複合詞可與《增支尼卡雅》A.V.321一經比對："Satthu ca sāvakassa ca atthena atthaṃ vyañjanena vyañjanaṃ saṃsandissati samessati na viggahissati, yad idaṃ agga-padasmin ti."「同句、同味、同義」或許可義同巴

告訴阿難尊者說，有一次當佛陀住在婆祇城的安禪林時，佛陀對一群比丘尼的提問給予了相同的回答。

在觀察到T2.145c和T2.146a二經之關聯的同時，我們也留意到漢譯T2.146c一經是與巴利《阿難德經》（Ānanda Sutta）有關係。在漢譯T2.146a一經的問題與回答，在巴利《阿難德經》阿難尊者回答烏搭夷的提問時也引用到了；這一段關鍵性的記事在巴利經藏中僅出現一次，即在《阿難德經》（A.IV.426）。

這些經典的內在相互關聯是經證，並且無疑慮地確認，巴利《阿難德經》中的未命名禪定即是無相三昧。所有上述相關漢譯經典都一致地說，無相三昧在「不踊不沒，解脫已住，住已解脫」因緣下即是智果、智功德。巴利《阿難德經》則描述，有某某三摩地在此狀態下，"na câbhinato na câpanato na ca sasaṅkhāra-niggayha-vārita-gato"，即是究竟智（aññā-phala）。

相關巴漢經典內容都有相近似的架構，也就足以表示它們是詮釋同一境界。儘管如此，我們仍然要面對的事實是，巴利與漢譯經典都各自有一些部份經文流失了。在下述討論中要先釐清巴利《阿難德經》，然後在第三節再回到漢譯經典進行分析。

二、巴利《阿難德經》

巴利《阿難德經》（Ānanda Sutta）中，有關某種三摩地結果的經文，是與上述那幾部漢譯經典相近似。巴利與漢譯經典明確地顯示這些經文是有關無相三昧之修持結果，以及是現法涅槃（diṭṭha-dhamma-nibbāna）的描述。巴利經中有一段難解的經文，"na câbhinato na

利的pada、byañjana、attha。

câpanato na ca sasaṅkhāra-niggayha-vārita-gato"，漢譯經典中也有一段難解的經文，二者相比對之下則見有相近之處，初步閱讀結果是二者似乎是描述同一件事。

根據巴利《阿難德經》，阿難尊者為一群比丘解釋某種三摩地的修持結果，並以闍知羅比丘尼所提問為例；阿難尊者說闍知羅比丘尼提出這個問題：

> Y'āyaṃ, bhante Ānanda, samādhi na câbhinato na câpanato na ca sasaṅkhāra-niggayha-vārita-gato, vimuttattā ṭhito, ṭhitattā santusito, santusitattā no paritassati. Ayaṃ, bhante Ānanda, samādhi kiṃ phalo vutto Bhagavatā ti?[7]
>
> 阿難尊者，如此的三摩地：na câbhinato na câpanato na ca sasaṅkhāra-niggayha-vārita-gato，在解脫中安住，在安住中愉悅，在愉悅中無顫動。阿難尊者，世尊說此三摩地為何果？

阿難尊者回答說其果為究竟智（aññā-phala）："Ayaṃ, bhagini, samādhi aññā-phalo vutto Bhagavatā ti（妹，此三摩地，世尊說是智果。）"[8] 此段經文有三個困難點有待解決。首先，"na câbhinato na câpanato"一句之義並不顯然明了；第二，另一句"sasaṅkhāra-niggayha-vārita-gato"所傳達的意思也是隱晦不明；第三是有關此三摩地如何帶來究竟智之結果？

為了解決這些問題，以下分三小節處理此經文：第一小節是處理"vimuttattā ṭhito, ṭhitattā santusito, santusitattā no paritassati"一句，第二小節接著處理此句："na câbhinato na câpanato na ca sasaṅkhāra-niggayha-

7 A.IV.428.
8 A.IV.428.

vārita-gato”，第三小節處理漢譯經典的隱晦句：「不踊不沒，解脫已住，住已解脫」。

（一）“Vimuttattā ṭhito……”一句所表示的意義

首先，此句“vimuttattā ṭhito, ṭhitattā santusito, santusitattā no paritassati”表示修持者證入現法涅槃。在他處經典中，此經句通常都會接著出現這一段文：“Aparitassaṃ paccattaññeva parinibbāyati. ‘Khīṇā jāti, vusitaṃ brahma-cariyaṃ, kataṃ karaṇīyaṃ, nâparaṃ itthattāyā’ ti pajānāti”「不顫動，他自證入涅槃。他知道:『生已盡，梵行已立，所應作皆已作，不再有來生』」。[9] 此句，“vimuttattā ṭhito…… itthattāyā ti pajānāti”，在巴利《相應尼卡雅》出現至少有五次之多，[10] 所有這些經典都有相對應的漢譯本。此段經文顯示修持者成就阿羅漢果位不再有來生輪迴，亦即證入現法涅槃。有一點應當指出的是，證得阿羅漢果之智顯現，因而他自己瞭解其結果，也就是自證又自知。

從此處的觀察，可以得出這個結論：每當“vimutattā ṭhito, ṭhitattā santusito, santusitattā no paritassati”一句出現，就表示證得現法涅槃。因此，上述那組經文顯示闍知羅比丘尼所陳述的禪定心境即是涅槃境，然而文脈也顯示她並不瞭解這種結果，阿羅漢果位知（即Khīṇā jāti…… nâparaṃ itthattāya一文所示）並沒有顯現於她，因此她不瞭解而去請教阿難尊者解釋。

那段經文也是描述無相三昧的結果。阿難尊者與闍知羅比丘尼的問答也見於漢譯《雜阿含經》T2.146a，而此經中所談的即是無相三昧。在此漢譯經中，闍知羅比丘尼問：「若無相心三昧，不踊不沒，

9 BB.S.I.892.
10 S.III.45, 46, 54, 55, &58.

解脫已住，住已解脫。尊者阿難，世尊說此何果、何功德？」[11] 此經與巴利《阿難德經》比對，則其結果是顯然可瞭解《阿難德經》的修持者是修無相三昧；這也就明確的意示著，闍知羅比丘尼以修持無相三昧而得於今生證得涅槃或現法涅槃。

所有上述討論的同主題經典顯示，有的修持者現前當下證涅槃而不自知此結果，阿羅漢智並沒有顯現於他們；換言之，他們得阿羅漢果位而不自知。基於此瞭解，我們可以進一步釐清這一複合詞："sasaṅkhāra-niggayha-vārita-gato"。

（二）現法涅槃之描述

第二，本節要展示的是，這一句"na câbhinato na câpanato na ca sasaṅkhāra-niggayha-vārita-gato"是依第四禪那而證現法涅槃的描述。此句出現在上述巴利和漢譯經典，經中並且提及修持無相三昧和得究竟智果（aññā-phala）。這也表示此段經文是與現法涅槃之證得有密切關係。

有些現代學者們和譯者們都對此段經文作了相當努力去解開其密意，但都面臨諸多困難，而得到的結果是，既沒有一致的理解，也沒有任何結論。

菩提比丘對此句作了詳細的語言學分析。[12] 本書在此處不重述他的研究，只簡要地指出，他將此句"na câbhinato na câpanato na sa sasaṅkhāra-niggayha-vārita-gato"譯為「不折向前亦不折向後，和不以強力的鎮壓阻止及制止」（"not bent forward and not bent back, and not blocked and checked by forceful suppression"）。[13] 儘管他對艱深難解的

---

[11] 《雜阿含經》（CBETA, T02, no. 99, p. 146, a1-3）

[12] BB.S.I.371-73 note 88.

[13] BB.S.I.117. 他把vārita-vato讀為vārita-gato，前者多見於錫蘭傳承，而後者則見於緬甸傳承。他認為vata代表梵文的 vṛta。

複合詞"sasaṅkhāra-niggayha-vārita-gato"作了長篇詳盡的分析，[14] 參考了古來的註釋書乃至現代學術成就，他仍然沒有成功解釋此詞的意義。

哈爾威翻譯此句為「非向前傾，亦非向外傾，此中收攝並非由覺識控制，但卻有自我否定的習性」（"neither inclined towards, nor inclined away, in which the restraint is not controlled by conscious effort, but has the habit of self-denial."）。[15]

沃許翻譯此句"na sasaṅkhāra-niggayha-vārita-gato"為「不被煽動，它不可被拒絕或阻止」（"not instigated, it cannot be denied or prevented"）。[16]

阿耨樓達法師翻譯此句為「非以個己努力致使約束煩惱」（"caused to restrain defilements not by self effort"）。[17] 所有這些翻譯都不具意義。

明清法師也持相同看法，他指出此句"na câbhinataṁ na câpanataṁ"意為象徵性地，心的建構，[18] 而他對此句"na ca sasaṅkhāra-niggayha-vārita-gato"的理解是了無新意的。

至今，此複合詞"sasaṅkhāra-niggayha-vārita-gato"的意思尚未有合宜或令人滿意的解釋，以下將以文本比對方法提出解決方案，作者認為在多重文本比對下才能真正解開此句的意義。

"na saṅkhāra-niggayha-vārita-gato"一句可見於五部經典。對這些經文作詳細比對可顯示此句是詮釋在證現法涅槃前一刻的第四禪那心境，也是詮釋一位解脫聖者究竟解脫後安住於第四禪那的心境。菩提比丘也有提及這些經典，但他並沒有更多的解釋，除了提出那一句有可能是指第四禪那。

---

14 BB.S.I.371-73 note 88.

15 哈爾威（P. Harvey）1986: p.27。哈爾威也根據星哈利傳統並將vārita-vato一詞譯為「自我否定的習性」（"has the habit of self-denied"）。他認為vata一詞代表梵文的vrata。

16 沃許（M. Walshe），MW.D.515.

17 阿耨樓達法師（Anuruddha Thera）2004: p.886.

18 明清 （Minh Thanh）2001: p.100.

這些經典就是前述討論的《阿難德經》（A.IV.428）、《增支尼卡雅》A.I.254一經和A.III.24一經、《長尼卡雅》的《十上經》（Dasuttara Sutta, D.III.279）、以及《相應尼卡雅》的S.I.30一經。於此，首先初步瞭解這些經典，在下一段將會進行徹底的考察。

在A.III.24和D.III.279二處經典所發現的此一經句是一種三摩地的描述，此三摩地修持能產生五種知識（pañca ñāṇā）。在A.I.254一經所見的經句也是描述一種三摩地，但經文強調的是，此三摩地是證得六直接知識（abhiññā）的基礎。

在A.IV.428一經，經文中增加了兩條件，"na câbhinato"和"na câpanato"。以此三條件，經典告訴我們，此成就即是智果（aññā-phala）。此處所建議的是，有一種三摩地處於如此描述的境界："na sasaṅkhāra-niggayha-vārita-gato"，再增加兩條件，"na câbhinato"和"na câpanato"，就是在定境中心得解脫的境界。

在S.I.30一經的經句也是有兩前行條件，"na câbhinato"和"na câpanato"，此經文是某位天神（deva）對禪定中的佛陀的讚歎文；顯然地，此讚歎文描述的是一位解脫聖者在定中的心境。以下是接著嘗試分析這些經文，希望由此能解開這些艱深難懂的經文句義。

在D.III.279所見的經句與在A.III.24所見的相同，但二者各別強調的要點不同。在D.III.279經中記載，應當令生起（uppādetabbā）一種包含五種知識的正定（pañca ñāṇiko sammā-samādhi）。在A.III.24[19]的經文則是列出修持三摩地的三要件，以便能生起五種知識。此經說修持者應當無限地（appamāṇa）、有智地（nipaka）、和專注地（patissata）修持三摩地。[20] 兩經還有另一重要示意，即此三摩地是依

[19] 漢譯缺。

[20] A.III.24: "Samādhiṃ, bhikkhave, bhāvayataṃ appamāṇaṃ nipakānaṃ patissatānaṃ pañca ñāṇāni paccattaṃ y'eva uppajjanti."

佛教的方法而修持的三摩地，這是由sammā-samādhi和patissata二詞所顯示。五種知識中的第四種是如此描述為：

> D.III.279: Ayaṃ samādhi santo paṇīto paṭippassaddha-laddho ekodi-bhāva'âdhigato, na sasaṅkhāra-niggayha-vārita-vato ti…
> A.III.24: Ayaṃ samādhi santo paṇīto paṭippassaddhi-laddho ekodi-bhāva'âdhigato, na sasaṅkhāra-niggayha-vārita-vato ti…
> 譯：此三摩地是平靜的、殊勝的、已得寂靜的、證得專一、na sasaṅkhāra-niggayha-vārita-vato ti…

D.III.279一經相對應的漢譯本如此陳述第四種知識：「四者，猗寂滅相，獨而無侶」。[21] 巴漢比對即見「猗＝santo」，「寂滅＝paṭi-ppassaddha」，「獨＝ekodi-bhāva」，「獨而無侶」一句似乎是對應上巴利本的"na sasaṅkhāra-niggayha-vārita-gato"，但這並不有助於瞭解此巴利隱晦句。

在A.I.254發現的經句是描述準備好要斷諸漏乃至欲獲得其他直接知識（abhiññā）的心境。此經言：

> So hoti samādhi santo paṇīto paṭipassaddha-laddho ekodi-bhāva adhigato na sasaṅkhāra-niggayha-vārita-gato, yassa yassa ca abhiññā-sacchikaraṇīyassa dhammassa cittaṃ abhininnāmeti abhiññā-sacchikiriyāya tatra tatr' eva sakkhi-bhabbataṃ pāpuṇāti sati sati āyatane.[22]
> 那三摩地是平靜、殊勝、由寂靜而得、以單一專注而得、以及na sasaṅkhāra-niggayha-vārita-gato，以及任何要以直接知識證得

---

[21] 《長阿含經》（CBETA, T01, no. 1, p. 53, c26-27）
[22] A.I.254-255.

之境，他將心導向以直接知識瞭解，（據此）只要有適當之處它就能使人獲得。

在他處經典中，第四禪那是修持者藉以證得種種直接知識（abhiññā）之境。因此，上述引文所顯示的心境應該就是指第四禪那。由此觀點出發，當住於第四禪那中，修持者能夠將心導向（abhininnameti）斷盡一切漏（āsava），或其他種種直接知識，修持者也能夠離開第四禪那進而證入四處，這是對未斷諸漏的有學者而言。另一方面，從已經斷漏者而論，他並不需要第二次將心導向斷諸漏，他也不需要證入四處以便證得究竟解脫，已成就斷諸漏者安住在不動的第四禪那，享受著究竟智果（aññā-phala）。此境界在《增支尼卡雅》A.IV.428一經，經中如此陳述：

> Y'āyaṃ, bhante Ānanda, samādhi na câbhinato na câpanato na ca sasaṅkhāra-niggayha-vārita-gato, vimuttattā ṭhito, ṭhitattā santusito, santusitattā no paritassati. Ayaṃ, bhante Ānanda, samādhi kim phalo vutto Bhagavatā ti?... Ayaṃ, bhagini, samādhi aññā-phalo vutto Bhagavatā ti.[23]
> 阿難尊者，如此的三摩地：na câbhinato na câpanato na ca sasaṅkhāra-niggayha-vārita-gato，在解脫中安住，在安住中愉悅，在愉悅中不顫動。阿難尊者，此三摩地世尊說是什麼果？…姊妹，此三摩地世尊說是智果。

此經文中的"na câbhinato"，其abhinata一詞是動詞abhinamati的過去分詞，扮演著形容詞角色。Abhinamati是主動詞，而其在證得種種

23 A.IV.428.

直接知識，乃至得三明成阿羅漢的經文中，則出現為使役動詞，abhininnāmeti，即如在前述引文中的"cittaṃ abhininnāmeti abhiññā-sacchi-kiriyāya"一句；那麼也就意味著abhinamati如同abhininnāmeti一般，是與證得種種直接知識有關係。Abhininnāmeti有「令轉向或令導向」（to bend towards, to turn or to direct to）之意，abhinamati則意為「彎曲、向上、彎下」（bends, bows down），而abhinata則有「已彎向」之意，加上否定詞na則意為「不彎向、不轉向、不導向」。"na câbhinato"，即指不導向去證得種種直接知識（abhiññā）。

上述經文中的"na câpanato"，其apanata一詞，應當是指心行朝向證得四處（āyatana）。Apanata意為「轉離」（bent away）、「拉離開」（drawn aside）。[24] 它是動詞apanamati的過去分詞，意為「離開」（to go away）。[25] 這正合宜於前述看法，即成就者不需要令心「離開」或「脫離」"na câpanato"第四禪那，去導向或轉向四處（āyatana）。修持者既不導向（nâbhinato）去證直接知識，亦不轉離（na câpanato）第四禪那去證入任何一處，其心已解脫並住於禪定中，即如此句"na ca sasaṅkhāra-niggayha-vārita-gato"所示，修持者心已解脫並穩定地住於禪定中。

然而字典特別註解，提示apanamati一詞的語義是可疑的。以下是參考《分別界經》來詮釋此詞，以便更能確認及彰顯上述看法之正確性。由於此詞是出現在描述證悟現法涅槃（diṭṭha-dhamma-nibbāna）的經文中，我們就專注於《分別界經》中描述現法涅槃的經文部份。此亦有助於瞭解下一隱晦詞句："na ca sasaṅkhāra-niggayha-vārita-gato"。此處再次引用《分別界經》對現法涅槃的描述以助瞭解，經曰：

---

24 PED: p.51.
25 PED: p.51.

So n'eva abhisaṅkharoti, nâbhisañcetayati bhavāya vā vibhavāya vā. So anabhisaṅkharonto anabhisañcetayanto bhavāya vā vibhavāya vā na kiñci loke upādiyati, anupādiyaṃ na paritassati, aparitassaṃ paccattaṃ y'eva parinibbāyati. "Khīṇā jāti, vusitaṃ brahma-cariyaṃ, kataṃ karaṇīyaṃ, nâparaṃ itthattāyā" ti pajānāti. [26]

Bhava「存有」和vibhava「不存有或斷滅」二詞，各別代表了永恆存在論（sassata-vādin）和斷滅論（uccheda-vādin）二種極端主義，亦稱為邪見（micchā-diṭṭhi）。永恆存在論者認為四處（āyatana）導引我（attā）得永恆長存，而斷滅論者則認為四處導引現前的我（attā）至永遠斷滅。佛陀反駁了這兩種極端之見，並提出以捨棄執著於此二見則能證得現法涅槃。所以，na câpanato一句是指「捨棄轉離四禪往求」存有（bhava）和斷滅（vibhava），亦即是指不證入四處。

由上述分析所示，"na câbhinato na câpanato na ca sasaṅkhāra-niggayha-vārita-gato"這一段文是描述已成就解脫者住於第四禪那的心境。換言之，成就者既不將心導向證得種種直接知識（abhiññā）（由na câbhinato一句顯示），亦不轉離四禪往求存有（bhava）和斷滅（vibhava）（由na câpanato一句顯示），而是安住於稱為"na ca sasaṅkhāra-niggayha-vārita-gato"的三摩地境界。在《相應尼卡雅》和《中尼卡雅》有兩經更有助於確信我們對"na câbhinato…."一句的解讀是正確的。《天神相應》（Devatā-saṃyutta）記載，有一天神在佛陀面前以此啟發性言詞讚歎佛陀：

Passa samādhiṃ subhāvitaṃ cittañ ca suvimuttaṃ, na câbhinataṃ na câpanataṃ na ca sasaṅkhāra-niggayha-vārita-gataṃ.[27]

---

26 M.III.244; BB.M.1092-93.

27 S.I.28/59; BB.S.I.117.

> 見其善巧修持三摩地，亦善巧解脫其心，不導向亦不轉離，亦na ca sasaṅkhāra-niggayha-vārita-gataṃ。

相對應的漢譯《雜阿含經》說：

> 觀彼三昧定，善住於正受；解脫離諸塵，不踊[28]亦不沒；其心安隱住，而得心解脫。[29]

「其心安隱住」中的「安隱」一詞，是涅槃（nibbāna）的專門術語。在漢譯阿含的他處經典中，巴利經的"yoga-kkhema"一詞，通常都譯為「安隱」，其意即是涅槃。因此，此句（pāda）的意思就清楚了，即「心住於涅槃」。此句亦確認本書先前的觀察，即"na câbhinato na câpanato na ca sasaṅkhāra-niggayha-vārita-gato"一句，是描述現法涅槃。

另一段描述佛陀的心境的經文見於《烏巴利經》（Upāli Sutta）。巴利本中烏巴利居士讚歎佛陀：

---

28 此漢巴二經字義極近似，巴利經的"na câbhinataṃ na câpanataṃ"完全對應上《雜阿含經》的「不踊亦不沒」。abhinataṃ，譯為「踊」是適當的，如在前所分析，abhinata的字義有「彎曲、向上、彎下」。在諸多經典中記載，於第四禪那欲證得種種直接知識（abhiññā）時，修練者「令心轉向／彎向」（cittaṃ abhininnāmeti）去獲得直接知識。「直接知識」，古來譯為「神通」，是超越一般常人或未經訓練者所能獲得的知識，故亦可稱為「高深知識」、或「甚深智」，因此將"cittaṃ abhininnāmeti"譯為「令心向上」、「令心躍向」，其義亦通，都帶著修練者「操控自在」之義，符合佛教解脫道自力得解脫，非由他方操空之義。若果真如此，那麼，"abhinataṃ"譯為「踊」是恰當的。「踊」字，在古典漢語《說文》釋「踊，跳也」，《廣雅》釋「踊，上也」。如前所引，此字在CBETA註記，宋朝藏經的用字為「踊」，而元朝、明朝、北藏、磧砂藏都是用「涌」字，而CBETA也隨之改為「涌」字。「涌」字，義為「水由下向上冒出來」，《說文》釋「涌，滕也」，《廣雅》釋「涌，出也」。此字義用在直接知識之獲得，意為直接知識由心中向上涌出來，似乎缺少了「操控自在」之義。依巴利字義考量，作者認為「踊」字較為適當。

29 《雜阿含經》（CBETA, T02, no.99, p.355b.）

> Ariyassa bhāvitattassa pattipattassa veyyākaraṇassa satīmato vipassissa anabhinatassa no apanatassa anejassa vasippattassa Bhagavato tassa sāvako 'ham-asmi.[30]
>
> 聖修持者，宣說已證得之可得，具足正念以及正觀者，他不導向亦不轉離，無顫抖、得掌控的世尊，我是他的弟子。

此經漢巴二本內容幾乎完全一致。相對應的漢譯本說：

> 大聖修習已，得德說自在，善念妙正觀，不高亦不下，不動常自在，佛弟子婆離。[31]

Aneja（無顫抖或不動）和vasippatta（精通等至者）二詞支持前述觀察，即那隱晦句是描述第四禪那的心境。在他處經典中，第四禪那被認為是不動境，然對佛陀而言並非僅止於如此。佛陀是精通禪那，並且能在禪那定境中操控自如的禪修者，他對禪那定境的掌控有從兩方面來描述。第一方面是他能夠在每一等至中，分辨每一心念的潛力，例如在第四禪那中主要的四個心元素是非苦非樂（adukkham-asukha）、捨（upekkhā）、念（sati）、和一心性（ekaggatā）。另一方面則是他對通往解脫之實踐道的獨有描述，目前正在討論的那句經文，"na câbhinato….-vārita- gato"，即是一個例子。在多種情況下，佛陀僅給予簡要描述，而他的主要大弟子們則會接著再為聽眾們詳盡解說，如《解說概要經》即是一例。根據此經，佛陀簡要地說了滅苦之道後就離開大眾僧，大迦旃延尊者在大眾僧請求下，詳細解說世尊的精要開示語。

---

30 M.I.386; BB.M.491。菩提比丘在《相應尼卡雅》及《中尼卡雅》對na abhinata及na apanata二詞分別譯為「不向前傾」、「不向後／不折往後」，在本書的分析過程中逐漸顯得不適當。

31 《中阿含經》（CBETA, T01, no. 26, p. 632, b9-11）

雖然目前討論的描述語是瞭解現法涅槃的關鍵要語，但經中並沒有更多詳細的解說。從另一相關經典來看，這似乎是在佛陀時代眾所週知的常識。在前述引用的《增支尼卡雅》A.I.254一經，是有關世尊的簡要開示：若人捨離了身、口、意不正行，[32] 移除了欲思、恚思、及害思，[33] 斷除了族姓想、國土想、以及優越感之想，[34] 而又證入具有如此特性的三摩地："na sasaṅkhāra-niggayha-vārita-gato"，他即是已具備能力去證得種種直接知識（abhiññā）。[35] 如此的三摩地，根據《長尼卡雅》D.III.281經文，即是正定或正三摩地（sammā-samādhi），並且是依如在A.III.24經中所說的方法修持，無限地、有智地、專念地修持。更重要的是，佛陀常住於如此的三摩地，如在《相應尼卡雅》S.I.30和《中尼卡雅》M.I.38二經所記載。

前述觀察與分析都顯示，認為此段經文是指第四禪那定境，因此藉由從各方面檢視第四禪那應該就能夠詮釋此隱晦經句。在他處經典中記載，第四禪那被描述為具有四主要元素或稱禪支：非苦非樂（adukkham-asukha）、捨（upekkhā）、念（sati）、以及一心性（ekaggatā）。然而，在目前討論的幾部經典中，第四禪那是以此句描述："na ca sasaṅkhāra-niggayha-vārita-gato"，其中有三個動詞和三個否定詞。

就字面意義上，sasaṅkhāra表示「有行」或「具行」；niggayha，意思有「收攝、制止、抑制、折伏」。此字也出現在《經集》第351偈，其中記載旺奇舍尊者（Vaṅgīsa）讚歎佛陀是一位已收攝及已淨化者（niggayha dhonaṃ）。它也可在《空大經》（Mahā-suññata Sutta）

---

32 A.I.254: "Kāya-du-ccaritaṃ, vacī-du-ccarita, mano-du-ccaritaṃ".

33 A.I.254: "Kāma-vitakko vyāpāda-vitakko vihiṃsā-vitakko".

34 A.I.254: "Jāti-vitakko janapada-vitakko anavaññātti-paṭisaṃyutto vitakko".

35 A.I.254-255: "…yassa yassa ca abhiññā-sacchi-karaṇīyassa dhammassa cittaṃ abhininnāmeti abhiññā-sacchi-kiriyāya tatra tatr'eva sakkhibhabbataṃ pāpuṇāti sati sati āyatane."

找到，佛陀教誡阿難尊者說他應自我收攝："niggayha, niggayhâ'haṃ Ānanda, vakkhāmi"（「阿難，我說『收攝！收攝！』」）。[36] 因此，"sasaṅkhāra-niggayha"意思是「收攝或抑制行」。

"Sasaṅkhāra"，在尼卡雅經典通常「行」都出現為複數，在此複合詞中為何是單數？因為行（saṅkhārā）有三種，即身行（kāya-saṅkhāra）、口行（vacī- sasaṅkhāra）、及意行或心行（citta-saṅkhāra）。證入第四禪那表示有兩種行滅了，即在第二禪那息滅的口行以及在第四禪那息滅的身行。在第四禪那，意行最活躍。此時的心行可被導向去證得種種高階知識，如六直接知識（abhiññā）及四處（āyatana），而欲證涅槃者則必須停止意行。由此瞭解，sasaṇkhāra-niggayha即意為：「收攝意行」。此亦是為何此複合詞的sasaṅkhāra是單數而不是複數。

Vārita-gato意思是「達到遏制或阻止」，或者「來到了遏制或阻止」的狀況。Vārita，意為防止、阻止、遏制、約束等。複合詞詞幹-gata，是動詞gacchati（去）的過去分詞。組成複合詞時，根據《巴英字典》其可表達的意思有四：gone; gone into; having reached 和 connected with, referring to, concerning。其中having reached（達到）和gone into（進入），較為適合用於此處經意，因為此段經文是陳述定中作觀一連環運作以致證入涅槃。因此，vārita-gato其意思為「到達遏制或阻止」、「進入到遏制或阻止」。二者最符合此處經意的是前者，「達到遏制或阻止」。

由前述分析而在此作如此進一步的解說：第一個否定，sasaṅkhāra-**niggayha**，意味著維持在或安住於第四禪那所需要的條件；第二個否定，sasaṅkhāra-niggayha-**vārita-gato**（達到遏制維持在第四禪那的條件），意思是指一個會導致離開第四禪那的運作；第三個否定，**na**

[36] M.III.118.

“sasaṅkhāra-niggayha-vārita-gato”，意思是指能遏制或阻止離開第四禪那的努力。

因此我們得到如此的結論：那隱晦經句是關於如何維持在第四禪那的精簡描述。作者認為此詞應該是佛陀所創造組成，用於描述解脫境界，正如同paṭicca-samuppāda一詞，佛陀創立用於描述世間的現象。最後結論，作者建議此句，“na câbhinato na câpanato na ca sasaṅkhāra-niggayha-vārita-gato”，譯為「不導向[去證得直接知識（abhiññā）]，亦不轉離[第四禪那去證入種種處（āyatana）]，也不來至能阻止『抑制行』的狀態」。

（三）漢譯隱晦經句的意思

前述檢視與審察已經釐清《阿難德經》所顯示的意思，即無相三昧修持之終極成就是證現法涅槃。以上述的分析，我們再回到前述幾部共同主題的漢譯經典，進一步闡明經中的隱晦句：「不踊不沒，解脫已住，住已解脫」。其字面意義可解讀為：「不踊向亦不沒入，解脫之後而安住其中，安住於已解脫中」。此句是可以與巴利經的隱晦句，“na câbhinato na câpanato na ca sasaṅkhāra-niggayha-vārita-gato, vimuttattā ṭhito, ṭhitattā santusitto, santusitattā no paritassati”，互相對照解讀。

「不踊不沒」對應“na câbhinato na câpanato”，而「解脫已住，住已解脫」對應“vimuttattā ṭhito, ṭhitattā santusitto”。然巴利經中的“na ca sasaṅkhāra-niggayha-vārita-gato”和“santusitattā no paritassati”兩句，在漢譯本則是從缺。此缺漏導致在解讀漢譯經句時面臨難以解決的困境。當漢譯經文與巴利經文比對，也就能清楚顯示此漢譯經句談的是，在現法涅槃中的解脫心境，而此比對也反過來能提示，巴利《阿難德經》所說的三摩地其實就是無相三昧。

這些有共同主題的經典，無論是漢譯本或巴利本，綜合起來分析解讀，除了協助解決經中難解的經句之外，還解答了為何vimutti（解脫）和vimutti-ñāṇa-dassana（解脫知見）二詞，通常都出現在“sīla, samādhi, paññā”三者之後。[37] 在這些同主題經典中的修持者圓滿了戒、定、慧這三者，進而證得vimutti（如vimuttattā……no paritassati一句所示）。儘管至此已證得解脫，但是「知道和見到『解脫』（vimutti-ñāṇa-dassana）」，或稱為解脫之知與見並沒有顯現給他們（即由Khīṇā jāti……nâparaṃ itthattāyā ti一句所示意），所以他們並不知道自己已得解脫、已證入涅槃。因此而出現那些有趣的事，已解脫而不自知，甚至過了六年才知道。

這五者——sīla，samādhi，paññā，vimutti，vimutti-ñāṇa-dassana（戒－定－慧－解脫－解脫知見）——是證現法涅槃的漸次道。此五個一組常見於經典中，後來就稱之為五分法身。此即為何《增支尼卡雅》有經典記載，世尊提示，得止與觀之後還有更高尚、更殊勝且應該要證得的。戒、定、慧是不可或缺的條件，而具備這些條件的目的是要證得解脫，也更要得解脫知見。不幸的是，在晚期傳統中，或許是因為慧解脫（paññā-vimutti）概念之盛行，以及忽略了甚深禪那修持之重要性，最後的兩個階段逐漸被淡忘甚至遺失了。現今，有些現代學者，如威特爾，懷疑最後二員，vimutti和vimutti-ñāṇa-dassana，是後代佛弟子附加上去的。[38] 這是不可信的個人推測與批判，錯怪了後代佛弟子。

三、《阿難德經》和漢譯經典T2.146c一經

前述討論的T2.146b、T2.146a、和T2.145c三部漢譯經典顯示對話者是在討論修持無相三昧的結果。然而，在巴利《阿難德經》只有一段關

[37] 參見《增支尼卡雅》的經典，《戒經》（Sīla Sutta; A.III.134）和《無學經》（Asekha Sutta; A.III.134），乃至更多如A.III.191，A.III.271等。

[38] 威特爾（Vetter）1988: p.XXXVII note 12。亦參見論文第五章第四節。

於修持此三摩地的經文，而沒有出現「無相三昧」之詞。這段經文是否就是修持無相三昧的方法，是無法從巴利經中得知，此經也沒有相對應的漢譯本，但若對照到T2.146c 的漢譯經典則可獲得提示，如在前述討論所提示的，那三摩地即是無相三昧。此漢譯經的架構與《阿難德經》極相近似，而且此經結尾亦是一個提問有關修持無相三昧之果的問題。

既然巴利和漢譯經典二者都是以描述無相三昧修持的結果為結尾，很有可能二經都是在詮釋同一種三摩地，巴利經典所說的三摩地就是漢譯經典的無相三昧。漢譯經典明確解說無相三昧能導致證入現法涅槃，亦即無相三昧的終極意義。巴漢經典都顯示此三摩地是與六感官或六根及其所緣（āyatana）有關，二部經典之文意都含有一部份是難以解讀的。以下將提出巴利經的中譯與漢譯經典進行分析，藉此能進一步瞭解無相三昧與四處和涅槃的關聯。

（一）巴利《阿難德經》中譯

首先引用巴利《阿難德經》，因其無相對應的漢譯本，以下本書依段落中譯以便利於解說：

> Tad eva nāma cakkhuṃ bhavissati, te rūpā tañ c’âyatanaṃ no paṭisaṃvedissati. Tad eva nāma sotaṃ bhavissati, te saddā tañ c’âyatanaṃ no paṭisaṃvedissati. Tad eva nāma ghānaṃ bhavissati, te gandhā tañ c’âyatanaṃ no paṭisaṃvedissati. Sā ca nāma jivhā bhavissati, te rasā tañ c’âyatanaṃ no paṭisaṃvedissati. So ca nāma kāyo bhavissati, te phoṭṭhabbā tañ c’āyatanaṃ no paṭisaṃvedissatī ti.
> 阿難尊者說：「……只有眼，而無體驗到色及其處；只有耳，而無體驗到聲及其處；只有鼻，而無體驗到香及其處；只有舌，而無體驗到味及其處；只有身，而無體驗觸及其處。」

Evaṃ vutte āyasmā Udāyi āyasmantaṃ Ānandaṃ etad avoca: “Saññī-m-eva nu kho, āvuso Ānanda, tad āyatanaṃ no paṭisaṃvedeti, udāhu asaññī ti?”

“Saññī-m-eva kho, āvuso, tad āyatanaṃ no paṭisaṃvedeti, no asaññī ti.”

“Kiṃ saññī pan’āvuso, tad āyatanaṃ no paṭisaṃvedetī ti?”

當他如此說了之後，烏搭夷尊者問阿難尊者：「那麼，阿難尊者：他，無體驗到其處，是有想者呢？或者是無想者？」

「賢友，他，無體驗到其處，是有想者，不是無想者。」

「但是，賢友，他怎麼會是有想者卻沒有體驗到其處呢？」

“Idh’āvuso, bhikkhu sabbaso rūpa-saññānaṃ samatikkamā paṭigha-saññānaṃ atthaṅ-gamā nānatta-saññānaṃ amanasi-kārā ‘ananto ākāso’ti ākāsānañcâyatanaṃ upasampajja viharati. Evaṃ saññī pi kho, āvuso, tad āyatanaṃ no paṭisaṃvedeti.

「賢友，是這樣，有一比丘完全地超越了色想，平息了有對想，也不作意種種想，『無邊空』，他證入並安住於空無邊處。賢友，如此地他是有想者卻沒有體驗到其處。」

“Puna ca paraṃ, āvuso, bhikkhu sabbaso ākāsānañcâyatanaṃ samatikkamma ‘anantaṃ viññāṇan’ti viññāṇañcâyatanaṃ upasampajja viharati. Evaṃ saññī pi kho, āvuso, tad āyatanaṃ no paṭisaṃvedeti.

「又，有一比丘完全超越了空無邊處，『無邊識』，他證入並安住於識無邊處。賢友，如此地他是有想者卻沒有體驗到其處。

“Puna ca paraṃ, āvuso, bhikkhu sabbaso viññāṇañcâyatanaṃ samatikkamma ‘natthi kiñcī’ti ākiñcaññâyatanaṃ upasampajjati viharati. Evaṃ saññī pi kho, āvuso, tad āyatanaṃ no paṭisaṃvedeti.’

「又，有一比丘完全超越了識無邊處，『無所有』，他證入並安住於無所有處。賢友，如此地他是有想者卻沒有體驗到其處。」[39]

經文相當明白地顯示，證入三昧的修持者的前五感官沒有如在一般日常生活中那樣的發揮作用。即諸根未壞散但也沒有如常人般緣取所緣境。阿難尊者詳細地分析此三昧之修持法，他說在此境界中修持者有正常的眼睛，但它沒有緣取所緣境，色處。[40] 耳朵存在，但它沒有緣取聲處。同樣地，鼻、舌、和身都存在，但都沒有緣取其所緣境。[41] 這段經文似乎表示修持者是無想或無覺識狀態，而此想法念頭立即出現在烏搭夷尊者心中，並且提問。[42] 但阿難尊者回絕了這種想法，他澄清解釋修持者是在有覺識狀態中。[43] 在回答烏搭夷的第二問題有關如何達到這樣的境界時，阿難尊者解釋那就是以進入空無邊處，或者識無邊處，或者無所有處。

進入諸處（āyatana）而前五感官不發揮作用這一事實，其實在外道禪修社群中都是一種普通常識，外道修練者認為諸處是「捨」（upekkhā）。外道們聲稱「處於捨，你就會見到梵」，然而在佛陀的教法中，欲得究竟解脫就必定要棄離upekkhā，關於這一點，在前述討論《分別界經》時就已經指出。[44] 而這個觀念在目前討論的《阿難德經》明確地陳述了："ākāsānañcâyatanaṃ upasampajja viharati. Evaṃ saññī pi kho, āvuso, tad āyatanaṃ no paṭisaṃvedeti…… viññāṇañcâyatanaṃ... ākiñcaññâyatanaṃ…… Evaṃ saññī pi kho, āvuso, tad āyatanaṃ no paṭisaṃvedetī

---

39 譯文參考Gradual Sayings IV.286-87. A.IV.426-27。

40 A.IV.426-427: "Tad eva nāma cakkhuṃ bahvissati te rūpā tañ c'āyatanaṃ no paṭisaṃvedissati."

41 A.IV.427: "Tad eva nāma sotaṃ bhavissati te saddā tañ c'âyatanaṃ no paṭisaṃvedissati. Tad eva nāma ghānaṃ…… jīvhā…… kāyo…… no paṭisaṃvedissatī ti."

42 A.IV.427: "Evaṃ vutte āyasmā Udāyī āyasmantaṃ Ānanda etad avoca—'saññī'me va nu kho, āvuso Ānanda, tad āyatanaṃ no paṭisaṃvedeti udāhu asaññī ti?"

43 A.IV.427: "Saññī'm'eva kho, āvuso, tad āyatanaṃ no paṭisaṃvedeti, no asaññī ti."

44 參見第六章。

ti"。[45] 處（āyatana）想或禪定所緣境應當要棄離，而此棄離即顯示所棄離的是upekkhā。此外，他甚至沒有緣取處（āyatana），但他仍然是有覺識或有想（evaṃ saññī pi kho......）。

另一點值得指出的是第六感官的中止。藉由證入諸處（āyatana），前五感官活動暫時停止，但是第六感官，意（mano），仍然活躍。棄離諸處之想即表示停止意的作用。那是很有可能從根拔除潛伏慢（ahaṃkāra-mamaṃkāra-manânusayā susamūhatā）是在此時發生的。我們注意到《長老偈》（Thera-gāthā）偈116說：「放棄六處，守護門，善巧收攝，拒斥禍源，我得漏盡」。[46] 此處相當明確的說六感官停止執取它們的所緣，即表示斷盡一切漏（āsava），或者停止「流入」（āsava）。[47] 斷盡一切漏表示證得現法涅槃。顯然地，我們發現此《阿難德經》所描述的那種三摩地，在此情況下即是現法涅槃。無明（avijjā）和六觸處（channaṃ phassâyatanānaṃ）的關係可見於巴利《增支尼卡雅》A.II.10-12一經。[48] 無明是指不瞭解六觸處的生起、消失、享用、危險、和逃離，此即是所謂無明；相同的說法亦可見於M.II.238，《中尼卡雅》的《五三經》。

（二）在T2.146c的漢譯經本

在T2.146c漢譯經典更明確地告訴讀者，對於已具有證入禪定的知覺者而言，其感官並不緣取所緣境，而他也沒有所證入的禪那境的感

45　A.IV.427.

46　Thag.116: "Cha phassâyatane hitvā, gutta-dvāro, susaṃvuto, agha-mūlaṃ vamitvāna, patto me āsava-kkhayo."諾門（Norman），p.15。關於āsava，參見菩提比丘的註解（BB.S.II.1426 note 194）。

47　迦雅提列給認為是「困擾或流入的沖力或推動力」（"obsessions or inflowing impulses（āsavā））。（Jayatilleke 1975: p.123）

48　A.II.10-12: "Idha, bhikkhave, ekacco channaṁ phassâyatanānaṁ samudayañ ca ...... nissaraṇañ ca yathā-bhūtaṁ na-ppajānāti, tassa channaṁ phassâyatanānaṁ samudayañ ca...... nissaraṇañ ca yathā-bhūtaṁ appajānato yā chasu phassâyatanesu avijjā aññāṇaṁ sānuseti. Ayaṁ vuccati, bhikkhave, avijjā-yogo."

知。前者，所謂已具有證入禪定的感知者，是指那些能夠證入前七等至的禪修者；而後者，所謂感官不緣取所緣境者，則是指那些修持無相三昧的禪修者。此T2.146c一經是與《阿難德經》相近似，或可說是《阿難德經》的漢譯本，以下是此經的全經經文：

> 如是我聞……
>
> 時，尊者迦摩（Kāmabhū）[49] 詣尊者阿難所……語尊者阿難：「奇哉！尊者阿難，有眼有色、有耳有聲、有鼻有香、有舌有味、有身有觸、有意有法，而有比丘有是等法，能不覺知。云何，尊者阿難，彼比丘為有想不覺知？為無想故不覺知？」
>
> 尊者阿難語迦摩比丘言：「有想者亦不覺知，況復無想。」
>
> 復問尊者阿難：「何等為有想，於有[法]而不覺知？」
>
> 尊者阿難語迦摩比丘言：「若比丘離欲……初禪具足住。如是有想比丘，有法而不覺知。如是第二、第三、第四禪，空入處、識入處、無所有入處具足住。如是有想比丘，有法而不覺知。」
>
> 「云何無想，有法而不覺知？」
>
> 「如是，比丘一切想不憶念，無想心三昧身作證具足住，是名比丘無想，於有法而不覺知。」
>
> 尊者迦摩比丘復問尊者阿難：「若比丘無想心三昧，不踊[50]不沒，解脫已住，住已解脫，世尊說此是何果？何功德？」
>
> 尊者阿難語迦摩比丘言：「若比丘無想心三昧，不踊不沒，解脫已住，住已解脫，世尊說此是智果、智功德。」
>
> 時，二正士共論議已，歡喜隨喜，各從坐起去。[51]

---

[49] 根據《相應尼卡雅》S.IV.293一經及其相對應的T2.146c漢譯本，「迦摩」（Kāmabhū）。二漢譯本都是求那跋陀羅（Guṇabhadra）所譯。

[50] 本書依前節點所分析，將「涌」訂正為「踊」。

[51] 《雜阿含經》（CBETA, T02, no. 99, p. 146, b 24- c 19）

巴利本與漢譯本的共通宣稱是前五感官沒有感知其所緣對象。然而漢譯本把第六感官，意（mano），也列入，似乎是一個錯誤或許也是誤置。對於一個證入四處者，他的mano仍然活躍。我們有如此的經證：在《增支尼卡雅》A.III.192發現此經陳述，有人證入想受滅（saññā-vedayita-nirodha），但卻沒有斷諸漏（āsava），他的意生身（mano-maya kāya）在命終後，將會投生到以摶食為食物的摶食天（kabaliṅkārâhāra-bhakkha）。此即表示不但在證入四處者的mano沒有停止，甚至到進入了想受滅定又出來後，mano仍然活躍地執取，並且在命終後投生到另一界。巴利與漢譯經典共通的另一點是此關鍵句，如漢譯經本所說：

> 如是有想，比丘，有法而不覺知

它與巴利《阿難德經》這一句完全相同：

> Saññī'm'eva kho, āvuso, tad āyatanaṃ no paṭisaṃvedeti.
> 是有感知者，善友，但他並沒有覺知其處（六根所緣境）。

漢譯「如是有想」一句是對應上巴利經的"saññī'm'eva kho"，即是指「是有感知者」；而「比丘」對應"āvuso"；「有法」對應"tad āyatanaṃ"，即指處或根所緣之境；以及「而不覺知」對應"no paṭisaṃvedeti"，即「他沒有覺知」。

漢譯經本接著說，當修持者證入四禪那和前三處（āyatana）時，他是「有想」但是諸感官沒有緣取其所緣。然而當他證入無想心三昧時，他是「無想」而諸感官也沒有緣取其所緣，此T2.146c經中的「無想心三昧」應該是指無相心三摩地。從漢字字體表相而言，「想」與

「相」二字容易被視為是彫刻或書寫上的訛字，然而，作者認為更重要的從內義上而言亦是「無想」通「無相」。「無想心三昧」就字面意義上可返譯成巴利為“asaññā ceto-samādhi”。從漢譯經的前後文觀察，既然「如是有想……」是對應巴利的“saññī’m’eva kho…….”，那麼，「想」就與“saññā”有關。然從證入「無想心三昧」的方法而言，無想心三昧應該就是無相心三昧，我們也從經文得到確認，此「無想心三昧」是指「無相心三摩地」，因為它是以不專注任何想而證入，如經言「一切想不憶念」，亦即入無相三昧的操作方法。

除了從證入方法上瞭解二者相同之外，試問無相心三摩地是否可以說是「缺乏saññā（想）」，或者是「asaññā（無想）」？若saññā是指與七等至（samāpatti）相關的，那麼就有可能是「無想」，即「無『七等至之想』」。如在第一章所指出，根據《七界經》（Satta-dhātu Sutta），九等至的前七等至是歸類為有想等至（saññā-samāpatti），而此處討論的巴利《阿難德經》與漢譯T2.146c二經亦僅提及前七等至。換言之，修持者沒有任何等至之想（saññā），「一切『七等至之』想都不憶念，無想心三昧，身作證具足住」。經由放棄這些等至想，他證入無相心三摩地。

巴利和漢譯經典都傳達了相同的見解，當修持者證入諸處（āyatana）而又不取此等至為禪修所緣，他就是證入無相心三摩地。這將帶來究竟智果（aññā-phala）和智功德（aññânisaṃsa），亦即現前當下證得涅槃或稱現法涅槃。巴利《阿難德經》與漢譯T2.146c一經所說一致，即是從七等至轉入無相心三昧，最後得現法涅槃。此二經證實了前述分析《空小經》的觀點之正確性。

此二經還有一個值得注意的重點，它們都沒有提到第八和第九等至，非想非非想處和想受滅。二部經典都是在闡明修持者如何在定境中證入涅槃，也同時都沒有提到最後二等至，這是與如來的教示相吻合。此最後二等至，如同在前篇所引證指出，並不屬於有想等至，而是分別屬於「行餘等至」及「滅等至」。既然沒有想也就不可能證得究竟智，如在他處經典中佛陀說：「只要有有想（saññā）等至就有究竟智（aññā）」，因此它們被排除在外，沒有被列入。至此，我們注意到有多次每當經典提及現法涅槃之證悟，最後二等至都被排除在外，那麼試問為何有許多經典都提及九等至？如前所觀察，那些經典都是在談禪定成就，而沒有關涉到證入現法涅槃。

（三）處（āyatana）與現法涅槃

上述《阿難德經》和T2.146c一經都是從四禪那和三處談到無相三昧，再進入到現證現法涅槃，亦即從七等至到無相三昧到現法涅槃。如此的修證次第亦可見於其他經典，就如同在第二篇探討現法涅槃時所示。在此作者嘗試分析其與三三昧的關係。首先，在第三章的探討已經討論了兩個狀況，一是在禪那定境中證入涅槃，另一是在有談現法涅槃的經典中最後二等至都被排除，如《馬龍奇亞大經》、《八支城經》、以及《空小經》所示。在四處的前三處（āyatana）、無相三昧、現法涅槃三者的關聯上，它們都顯示相同的概念。

立基於諸處（āyatana）而證入涅槃的清晰步驟是記載於《馬龍奇亞大經》。根據此經的行文，證入初禪那者，徹觀初禪那，並且如此瞭解初禪那：

> So yad-eva tattha hoti rūpa-gataṃ vedanā-gataṃ saññā-gataṃ saṅkhāra-gataṃ viññāṇa-gataṃ, te dhamme aniccato dukkhato rogato gaṇḍato sallato aghato ābādhato parato palokato suññato anattato samanupassati.
>
> 凡於彼處之色、受、想、行、和識，他見那些法為無常、為苦、為病、為瘤、為倒鉤、為災難、為折磨、為異己、為分

離、為空、為無我。[52]

而相對應的漢譯本則說：

如是，阿難！若有比丘攀緣厭離，依於厭離，住於厭離，止息身惡故，心入離、定故，離欲、離惡不善之法，有覺、有觀，離生喜、樂，得初禪成就遊。彼依此處，觀覺興衰；彼依此處，觀覺興衰已，住彼必得漏盡，設住彼不得漏盡者，必當昇進得止息處。[53]

此漢譯本說：「彼依此處觀覺興衰」，即只簡略地說修持者觀境界的生起與消失。此中「覺」是指「受」，「興衰」即指「生滅」，亦即觀受的生與滅。如此徹觀後他必得斷諸漏（āsava），若不能斷諸漏，他就會上昇到更高層次的禪定境界。巴利經本則繼續詳細地解說如何操作而能證入涅槃，即瞭解了禪那本質後，他捨棄初禪那之想而將心導向涅槃。所謂導向涅槃，即是如此作觀：「此寂靜，此殊勝，即一切行平息、一切著捨離、滅貪、離欲、滅、涅槃。」[54] 如此操作，他或現前當下斷諸漏，或命終後成為不來者，並在所投生處般涅槃，不再回到此世間。[55] 以相同的方法，若人證入第二禪那，或第三禪那，或第四禪那，或空無邊處，或識無邊處，或無所有處，能夠全然地見到等至的本質。

---

52 M.I.435; BB.M.540.

53 《中阿含經》（CBETA, T01, no. 26, p. 779, c16-21）

54 M.I.436: "Etaṃ santaṃ etaṃ paṇītaṃ yad idaṃ sabba-saṅkhāra-samatho sabbûpadhi-paṭinissaggo taṇhā-kkhayo virāgo nirodho nibbānan ti." 此中描述涅槃的用語亦可見於他處多部經典中。迦雅提列給（Jayatilleke）認為這是慧解脫（paññā-vimutti）阿羅漢證涅槃的方法。（1998: p.467）

55 M.I.436: "……opapatiko hoti, tattha-parinibbāyī anāvatti-dhammo tasmā lokā."

繼而，他應該放棄執取等至並將心導向涅槃；作者認為此修持是與三三昧相關。菩提比丘指出上述巴利經文的作觀相關詞語與存有之三相的關連，他分析：「無常與分離二詞顯示無常相，異己、空、無我三詞顯示無我相，其餘六詞顯示苦相。」[56] 那麼，那段作觀操作方法即是徹觀三相，亦即是空三昧之修持，此亦即如同在前章所分析的空三昧修持法。作觀之後，修持者將心轉向不死界——涅槃，即由「一切行平息」所示，亦即是平息與六根緣六境有關的身口意行，此即是無相三昧。而無願三昧修持顯示在此句：「一切著捨離、滅貪、離欲」。如此地，《馬龍奇亞大經》所顯示的修持，即意含著三三昧之修持，而其終極成就即是現法涅槃。這正如同在前述討論所指出的主張，三三昧在其究竟意義上是現法涅槃的同義詞。

《八支城經》亦陳述相同的方法，以前七等至為基礎而證入涅槃。此經中的作觀方法不同於《馬龍奇亞大經》。作者認為這只是作觀用語不同於《馬龍奇亞大經》，它們具有相同的實質意義。《八支城經》說修持者認為（paṭisañcikkhati）初禪那是心行建構和意所成就，以此他瞭解任何心行建構和意所成就的都是無常而且會滅，如此徹觀，他或斷諸漏或在命終後成為不來者（anāgami）。其相對應的漢譯本以這樣的文句傳述相同的意思，即「彼依此處，觀法如法」，如經典說：

> 尊者阿難答曰：「居士！多聞聖弟子離欲、離惡不善之法……至得第四禪成就遊。彼依此處，觀法如法。彼依此處，觀法如法，住彼得漏盡者，或有是處；若住彼不得漏盡者，或因此法，欲法、愛法、樂法、靖法，愛樂歡喜，斷五下分結盡，化生於彼而般涅槃，得不退法，終不還此。」[57]

[56] BB.M.1266 note 655.
[57] 《中阿含經》（CBETA, T01, no. 26, p. 802, b7-13）

巴利經進一步指出，徹觀後，他或斷盡一切漏或斷五下分結（saṃyojana），漢譯經亦持相同觀點，若不得漏盡，則因為他對此法欲、愛、樂、靖、愛樂歡喜而斷五下分結，投生到上界並在那邊證入涅槃，不需要再回到此世間來。在作觀操作法和結果上，巴漢經典都持相同觀點。然而，漢譯本把非想非非想處也列為作觀基地之一，從前面至今所討論所瞭解，作者認為持誦者或許錯置了此等至。[58]

與《八支城經》相同的作觀方法也出現在《空小經》（Cūḷa-suññata Sutta），然而《空小經》是以無相三昧作為修持的最高成就。此外，它也意味著舍摩他（samatha）和毘婆舍那（vipassanā）之間的甚深意義。無相三昧的方法是漸次證入、漸次消除諸處（āyatana）之想（saññā），最終在無所有處等至之後證入無相三昧，接著再作進一步的操作而證入涅槃。此現證涅槃的操作即是知和見此無相三昧是由心行建構和意向所成就的，而任何由心行建構和意向所成就的都是無常、會滅，由此了悟而令心脫離三種漏，最終阿羅漢果智顯現。[59]

巴利《空小經》告訴我們，修持者亦知亦見，也進而導引他至斷漏證涅槃，相對應的漢譯《小空經》則提供更多訊息關於，在知和見此三摩地是由心行建構和意向所成就（漢譯本譯為「本所行、本所思」[60]）之後，所應採取的運行。亦即修持者既不樂於其中（不樂彼），亦不追求（不求彼），更不安住於彼境中（不應住彼）；如漢譯《小空經》言：

---

[58] 距離世尊大般涅槃的時間越長，有的觀念就日趨變質。我們注意到《解脫道論》主張非想非非想處並不是作觀之所緣，而《清淨道論》則持相反觀念。（Bapat 1937: XXXII）就這一點而言，《解脫道論》的意思是與巴利尼卡雅相符一致。

[59] M.III.108: “So evaṃ pajānāti: ‘ayam pi kho animitto ceto-samādhi abhisaṅkhato abhisañcetayito’. Yaṃ kho pana kiñci abhisaṅkhataṃ abhisañcetayitaṃ tad aniccaṃ nirodha-dhamman ti. Tassa evaṃ jānato evaṃ passato kāmâsavā pi cittaṃ vimuccati, bhavâsavā pi…… avijjâsavā pi cittaṃ vimuccati …… Khīṇā jāti, vusitaṃ brahma-cariyaṃ, kataṃ karaṇīyaṃ, n’âparaṃ itthattāya ti pajānāti.”

[60] 可對應到巴利的 abhisaṅkhata 和abhisañcetayita。

> 彼作是念：「我本無想心定，本所行、本所思。若本所行、本所思者，我不樂彼、不求彼、不應住彼。」如是知、如是見，欲漏心解脫，有漏、無明漏心解脫。[61]

此三詞，「樂」、「求」、「住」，應該是分別對應上巴利的assāda、pariyesanā、ajjhosa，這可見證於他處尼卡雅經典。這些用詞是表示其隨之而來的無聞凡夫的習慣性反應，即「執著」，這將帶來負面效應，生死、輪迴；而有聞聖弟子的所應訓練的是「不樂」、「不求」、「不住」，亦即「不執著」，這就帶來殊勝效應，解脫、涅槃。所以，前者之「樂」、「求」、「住」是與究竟解脫相違背的運行，而後者之「不樂」、「不求」、「不住」則是與究竟解脫相應，最終極成就稱為「無所著涅槃」（anupādā-pari-nibbāna），如在許多經典所見一般。

《空小經》所要警誡的正是執著於無相三昧所帶來的反面結果。無相三昧最終極成就是現前當下證入涅槃，但是，對此三摩地的「執著」則是必定要去避免的。此經所意味的正如同《蛇喻經》（Alagaddûpama Sutta）中一句如來的甚深教誡所示意：「法尚應捨，何況非法」（Dhammā pi vo pahātabbā pageva adhammā）[62]。巴利註釋書把「法（dhamma）」視為止和觀（samatha-vipassanā），並將此句釋義為：「諸比丘，我教導甚至要捨棄欲求與執取止和觀這樣的寂靜又殊勝的境界，何況是那些低下的、庸俗的、可鄙的、粗俗的、和不清淨的東西，那些阿利特（Ariṭṭha）這愚癡人視為無害的，他說欲求和渴望五欲樂不

[61] 《中阿含經》（CBETA, T01, no. 26, p. 737, c9-12）
[62] M.I.135; BB.M.229.《中阿含經》：「當以捨是法，況非法耶！」（CBETA, T01, no. 26, p. 764, c14）；《增壹阿含經》：「善法猶可捨，何況非法。」（CBETA, T02, no. 125, p. 760, a26）

會帶來障礙」。[63] 菩提比丘也指出註釋家引用《鶴鶉喻經》[64] 和《滅愛大經》[65] 為例子，分別說明佛陀教導要捨棄執著於止和附著於觀。

作者認為目前討論的經典，《空小經》，也是一個恰當的例子，佛陀傳授的無相三昧，到了解脫道的最後階段也要被徹觀與捨棄，以完成解脫道，圓滿成就現法涅槃。無相三昧是世尊傳授的觀行三摩地，加諸於外道也通曉的諸禪那及處等至之止乘，以求不著於寂靜道；諸等至透過無相三昧而得以漸次捨棄，最後連無相三昧也要徹觀其本質並捨棄，否則缺乏慧觀恐怕修持者無法達到最高成就無相心解脫（animittā ceto-vimutti）之不動心解脫（akuppā ceto-vimutti），也就是在活著的時候證入涅槃。巴利與漢譯的經典都陳述修持者徹觀無相三昧的本質，並且進而斷除三種漏：欲漏（kāmâsavā）、有漏（bhavâsavā）、無明漏（avijjâsavā）。

上述討論的證入涅槃的方法亦可見於一組同主題的經典，據說這些經典令讀者感到困惑，難以理解，慶智法師稱之為「獨特三摩地」（unique samādhi），並且倉促地把它歸屬為阿羅漢的禪定。[66] 作者認為這種三摩地才是真正的佛陀教授的三摩地，因此稱之為「**佛教三摩地**」，即在佛陀教法中修持三摩地的方法。以下分七小節分析瞭解此「**佛教三摩地**」，除了與其有密切關聯的經典之外，還有與之相關的關鍵概念，並且指出其與外道修道系統之截然差別。

---

63 BB.M.1208 note 255.
64 BB.M.558-59.
65 BB.M.352-53.
66 例如慶智比丘（Ñāṇananda）1971: p.58。

第十五章：佛教三摩地
——有想而無所緣

欲瞭解此**佛教三摩地**為何是獨屬佛陀的教示，就要回歸到六根緣六境與現法涅槃之關聯，進而從《杉德經》確認根緣不緣境之修練與現證涅槃之關聯。由此途徑進而瞭解那一組講有想而無所緣之禪定的經典內容，其實就是修根不緣境之結果。既然是佛陀教授的禪法，那麼它就應當與本章主題三三昧有相關聯之處，因此本章進一步將審察其他重要概念與此**佛教三摩地**之關係。

一、六所緣境與至上現法涅槃

捨棄六感官所緣境之修持，亦即是修持無相三昧的方法，是與佛陀教法中的至上現法涅槃（parama-diṭṭha-dhamma-nibbāna）概念有密切的關係。此修持經由無執著而最終證入現法涅槃，如經中說：「諸比丘，此是所說至上現法涅槃中的最至上處，亦即如實知六觸處的生起、消失、享用、危險、及逃離之後而得的無所著解脫」。[1] 此段經文很明確的說，佛陀所提倡及宣導的「至上現法涅槃」是指「從六觸處逃離」。佛陀也提出，諸如來也都是以不執著於六感官所緣而得解脫。[2] 這是與非佛道的修持方法相反，非佛道修持者執取禪那定境中的

1. A.V.64: "Etad aggaṃ, bhikkhave, parama-diṭṭha-dhamma-nibbānaṃ paññāpentānaṃ, yad idaṃ channaṃ phassâyatanānaṃ samudayañ ca aṭṭhaṅgamañ ca assādañ ca ādīnavañ ca nissaraṇañ ca yathā-bhūtaṃ viditvā anupādā-vimokho."
2. M.II.237: "Idaṃ kho pana, bhikkhave, Tathāgatena anuttaraṃ santi-vara-padaṃ

微妙感官觸受，為至上現法涅槃。我們現在的學界也有些學者認為想受滅（saññā-vedayita-nirodha）為「從六觸處逃離」的境界。

「至上現法涅槃」概念是與一群外道修持者的概念相同，但是他們把四種禪那等至視為至上現法涅槃。這種讚歎禪定樂住為涅槃的概念遭到其他外道的攻擊，佛陀也反對將四禪那視為等同於這種涅槃的看法。在前述討論的經典中，佛陀使用了這個概念，但也同時給予新的意義，儘管如此，佛陀也同樣遭到其他外道禪修者批評。那些外道批評佛陀其實並沒有徹底瞭解感官欲樂（kāma）、色（rūpa）、和受（vedanā），[3] 佛陀澄清說，他已經徹底地瞭解感官欲樂、色、及受。佛陀是一位在大般涅槃（parinibbāna）之前很久就已經是nicchāto（無渴者）、nibbuto（平息者或滅欲者）、sīti-bhūto（冷卻者），他以無所執著而完全地知道大般涅槃（anupādā-parinibbāna）。[4]

學者們常引用三個詞，nicchāto、nibbuto、和sīti-bhūto，作為意指阿羅漢命終後的境界，然而，在目前討論的《增支尼卡雅》A.V.64一經，那是要在現前當下（diṭṭh'eva dhamme）證得之成就。經文很明確的顯示佛陀是在講說他的現生修證，而不是預言他命終後的事。

《增支尼卡雅》A.II.161一經分析所謂六所緣境息滅是指增殖（papañca）之息滅[5]，同時也彰顯了此sītibhūto等是在此生或命終前達成之事實。以下所探討的這部經典是記載佛陀如何看待那些依感官來禪修的人，也就是那些必須依一個所緣對象才能禪修者。

---

abhisambuddhaṃ yad idaṃ channaṃ phassâyatanānaṃ samudayañ ca atthaṅgamañ ca assādañ ca ādīnavañ ca nissaraṇañ ca yathā-bhūtaṃ viditvā anupādā vimokkho."

3 A.V.64: "Evaṃ vādiṃ kho maṃ, bhikkhave, evam akkhāyiṃ eke samaṇa-brāhmaṇā asatā tucchā musā abhūtena abbhācikkhanti 'na samaṇo Gotamo kāmānaṃ pariññaṃ paññāpeti, na rūpānaṃ pariññaṃ paññāpeti, na vedanānaṃ pariññaṃ paññāpetī ti."

4 A.V.65.

5 A.II.161-62: "Yāvatā, āvuso, channaṃ phassâyatanānaṃ gati tāvatā papañcassa gati. Yāvatā papañcassa gati, tāvatā channaṃ phassâyatanānaṃ gati. Channaṃ, āvuso, phassâyatanānaṃ asesa-virāga-nirodhā papañca-nirodho papañca-vūpasamo ti."

二、《杉德經》——未調御、調御馬喻

禪修而不須要任何所緣對象是佛陀發現的獨門禪修法。這是完全不同於佛陀時代的外道禪修法，有趣的是，有些晚期的佛教傳統將三摩地定義為心單一於所緣境，尤其指要有一實質的所緣境，葛瑞非甚至認為巴利聖典與《清淨道論》二者都對三摩地修持的「本質、目標、和技巧有相同的精確學術定義」。[6] 關於要依賴某個所緣對象而修的禪定，《杉德經》（Sandha Sutta）明確地展示佛陀的觀點。雖然佛陀根據禪修者的性向或根性而傳授種種禪修法，但他把一個執取所緣對象而禪修的人比喻為未調伏的馬。

根據此經陳述，佛陀以譬喻警示，仰賴禪修所緣相，諸如地、水、火、風、四處（āyatana）、此世、他世等，而禪修者就如同未經調御的馬（assa-khaḷuṅko），時常盼望著馬草（yavasaṃ yavasan ti jhāyati），而不是顧念著身為馬所應作的義務與責任；相對的，調御的良種馬總是不忘自己的義務與責任。[7] 佛陀勸誡杉德尊者，他應當要以良種馬禪思的方式禪修，不應以未調御馬禪思的方式禪修（ājānīya-jhāyitaṃ kho, Sandha, jhāya; mā khaḷuṅka-jhāyitaṃ）。

佛陀闡述，若人未棄除五障（欲貪kāma-rāga、瞋害byāpāda、怠惰遲滯thīna-middha、煩躁懊悔uddhacca-kukkuca、和疑vicikicchā）就如同未調御馬，[8] 其心有種種障礙，因此他禪修時要依賴地、水、火、風、空無邊處、識無邊處、無所有處、非想非非想處、此世或他世。[9]

---

6 Vism.3.2-3;亦參見葛瑞非（P. Griffith）1981: p.606。

7 A.V.323-25; T02.234c & 430c.《山德經》（Sandha Sutta）或《摩那威瓦悲經》（Monavivāpe Sutta）。

8 相同批評亦可見於 M.III.14。

9 A.V.323-24, T02.236b & 430c. “So doṇiyā baddho ‘yavasaṃ yavasan’ti jhāyati. Evam eva kho, Sandha, idh’ ekacco purisa-khaḷuṅko...... kāma-rāga-pariyuṭṭhitena...... vyāpāda-

他禪修要依賴所見、所聞、所覺、所識、所得、所尋、心所隨行或思惟，亦即是不離六根緣取六境而禪修。[10] 此人認為這種禪修方法可以給他帶來解脫，但佛陀卻說如此禪修者是未曾受過調教者，並且以未經調馴的馬喻之。

相對的，若人棄除五障而禪修則如同良種馬，其心未被五障所繫縛（pariyuṭṭhitena），因此他禪修時並不須要依賴地、水……此世或他世。[11] 他禪修但不依賴任何所見、所聞、所覺、所識、所得、所尋、或心所隨行或思惟，亦即六根不追逐六境而禪修。雖然他沒有依任何所緣相，但是他的確有在禪修（Tam pi nissāya na jhāyati; jhāyati ca pana）。[12] 簡言之，未經調馴的馬如野馬般只懂得吃草，不如受訓良種馬自知所應作的任務；未經調教的無聞凡夫禪修時，不但未除五障，還盡是追逐著六根所緣境，忘卻修行所應為之事，而受調教的有聞佛弟子，捨棄了五障又不追逐執取六根所緣境，自知亦常思惟修行的終極目標。

此經典亦意示著一個重點，雖然外道的禪修法似乎相同於佛教的禪修法，實際上它是不同式的，二者的方法是彼此相對立。凡是有關聯到佛教的解脫道的禪修法，五障是要「被棄除」而不是要「被壓制」。這是佛教禪修法與外道禪修法的關鍵差別，即如同在第一篇《郭巴柯・莫哥拉那經》（Gopaka-moggallāna Sutta）所提示，阿難尊者回應華舍卡樂（Vassakāra）說，世尊不讚歎那種不除五障而修持的禪修法。心之淨化是以「棄除」心理障礙的方式獲得，這是佛教方

---

pariyuṭṭhitena…… thīnamiddha-pariyuṭṭhitena…… uddhacca-kukucca-pariyuṭṭhitena…… vicikicchā-pariyuṭṭhitena cetasā viharati…… So paṭhavim pi nissāya jhāyati, āpam pi nissāya jhāyati…… para-lokam pi nissāya jhāyati.” 與《烏達那》80相比較，我們發現《烏達那》80描述涅槃的方法僅是相較與對比外道的禪修方法，僅是為彰顯外道禪法之不實，亦不同於佛陀的教導，更乖離佛教的終極目標。

10 A.V.324. NDB.271. “Yam p’idaṃ diṭṭhaṃ sutaṃ mutaṃ viññātaṃ pattaṃ pariyesitaṃ anuvicaritaṃ manasā, tam pi nissāya jhāyati.”

11 A.V.324.

12 A.V.325.

式的獨特處。以「壓制」心靈染污來達成宗教目的，並且要「忍耐」因壓制引起的痛苦，這都是外道修練法的共通特色，尤其是耆那式的禪修；此外，他們的目標亦不同於佛教的目標。《杉德經》特別地警示，若不棄除障礙而禪修則如同未調御馬般。

又如在《染污經》（Upakkilesa Sutta）所顯示，棄除五障帶來更高層次的禪定成就，即定中出現的光的亮度以及可見色所意示。[13] 光與可見色都是「高階禪定的自然結果」，而不是「高階禪定的所緣對象」。在此要指出的重點是，有些後期佛教傳統，相對於初期佛教的觀點，所介紹的修定方法是依賴所緣對象，並生起內心影像。當進入到更深層的禪定成就時，自然顯現的光或影，不但沒有被視為不可執取的對象，反而被指導、鼓勵執取為所緣境，甚至還要掌控它、玩弄它。面對內在現象的這種態度，正是《解說概要經》中世尊所要教誡與勸止的：「不可內住」。

《杉德經》繼續解釋此禪修如何進展：所緣對象的感知（saññā）消失，或漢譯經說的「想」消失。例如，關於地之地想消失（vibhūtā，漢譯本：能伏），關於水之水想消失，乃至關於此世和他世之想消失。[14] 當比丘如此禪修時，如經中所言，那些在上界的眾生，如因陀、大梵、波闍波提等，都無法瞭解此比丘是如何禪修的。此經文使我們想起經中描述佛陀和諸阿羅漢無法被追踪，正如同在虛空中飛行的鳥般無法被追蹤。此經所說其實是與涅槃相互關聯。這種不取所緣而禪修的禪修法，亦可見於其他許多經典中，然而這類經典及這種禪法，在教界內及學術界的禪學或禪修課題中向來都被忽略了。

---

13 M.III.158-62.

14 A.V.325-26: "Paṭhaviyā paṭhavī-saññā vibhūtā hoti, āpasmiṃ āpo-saññā vibhūtā hoti…… idha loke idha loka-saññā vibhūtā hoti, para loke para loka-saññā vibhūtā hoti."《雜阿含經》：「比丘於地想能伏地想，於水、火、風想、無量空入處想、識入處想、無所有入處、非想非非想入處想、此世、他世……悉伏彼想。」（CBETA, T02, no. 99, p. 236, a27-b1）

三、同主題的經典——有想而無所緣定

在巴利尼卡雅與漢譯阿含經有許多部經典提及一種禪修法，它是不須要依任何所緣對象而修持。在巴利經藏至少有八部同主題的經典專門陳述這種不依任何所緣對象禪修的禪修方法。以下，本書將稱之「**佛教三摩地**」。這些經典中的對話者包含了佛陀、舍利弗尊者、阿難尊者、以及諸比丘；這似乎都在意味著此三摩地在佛陀時代是佛弟子之間普遍知道的。這些經典的共通點是此**佛教三摩地**之修持並不須要禪修所緣相。它不須禪修所緣相諸如地（paṭhavī）、水（āpo）、火（tejo）、風（tayo）、空無邊處（ākāsānañcâyatana）、識無邊處（viññāṇañcâyatana）、無所有處（ākiñcaññâyatana）、以及非想非非想處（n'eva-saññānâsaññ-âyatana）。其所列出的所緣相可分為兩類，即四大元素及四處（āyatana）。顯然地，這兩類所緣相證明修持者是有高階等至的甚深禪定經驗。

這類經典的禪修法是與前述討論的《阿難德經》及漢譯T2.146b一經所說相同，但是此中所列出的所緣相，有部份不完全相同於《阿難德經》及T2.146b一經所見。此二經所列的是六感官之所緣境及四處中的前三處，而目前正要討論的這八部經典則是列出四大元素和所有四處，三處（āyatana）作為所緣境，亦見於《馬龍奇亞大經》以及《空小經》。所有這些經典都有一共同修法，亦即，釋放或遣除感官所緣對象或禪修所緣境。

具備享受諸等至之微妙極樂的能力後，修持者進一步釋放所緣相以證入**佛教三摩地**。缺乏無相三昧之瞭解，這種方式的禪修操作法絕對令那些一定要依賴所緣境進行禪修的禪修者感到困惑。無論是巴利尼卡雅乃至漢譯阿含經中，都有經典記載大梵（Brahma）和魔羅

（Māra）都無法瞭解這種三摩地，這也就意味著這種三摩地是佛教獨有的，而且它是全然不同於外道的禪定。

此處從八部經典中選取一部作為代表進行討論，即《三摩地經》（Samādhi Sutta）。[15] 此經中記載，阿難尊者問佛陀有沒有這樣的一種禪修：有人是地想者（paṭhavī-saññī）但他並沒有感知地、有人是水想者（apo-saññī）但他並沒有感知水、有人是火想者（tejo-saññī）但他並沒有感知火、有人是風想者（vāyo-saññī）但他並沒有感知風、有人是空無邊處想者（ākāsānañcâyatana-saññī）但他並沒有感知空無邊處、有人是識無邊處想者（viññāṇañcâyatana-saññī）但他並沒有感知識無邊處、有人是無所有處想者（ākiñcaññâyatana-saññī）但他並沒有感知無所有處、有人是非想非非想處想者（n'eva-saññā-nâsaññâyatana-saññī）但他並沒有感知非想非非想處。[16]

佛陀確認地回答說有這樣的禪定，並且也解釋修持此禪定的方法。此修法即是如此感知：「此寂靜，此殊勝……離欲、滅、涅槃」。[17] 這種方法是與《馬龍奇亞大經》所見相同，即在前章已經深入討論之定中作觀方法。《馬龍奇亞大經》和其他相關定中作觀與現證涅槃的經典，很顯然地把第八和第九等至（samāpatti）排除在外，其理由很單純，如在他處經中說，就是此二等至並不屬於有想等至。第八等至是行餘等至，而第九等至是缺乏想（saññā）的滅等至，二者都是不能在其中作觀以證涅槃的等至，這在前面第二篇已詮釋明白。

---

[15] A.V.7.

[16] A.V.7: "Siyā nu kho, bhante, bhikkhuno tathā rūpo samādhi-paṭilābho, yathā n'eva paṭhaviyaṃ paṭhavi-saññī assa, na āpasmiṃ āpo-saññī assa, na tejasmiṃ tejo-saññī assa, na vāyasmiṃ vāyo-saññī assa, na ākāsānañcâyatane ākāsānañcâyatana-saññī assa, na viññāṇañcâyatane viññāṇañcâyatana-saññī assa, na ākiñcaññâyatane ākiñcaññâyatana-saññī assa, na n'eva-saññā-nâsaññâyatane n'eva-saññā-nâsaññâyatana-saññī assa."

[17] A.V.8.

然而此處八部與**佛教三摩地**有關的經典，儘管沒有列出缺乏想的第九等至，但是屬於行餘等至也不能在其中作觀的第八等至亦被列入，則不免產生疑問。實際細觀兩類經典則發現是其中微細差異所使然。《馬龍奇大經》等經的主題是談定中作觀並且證入涅槃，而此處八部經典主題是談有沒有如此不須所緣境而禪修的方法，但沒有提到涅槃，所以經中把屬於行餘等至的非想非非想處列入並不成問題。此處無所緣而禪修，但禪修者仍然是有想者，那麼第八等至即是非想亦非非想，或稱沒有想也不是沒有想，即亦有想亦無想，似有似無，所以仍然出現在無所緣禪修法條目中。

八部同主題經典中有七部有這段經文："yam p'idaṃ diṭṭhaṃ sutaṃ mutaṃ viññātaṃ pattaṃ pariyesitaṃ anuvicaritaṃ manasā, tatrā pi na saññī assa; saññī ca pana assā ti."（凡是那些由意所見、所聞、所覺、所識、所得、所追求、所隨行，對於那些他不是有感知者（有想者），但他是有感知者。）此句經文指出六感官的所緣對象一定要被棄除，而棄除六感官所緣相的禪修即是無相三昧；因此，很明白地這些經典所說的即是無相三昧之修持。這七部經典是《想經一》（Paṭhama-saññā Sutta, A.V.318）、《想經二》（Dutiya-saññā Sutta, A.V.320）、《作意經》（Manasikāra Sutta, A.V.321）、《三摩地經一》（Paṭhama-samādhi Sutta, A.V.353）、《三摩地經二》（Dutiya-samādhi Sutta, A.V.354）、《三摩地經三》（Tatiya-samādhi Sutta, A.V.356）、以及《三摩地經四》（Catuttha-samādhi Sutta, A.V.351）。這些經典所談的主題內容都一樣，但說法者及聞法者不同。

四、佛教三摩地與三三昧之關係

佛教三摩地與三三昧之間的關係，可從《長老偈》（Thera-gāthā）、《長老尼偈》（Therī-gāthā）、《法句經》（Dhamma-pada）、以及

《烏達那》（Udāna，或稱《優陀那》，亦可意譯為《讚歎》）這些經典觀察分析獲得瞭解。根據前述《杉德經》的調御和未調御馬之喻，其中記載甚至連因陀、大梵、波闍波提等天王都遺憾的感歎，他們找不到那證入**佛教三摩地**的比丘。《長老偈》第92偈和《法句經》第93偈解釋禪修者如何禪修而無法被追蹤，尤其是在生時就已無法被偵測到其行蹤。偈中說到若人斷盡一切漏（yassâsavā parikkhīṇā），並且證入空解脫（suññata vimokkha）和無相解脫（animitta vimokkha），就如同虛空中飛行的鳥，其飛行道跡難以追蹤（ākāse va sakuntānaṃ padaṃ tassa dur-annayaṃ）。[18]

慶智法師指出此偈與《烏達那》描述涅槃之經文段落之間的關聯，其中有三個詞可彼此相對應[19]，即：appatiṭṭhaṃ（not established，無建立或無立足）、appavattaṃ（continues not，無延續）、anārammaṇaṃ（has no object，無所緣）。在《烏達那》PTS版本第80頁描述涅槃之經文說：

> Atthi, bhikkhave, tad āyatanaṃ yattha n'eva paṭhavī, na āpo, na tejo, na vāyo, na ākāsānañcâyatanaṃ, na viññāṇañcâyatanaṃ, na ākiñcaññâyatanaṃ, na n'eva-saññā-nâsaññâyatanaṃ, n'āyaṃ loko, na paro-loko, na ubho candima-sūriyā. Tatra p'āhaṃ, bhikkhave, n'eva āgatiṃ vadāmi, na gatiṃ, na ṭhitiṃ, na cutiṃ; na upapattiṃ appatiṭṭhaṃ appavattaṃ anārammaṇam; ev' etaṃ es' ev'anto dukkhassā ti.
>
> 諸比丘，有彼處其中無地、無水、無火、無風，無空無邊處、無識無邊處、無無所有處、無非想非非想處，無此世、無他

[18] Thag. 92: "Yass'āsavā pari-kkhīṇā āhāre ca anissito, suññato animitto ca vimokkho yassa gocaro, ākāse va sakuntānaṃ padan tassa dur-annayan."

[19] 慶智（Ñāṇananda）1971: p.73。

世，無月亮太陽二者。諸比丘，我說彼處無來、無去、無止、無亡、無生，無建立（appatiṭṭhaṃ）、無延續（appavattaṃ）、無所緣（anārammaṇaṃ）。此，確實，即是苦之盡了。[20]

慶智法師認為無建立（appatiṭṭhaṃ）、無延續（appavattaṃ）、無所緣（anārammaṇaṃ）分別對應上空（suññata）、無願（appaṇihita）、無相（animitta）。他提出的這一點非常重要，因為它展示**佛教三摩地**與三三昧之間的關係。然而作者擔心的是他的解釋反而把我們導引向偏離了此經所意味之原意。

他解釋說：「由於智慧（paññā）的徹觀之洞察，概念變得透明或清澈（animittā——無相或無符號），而使生起徹底的分離（appaṇihitā），而此聖者**領悟**（*real*-ises）世界的空性（suññatā）」。[21] 如此的解說值得商榷。此經文及本書先前的分析已明白地展示此禪定成就是佛陀或阿羅漢日常所安住之處。此三詞的順序，appatiṭṭhaṃ>appavattaṃ>anārammaṇaṃ，是與三三昧的第二順序相應：suññata>appaṇihita>animitta，而此三三昧的第二順序是圓滿成就之聖弟子的穩定又持恆的心境。由此觀察可作的結論是，**佛教三摩地**，其實就是三三昧。

從其究竟意義此而言，三三昧和**佛教三摩地**二者都是可等同於現前當下涅槃或現法涅槃。或許應該提出一個問題：此三摩地是否唯獨屬於阿羅漢？從其終極意義而言，它是唯獨屬於阿羅漢弟子或解脫聖者。然而從漸次修持的觀點而言，它是與有學者（sekha）共通的禪定。此外，此三摩地是給俱解脫阿羅漢獨有的描述。

---

20 Ud.80. 慶智（Ñāṇananda）1971: p.71。這段文可與《分別界經》及瓦瑞內（Varenne 1973: p.155）所說相比對作進一步的了解。

21 慶智（Ñāṇananda）1971: p.73: "……due to the penetrative vision of paññā (wisdom), concepts become transparent (animittā— 'signless') giving rise to utter detachment (appaṇihitā) and the sage *real*-ises the voidness of the world (suññatā)."

佛教三摩地等同於三三昧的看法可以從兩部漢譯經典獲得支持。本書在前章已指出，在T2.20b陳述的三三昧順序是屬於有學者的，而在T2.773b的順序則是屬於無學者的（asekha）。下述討論將依此二經指出**佛教三摩地**與三三昧的關係。

佛教三摩地，從其不須依賴任何一個所緣對象而修持的角度來看，可以說它即是空三昧，此看法可從《空小經》得到印證。此經說空三昧即是空於禪修所緣相之想，換言之，於三摩地中捨除了所緣相之想即是空三昧。另一修持空三昧的方法是見於T2.20b一經，此經說徹觀一切的本質為空於我或空於任何屬於我的，或所謂我空、我所空。兩種修持方法都是要去除禪修所緣對象。

關於**佛教三摩地**與無相三昧的關係，**佛教三摩地**可以說即是無相三昧，因為它是以不感知任何一個對象（nimitta，相）而修持。在T2.20b一經所說，無相三昧是以「去除所有色、聲、香、味、觸、法」而修持。[22] 任何形式的相（nimitta）都是經由六感官中的其中一個進入而有觸及，去除了所有六種感官所緣相意即不感知它們。

在**佛教三摩地**的相關經文中，所謂「不依此世或他世」這一句，可以關聯到無願三昧，即如同在T2.773b一經所說：「以行無願三昧，不求死此生彼」。[23]

五、佛教三摩地與定根之定義

在前述第九章討論三摩地根或定根（samādhîndriya）之定義中所引用的經典是與現法涅槃有關的經典，以下是要從與**佛教三摩地**的關

[22] 《雜阿含經》：「觀色相斷，聲、香、味、觸、法相斷，是名無相。」（CBETA, T02, no. 99, p. 20, b13）

[23] 《增壹阿含經》（CBETA, T02, no. 125, p. 773, c9）

聯來討論此定根之定義。**佛教三摩地**並不依任何禪修所緣相，證入某種定境但沒有相關定境想，亦即捨離定境之想，這讓我們注意到其與《相應尼卡雅》中一段隱晦難解的經文相關，巴利註釋書對此段經文的註釋是把它關聯到涅槃。《相應尼卡雅》對定根的定義說為：

> Idha, bhikkhave, ariya-sāvako vossaggârammaṇaṃ karitvā labhati samādhiṃ, labhati cittassa eka-ggataṃ……idaṃ vuccati, bhikkhave, samādhîndriyaṃ.
>
> 諸比丘，此聖弟子作捨離所緣已而得三摩地，得心單一……諸比丘，此即所謂定根。[24]

此經文中的“vossaggârammaṇaṃ karitvā”（作『捨離所緣』之後）一句之意，是與**佛教三摩地**的運作方法相通，即是棄除所緣境之想，亦即遣除所證入禪定之想。巴利註釋書解釋vossaggârammaṇaṃ karitvā的意思為，以涅槃作為所緣（nibbānârammaṇaṃ karitvā）：“Vossaggârammaṇaṃ karitvā ti nibbānârammaṇaṃ karitvā”，此即意指這一段經文：“etaṃ santaṃ etaṃ panītaṃ yad-idaṃ sabba-saṅkhāra-samatho sabbûpadhi-paṭinissaggo taṅhā-kkhayo virāgo nirodho nibbānan ti”（此寂靜，此殊勝，即一切行平息、一切著捨離、滅貪、離欲、滅、涅槃）。在多部經典出現此句經文，其意即是如同前述討論所指出的《馬龍奇亞大經》等經，在定中證入涅槃。

對於從四禪那現證涅槃者而言，定根可定義為四禪，例如在《相應尼卡雅》中說定根（samādhîndriya）應當於四禪那中見；[25] 在相對應的漢譯《雜阿含經》也將定根定義為四禪那：「定根者，當知是四

---

24 S.V.198. 相同的經文亦見於 S.V.199, 201, & 225。
25 S.V.196: “Catusu jhānesu ettha samādhîndriyaṃ daṭṭhabbaṃ”.

禪」。[26] 對於從三處現證涅槃者或就含蓋四禪那之七等至而言，定根的定義就是“vossaggârammaṇaṃ karitvā”。在漢譯《增一阿含經》有一經對定根的定義，似乎是與佛教三摩地更相近似的，此經說：「所謂定根者，心中無錯亂，無若干想，恒專精一意，是謂名為三昧根」。[27]「若干想」可意指**佛教三摩地**中的四大及四處、七等至之想。

六、慧解脫（paññā-vimutti）概念異議

從上述討論與理解，我們可進一步檢視在巴利尼卡雅乃至在漢譯阿含經所見的具有爭議性的概念，即慧解脫（paññā-vimutta）阿羅漢。根據《馬龍奇亞大經》，[28] 徹觀所緣對象或等至即是修持慧觀（paññā）；儘管是經由徹底的直觀也不能立即帶來究竟解脫，修持者必要進一步將「其心」轉向涅槃界。他必須不斷地修持一直到斷盡一切漏（āsava），而他的解脫是要等到解脫知（vimutti-ñāṇa）出現後，才算是真正獲得確認，[29] 否則他就只是一個不來者，他會在命終後投生到上界，並且在那裏證入涅槃，不必再回到此世間來。

巴利《增支尼卡雅》有兩部經典如此陳述，若人就算是已修得內在止（ajjhattaṃ ceto-samathassa）和修得增上慧觀法（adhi-paññā-dhamma-vipassanā），也必須要更進一步努力修持以斷盡一切漏（uttari āsavānaṃ khayāya yogo karaṇīyo）。[30] 據此瞭解，「慧解脫」阿羅漢（paññā-vimutta）的概念就會引發疑問。

---

[26] 《雜阿含經》（CBETA, T02, no. 99, p. 182, b20-21），亦見於 T02.183c1。
[27] 《增壹阿含經》（CBETA, T02, no. 125, p. 779, b5-6）。
[28] 參見《馬龍奇亞大經》 M.I.436; T1.779c。
[29] 參見《象跡喻小經》 M.I.182; T01.657c。
[30] A.II.93: “Tatra, bhikkhave, yv’āyaṃ puggalo lābhi c’eva hoti ajjhataṃ ceto-samathassa lābhī ca adhi-paññā-dhamma-vipassanāya, tena bhikkhave, puggalena tesu y’eva kusalesu dhammesu patiṭṭhāya uttariṃ āsavānaṃ khayāya yogo karaṇīyo.” 相同經意亦可見於 A.V.100。

慧（paññā）是究竟解脫不可或缺的條件，然而這並不表示僅僅以慧就能令人證入涅槃。莉麗秀瓦也指出：「根據《增支尼卡雅》（A.II.63）……舍利弗嘲笑那種以為僅有明（vijjā）就能令苦盡了的觀念。這意思是說四禪那構成解脫的重要基礎。」[31] 迦雅提列給也質疑慧解脫（paññā-vimutta）概念的起源，他認為這類阿羅漢並不具備驗證佛陀教法的能力；因此，他們是依賴信（saddhā）去信仰佛陀的教法。[32]

慧解脫阿羅漢的概念，在早期聖典文獻中也並非毫無根據。事實上，在巴利尼卡雅和漢譯阿含經都有一些例子顯示，有些比丘在聽聞佛陀說法後才命終或自己結束生命，然後佛陀宣佈他們證得了究竟解脫，潺那尊者（Channa）即是一例。[33] 潺那尊者身患重病，佛陀來探視並為他說法，佛陀離去後潺那尊者即不堪病苦而自取命終。之後，佛陀就宣稱他主動結束生命並無過失，因為潺那尊者在捨下此身之後並沒有再執取另一身。這表示他是在死亡時證得阿羅漢果位，就此例而言，或許可說他是慧解脫阿羅漢。但無論如何，佛陀是在他命終後才宣佈他證得阿羅漢果位。那就如同迦雅提列給批評的，這類阿羅漢不具備驗證佛陀教法的能力。在巴利《增支尼卡雅》A.I.118-20一經顯示，如甘比瑞芝所指出，編輯者不會同意信根或定根是可藉以而證得涅槃，對編輯者而言唯一能如此作的一根是慧觀。[34] 儘管有這些慧解脫阿羅漢的例子，作者認為對於慧解脫阿羅漢，「現法涅槃」不在他現生體證的範圍內。前述觀察提供一個清晰又可理解的現法涅槃之道的描述。以此理解，作者認為慧解脫阿羅漢，即使能在命終前證得，他也無以自我驗證自己證得阿羅漢果位。

---

31 莉麗秀瓦（Lily de Silva）1978: p.140.
32 迦雅提列給（K. N. Jayatilleke）1998: p.467.
33 S.IV.56; BB.S.II.1164;《雜阿含經》（CBETA, T02, no. 99, p. 347c）
34 甘比瑞芝（R. Gombrich）1996: p.110。

七、三三昧、佛教三摩地與二種涅槃之關聯

前述小節已指出三三昧與**佛教三摩地**之間的關聯，從經證及義理分析都顯見二者關係不淺，現在要進一步瞭解這二種禪定與二種涅槃的關聯。三三昧與涅槃之間的密切關係可從三部經典觀察瞭解。在《中尼卡雅》的《蘇那卡德經》佛陀解說，若人以滅除執著而得解脫，將不會把身導向或將心興往任何執著的對象：

> So vata, Sunakkhatta, bhikkhu chasu phassâyatanesu saṃvuta-kārī "upadhi dukkhassa mūlan"ti—iti viditvā nirupadhi upadhi-saṅkhaye vimutto, upadhismiṃ vā kāyaṃ upasaṃharissati cittaṃ vā uppādessatī ti —n'etaṃ ṭhānaṃ vijjati.
> 蘇那卡德，當一位比丘修持收攝六觸處，並且瞭解到執著是苦之根源，他是沒有執著，並且以滅除執著而得解脫者，他會將身導向或興起心往任何所緣對象，這是不可能的事。[35]

以去除執著的方法而得的解脫是指無繫縛者的解脫，即阿羅漢。如同在他處經典中，佛陀對烏搭夷說：

> Idha pan' Udāyi, ekacco puggalo "upadhi dukkhassa mūlan"ti —iti viditvā nirupadhi hoti, upadhi-saṅkhaye vimutto. Imaṃ kho ahaṃ, Udāyi, puggalaṃ "visaṃyutto'ti vadāmi no "saṃyutto".

[35] M.II.260; BB.M.867.

> 現在，烏搭夷，有些人瞭解執著是苦的根源之後，變成無執著，滅盡執著的解脫者。此人，烏搭夷，我稱他為「離繫縛者」，而不是「有繫縛者」。[36]

此意味著阿羅漢是不會將其心導向任何執著對象。《經集》（Sutta-nipāta）第363偈也說：「徹底地從繫縛解脫，他會適當地雲遊於世間」。[37] 他是如何做到的呢？他修持**佛教三摩地**，即禪修而不依賴任何所緣，而他又是仍有感知。這也可進一步從《如是語》（Iti-vuttaka）得到認可，而此段經文是關於兩種涅槃的分析。《如是語》巴利聖典協會版本頁44說：

> Dve'mā, bhikkhave, nibbāna-dhātuyo. Katamā dve? Sa-upādisesā ca nibbāna-dhātu anupādisesā ca nibbāna-dhātu. Katamā, bhikkhave, sa-upādisesā nibbāna-dhātu? Idha, bhikkhave, bhikkhu arahaṃ hoti khīṇāsavo vusitavā kata-karaṇīyo ohita-bhāro anuppatta-sadattho parikkhīṇa-bhava-saṃyojano sammad-aññā-vimutto. Tassa tiṭṭh'ant'eva pañc'indriyāni yesaṃ avighātattā manāpâmanāpaṃ paccanubhoti, sukha-dukkhaṃ paṭisaṃvediyati. Tassa yo rāga-kkhayo dosa-kkhayo moha-kkhayo, ayaṃ vuccati, bhikkhave, sa-upādisesā nibbāna-dhātu.
>
> Katamā ca, bhikkhave, anupādisesā nibbāna-dhātu? Idha, bhikkhave, bhikkhu arahaṃ hoti khīṇāsavo vusitavā kata-karaṇīyo ohita-bhāro

---

36 M.I.454; BB.M.556.

37 Sn 363: "Saṃyojanīyehi vippamutto sammā so loke paribbajeyya." 迦雅韋卡瑪（Jayawickrama）2001: p.143。諾門（Norman）2001: p.45。迦雅韋卡瑪譯為："completely liberated from things associated with the fetters, he shall correctly lead in the world, the life of a religious mendicant."

anuppatta-sadattho parikkhīṇa-bhava-saṃyojano sammad-aññā-vimutto. Tassa idh'eva, bhikkhave, sabba-vedayitāni anabhinanditāni sīti-bhavissanti, ayaṃ vuccati, bhikkhave, anupādisesā nibbāna-dhātu.

諸比丘，有兩種涅槃界。哪兩種？有餘涅槃界和無餘涅槃界。諸比丘，何謂有餘涅槃界？這樣的，諸比丘，有比丘是阿羅漢，斷盡一切漏，所應作皆已作，捨下重擔，證得目標，全然斷除存有之繫縛，真正以究竟智得解脫。以他那還是堅固的、未受損的五感官（五根），他體驗可意的和不可意的，他感覺樂和苦。對於滅貪、滅瞋、滅癡者，諸比丘，此被稱為有餘涅槃界。

那麼，諸比丘，何謂無餘涅槃界？這樣的，諸比丘，有比丘是阿羅漢，斷盡一切漏，所應作皆已作，捨下重擔，證得目標，全然斷除存有之繫縛，真正以究竟智得解脫。對他而言，諸比丘，於此一切所感受的、未喜愛的將會冷卻。諸比丘，此被稱為無餘涅槃。[38]

這是在解釋兩種涅槃時最常被引用的經文。佛教傳統乃至現代學者傾向於將有餘涅槃（sopādisesa-nibbāna）詮釋為阿羅漢命終前的境界，而無餘涅槃界（anupādsesa-nibbāna）則詮釋為阿羅漢命終後的境界；根據前述的探討，作者認為這兩種涅槃都是指阿羅漢命終前的境界。有餘涅槃是指阿羅漢沒有進入三三昧的狀態，而無餘涅槃界則是指阿羅漢進入三三昧。

我們注意到在詮釋無餘涅槃時，經文中並沒有提及也沒有提示「命終」之意。阿羅漢在日常生活中，例如在飲食、談話、乃至雲

[38] It.38. 此譯文參考埃爾蘭（Ireland）譯文， 1997: p.181.

遊時，是有感覺到種種感受，儘管他有感覺，但他是完全地脫離執取感官所緣境。在此事件上，“upādi”一詞是指身體功能如平常人一般，經由根境接觸而有感受。我們從《相應尼卡雅》S.IV.164一經得知佛陀也仍然是經由六感官體驗，但沒有欲和貪（chanda-rāga）或繫縛（saṃyojana），此即所謂sa-upadisesa nibbāna-dhātu，有餘（sa-upadisesa）涅槃界。

同時，在《增支尼卡雅》A.IV.414一經告訴我們，涅槃是無覺受之境：「爾時舍利弗尊者對比丘宣稱：『賢友，此涅槃是樂！此涅槃是樂！』當他那樣說時，烏搭夷尊者問他：『舍利弗賢友，那裡沒有感受，有什麼樂呢？』[答：]『賢友，那裡那本身就是樂——就是那沒有感受的。』」[39] 這就很清楚了，涅槃，在此經文中是指無餘涅槃，它不可能是指其中尚有感受存在的有餘涅槃。那唯一可以與此現生的無餘涅槃有關聯的三摩地，就是在終極成就意義上的三三昧。

從另一方面來檢視作者對有餘、無餘涅槃的觀點。由於佛陀在生前就宣揚無餘涅槃，他必定是已經證得無餘涅槃才說示及弘揚。我們從《相應尼卡雅》S.IV.139一經獲悉，宣佈得究竟解脫是依據個人自己知道得究竟解脫的知識（ñāṇa）而說。若人有貪－瞋－癡，他知道他有貪－瞋－癡；當他沒有貪－瞋－癡，他知道他沒有貪－瞋－癡。他依據此知而公開宣稱他證得究竟解脫，他並不是依據信（saddhā）、個人愛好（ruci）、口傳（anussava）、如理尋思（akāra-parivitakka）、或忍受不正之見（diṭṭhi-nijjhāna-kkhanti）[40]。

---

[39] 慶智（Ñāṇānanda）1974: p.86 note 1。A.IV.414-15: “Tatra kho, āyasmā Sāriputto, bhikkhu āmantesi : ‘Sukham idaṁ, āvuso, nibbānaṁ, sukham idaṁ āvuso nibbānan ti.’ Evaṁ vutte āyasmā Udāyi āyasmantaṁ Sāriputtaṁ etad avoca: ‘Kiṁ pan’ettha āvuso Sāriputta sukhaṁ, yad ettha na ’tthi vedayitan ti?’ ‘Etad eva khv’ ettha āvuso sukhaṃ, yad ettha na’tthi vedayitaṁ.’ ”

[40] 一般上學者都如此翻譯。作者認為或許可以詮釋為「忍耐接受經由非禪思而得之見」，因為nijjhāna一詞是來自nis + jhāyati。

另一經在《增支尼卡雅》A.II.24，也告訴我們，如來是一位如是作而如是說、如是說而如是作的人。[41] 換言之，凡是如來所說的都是如來所證得的，如來如是證得而如是宣說。如來證得了有餘涅槃和無餘涅槃而宣說有餘涅槃和無餘涅槃，如來所弘揚的有餘涅槃和無餘涅槃就是如來已經證得的有餘涅槃和無餘涅槃。

由此二段經文，我們瞭解佛陀宣說他所知和所見以及他所證得的。簡言之，如來已證得無餘涅槃而宣說無餘涅槃，而不是未有實際證得之體驗就預言未來發生的事。那麼，這就引生對無餘涅槃詮釋上的質疑。若如上座部乃至學者們說的，無餘涅槃是在阿羅漢命終後才證入的境界，那麼，佛陀也就違越了他自已所宣稱的：「諸比丘，如來如是說如是證、如是證如是說者；如是說如是證、如是證如是說，因此稱為如來。」[42]

此外，已證入三三昧的阿羅漢並不經由感官經驗，因為此時他的六感官並不如未經訓練者那樣地發生執取之作用，尤其是無相心解脫（animittā ceto-vimutti）一詞所顯示的。儘管他有感知，他的識存在而他的身體也仍然存在，沒有任何世間語言可以描述此境界，如同佛陀所說：

> Atthaṃ gatassa na pamāṇam atthi, (Upasīva ti bhagavā), yena naṃ vajju taṃ tassa n’atthi, sabbesu dhammesu samūhatesu, samūhatā vādapathā pī sabbe ti.
>
> 世尊說：「烏巴希瓦，對於已去者，沒有任何可用以衡量的。任何可用以描述他的，那都不存在。當所有現象都已移除，那麼，所有言說之道也都已移除。」[43]

---

41 A.II.24: “Yathā vādī, bhikkhave, Tathāgato tathā kārī, yathā kārī tathā vādī iti yathā vādī tathā kārī yathā kārī tathā vādī, tasmā Tathāgato ti vuccatī ti.”

42 同上註。

43 Sn 1076，諾門（Norman）2001: p.137。相同的概念亦見於 S.III.60; BB.S.I.895; T02.9b。

佛陀也解說了其原因：

> Accī yathā vātavegena khitto (Upasīvā ti bhagavā), atthaṃ paleti na upeti saṅkhaṃ, evaṃ munī nāma-kāyā vimutto, atthaṃ paleti na upeti saṅkhaṃ.
>
> 「正如同一火焰被風力吹離，烏巴希瓦」，世尊說道，「離去也就不再算是[火焰]；因此，一位聖者從其名身解脫，就不再算是[聖者]」。[44]

"Upādi"一詞對於這類阿羅漢，是指其已離去之名身（nāma-kāya），此境界無法以任何語言訴說或陳述，而此境界卻又是在活著時證得的。眾生由色身與名身組成，「色身」是指五蘊中的色，而「名身」則是其餘四蘊：受、想、行、識。活著的解脫聖者色身還在，而卻能脫離受、想、行、識之名身。凡夫死亡時脫離了色身，但是仍然執著名身，由是再去執取另一色身而有來生。反觀解脫聖者活著時就已修練至名身離，名身已離即不再執取；那麼他在死亡時捨離色身，也同時未執著名身，當然也就不會再投生輪迴中。

然而此處最特殊，也要特別指出的是，對於這類證得無相心解脫的解脫聖者而言，活著時就已能脫離色身和名身，也就是活著時自己確認不再有來生。無餘涅槃之證得即是指這類活著的解脫聖者，仍然活著時就修證至脫離色身與名身，也能隨時回到色身與名身；無餘涅槃並非如南傳上座部所說的命終後才能證入的境界。因此，有餘涅槃和無餘涅槃都是在活著時證得，而非得等到死後。

---

44 Sn 1074，諾門（Norman）2001: p.136。關於saṅkhaṃ與五蘊（包括色身與名身）的關係，可參見《相應尼卡雅・蘊品》35經Aññatara-bhikkhu-sutta（S.III.35）。

關於此處所舉之喻，在T2.244a九五七經，佛陀以相同之喻為婆蹉種出家，說明意生身仍有執著愛，命終後會投生餘處，因此稱為「有餘」；而世尊得「無餘」成等正覺，不會再去投生到六道中。[45] 此二經二喻相同，其喻所欲闡明之義亦相同。世尊在生就已得「無餘」，而非在命終後。此經相當明白地說「有餘」是指有「愛」，而非如上座部說的「色身」，經言：「佛告婆蹉：『眾生於此處命終，乘意生身生於餘處，當於爾時，因愛故取，因愛而住，故說有餘。』」[46] 此經亦出現在《別譯雜阿含經》，經中亦說「以愛為取」，其相對應的巴利經典亦說是貪愛之執取（taṇhûpādāna）。[47] 而那無法衡量的境界，《長老偈》第92偈將它關聯到空解脫（suññata vimokkha）和無相解脫（animitta vimokkha）：

> Yass'āsavā parikkhīṇā āhāre ca anissito, suññato animitto ca vimokkho yassa gocaro, ākāse va sakuntānaṃ padan tassa dur-annayan ti.[48]
> 一切漏已斷盡者，於食無興趣，空、無相解脫為所行處，如虛空中的鳥般，其行跡難以追蹤。

這是以無相心解脫（animittā ceto-vimutti）而證得，因為此禪定是以完全脫離六感官而修持，[49] 這特別是指俱解脫阿羅漢，同時俱備心解脫和慧解脫的聖者。此外，此經也進一步說：

---

45 《雜阿含經》（CBETA, T02, no. 99, p. 244, a9-b9）。
46 《雜阿含經》（CBETA, T02, no. 99, p. 244, b3-5）
47 《別譯雜阿含經》（CBETA, T02, no. 100, p. 443, a12-b11）；S.IV.400。
48 諾門（Norman）2001: p.12。
49 《雜阿含經》：「觀色相斷，聲、香、味、觸、法相斷，是名無相。」（CBETA, T02, no. 99, p. 20, b13）

> Evaṃ jhāyiñ ca pana, Sandha, bhadraṃ purisājānīyaṃ sa-indā devā sabrahmakā sapajāpatikā ārakā' va namassanti: Namo te purisājañña, namo te puris'uttama, yassa te n'ābhijānāma, yam pi nissāya jhāyasī ti.[50]
>
> 當他如此禪修時，諸天神及因陀、天神、大梵、和波闍波提從遠處頂禮，並說：「頂禮您，善種性者！禮敬您，人上人！我們無法瞭解您依何而禪修！」

因陀、天神、大梵、或波闍波提無法追蹤的是阿羅漢。「阿羅漢無法被追蹤」，並不純粹指命終後的阿羅漢，他是在生前證得阿羅漢果位後到命終前這段期間，只要進入三三昧，他的行跡就無法被追蹤，正如同《法句經》第92偈所說的：

> Yesaṃ sannicayo n'atthi ye pariññāta-bhojanā suññato animitto ca vimokkho yesaṃ gocaro ākāse va sakuntānaṃ gati tesaṃ dur-annayā.[51]
>
> 沒有累積者，遍知食者，和以空、無相解脫為行處者，就如同虛空中的鳥般，其行跡無以追蹤。

對於證入空三昧和無相三昧的修持者，這些偈頌以飛行於虛空中的鳥為喻，喻其行跡難以追蹤。如慶智法師所指出，在上述《法句經》第92偈的最後一句中 "gati"一詞，並不是指阿羅漢命終後的境界。[52] 迦雅提列給也觀察到，並說若比丘「其心解脫後，甚至最有力量與大智的宇宙諸神（sa-Brahmakā）都無法追蹤到如此的超越者

---

[50] A.V.325; BB.A.272.
[51] 慶智（Ñāṇananda）1971: p.59 note1。
[52] 慶智（Ñāṇananda）1971: p.59 note 1。

（tathāgata）的識所到之處（……anvesaṃ n'ādhigacchanti idaṃ nissitaṃ tathāgatassa viññānaṃ ti）。此外，他也進一步強調，甚至在此超越者仍活著的時候就是如此了，因為佛陀說如此的超越者在此生命期內就已經不能被偵測到（an-anuvejjo）。[53]

哈爾威辨識出Ud.I的經文說，佛陀圓滿覺悟後在禪定境中享受解脫之樂（vimutti sukhaṃ paṭisaṁvedī），他也說：「佛陀『再－進入』（re-entry）他的證悟經驗」。[54] 然而哈爾威否定這是發生於無相三昧中，作者認為這種三昧是他無法瞭解的，儘管他對三昧作了廣泛的研究。作者的看法是，佛陀圓滿覺悟後也常進入無餘涅槃界（anupadisesa nibbāna），就是依無相三昧而入，無相三昧也就是涅槃的同義詞。總而言之，圓滿覺悟的佛陀在命終前就已證得兩種涅槃，有餘涅槃和無餘涅槃。

根據此修持的描述，此詞a-nimittā一詞，是指「沒有任何感官所緣對象」，"nimitta"包含了所有六感官或六根所緣的對象。從其究竟意義上而言，證入無相心解脫（animittā ceto-vimutti）即是證入現法涅槃。儘管此中animitta一詞的意思是「沒有任何感官所緣相／對象」，但他是有想者（saññī ca pana assa）。涅槃是在有想等至中證得，不是無想無受的等至中證得。

---

[53] 迦雅提列給（K. N. Jayatilleke）1975: pp.120-21。更多相關經典文獻可參見M.I.140, T01.766a; D.I.46。

[54] 哈爾威（P. Harvey）1995: p.188。

第四篇

念處
——現法涅槃之捷道

前面第二及第三篇是依據巴利尼卡雅和漢譯阿含經分析證入現法涅槃的適宜之等至，也揭示證入現法涅槃的恰當之道。在眾多經典裡，世尊詳細描述及教導如何證入現法涅槃的諸等至之中，以第四禪那和無所有處二者為證得現法涅槃的最合宜的等至，而其方法就是修持三三昧，所謂空三昧、無相三昧、無願三昧。有關證得四禪那者經由三三昧證入涅槃，可見於《空大經》；有關證得四處者經由三三昧證入涅槃，可見於《空小經》。

在這第四篇要探討的是關於那些從未有禪定經驗者如何證入涅槃的方法，此處特別以漢譯本《語羅侯羅大經》（Mahā-rāhul'ovāda Sutta）為首要經典依據，解析指出由念處到現法涅槃之道。此中分三階段分析：除依《語羅侯羅大經》之外，亦採證其他經典瞭解由念處到四禪那進入解脫之道，次依《染污經》等指出，由念處到無相三昧為淨化解脫之道，最後從眾多經文指出，從四念處到無尋三摩地為解脫聖者日常安住之處。

在此前述探討過程中，發現許多關於佛陀日常生活之安住的記載。這些經文段落都顯示入出息念（ānāpāna-sati）、涅槃、和無思三昧（avitakka samādhi）之間的密切關係。據巴利尼卡雅與漢譯阿含經，佛陀是一位精通各種禪那與四處的禪師，然而，據此關於世尊日常安住的這些經文作檢視，世尊並沒有特別強調禪那與四處之禪修，但卻又每每提及涅槃，這是引人注目之處。

在《空大經》，佛陀聲稱他發現住於內空（ajjhataṃ suññataṃ）；[1] 在《薩迦柯大經》，佛陀說在他為那些前來請求他指導的人開示之後，

[1] M.III.111；《中阿含經》（CBETA, T01, no. 26, p. 738b）。"Ayaṃ kho pan' Ānanda, vihāro Tathāgatena abhisambuddho yad idaṃ — sabba-nimittānaṃ amanasi-kārā ajjhattaṃ suññataṃ upasampajja viharituṃ."

他安住於內無相；[2] 在《相應尼卡雅》S.I.277（126）[3]，佛陀解釋聖者之住為"無尋禪修"（avitakka jhāyā）。根據他處某些經典，佛陀聲稱他發現了並且常安住於空三昧；世尊的一些大弟子，如舍利弗尊者[4] 和一切去尊者[5]，也聲稱他們住於空三昧；可是在《壹叉南葛樂經》[6]（Icchānaṅgala Sutta），佛陀則說他在雨安居期間安住於入出息念三昧（ānāpāna-sati-samādhi）。顯然地，無相、空、無尋、入出息念等語詞，都是可用於描述已覺悟者之心，以及描述現法涅槃。無相三昧和空三昧在前一篇已討論，無尋三昧和入出息念三昧是本篇的討論重點之一。

前二篇已展示四禪那在解脫道的重要角色，也點出空三昧和無相三昧，在其終極意義上是涅槃的同義語，以下的討論焦點圍繞在四禪那、無相三昧、入出息念三昧和無尋三昧之間的關係，嘗試瞭解這些常與涅槃及解脫聖者同時出現在經典中的禪定。本篇將從三要點進行討論。首先是關於念處（sati-paṭṭhāna）和四禪那[7]，此中即欲說明念處之修習如何引向四禪那之證得；第二是關於念處和無相三昧，此處之焦聚是在念處與無相三昧之修習，二者是必要地融合在一起以確保解脫道之安全；第三是探討念處如何引導行者進入無尋三昧，而無尋三昧對一位現生就證得解脫的聖者而言，是一種日常之安住。

有關修持入出息念能終究得至四禪那及涅槃之觀點，不僅巴利經典有許多經證，巴利註釋書亦持有相同觀點。巴利註釋書對《分別界

---

[2] M.I.249；漢譯缺。"So kho ahaṃ, Aggivessana, tassā yeva kathāya priyosāne, tasmiṃ y'eva purimasmiṃ samādhi-nimitte ajjhattam eva cittaṃ saṇṭhapemi sannisādemi ekodi-karomi samādahāmi, yena sudaṃ nicca-kappaṃ nicca-kappaṃ viharāmī ti." 本書在前章已指出，此段經文中的三摩地，即是指無相三摩地或無相三昧。

[3] S.I. 277（126）；《雜阿含經》（CBETA, T02, no. 99, p. 287b, 384a）。

[4] 《增壹阿含經》（CBETA, T02, no. 125, p. 773b）；巴利本從缺。

[5] 《彌沙塞部和醯五分律》（CBETA, T22, no. 1421, p. 193c）；《四分律》（CBETA, T22, no. 1428, p. 970c）。

[6] S.V.326; BB.S.II.1778. "Ānāpāna-sati-samādhinā kho, āvuso, Bhagavā vassāvāsaṃ bahulaṃ vihāsī ti."《雜阿含經》：「如來二月以安那般那念坐禪思惟住。」（CBETA, T02, no. 99, p. 207, a12-23）

[7] 參見葛汀冗長的解說。（Gethin 2001: pp.29-68）

經》的註釋即是一例，經中主角仆枯莎帝在遇到佛之前，就已經自修入出息念，乃至已能證得第四禪那之高深禪定。[8]

[8] BB.M.1346 note1267.

第十六章：從念處到四禪那——進入解脫之道

對於一位從未有禪定經驗者而言，念處（sati-paṭṭhānā）[1]是證入四禪那的方法，依此修習而得的最高成就是能現生就證入涅槃。如在前面那些章節所討論顯示，對於欲斷盡一切漏以及證入現法涅槃一事，能使心極清淨及純淨之第四禪那是必要的環境；而念處在經典中也被認為是得畢竟得解脫的必有此趨向的道路，或一向道，或稱唯一道路（ekāyano ayaṃ maggo）[2]，此是入解脫之道的門徑。依此審思念處、禪那、涅槃之間的關係，應可理解為念處之修習能導向四禪那及現法涅槃之證得，以下將從三部經典釐清此修證涅槃的過程。

漢譯本《語羅侯羅大經》所顯示，即是以入出息念為始而直入現法涅槃之道，經中記載此簡潔又能直接帶來結果的入出息念之操作技巧。從此漢譯經的入出息觀修技巧考察，即可發現其與瑜伽系統呼吸修持法之共通及差異處。本文藉此指出，佛陀對於呼吸修持法的認知與應用不同於他教。另外，依《調御地經》（Danta-bhūmi Sutta）的念處修習三階段，其意旨是含蓋了修證初禪那，此經亦意味著入出息念之修習是無尋三昧修習之前行步驟，而無尋三昧是阿羅漢安住之處。而第三部《簡要經》（Saṃkhitta Sutta）則顯示，念處之修習帶來表示證入四禪那的七階段定。雖然此七階段定能帶來現法涅槃之果，但是前三階段

1　經典中常見的「念處」，有四念處和入出息念。入出息念為多種念處之一，例如《長尼卡雅》的《大念處經》（DN22）及《中尼卡雅》的《念處經》（MN10）都包含入出息為念處之一種。

2　S.V.141。對於此文句的解說，傳統及學者有諸多不同意見，也都沒有一致性的定論。

在他處經典中已被定位為入無為，亦即涅槃，的其中之一道。[3] 在此三階段中，第三階段定是無尋無伺三摩地（avitakka avicāra samādhi），此又再一次顯示無尋三昧與現法涅槃之關係。

一、漢譯《語羅侯羅大經》：由念處直入涅槃

念處為直入涅槃並且是當生得到此成就的「必有此一趨向的道路」，或稱「一向道」，或稱「唯一道路」之說，是記載於漢譯《語羅侯羅大經》，既然可以直接導向涅槃，亦可稱為「捷道」。羅侯羅尊者是悉達多王太子的王子，從皇宮來出家，依其生長背景推論，可以說他不曾有過任何禪定經驗。羅侯羅從皇宮來依佛出家後，佛陀指導他修習入出息念，依著佛陀的指導，羅侯羅尊者證入四禪那然後得三知（ñāṇa），亦即確認他得究竟解脫。（T2.582a-c）此一案例即意味著念處之修習是未曾修習禪定者證涅槃的入門之道。

此漢譯本經典顯示以入出息念為基礎而證入涅槃的清楚階段。此外，此漢本經典亦保存著不同於其他經典記載的入出息念修習方法，此方法並不同於那些記載於巴利尼卡雅的方法。另一重點是這些經文脈絡意味著在氣息之修練上，佛陀的觀點是截然地與瑜伽系統相對立。由此對照所顯示之意義，應當說可以消除當今學界對佛陀禪修法之質疑，多位西方學者總是堅持認為佛陀的禪法是借用自他教的禪修法。仔細觀察與分析巴漢經典，佛陀的禪學修持與理解，實則早已超越了那些他教之禪修法，而此處氣息修練之比照為其一例。

3 S.IV.360: “Katamo ca, bhikkhave, asaṅkhata-gāmi maggo? Savitakko savicāro samādhi, avitakka-vicāra-matto samādhi, avitakko avicāro samādhi — ayaṃ vuccati, bhikkhave, asaṅkhata-gāmi maggo.”

記載於漢本經典的入出息念（ānâpāna-sati）修習不同於那些可見於巴利尼卡雅的修習方法，此經文所見的入出息念技巧也說明為何羅侯羅尊者依此指導就能於此生證得究竟解脫的原因。此處的身心寂靜進展，並沒有禪修主體的介入與操控，禪修者僅是一位觀察者，藉著專注於鼻子以觀察寂靜之進展與深化。佛陀所給的指導記載於漢譯本如下：

> 出息長知息長，入息長亦知息長；出息短亦知息短，入息短亦知息短；出息冷亦知息冷，入息冷亦知息冷；出息暖亦知息暖，入息暖亦知息暖。*盡觀身體入息、出息，皆悉知之。*有時有息亦復知有，又時無息亦復知無。若息從心出亦復知從心出，若息從心入亦復知從心入。
> 如是，羅雲，能修行安般者，則無愁憂惱亂之想，獲大果報，得甘露味。[4]

上述引文中，劃底線部份的經文在相對應的巴利文本中缺席了。斜體字部份則是相對應於巴利文本的經文，如下所引：

> "Sabba-kāya-paṭisaṃvedī assasissāmī"ti sikkhati; "sabba-kāya-paṭisaṃvedī passasissāmī"ti sikkhati.[5]
> 他學習：「我將息入而體驗全身」；他學習：「我將息出而體驗全身」。

Sabba-kāya的意思並不明確，巴利註釋書解釋此句經文為修習者觀察「息身」。註釋書說：「禪修者覺察到入出息的初、中、末三階

4　《增壹阿含經》（CBETA, T02, no. 125, p. 582, a15-23）
5　M.I.56.

段。」[6] 經文僅言“sabba-kāya”意為「全身或整身」並沒有明確指明為「息身」，其相對應的漢譯本說是「身體」，即指「肉體身或色身」。所以，此註釋書的詮釋，若依據漢譯經文所記載的詳細修持方法加以檢視，則顯得有可商榷之疑慮。此漢譯本之概念亦可見於他處漢譯經典，如在漢譯《雜阿含經》（T2.207a）的經文傳達了相同的入出息念修持方法，此經典亦有相對應的巴利經典，見於S.V.326；遺憾的是，在巴利經典中缺了關於入出息念修持的經文部份。此中很明確地「一切身」是指「身行」，而非如巴利註釋說的「息身」。漢譯經言：

> 如來二月以安那般那念坐禪思惟住。所以者何？我於此二月念安那般那，多住思惟；入息時，念入息如實知；出息時，念出息如實知；若長、若短。一切身覺入息念如實知，一切身覺出息念如實知。身行休息入息念如實知，乃至滅出息念如實知。我悉知已，我時作是念：「此則麁思惟住。我今於此思惟止息已，當更修餘微細修住而住」。[7]

《增壹阿含經》與《雜阿含經》都說從觀察呼吸入出、長短，進而觀察到氣息微細至不由鼻子入出，而是轉由身體入出，亦即經由全身皮膚呼吸。根據漢譯阿含經理解sabba-kāya一詞之意，是「全色身或全肉體身」，而不是「全息身」，氣息入出由鼻子而身亦即是由粗而細，這是自然現象。此自然現象不僅見於佛典記載之佛語，在他教氣息相關修練亦有相同之現象，以下是以瑜伽系統為例。自然現象在佛教與瑜伽二系統中是相同，但是對其之理解與應用則是二者截然不同。

6　BB.M.1190 note 141.
7　《雜阿含經》（CBETA, T02, no. 99, p. 207, a15-23）

上述引文，除了顯示漢譯本和巴利本的差異之外，亦傳達了一則令人訝異的重要訊息，即有關佛陀如何看待瑜伽系統。在兩個系統中，與呼吸有關的修習，其過程有相同之處，然而彼此的運作方法卻是大不相同，也因此帶來不一樣的結果。

在瑜伽系統下的解脫之道，控制呼吸和導引呼吸致身體某一特定處是重要的修練。[8] 他們認為人身內有成千上萬的nadi（流），息氣經由此流通往整個色身。然而在成千上萬的流之中，只有三支流應當熟練，以作為瑜伽士宗教修練上的進展。此三支流即sushuma、ida、pingala，亦稱為中脈、左脈、右脈。它們都位於頭部，sushuma在頭頂，另二支流在鼻子部位。它們從頭頂至腳底、腳底至頭頂循迴流轉，而以心臟為中心點。瑜伽行者要修練至能控制它們，並把它們導向至喉嚨的底部。他們相信此處是昆達利蛇（kundali）睡臥的洞窟。當氣息被導入此洞窟，火光爆出（他們視之為火神）並喚醒睡著的昆達利蛇。然後，瑜伽行者必須把這醒過來的昆達利蛇往上導引至自己的頭頂，在此頭頂處與其信仰的神祇結合而得解脫。這就是他們的修行目標。這種修練法中提到的身體的三點，在世尊的教導中也有提到。瑜伽修法提到的身體三要處是：

一、三流牽引氣息集中於鼻處

二、三流牽引氣息川流整個色身，以及

三、三流的中心點是在心臟處。

鼻處、整個色身、和心臟處這三點在佛陀給弟子的教示中也有。如漢譯經所顯示，禪修者在平息的過程中應當注意呼吸的三個階段，此三階段意味著漸次進入更高層次的寂靜心。當呼吸經過身體的這些部份時就能夠察覺到這三個部份：鼻、全身、和心臟。[9] 漢譯經典建議

8　此處整個段落都來自瓦瑞納的著作。（Jean Varenne 1973: pp.155-65）

9　此處 “heart” 一詞或許也是指心（mind）。僅依據此經是很難判斷，因為中文「心」字

修練者應當：

一、觀照氣息進出**鼻子**，如經文所示：「出息長知息長，入息長……入息暖亦知息暖。」

二、觀照氣息經過**整個色身**，如經文所示：「盡觀身體入息、出息，皆悉知之。」

三、觀照氣息進入心臟及從**心臟**出去，如經文所示：「有時有息亦復知有……若息從心出亦復知從心出，若息從心入亦復知從心入。」

此經典所顯示的意思是，呼吸過程從粗息（經由鼻子）到微細（經由身體和心臟）。[10] 這些氣息活動原本就存在於每個人的身體內，但通常人們都不會注意到其存在，然而當禪修者依佛陀教導的方法修持，專注於呼吸就會發現其存在，並且在修持者加強專注力時，就會更加清晰地瞭解其真實面貌。這些是本存於人體內的三個關鍵活動點，所以無論是在佛教系統，或者是瑜伽系統都是共通地提及。然而，二系統所說的修持方法則是彼此不相同，或二系統面對此真實相的態度、瞭解、與運用是截然不同。

有別於瑜伽系統刻意控制呼吸的方法，佛教的方法是修持者觀照呼吸的過程，並且沒有刻意干涉呼吸。以純粹觀照的運作方式，修持者觀察到口行漸次地趣入寂靜（如經文所示：「出息長知息長……入息暖亦知息暖」），接著是身行止靜（如經文所示：「有時有息亦復知有……若息從心入亦復知從心入）。在他處經典中陳述，口行（vitakka尋和vicāra伺）[11] 在第二禪那息滅，而身行（ānāpāna入出息）

可以指 “heart” 亦可指 “mind”.

10 M.III.241: “Katamā ca, bhikkhu, vāyo-dhātu?...... aṅgam-aṅgânusārino vātā......” 此句支持作者的看法，即修持者觀照心或呼吸流通整個身體。

11 在此例子，vitakka（尋），是指「知」呼吸長、短、冷、暖；而vicāra（伺），則是指「觀」鼻端的氣息進入。

則是在第四禪那息滅。簡言之，此經中所說的入出息念的修持方法是可以引領進入四禪那的運作方法。意行的止息，如在第二篇所顯示，則是表示證入涅槃。換言之，終極結果是身、口、意行完全寂滅，此究竟目標與瑜伽系統的目標是截然不同。

相對於佛教的寂滅，在瑜伽系統下修練的瑜伽士刻意激增內在熱能直至發出光茫（他們認為那即是火神，agni）以及控制此熱能，並且把它往上提升至頭頂。[12] 他們認為「梵」住於此，後期興起的印度教說希瓦神（Shiva）住於此，更有一派系認為此處即是涅槃。此即是佛教與瑜伽系統在呼吸相關之修持上最主要差異處。簡言之，在佛教傳統中，修持者只是一個觀照者，而瑜伽系統的瑜伽士是操控者。

在前面提出的問題，此巴利經句真正的意思為何："'Sabba-kāya-paṭisaṃvedī assasissāmī'ti sikkhati; 'sabba-kāya-paṭisaṃvedī passasissāmī'ti sikkhati"（他學習：「我將息入而體驗全身」；他學習：「我將息出而體驗全身」。），[13] 現在答案就已經明確了。從巴利經對應的漢譯經典以及瑜伽系統的解脫方法來判斷，此句的意思是，修持者專注於「流通經過全身的氣息」，而不是巴利註釋書所說的「呼吸之身」。

漢譯《增一阿含經》的《語羅侯羅大經》，見於T2.582a，提到一種完整的修持，它能夠導引修持者證入涅槃，而其相對應的巴利經典則是處理不同的議題。巴利《語羅侯羅大經》提及的教授是有關於：（一）徹觀六元素以使心脫離執取這些元素；（二）修持四梵住（brahma-vihāra）、不淨想（asubha）、及無常想（anicca-saññā）；以及（三）四念處。仔細審察，巴利經典存在著幾個問題。

---

[12] 在許多經典中記載佛陀的禁行教誡，尤其以《一切根本經》（Mūla-pariyaya Sutta）為代表，即修持者不應於地、水、火、風、及四處作種種虛構想或臆測（maññati）。在《烏達那》（Ud.80），地、水等這些在描述涅槃的文脈中被否定了。

[13] M.I.56.

首先，它有一段冗長的、不相關的經文疑似是被誤置入此處，且也不見於漢譯本，這些經文段落是有關以正慧徹觀六元素或亦稱為六界。在他處經典中，徹觀六元素須要有能證入諸禪那的能力。《語羅侯羅大經》的主題是關於教授尚未具證入諸禪那能力者如何證入現法涅槃的教導，以羅侯羅這位悉達多太子之子而言，他甚至有可能連禪修的經驗都沒有。所以巴利本記載在佛陀為他而說的這一教示中，出現此徹觀六元素之修持法為起始點，顯得有點奇怪。

第二點，巴利經典到經典結尾時，也都只有佛陀的教導，而沒有任何一字談到羅侯羅尊者的成就。因此，若僅依解讀巴利經典，我們無法得知入出息念修持之現生的、殊勝的結果。不同於巴利經典，漢譯本明確地展示羅侯羅尊者的成就，亦即經由修持止息漸次道，羅侯羅尊者先證入四禪那接而證得三明，也就決定了他得究竟解脫。由修習念處而證入禪那亦可見於他處經典，如《調御地經》呈現一段明確的經文關於如何以修持念處而證入初禪那。

二、《調御地經》：由念處入定三步驟

根據《調御地經》，念處修持含攝三步驟：準備證入初禪那、證入初禪那、以及轉換進入第二禪那。經文也顯示在初期佛教證入初禪那方法中，尋（vitakka）和伺（vicāra）二詞的意思。以下為三步驟的分析：

第一步驟目的是要隔除外在干擾性的思惟，即那些與居家有關的思惟，這也是證入初禪那的前行準備，此步驟對於新出家比丘而言是重要的修持開端。在巴利經典中，佛陀解釋四念處（cattaro satipaṭṭhāna）修持能幫助比丘「克制其習慣性的居家生活行為、制伏其居家生活的種種記憶和各種意圖、減弱其居家生活帶來的憂患、疲勞、和熱惱」，此經的漢譯本與巴利本幾乎是相同一致的說法：「此四念

處，謂在賢聖弟子心中，繫縛其心、制樂家意、除家欲念、止家疲勞」。[14] 經中所說的修持方法，巴利本詳細的記載著操作面的微細處：

> 他住於觀身為身，精勤、全然知道、念住，驅除對世間的貪欲及憂悲。他住於觀受為受……觀心為心……觀現象為現象[15]，精勤、全然知道、念住，驅除對世間的貪欲及憂悲。[16]

而其漢譯本則是較簡略地描述：

> 汝當觀內身如身，乃至觀覺 ……心 ……法如法。若聖弟子觀內身如身，乃至觀覺…… 心……法如法者……[17]

菩提比丘指出，此經所說之四念處（sati-paṭṭhāna）修持，一般上是保留給四禪那的教法，[18] 作者認為這是為初學者而說的修持念處的方法，然而相同的方法也在與阿羅漢相關處提到，儘管阿羅漢的心理狀態已與初學者截然不同。佛陀勸誡弟子們要時時刻刻專注，許多經典都提及阿羅漢在行、住、坐、臥都是全然地知道及心專注。接續此段經文的是一段關鍵經文，明確地顯示幾個步驟能引領修持者證得阿羅漢果位。

---

14 M.III.136; BB.M.995. “Evam eva kho, Aggivessana, ariya-sāvakassa ime cattāro sati-paṭṭhānā cetaso upanibandhanā honti, gehasitānañ c’eva sīlānaṃ abhinimmadanāya, gehasitānañ c’eva saṅkappānaṃ abhinimmadanāya, gehasitānañ c’eva daratha-kilamatha-pariḷāhānaṃ abhinimmadanāya, ñāyassa adhigamāya nibbānassa sacchikiriyāya.”《中阿含經》（CBETA, T01, no. 26, p. 758, b5-7）

15 作者認為 “dhamma”一詞，對於初學者而言，是指現象而不是如菩提比丘所譯的心像或心的所緣相（mind-objects）。

16 M.III.136; BB.M.995. “Kāye kāyânupassī viharati ātāpi sampajāno satimā, vineyya loke abhijjhā-domanassaṃ; vedanāsu…… citte…… dhammesu dhammânupassī viharati ātāpī sampajāno satimā, vineyya loke abhijjhā-domanassaṃ.”

17 《中阿含經》（CBETA, T01, no. 26, p. 758, b3-5）

18 BB.M.1332 note1176.

第二個修持步驟之目的是要去除內在微細散漫的思惟，即與觀修所緣有關之身、受、心、以及現象，此階段顯示從初禪那到第二禪那的轉換技巧。同時，此經文段落展示的初禪那成就含蓋兩類禪定，一是有尋有伺三摩地（savitakka-savicāra samādhi），一是無尋唯伺三摩地（avitakka-vicāra-matta）。

根據此經，修持者應當觀身為身，而不應尋思（mā vitakkesī）與身體關聯的（kāyûpasaṃhitaṃ）思惟；應當觀諸受為諸受，而不應尋思與諸受關聯的（vedanûpasaṃhitaṃ）思惟；應當觀心為心，而不應尋思與心關聯的（cittûpasaṃhitaṃ）思惟；應當觀現象為現象，而不應尋思與現象關聯的（dhammûpasaṃhitaṃ）思惟。[19] 此階段的禪定修持強調"mā……vitakkesī"，表示修持者前進至或無尋唯伺三摩地（avitakka-vicāra-matta samādhi），或無尋無伺三摩地（avitakkâvicāra samādhi）。而經文也顯示修持者前進至有尋有伺三摩地（vitakka-vicāra samādhi），這是因為在修持者達到無尋唯伺三摩地（avitakka-vicāra-matta samādhi）之前，他是在有尋有伺（vitakka-vicāra）的階段。

在有尋有伺階段，他觀身為身並且同時也思惟與身體有關的種種思惟。他觀諸受、心、現象時，也都有思惟著與諸受、心、現象有關的種種思惟。進一步則是前述的觀身、受、心、現象而不尋思與身、受、心、現象關聯的思惟。簡言之，在這一部可說是相當特別的一經，佛陀教導有關如何從初禪那前進證入第二禪那的操作技巧，即以停止與四念處關聯的種種尋思（vitakka）。那麼，第二步驟是顯示證

---

19 M.III.136; BB.M.995. "Ehi tvaṃ, bhikkhu, kāye kāyânupassī viharāhi, mā ca kāyûpasaṃhitaṃ vitakkaṃ vitakkesi, vedanāsu vedanânupassī viharāhi mā ca vedanûpasaṃhitaṃ vitakkaṃ vitakkesi, citte cittânupassī viharāhi, mā ca cittûpasaṃhitaṃ vitakkaṃ vitakkesi, dhammesu dhammânupassī viharāhi, mā ca dhammûpasaṃhitaṃ vitakkaṃ vitakkesī ti." 《中阿含經》：「汝當觀內身如身，莫念欲相應念，乃至觀覺、心、法如法，莫念非法相應念。若聖弟子觀內身如身，不念欲相應念，乃至觀覺、心、法如法，不念非法相應念者。如是，聖弟子隨如來教。」（CBETA, T01, no. 26, p. 758, b15-18）

入初禪那，而第一步驟則是顯示進入初禪那的準備，即切除不善的種種障礙。

緬甸版巴利經典顯示的方法有些不相同處，似乎是背離了標準修持方法；漢譯版本則是與巴利聖典協會（PTS）版本一致，而第六結集緬甸版本的巴利經文把尋思局限於與感官欲樂相關的（kamûpasaṃhitaṃ）思惟。[20] 也就是說，緬甸版本主張的是修持者應當觀身為身，而不應當思惟與感官欲樂關聯的思惟；應當觀諸受為諸受，而不應當思惟與感官欲樂相關的思惟；同樣地，觀心和觀現象也是如此地作觀。此限制並不相容於第二步驟的修持。與感官欲樂相關的思惟，應當在第一步驟就已經棄捨。在第一步驟修持中，種種與感官欲樂相關的思惟都已被去除，諸如種種與居家生活相關的欲樂思惟。由此而更進一步的進展是期待在第二步驟中完成。亦即如同PTS版本所顯示的，停止與身、受、心、和現象相關的種種思惟。此停止意味著或成就無尋唯伺三摩地（avitakka-vicāra-matta），或成就無尋無伺三摩地（avitakka-avicāra samādhi）。接續此後的經文顯示，修持者是證入無尋無伺三摩地，經中說修持者證入第二禪那。無論如何，PTS版本的巴利經典和漢譯版本的經典都與作者所觀察的相同一致。

經文脈絡所傳達的訊息是修持者在修持觀身、受、心、和現象時，應當避免心理上的增殖，而由此使心準備好向上進昇到更高層次的禪定。當觀身時他或許會生起與身體有關的思惟，或者生起與身體涉及的其他事情有關的思惟，此心理增殖應當要避免。這些思惟並不是指與其之前的居家生活有關的思惟。PTS巴利聖典協會的巴利版本以及漢譯版本提出所應避免之事例範圍相當大，即當正在觀身、受、

[20] CSCD: "Ehi tvaṃ, bhikkhu, kāye kāyânupassī viharāhi, mā ca kāmûpasaṃhitaṃ vitakkaṃ vitakkesi, venanāsu...... citte...... dhammesu dhammânupassī viharāhi, mā ca kāmûpasaṃhitaṃ vitakkaṃ vitakkesi."

心、和現象時，任何思惟之生起都要避免。此對應上強化心的寂靜性以及準備讓心昇上更高層次的進程。此處應當指出的重要的差異點，即，有些現代禪修老師提倡當修持者觀身時，他應當專注於對身體的每一個部份，並對其「一一稱名」。依上述經典的意思而言，如此的心理增殖是所應當避免。

此中強調驅除思惟的修持法，讓我們注意到有一種屬於阿羅漢的三摩地——無尋三摩地（avitakka samādhi）。[21] Vitakketi（尋思），是未經修持之心的普遍傾向。在前章指出，vitakka（尋）能轉換saññā（想）成為papañceti（概念增殖）。阿羅漢維持其心處於avitakka（無尋）的狀態，他就能有感受而不會掉入概念增殖。根據目前討論的經典，新出家比丘甚至在其修行初始階段就被教導去培養「無尋之心」（avitakka），此修持的終極成就即是證入阿羅漢的三摩地——無尋三摩地（avitakka samādhi）。無疑地，念處（sati-paṭṭhāna）是直往涅槃之道，在此經是如是地展現於眼前。[22]

第三個修持步驟是為更高階的心之淨化修持而設，即四禪那之修持。相對應的漢譯經典認可若比丘如此修持即是隨如來教法者：「如是聖弟子隨如來教」。下一步的修持，佛陀說，是培養如佛那樣地安住的安住修持法，也就是指「住不移動」：「如是聖弟子則隨如來住不移動」。此「不移動」境界是以修持四禪那而證入，因為四禪那當中唯有第四禪那被認為是不動。在巴利版的經文並沒有任何一字一句提到初禪那，而經文顯示的是修持者修持四念處後證入第二禪那。巴利經文說：

> ……dhammesu dhammânupassī viharāhi mā ca dhammûpasaṁhitaṁ vitakkaṁ vitakkesīti.

---

[21] 此三摩地將在此章的最後一節討論。

[22] BB.S.II.1638；S.V.156-57；《雜阿含經》（CBETA, T02, no. 99, p. 172a）。

> So vitakka-vicārānaṁ vūpasamā ajjhattaṁ sampasādanaṁ cetaso ekodi-bhāvaṁ avitakkaṁ avicāraṁ samādhijaṁ pīti-sukhaṁ dutiya-jjhānaṁ.[23]
> ……藉著安住在於現象隨觀現象而不尋思與現象關聯的思惟；平息了尋和伺，內淨、一心、無尋無伺、定生喜樂，他證入第二禪那。

漢譯本是從「觀法如法……」而進入到「離欲、離惡不善之法……」為起始，即意味著是由修持四念處而進入初禪那：

> 乃至觀覺、心、法如法，不念非法相應念，如是聖弟子隨如來教。若聖弟子隨如來教者，如來復更調御比丘：「汝當離欲、離惡不善之法，至得第四禪成就遊。」若聖弟子離欲、離惡不善之法，至得第四禪成就遊者，如是聖弟子則隨如來住不移動。[24]

關於為何經中沒有提及初禪那，菩提比丘在註腳中的解說與本文的詮釋是相符一致，他解釋：「稍早有關念處之修持的經文應當是含蓄地含蓋了初禪那」，[25] 亦即第二個修持步驟就包含了證入初禪那；巴利註釋書似乎沒有注意到這一點，它並沒有對此段文作任何解釋。不同於巴利版本，其相對應的漢譯版本則說，修持者一定要先脫離感官欲樂及不善法，之後才證入初禪那。無論是哪個版本，修持者都是由修持四念處而證入四禪那。

之後，修持者證得三明，表示他證得究竟解脫。此外，這是唯一的一部經典顯示，修念處如何能導引修持者從初禪那進入到二禪那，

---

23 M.III.136.
24 《中阿含經》卷52〈2 大品〉（CBETA, T01, no. 26, p. 758, b23-29）
25 BB.M.1333 note1177.

尤其是平息尋（vitakka）和伺（vicāra）的操作方法。金剛智長老在其著作中指出，在《中尼卡雅》之《韋達拉小經》（Cūḷa-vedalla Sutta, M.I.301）說到四念處之三摩地相，此意味著四念處可以引入三摩地（Katame samādhi-nimittā?...... cattāro sati-paṭṭhānā samādhi-nimittā......），[26] 因為在他處經典，九等至都是三摩地，禪那即是三摩地的一種。如在T2.639舍利弗尊者入出九次第定自在無礙，他稱此功夫為「師子奮迅三昧」，三昧即是三摩地的別譯。那麼，四念處可引入三摩地，三摩地之一即是四禪那，此則意味著四念處能導引修持者進入四禪那。

三、《簡要經》：由念處入七種定

關於四念處修持能引領修持者證入四禪那亦可見於《增支尼卡雅》的《簡要經》（Saṃkhitta Sutta）。[27] 不同於《調御地經》，《簡要經》提到七禪定層次，然而，這其實也含蓋了四禪那。七禪定層次中的前三者被視為是通往無為之道——涅槃。第三層次，無尋無伺（avitakka avicāra），再一次顯示無尋三摩地（avitakka samādhi）與涅槃之間的關係。此經與《調御地經》都是描述以四念處修持為始起點而證入四禪那之解脫道。

此經[28] 提出兩種方法以使遠離惡不善法（pāpakā akusalā dhammā）。它們是兩種修心方法，其目的是修心以達到穩定它（ṭhitaṃ）和內在地

[26] 金剛智（Vajirañāṇā）2010（1961）: p.15。

[27] A.IV.299-302.

[28] A.IV.299-301: "Yato kho te bhikkhu ajjhattaṃ cittaṃ ṭhitaṃ hoti susaṇṭhitaṃ, na c'uppannā pāpakā akusalā dhammā cittaṃ pariyādāya tiṭṭhanti, tato te bhikkhu evaṃ sikkhitabbaṃ: Mettā me ceto-vimutti bhāvitā bhavissati bahulī-katā yānīkatā vatthukatā anuṭṭhitā paricitā susamāraddhā ti. Evaṃ hi te bhikkhu sikkhitabbaṃ....... Karuṇā me ceto-vimutti...... muditā me ceto-vimutti...... upekkhā me ceto-vimutti......Kāye kāyânupassī viharissāmi, ātāpī sampajāno satimā vineyya loke abhijjhā-domanassan ti...... Vedanāsu...... Citte...... Dhammesu dhammânupassī viharissāmi,

（ajjhattaṃ）完善地穩定它（susaṇṭhitaṃ）。換言之，這些修持是以善法（kusalā dhamma）訓練心向內穩定。佛陀在此提出的兩種修持方法是四梵住（brahma-vihāra）和四念處，此二修持方法不僅能避免惡不善法之生起，亦能引導修持者體驗四禪那。由於目前討論的是關於四念處，此處之討論不將四梵住之修持納入探討範圍。四念處之修持所述如下，比丘應該如此修持觀身：

> Kāye kāyânupassī viharissāmi ātāpī sampajāno satimā, vineyya loke abhijjhā-domanassan ti.
>
> 我住於觀身為身，精勤、全然知道、以及專注，去除對世間的貪欲與憂悲。[29]

他如此觀身，觀受（vedanā）、心（citta）、和現象（dhamma）亦如是。此句「去除對世間的貪欲與憂悲」，將之與《調御地經》的第一步驟相比對，即可瞭解它是指以前他居家時的習慣、記憶、意圖、不安、疲勞、和熱惱。

接著，經文顯示七層次三摩地，每一層次都有一最顯著的心元素，即心所，或心活動，亦稱禪支。此處經文提出的禪定心所或禪支，並不同於四禪那的一般標準描述，然而它們可以分類歸屬於四禪那。七層次三摩地是依其主要心所列示：

一、有尋有伺（savitakka-savicāra）

二、無尋有伺（avitakka-vicāra-matta）

三、無尋無伺（avitakkâvicāra / avitakka-avicāra）

四、有喜（sa-ppītika）

ātāpī sampajāno satimā vineyya loke abhijjhā-domanassan ti.”

[29] A.IV.300.

五、無喜（ni-ppītika）

六、有樂（sāta-sahagata）

七、有捨（upekkhā-sahagata）

此七條列心所與四禪那主要心所相比對，即可發現此七層次與四禪那之關聯：一和二為初禪那、三和四為第二禪那、五和六為第三禪那、七為第四禪那。此經或許支持後期阿毘達磨五支禪那之開展，但此開展卻遭現代上座部法師羅侯羅法師批評為毫無根據的阿毘達磨佛教的新發明，完全背離了巴利尼卡雅。[30]

另一方面，七層次三摩地是與究竟解脫有密切關係。在記載佛陀回憶其成佛前的修持經驗的《染污經》（Upakkilesa Sutta）亦找到此三摩地進程經文段落。[31] 此經記載佛陀曾經經歷七層次三摩地，而後才證得圓滿覺悟。此外，《無為相應》（Asaṅkhata-saṃyutta）[32]記載七層次三摩地的前三者是通往無為之道——即通往「涅槃」。此三層次即指有尋有伺、無尋唯伺、以及無尋無伺。無尋（avitakka）與涅槃之關係，我們又一次看到呈現在此《無為經》（Asaṅkhatam Sutta）。

關於入出息念之修持能導向證入四禪那以及最終證得三知（ñāṇa）亦可見於巴利《念身經》（Kāya-gatā-sati Sutta）和《大念處經》（Mahā-sati-paṭṭhāna Sutta）。二經都有其相對應的漢譯經典，即分別為《念身經》（T01.554c-）和《念處經》（T01.582b-）。前述這些經典，除巴利《大念處經》，都有一共通點，即入出息念之修持能令導向證得四禪那，而終極成就是證得阿羅漢果位。入出息念之修持能引領至斷盡諸漏亦見於《相應尼卡雅》，此經說：「……諸比丘，如是修持入出息念三摩地，多習作，則引向棄捨繫縛……導向根除潛

30 羅侯羅（Rahula）1978: pp.84-92。
31 M.III.162；《中阿含經》（CBETA, T01, no. 26, p. 538, c3）
32 S.IV.361; BB.S.II.1373.

伏傾向……導向全然瞭解旅程……導向斷盡諸漏。」[33] 在《增支尼卡雅》有幾部經典列舉入出息念修持的助緣，並且強調這些能夠成功地及快速地導向獲得不動（akuppaṃ）（A.III.120-21）。

入出息念引領修持者直接到修習梵行的究竟目的，如同上述那些經典所示。然而有一些經典也顯示在止寂（samatha）道上會遇到一些干擾，而也提及所要採取的步驟，以對治這些會帶來負面影響的障礙。無相三昧修持的作用，就是當這些障礙現前時，用以對治的方法，此即就是下一章所要討論的課題。

---

33 S.V.341; BB.S.II.1786. "Evaṃ bhāvito kho, bhikkhave, ānāpāna-sati-samādhi evaṃ bahulīkato saṃyojana-ppahānāya saṃvattati...... anusaya-samugghātāya saṃvattati...... addhāna-pariññāya saṃvattatī ti...... āsavānaṃ khayāya saṃvattatī ti."

第十七章：從念處到無相三昧 ——淨化解脫之道

此章要分析的是念處引領修持者至證入無相三昧（animitta samādhi）的可能性。無相三昧進展成為無相心解脫（animittā ceto-vimutti），並且以不動心解脫（akuppā ceto-vimutti）為終極成就，此不動心解脫表示現前當下證得現法涅槃。有多部經典顯示念處修持與無相三昧的必然關係，然而這當中有一巴利經典所陳述的內容是具有與其他相關經典相違之處。為解決此對立之疑，此處的討論將會引用到經典、巴利註釋書、現代禪修老師、以及現代學者的說法。由此即發現現代學術界對uggaha-nimitta（獲得相）和paṭibhāga-nimitta（相對相）二詞的詮釋有重大乖離經典原意之勢。解決這些對立疑點之後，最末一節將進一步分析無相三昧修持能淨化及保障解脫道。

一、修念處而入無相三昧

下述經典意味著念處修持引領修行者證入無相。根據巴利《身念處經》及其相對應的漢譯經典和另一部漢譯《念處經》，觀身之修持包含修持者證入四禪那時觀定中的身受。[1] 禪修者將心捨離伴隨禪

[1] 《中阿含經》：「復次，比丘觀身如身。比丘者，離生喜樂，漬身潤澤，普遍充滿。於此身中，離生喜樂無處不遍，猶工浴人器盛澡豆，水和成摶，水漬潤澤，普遍充滿，無處不周。……如是比丘觀內身如身。觀外身如身，立念在身，有知有見，有明見達，是謂比丘觀身如身。

復次，比丘觀身如身。比丘者，定生喜樂，漬身潤澤，普遍充滿。於此身中。定生喜樂無處不遍，猶如山泉，清淨不濁，充滿流溢，四方水來，無緣得入，即彼泉底，水

那定境而來的種種樂受，因為這些樂受都是「相」（nimitta），能障礙涅槃之證得；喜愛這些樂受者即是陷於「內在障礙」，有內在障礙者就不能證入涅槃，即如同在《解說概要經》大迦旃延尊者（Mahā-kaccāna）所解說。而放棄種種樂受的方法就是將心轉離樂受（相），此「將心轉離相（樂受）」即是無相三昧之修持，由此觀察到念處如何與無相三昧關聯，相同的修持法亦見於佛陀給從皇宮來出家修行的羅侯羅尊者的指導中。

佛陀給羅侯羅尊者的指導是最有力經證，說明念處修行法之一的入出息念修持能導引進入無相三昧之修持，[2] 此亦見於巴利《經集》。佛陀教導他依止波羅提木叉，並且要收攝五感官，再加上要專注於身體。[3] 他也應當要遠離與樂相應又伴隨著情感之相（nimitta），[4] 他應當修持無相[三昧]（animittañ-ca bhāvehi）[5] 以棄捨潛伏慢（mānânusayaṃ ujjaha）。[6] 在前篇章已討論指出無相三摩地是涅槃的同義詞，然而在某些例子中，無相三昧只是暫時性的境界，正如在

自涌出，流溢於外。漬山潤澤，普遍充滿，無處不周。……如是比丘觀內身如身。觀外身如身，立念在身，有知有見，有明有達，是謂比丘觀身如身。

復次，比丘觀身如身。比丘者，無喜生樂，漬身潤澤，普遍充滿。於此身中，無喜生樂無處不遍，猶青蓮華，紅、赤、白蓮，水生水長，在於水底，彼根莖華葉悉漬潤澤，普遍充滿，無處不周。……如是比丘觀內身如身。觀外身如身，立念在身，有知有見，有明有達，是謂比丘觀身如身。

復次，比丘觀身如身。比丘者，於此身中，以清淨心意解遍滿成就遊。於此身中，以清淨心無處不遍，猶有一人，被七肘衣或八肘衣，從頭至足，於其身體無處不覆。……如是比丘觀內身如身，觀外身如身，立念在身，有知有見，有明有達，是謂比丘觀身如身。」（CBETA, T01, no. 26, p.582, c20-p.583, a21）

2 Sn 342.

3 Sn 340: "Saṃvutto pātimokkhasmim indriyesu ca pañcasu, sati kāyagatā".

4 Sn 341: "Nimittaṃ parivajjehi, subhaṃ rāgûpasaṃhitaṃ".

5 迦雅韋卡瑪強調此為「修持（或思維）無相」（"developed (thoughts on) the signless"）（Jayawickrama 2001: p.134）。然而，文本中並未顯示此僅是一種思維（thought）。諾門似乎有注意到它，他將它譯為「修無相」（"develop the signless".（Norman 2001: p.42）

6 Sn 342: "Animittañ ca bhāvehi, mānânusayaṃ ujjaha".

《哈提舍利子經》（Hatthi-sāriputta Sutta，或漢譯《支離彌梨經》）[7]中，大拘絺羅尊者（Mahā-koṭṭhika）所警誡的。

在《哈提舍利子經》，我們也觀察到念處與無相三昧之間的可能關聯。前一章已經討論入出息念導引修持者進入四禪那，而此處《哈提舍利子經》則討論四禪那和無相三昧，經文脈絡意味著無相三昧之證得是在證入第四禪那之後。此經警誡，若修持者好樂於大眾聚會，又樂於種種無意義的交談，四禪那與無相三昧之證得將會再次失去。[8]

此經教誡說，若人修得四禪那和無相三昧則應當進一步追求尚未得到的成就（未得欲得）、去獲得尚未獲得的成就（不獲欲獲）、去證得尚未證得的成就（不作證欲作證），[9]僅僅滿足於（便自安住）四禪那和無相三昧之成就並不會帶來究竟解脫。經文所要傳達的意思是這些成就，四禪那和無相三昧，僅是暫時性的成就，尚未轉換成永久性的或不動之成就。

修持者在禪那定境和無相三昧中體驗暫時性的心解脫，他仍然未達到修習梵行的究竟目的，尚有待完成的是要將此暫時性的心解脫轉換成永久性的解脫境界，亦即轉換成不動心解脫（akuppā ceto-vimutti），也是涅槃的同義詞。無相三昧終極成就是不動心解脫，如同《韋達拉大經》所示，同時此經經文脈絡指出，究竟解脫是要立基於四禪那和無相三昧去圓滿達成。

---

7 A.III.397；《中阿含經》（CBETA, T01, no. 26, p. 558b-559b）.

8 A.III.397: "Idha pan'āvuso, ekacco puggalo sabba-nimittānaṃ amanasikārā animittaṃ ceto-samādhiṃ upasampajja viharati …….saṃsaṭṭho viharati bhikkhūhi bhikkhunīhi upāsakehi upāsikāhi raññā rāja-mahāmattehi titthiyehi titthiya-sāvakehi, tassa saṃsaṭṭhassa vissaṭṭhassa pākaṭassa bhassam anuyuttassa viharato rāgo cittaṃ anuddhaṃseti, so rāgânuddhaṃsena cittena sikkhaṃ paccakkhāya hīnā-yāvattati."

9 《中阿含經》：「或有一人逮得初禪。彼得初禪已，便自安住，不復更求未得欲得、不獲欲獲、不作證欲作證。彼於後時，便數與白衣共會，調笑貢高，種種談譁。彼數與白衣共會，調笑貢高，種種談譁已，心便生欲。彼心生欲已，便身熱心熱。彼身心熱已，便捨戒罷道。」（CBETA, T01, no. 26, p. 558, b18-24）

二、念處與無相三昧修習先後

根據上述幾部經典所顯示，念處和無相三昧之關係，是一種有先後次第的排序。儘管如此，下述巴利經典卻顯示不同排序。在《相應尼卡雅》S.III.92一經顯示，修持四念處和無相三昧是平行次第，而其在T2.71c的漢譯本則說，此二修持有先後次第，即無相三昧是在四念處之後修持。此漢譯經典說若修持者「於四念處繫心」並且「住無相心三昧」，那麼惡、不善法[10]將會永久性地斷盡（無餘永盡）。[11]此外，若修持者重覆地修持與練習無相三昧，他將會證入「甘露門」而證得如甘露般的涅槃（甘露涅槃），[12]在他處經典，「甘露門」是指三三昧，亦即是「解脫門」（vimokkha-mukha）。

相對的，其巴利經典則是將二者擺放為平行次第。根據此經典，四念處和無相三昧是選擇性的修持，都可以帶來大果（maha-pphala）和大利益（mahânisaṃsa），亦即修持者或「修持四念處」，或「住於無相三昧」，都將證入涅槃。[13]

以下將從四面方探討，為使瞭解這些修持的次第，到底應該是平行，或是有先後之分。此考察不僅限於經典，也要從現代禪修老師、巴利註釋書、以及現代學術界看法來檢視。我們將發現其結果顯示，這些經典、現代禪修老師、以及巴利註釋書，在四念處和無相三昧之關係上的理解是一致的，他們對相（nimittā）有共同的理解。

---

[10] 可與此句比較：“pāpakā akusalā dhammā”。

[11] 《雜阿含經》：「於四念處繫心，住無相三昧，修習多修習。惡、不善法從是而滅，無餘永盡。」（CBETA, T02, no. 99, p. 72, a26-28）

[12] 《雜阿含經》：「修習無相三昧，修習多修習已，住甘露門，乃至究竟甘露涅槃。」（CBETA, T02, no. 99, p. 72, a29-b1）

[13] S.III.93: “Catūsu vā sati-paṭṭhānesu suppatiṭṭhita-cittassa viharato animittaṃ vā samādhiṃ bhāvayato. Yāvañ c’idaṃ, bhikkhave, alam eva animitto samādhi bhāvetuṃ. Animitto, bhikkhave, samādhi bhāvito bahulī-kato maha-pphalo hoti mahânisaṃso.”

反而，現代學術界則有著不同於前三者的理解，以下的檢驗會彰顯他們的理解有極大背離，尤其是對uggaha-nimitta和paṭibhāga-nimitta二詞的理解。

（一）《染污經》記載世尊的經歷

無相三昧的其中一項功能是驅除舍摩他道上的障礙，如同《染污經》所顯示，光（obhāsañ）與所見形色（dassanañ ca rūpānaṃ）在修持禪定會自然顯現，而它們是應當要被棄捨以便證得涅槃。佛陀前往探訪幾位正在精進修行的比丘。其中的阿那律陀尊者（Anuruddha），在回應佛陀的詢問中承認他有過一些特殊經驗，一些超常現象出現，如見到光和可見形色，但是他不知道如何處理這些現象。接著在為他解除疑惑時，佛陀回憶自己未成道前也有相同的修行經驗，並分享他的經驗及處理方法。

如經中所記載，喬達摩菩薩很努力地以各種方法嘗試去瞭解這些現象，而最後他就捨棄了它們。喬達摩菩薩處理那些現象的過程可歸類為三階段，而最後他捨棄了它們，因為它們並不有助於證得圓滿覺悟。這也是為何他把無相三昧修持放在解脫道作為一種必修法門。

在第一階段，喬達摩菩薩發現這些光和形色的超常現象，或出現或消失，都是因為心的障礙所導致。他的分析中顯示他遇到並處理過十一種障礙。這些障礙可歸類為五組；在他處經典，此五則是列為入初禪那的障礙。以下為依巴利《染污經》及其漢譯對應本《長壽王本起經》對這些障礙的分類：

表4-1　他處經典常見的五障與《染污經》的十一障礙

他處經典常見的五障	巴利《染污經》的十一種障礙	漢譯《長壽王本起經》的十一種障礙（T1.536c）
kāma-cchanda 感官之欲／欲貪	abhijappā 渴望	——
vyāpāda 恚害	chambhitatta 害怕、驚駭	1.恐怖患 2.身病想患
uddhacca-kukkucca 煩躁懊悔	Uppila 得意、振奮	喜悅患
	accāraddha-vīriya 精力過度	過精勤患
	nānatta-saññā 種種想	若干想患
	atinijjhāyitatta rūpānaṃ 過度取相修	不觀色患
	——	自高心患
thīna-middha 怠惰與遲滯	thīna-middha 怠惰與遲滯	睡眠患
	amanasi-kāro 不作意	無念患
	duṭṭhulla 遲鈍、惰性	太懈怠患
	atilīna-viriya 精力不足	——
vicikicchā 疑	vicikicchā 疑	疑患

在第二個階段，當喬達摩菩薩分辨及驅除了這些障礙，他就能自在地掌控光與形色的出現與消失。菩薩發現有時候他感知光但不見形色，而有時候他又能感知形色而不見光，之後他瞭解到其原因是他的專注力強弱所致。僅專注於光，他能見光但不見形色；僅專注於形色，他能見形色不見光。此外，在此二情況中，無論是光或是形色，

它們顯現的時間可以維持長達一整天，或者一天一夜。[14]

之後，在第三階段，進一步的精勤修練，是致力於掌控現象的範圍大小。光的亮度或形色之大小，是掌控在增加或減少禪修時所專注範圍。藉由增加禪定專注範圍，所見光或形色也隨之增加。藉由減少禪定專注範圍，所見光或形色也隨之減少。這種熟悉掌控光與形色的能力也能夠讓這種現象維持一整天或一整晚或一天一夜。[15]

然而，對於這些超常現象之掌控，並不能保證他一定能證得究竟解脫。根據此經典，喬達摩菩薩放棄了這種掌控，而持續修練三種禪定，[16] 這些禪定一共有七層次，而這七層次是與前述《簡要經》所說的相同，亦即代表著四禪那之證得。然後，依著三種禪定成就，究竟解脫的知和見顯現於他，如巴利及漢譯經中所說：

> Ñāṇañ ca pana me dassanaṃ udapādi, "akuppā me vimutti. Ayam antimā jāti, n'atthi dāni punabbhavo" ti.
>
> 知與見顯現於我：「我的解脫是不可動搖，此是我最後生，不會再有來生。」[17]

漢譯本亦持相同說法：

> 我生知見極明淨，趣向定住，精勤修道品：「生已盡，梵行已立，所作已辦，不更受有，知如真」。[18]

---

[14] M.III.161；《中阿含經》（CBETA, T01, no. 26, p. 539a）

[15] M.III.162；《中阿含經》（CBETA, T01, no. 26, p. 539a）。在《增支尼卡雅》A.IV.302-05一經記載，佛陀從能見光（obhāsa）和色（rūpā）而獲得的潛能，見到諸天神。

[16] M.III.162.

[17] M.III.162; BB.M.1015.

[18] 《中阿含經》（CBETA, T01, no. 26, p. 539, b6-8）

由於精練於掌控定中之超常現象並不會帶來究竟解脫，喬達摩菩薩放棄了這些心行上的瑕疵點。他應用於克服那些障礙的方法就是以「不專注於那些現象」，或對那些現象「不作意」（amansi-kāro），如同經文所顯示，他把朝向那些光與形色現象的心收攝回來，而這正是無相三昧之修持方法。由此而得的結論是，根據此經，無相三昧之修持是在證入四禪那之前。

（二）現代禪師的實修體驗

在現代禪修團體中也一樣有類似現象，即在禪修中有這種光與形色現象顯現的情形，以下列舉幾個例子。緬甸在家禪修老師，烏巴金（U Ba khin）的經驗，被記載於威斯頓金的研究中。他如此描述烏巴金給他的備忘錄：

> 進入禪那定境的過程，在信中有進一步的描述為一種專注於鼻端的呼吸，正要接近心一境性時會察覺到閉著眼睛看到許多光點或一個光點，掌控這光點以致能「用心玩著它」，把它「放置於」任何他想要放的位置，乃至最後把它放置於鼻子底端，然後把它向內拉回（「吞下它」）一直到它與「內在心光」結合。這將會產生初禪那，以及轉而更高層次的禪那，方法都是藉由一再地將光往內拉。[19]

在此文脈中，光是一種外在對象，只有在專注定境中出現。此外，在烏巴金解釋一個學生的經驗中，此光是被視為相對相（paṭibhāga-nimitta）。[20] 在緬甸禪修僧的方法中，列笛禪師，烏巴金的老師，也有

[19] 威斯頓金（Winston King）1992: p.111。
[20] 威斯頓金（Winston King）1992: p.129。

記載關於光之顯現。如威斯頓金所記述：「若禪修者能『專門地維持現前的身心過程—那麼，一種觀（心靈之見）的結果，非常明亮的光將會顯現於他』。」[21]

另一則威斯頓金的記載是有關緬甸禪修大師的經驗，孫倫禪師，也顯示入出息念修持帶來的一些經驗，即在他坐著禪修時，見到有顏色之光和圖案在他眼前閃耀。[22] 當禪修時，孫倫禪師修持定力的方法是全然專注於呼吸之觸；在日常工作中，他修持定力的方法是全然專注於手和犁之觸，或者手和切刀柄之觸，或者在走路時腳踩地之觸。[23] 換言之，在密集的專注和禪修修練中會出現那些超常之相。

另一例子是泰僧，瑪哈缽瓦禪師（Achan Maha Boowa）的指導。康菲指稱，從這兩種修持（「依定修慧」和「依慧修定」）而得的結果是修得甚深的定與慧，而這將會出現來自內心的隱密之光。[24] 然而相關書籍中都不見有任何一位禪師提到如何處理這些現象，除了瑪哈希禪師，如下述段落所討論。

有關禪修中見種種光的許多記載中，最受注目的就是依緬甸瑪哈希禪師的方法修持所證得。這記載與前章所強調的要點有關，亦即念處修持應當接著或應用無相三昧之修持。文中顯示修持者應當如何處理禪修中出現的種種相，其書如此記述：

> 注意到這些極光亮之光及其他等等顯現之後，他繼續不斷地如前面那樣的注意著身體和心的進程……當如此從事於注意，他克服了種種染污，有關極光亮之光、極喜、寂靜、快樂、執

[21] 威斯頓金（Winston King）1992: p.136。
[22] 威斯頓金（Winston King）1992: p.137。
[23] 威斯頓金（Winston King）1992: p.137。
[24] 康菲（J. Confield）1996: p.173。

著、等等……[25]

顯然地，根據此文，光之消失是因為不再注意那些光，而是將心回歸到原本修持的方法。覺察到光會分散專注力，他把專注力轉向遠離這些光，而專注於身和心的進程，那極光亮之光也就消失了。在此我們可做此結論：上述關於現代禪師經驗之檢視顯示，無相三昧是在修入出息念之後修持，或至少是同時與入出息念一起修持。瑪哈希禪師或許並沒有說這就是無相三昧，但若與經典所說的無相三昧之修持法相比，瑪哈希禪師此處所說的，克服禪定所見光與色的方法，其實就是無相三昧之修持。此處應當說明的是，無相三昧是以六根不緣六境（相）為圓滿成就，在未成滿之前，是以漸次地捨棄所緣相為進展，所以在此進程階段中，仍然是有相。無相三昧的修持功夫就是不斷地離相，一直到完全離一切所緣相，才是圓滿成就無相三昧。

（三）巴利註釋書的解釋

巴利註釋書（aṭṭhakāthā）也有分析這類禪定顯現的超常現象。巴利註釋書把這種種相分為兩大類：獲得相（uggaha-nimitta）和相對相（paṭibhāga-nimitta）。註釋書對此二相的詮釋有助於瞭解，為何無相三昧（animitta samādhi）應該是在修持入出息念（ānāpāna-sati）之後才修持。巴利註釋書在解釋入出息念時說到，當修持者加強專注，兩種相（nimitta）可能會出現，即獲得相和相對相。[26] 獲得相之顯現，對某些人而言就是生起一種柔軟觸，如同觸及一叢棉花，或如觸摸到絲綢，或如同接觸微風。[27] 這是指身體上的接觸經驗，它是由主體（身

[25] 威斯頓金（Winston King）1992: p.136。
[26] 髻智比丘（Ñāṇamoli）1952: p.119。
[27] 髻智比丘（Ñāṇamoli）1952: p.33。巴葩特（Bapat）也指出，此理解即如同在《解脫道論》（Vimutti-magga）和《清淨道論》（Visuddhi-magga）所見。（Bapat 1937: p.70）

體）「觸及」。因此，髻智尊者譯為「獲得相」（acquired sign），而不是「學習相」（learning sign），它是身體取得，或獲得，或擁有，或得到。

在另一方面，相對相是對象；它是在主體之外，因此而稱它們為相對相。髻智尊者在書中列舉一些例子：

> [相對相]對某些人顯現為星星、圓寶石、或圓珍珠；而對某些人顯現為一種粗糙觸感如棉花籽，或者木心製成的椿；對某些人它是如同長條線或細繩，或者花圈，或者一陣噴煙；對其他人它又如延伸的蜘蛛網，一片雲，一朵蓮花，一個推車輪，一瓣月輪，或者一個太陽輪。[28]

顯然地，沒有任何一個相對相是屬於四十業處（kasiṇa），那些有說是取自巴利尼卡雅的禪修所緣相。這些相對相都不是kasiṇa，那些一般上被視為禪修者在一開始進行禪修時應當緣取的所緣境。而這些相對相其實是在密集禪修後才出現的現象，光越明亮或相越大，就表示禪修者的定力越增強。此外，每個禪修者所見相都不完全相同，如文中所示。

這些現象出現在舍摩他道，若依《解說概要經》而論，這些都是內在障礙。若禪修者跟隨或追逐它們、歡迎它們、執取它們，他就會「於內在阻塞」，這會妨礙涅槃之證得。因此，修持者應當修持無相三昧以擺脫這些障礙。由於這些現象是在密集地修定時顯現，那也就表示無相三昧應當是在前行修持後才進行修持。亦即是說，修持者以入出息念為起始修持，然後他應當要進而修持無相三昧。

---

[28] 髻智比丘（Ñāṇamoli）1952: pp.33-34。

從上述審察尼卡雅及阿含經經典、現代禪師們的經驗、以及古老巴利註釋書，我們得到結論，在漢譯經典（T2.71c）保存著比巴利經典（S.III.92）更為可靠、可信的記載，亦即是，念處修持在先，而隨後才修持無相三昧。

（四）現代學者的詮釋

現代學術界對uggaha-nimitta和paṭibhāga-nimitta的解說不一，禪修僧，功德寶法師，的著作即是一例。以學術著作而言，他的解釋是可以接受的，那也都是有根有據，然而，置於佛教解脫道而言，其合理性是可疑的。他的解釋既不同於尼卡雅，亦不同於古老的巴利註釋書，他如此分析：

> 為禪定提供遍作相（parikamma-nimitta）的原始kasiṇa，如我們所見，是一個如圓盤般的所緣相，以地遍（paṭhavī-kasiṇa）而言就是一個裝滿紅棕色泥土的圓盤。當練習初始專注時，禪修者維持其心專注於這個圓盤，一直到出現一個學習相（uggaha-nimitta），一個掌握得如同實體對象般清晰的心理影像。專注於此學習相就會生起相似相（paṭibhāga-nimitta），一個概念化的影像，用於近行定和色界禪那的所緣相。[29]

功德寶法師對此二相的解說並不同於巴利註釋書的解釋，如在前述討論中所指出。此外，如於討論《染污經》中所示，喬達摩菩薩在進入有尋有伺三摩地（savitakka savicāra samādhi）之前所捨棄的十一種障礙中，其中一個就是「過度禪修於色像」（atinijjhāyitatta

[29] 功德寶（Gunaratana）1985: pp.110-11。

rūpānaṃ）；上述由外所緣相而產生之心理影響，乃至概念化的影像，都是過度禪修於色像的結果。

另一位學者僧伽，金剛智法師，對此二詞的解釋為：

> 在很長時地禪修於kasiṇa之後，其間眼睛固定專注於它，學生可以保持一個心像，一個原圖像的原樣複製，經由持恆地修習就能夠想像到如實體像般清晰的眼睛所見像：此像稱為“uggaha-nimitta”，「執取之標誌」，或「心像」。
>
> 它也可以描述為「維持的標誌」……以及「被執取的相」。在它一般的意義上，“uggaha”是用於任何學習或研究，也用於表示某些保留在記憶中的……當此影像在修持者心中培養起來後，他就能夠隨時地想像它……但是此心像並非完全沒有原圖像的瑕庇與缺陷，諸如泡沫或刮痕的標記……在持續地禪修後，學生會發現他的定力培養起來了，而那心像會被抽象印象或概念（paññatti）取代；而此時它剝脫了其現象實情，並且擺脫了所有原來像貌的瑕庇，而變成一個純淨像，但又具有原所緣相的特質。此概念，即不再以一實體所緣相呈現於心中，被稱為“paṭibhāga-nimittā”，「相等物的標記」，以及被譯描寫為「後-相」（after-image）……“Paṭibhāga”字義上為「等於」、「相似的」、或「類似於」，並且是被應用到此後-相，意思就是這僅代表著與抽象印像相同的原來所緣相的固有印像。[30]

顯然地，這兩位現代學者的解釋都不同於初期佛教的禪定觀念。上述觀察，從經典到現代禪修僧以及註釋書，支持在T2.71c的漢譯經

[30] 金剛智（Vajirañāṇa）1962: pp.32-33。

典說法，即四念處修持在先，隨後才是無相三昧修持。

三、無相三昧驅除潛伏慢

前二節點先後指出念處修持可導入無相三昧，以及排除相關經典之疑問點，藉此彰顯出無相三昧具有淨化和保障解脫道之功用，本節將提出無相三昧亦與驅除阻礙證入涅槃的潛伏慢有密切關係。在《經集》[31]、《烏達那》、《長老偈》[32]、《長老尼偈》[33]、以及《相應尼卡雅》的幾個偈頌陳述修持無相三昧能驅除潛伏慢，且修持者將向前進展而至深層平靜（animittañ ca bhāvehi, mānânusayaṃ ujjha; tato mānâbhisamayā, upasanto carissasī ti）。有些現代學者將此二偈句（pāda）繙譯為二件事，即修持無相三昧和驅除潛伏慢，是人則能平靜地向前進展。然而依本書前幾篇研究顯示，此偈頌所意含的是從根拔除我慢的一種方法，無相三昧修持是與根除潛伏慢有密切的關係。作者認為此二偈句的意思是，「無相三昧之修持引領至驅除潛伏慢」，這可由下述觀察得到支持。

密集禪修中顯現的現象也都仍然在六感官範圍內，非佛道修練者依據基於此六感官而得的經驗推斷他們得解脫，相對的，佛陀以從根切斷這些經驗而確認其證得究竟解脫，也就是從六觸處切斷。在佛陀時代，非佛道修練者依他們的禪修經驗建立各種學說，有的推論有一永恆存在的實體，可以經由禪修到達彼處，又有另一些將禪定成就視為等同於宗教生活的終極目標，他們都是依據禪那成就而建立這些推

[31] Sn 342
[32] Thag. 226/ p.110.
[33] Thīg. 20/ p.125.

斷學說。然而，如在許多經典所見，這些推測都被佛陀剖析，否定，乃至捨棄。

有兩部經典是與目前討論的主題相關，即《五三經》和《蘇那卡德經》，二經都顯示佛陀與外道對涅槃的不同觀點。在《五三經》，[34] 佛陀點破一類非佛道禪修者，他們證入非想非非想處而認為且宣稱「**我**證得涅槃」，其實仍然是執著於**我**見。在《五三經》的經末，佛陀強調應當瞭解六觸處之生起、消失、享用、危險、以及逃離；換言之，這是拋棄**我**見的方法，而且在那階段棄除**我**見時，就是佛陀教法中的涅槃。在《蘇那卡德經》，[35] 佛陀解釋，若人傾向涅槃則不會將其六根導向其所緣境，在《蘇那卡德經》經末，佛陀勸誡修持者應當修習在六觸處中收攝，此修持將會把修持者導向證得無所著涅槃，因此二經所強調的都是**我**見、於六觸處收攝、和涅槃之間的關聯。

本書在第十一章已討論到一個關鍵點，無相三昧之修持即是停止六感官緣取其所緣境。從其終極意義而言，無相三昧是涅槃的同義詞，亦即要進一步將三三昧轉成為不動解脫。上述二經所表示的即是無相三昧之修持切斷了潛伏慢（māna），那麼修持者就可於現前當下得到涅槃。由此觀察即能瞭解上述《經集》等諸經的偈頌之意是「無相三昧之修持驅除潛伏慢」。

總而言之，本章簡要分析並指出，從念處到無相三昧修持，乃至轉入無相心解脫和不動心解脫，顯示著無禪定基礎者，由念處著手，配合無相三昧修持，可漸次地淨化解脫道，乃至保障解脫道之圓滿達成。

---

[34] M.II.229-38.
[35] M.II.253-61.

第十八章：從四念處到無尋三摩地——解脫聖者之安住

念處是往涅槃的一條[殊勝]道路，並且以無尋三摩地為終極點，因此無尋三摩地也是現法涅槃的同義詞。在第十六章所討論的三部經典顯示，念處修持引領修持者證入無尋三摩地（avitakka samādhi），以下是更多有關念處與無尋三摩地關聯的經典。《蜜丸經》（Madhupiṇḍika Sutta）能解答為何無尋三摩地與現法涅槃有關聯？在他處經典中有更多經文顯示，此無尋三摩地是圓滿成就者的日常所安住處，以及是修持者的一種保護。然而同時亦不見有任何經典能證實，無尋三摩地是屬於某一特定的禪那定境，儘管巴利註釋書的詮釋是傾向於將它歸屬於第二禪那和第四禪那。

一、眾聖典經文之陳述

在第十六章討論的三部經典明確說明一條通往涅槃之道，亦即以修持念處為起始處，並以無尋三摩地為終極點。入出息念之修持方法能帶來立即的究竟解脫是見於《語羅侯羅大經》，此經中有一關於無尋（avitakka）的明確經文。於此，佛陀告訴羅侯羅：「汝當修行安般之法，修行此法，所有愁憂之想皆當除盡」。[1]《調御地經》強調在修持念處時要切斷一切想，而由此導入至無尋三摩地。《簡要經》則

[1] 《增壹阿含經》（CBETA, T02, no. 125, p. 581, c15-16）

顯示七層次三摩地而導引至涅槃，而此七層次含蓋了三種能達致無為——涅槃——的關鍵方法，在這三種關鍵方法中，第三即是無尋無伺（avitakka avicāra samādhi），這也就再次顯示無尋與涅槃的關係。

在漢譯阿含經和巴利尼卡雅有更多經文顯示念處與無尋三摩地之關係。在這些漢譯經典中，入出息念只是修持念處的方法之一，有多部漢譯經典持此相同主張，例如《增一阿含經》T2.553b一經說：「所謂念安般，當善修行……去諸亂想，獲沙門果，自致涅槃」；[2] 在《增一阿含經》另一經，T2.556b，說：「……名曰念安般……除諸亂想，獲沙門果，自致涅槃」；[3] 在《雜阿含經》T2.210a一經說：「修安那般那念，斷覺想」。[4]

在巴利尼卡雅有更詳盡和明確的解釋。在S.V.157（T2.271a）一經分析，修持念處帶來的結果是證入懸停尋和伺（na ca vitakketi na ca vicāreti），而修持者能內在地住於專念及樂（avitakko 'mhi avicāro ajjhattaṁ satimā sukham-asmi ti pajānāti）。[5] 另一相關經文見於《念處相應》（Sati-paṭṭhāna-saṃyutta），[6] 此中分別列出修持念處對於新出家者、有學者、以及阿羅漢的功能。一位新出家者觀身、受、心、現象，是為了如其實地知道身、受、心、現象（yathā-bhūtaṃ ñāṇāya，漢譯本譯為「知法」）。[7] 對於一位有學者而言，修持念處是為全然地

2 《增壹阿含經》（CBETA, T02, no. 125, p. 553, b10-12）

3 《增壹阿含經》（CBETA, T02, no. 125, p. 556, b9-11）

4 《雜阿含經》（CBETA, T02, no. 99, p. 209, c29- p. 210, a1）。更多相類似的經文可見於T02.582a、T02.206b、及T02.170a。《大釋義》（Mahā-niddesa）也提到這一點，它說："vitakka-caritassa Bhagavā puggalassa ānāpāna-satiṃ ācikkhati."（MNid. p.359 & 453）

5 CSCD: "Avitakko'mhi avicāro ajjhattaṃ satimā sukhino cittaṃ samādhiyati."

6 S.V.144-45，《雜阿含經》（CBETA, T02, no. 99, p. 173, c20）。

7 S.V.144: "Ye te, bhikkhave, bhikkhū navā acira-pabbajitā adhunāgatā imaṃ dhamma-vinayaṃ, te ve, bhikkhave, bhikkhū catunnaṃ sati-paṭṭhānānaṃ bhāvanāya samādapetabbā nivesetabbā patiṭṭhāpetabbā...... Etha tumhe, āvuso, kāye kāyânupassino viharatha ātāpino sampajānā ekodi-bhūtā vippasanna-cittā samāhitā ekagga-cittā, kāyassa yathā-bhūtaṃ ñāṇāya...... vedanānaṃ yathā-bhūtaṃ ñāṇāya...... cittassa yathā-bhūtaṃ ñāṇāya...... dhammānaṃ yathā-bhūtaṃ ñāṇāya."

瞭解（pariññāya，漢譯本為「於法遠離」）身、受、心、現象，如它們真實的那樣瞭解。[8] 圓滿成就的阿羅漢弟子，也安住於觀念處，而觀念處的目的是要全然脫離（visaṃyutta，漢譯本為「於法得遠離」）身、受、心、現象。[9] 其對於阿羅漢弟子的功能，「脫離身、受、心、現象」顯示念處（sati-paṭṭhāna）、無相三摩地（animitta samādhi）、和無尋三摩地（avitakka samādhi）之關聯，在最終極意義上，無尋三摩地是屬於阿羅漢的三摩地。

此處巴漢二經之解析來到其結論，指出四念處在解脫道上的主要角色，在巴利《相應尼卡雅》及漢譯《雜阿含經》先後分別概述如下：

> （巴利本：）諸比丘，此一乘道是為眾生的淨化、為克服憂與悲、為平息苦與不樂、為證入正道、為證入涅槃，亦即是四念處。（漢譯本：）云何正念？若比丘內身，身觀念住，精勤方便，正智正念，調伏世間貪憂。如是受、心、法，法觀念住，精勤方便，正智正念，調伏世間貪憂。是名比丘正念。是故汝等勤攝其心，正智正念。[10]

此外，入出息念修持也會讓修持者住於純然的樂住，而且也是平靜又殊勝之安住。因平靜而能徹觀一切現象，因能徹觀時時刻刻的現象，進而能發揮殊勝的功能，即發揮其驅散惡心念的功能。因此殊勝功能而使其住於純然之樂住。如同《相應尼卡雅》所說：

---

8 S.V.145: "Kāyassa pariññāya……vedanānaṃ pariññāya…… cittassa pariññāya……dhammānaṃ pariññāya."

9 S.V.145: "Kāyena visaṃyuttā……vedanāhi visaṃyuttā…… cittena visaṃyuttā……dhammehi visaṃyuttā."

10 S.V.141; BB.S.II.1627. "Ekâyano ayaṃ, bhikkhave, maggo sattānaṃ visuddhiyā soka-paridevānaṃ samatikkamāya dukkha-domanassānaṃ atthagamāya ñāyassa adhigamāya nibbānassa sacchikiriyāya, yad idaṃ cattāro sati-paṭṭhānā."《雜阿含經》（CBETA, T02, no. 99, p. 174, a16-20）。

> 諸比丘，如是修持入出息念三摩地，如是多多修持者，那是平靜、殊勝、純然之樂住；而隨惡不善法生起，即於彼處即刻驅散和消除它。[11]

二、尋思（Vitakka）是增殖（papañca）之媒介

在本書第六和第七章已顯示為四禪那和四處（āyatana）修證者而施設的得證涅槃之道。對於四處修證者得證涅槃的關鍵是不執取（anupādāna）捨（upekkhā），佛陀之所以會提出此對治處方是因為這類禪修者執著於寂靜禪定，並且以為那就是修習梵行的目標，經由棄除執著於「捨」，他們證入現法涅槃。

對於四禪那修證者得證涅槃的關鍵是不心行建構（na abhisaṅkharoti）和不有意志傾向（na abhisañcetayati）。佛陀之所以會提出此對治處方是因為這類禪修者們具有能力建構種種直接知識（abhiññā，或稱神通），以及有意志地傾向決定證入寂靜禪定，四處（āyatana）。經由不建構和不涉入有意志的決定，並加以放棄upekkhā，他們在第四禪那中證得現法涅槃。

在目前本章的討論，對於一位不曾有過禪那經驗者而言，證入涅槃的關鍵即是無尋（avitakka）。佛陀之所以會提出此對治處方是因為人類覺知的過程激起概念增殖（papañca），隨之而又有增殖想之計量（papañca-saññā-saṅkhā），[12] 藉由停止尋（vitakka），他們切斷概念

---

[11] S.V.322; BB.S.II.1774. "Evaṃ bhāvito kho, bhikkhave, ānāpāna-sati-samādhi evaṃ bahulī-kato santo c'eva paṇīto ca asecanako ca sukho ca vihāro uppann'uppanne ca pāpake akusale dhamme ṭhānaso antara-dhāpeti vūpasametī ti."

[12] Anālayo 2003: p.222. 阿那拉友將複合詞papañca-saññā-saṅkhā 譯為 "the concoctions of proliferation and cognitions"「增殖與認識混合」。作者認為應該是因papañca而有的saññā，而此papañca-saññā隨著papañca的增殖而有更多因此saññā延生而來的名稱，更多的"-saññā"，數量上不斷地增加。因此，此複合詞，作者建議譯為「增殖想之計量」或「增殖想之名」。但後者缺乏量上的增加意含，因此，用前者更能凸顯量上的增加。

增殖而證入現法涅槃。[13]關於這一點，我們可從《蜜丸經》得到更清晰的瞭解。

《蜜丸經》從概念進程，即從感官接觸起始直至概念增殖，分析心理進程，巴利本對此進程的描述為：

> 依於眼（cakkhu）和色（rūpa），眼識（cakkhu-viññāṇa）生起。三者和合而有觸（phassa）。以觸為緣，而有受（vedanā）。有受則有感知（sañjānāti）。有感知則有尋思（vitakketi）。有尋思則有心理增殖（papañceti）。凡有心理增殖，從彼因源，是人以增殖之[種種]想為計（依）而行於（papañca-saññā-saṅkhā-samudā-caranti）過去、現在、未來眼所見色。[14]

而相對應的漢譯本的《蜜丸經》的描述為：

> （漢譯本：）緣眼及色，生眼識，三事共會，便有更觸。緣更觸，便有所覺。若所覺便想，若所想便思，若所思便念，若所念便分別。[15]

巴利與漢譯經本的進程完全一致，最難於詮釋及繙譯的巴利複合詞 “papañca-saññā-saṅkhā”，在漢譯本中簡要地譯為「分別」。此進程即如下圖所示：

13　智慶（Ñāṇananda）1997（1971）: pp.28-9。

14　M.I.111-112；BB.M.203。papañca-saññā-saṅkhā-samudā-caranti。M.I.111-112: “cakkhuñ-c’āvuso paṭicca rūpe ca uppajjati cakkhu-viññāṇaṃ, tiṇṇaṃ saṅgati phasso, phassa-paccayā vedanā, yaṃ vedeti taṃ sañjānāti, yaṃ sañjānāti taṃ vitakketi, yaṃ vitakketi taṃ papañceti, yaṃ papañceti tato-nidānaṃ purisaṃ papañca-saññā-saṅkhā-samudācaranti atītânāgata-paccuppannesu cakkhu-viññeyyesu rūpesu.”

15　《中阿含經》（CBETA, T01, no. 26, p. 604, b2-5）

巴利本	漢譯本
cakkhu（眼）＋ rūpa（色）→ cakkhu-viññāṇa（眼識）↓	眼＋色→ 眼識↓
Phassa（觸）↓	觸↓
Vedanā（受）↓	覺↓
Sañjānāti（感知／想）↓	想↓
Vitakketi（尋思）↓	思↓
Papañceti（增殖）↓	念↓
papañca-saññā-saṅkhā（增殖想之計）	分別

為了證入涅槃，修持者在vitakketi階段就停止概念增殖進程，念處之修持是為觀察和領悟此感官觸、受，乃至心理增殖進程而設計；辨識此進程之後，修持者可以藉由停止vitakketi 實現懸停此進程。前述章節所引經典之修持方法經由排序調整，即可見世尊之精心陳述：從發現一般眾生能導致輪迴之心理進程，到次第修持而能逆轉輪迴之心理進程，並於今生入涅槃。首先，《蜜丸經》顯示一般凡夫的心理增殖進程，這是一般未經訓練者根境接觸乃至到增殖之流程。前述《調御地經》所呈現的修持技巧，即是能中止此進程的念處修持技巧，由此懸停進而將心調整至清淨與寂靜狀態，四禪那。《簡要經》所列示的是，最終導致現法涅槃的懸停進程。漢譯《語羅侯羅大經》介紹修持念處的方法，即入出息念之修持，這將能在今生帶來終極結果。這些經典相當清晰地建構起直達涅槃之捷道。

念處也是阿羅漢的生活之道。當佛陀和阿羅漢弟子們證入無尋三摩地（avitakka samādhi）時，他們不「尋思」（vitakketi）；他們仍然經由六感官或六根體驗；他們有覺受（vedanā）和感知（sañjānāti），但是他們不增殖（papañceti），因為他們住於無尋思（avitakketi）的無尋（avitakka）之境界。我們從《雜阿含經》獲知一位有學聖弟子，在六入觸處滅斷無明，並令明生起：「多聞聖弟子住六觸入處，而能厭離無明，能生於明……作如是知、如是見已，所起前無明觸滅，後明觸集起」。[16]這種解脫聖者的生活在《如是語》44經被描述為「有餘涅槃」（sa-upadisesa nibbāna），此經說：

> "Katamā, bhikkhave, sa-upādisesā nibbāna-dhātu? Idha, bhikkhave, bhikkhu arahaṃ hoti khīṇâsavo …… Tassa tiṭṭhanteva pañc'indriyāni yesaṃ avighātattā manāpâmanāpaṃ paccanubhoti, sukha-dukkhaṃ paṭisaṃvediyati. Tassa yo rāga-kkhayo dosa-kkhayo moha-kkhayo, ayaṃ vuccati, bhikkhave, sa-upādisesā nibbāna-dhātu."
>
> 諸比丘，何謂有餘涅槃界？這樣的，諸比丘，有比丘是阿羅漢，斷盡一切漏……以他那還是堅固的、未受損的五感官（五根），他體驗可意的和不可意的，他感覺樂和苦。對於滅貪、滅瞋、滅癡者，諸比丘，此被稱為有餘涅槃界。[17]

以停止心理增殖而言其為涅槃境界之說，亦可見於《增支尼卡雅》。心理增殖與涅槃是相對立的關係，因此為了證得涅槃則尋思（vitakketi）是必要斷除。《樂悔經》（Anutappiya-sutta）[18]記載，若人沉溺於心理增殖，即是令自己遠離涅槃者，相對的，若人使自己遠離增殖，即是向涅槃者：

> Yo papañcaṃ anuyutto papañcâbhirato mago,
> Virādhayi so nibbānaṃ yoga-kkhemaṃ anuttaraṃ.
> Yo ca papañcaṃ hitvāna nippapañca-pade rato,
> Ārādhayi so nibbānaṃ yoga-kkhemaṃ anuttaran ti.[19]

16　《雜阿含經》（CBETA, T02, no. 99, p. 16, b27-c2）
17　It.38. 埃爾蘭（Ireland）1997: p.181。
18　A.III.292.
19　A.III.294 & 295；亦參見《長老偈》偈989-990。慶智（Ñāṇananda）譯1971: p.24。

相應於增殖、愛樂於增殖的愚者，
他遠離涅槃，無上離繫；
斷除增殖又樂於無增殖之徑者，
證得涅槃，無上離繫。

入出息念之修持是切斷心理增殖的方法，除了前述《語羅侯羅大經》之外，亦可參考《烏達那》和《增支尼卡雅》。《烏達那》4.1和《增支尼卡雅》A.IV.353二處經文都明確指示：「應當修持入出息念以便切斷尋思」（ānāpāna-sati bhāvetabbā vitakkûpacchedāya）。《烏達那》經中佛陀接著讚歎：

"Khuddā vitakkā sukhumā vitakkā, anugatā manaso uppilāpā[20];
ete avidvā manaso vitakke, hurâhuraṃ dhāvati bhanta-citto;
ete ca vidvā manaso vitakke, ātāpiyo saṃvarati satīmā;
anugate manaso ubbilāpe, asesam ete pajahāsi Buddho"ti.
微劣尋、微細尋，隨順心、興奮心；
心不知此尋已，迷失心從一處跑往一處；
心知此尋已，專念者精勤地防護；
當此隨順心、興奮心無餘地棄除已，那即是覺者／佛陀。[21]

安住於無尋三摩地之心不會從一處到一處地遊蕩，也不會在輪迴圈中搖擺流轉，證入無尋三摩地的修練者亦即是一位已到達彼岸者。在《烏達那》的《須菩提經》（Subhūti Sutta）記載，佛陀見到須菩提尊者證入無尋三摩地後，如此以偈讚歎他：

---

20 uppilāpā < uppa+lāpa = uppilāva：興奮心。
21 Ud. 4.1 /p.37.

Yassa vitakkā vidhūpitā, ajjhattaṃ suvikappitā asesā;

Taṃ saṅgam-aticca arūpa-saññī, catu-yogâtigato na jātu me tī.

消散諸尋者，心亦內在地善安頓者，那超越了染著之無色想者

克服了再生的四種繫縛，將不再去投生。

此時的須菩提是阿羅漢，如同最後一偈句所示：「克服了再生的四種繫縛，將不再去投生」。

若人斷滅了尋（vitakka）即是覺悟者，尋即指那伴隨著並且纏擾著他的那一類思惟。佛陀，是覺悟者，宣稱自己於雨季期間常住在入出息念三摩地（ānāpāna-sati-samādhi），如同在《願犁經》（Icchānaṅgala Sutta）所陳述：「如來二月以安那般那念坐禪思惟住。」[22] 後來的《大釋義》（Mahā-niddesa）亦記載，佛陀也傳授修持入出息念給那些有習慣性地尋伺者（vitakka-carita）。[23]

三、無尋三摩地之應用

無相三昧與無尋三摩地之操作與功能是內外相扶，以助成現法涅槃之證得。無相三昧能截斷由外而入的所緣相，而無尋三摩地則是懸停內在的心理增殖。對於具有煽動性的六根所緣相，無相三昧之修持即是對治方法，而對於這些煽動性六根所緣相所引生的心理增殖（papañca），對治方法則是無尋三摩地。外入與內生都斷除時即是現法涅槃之證得。

依此二法修持者的成就是三界眾生所不能及、不瞭解的，經典中有許多對相關聖者讚歎之文。進入無相三昧的阿羅漢就如同飛在虛空

22 S.V.326; BB.S.II.1778. "Ānāpāna-sati-samādhinā kho, āvuso, Bhagavā vassāvāsaṃ bahulaṃ vihāsī ti."《雜阿含經》（CBETA, T02, no. 99, p. 207, a15-16）

23 MNid. 358 &453.

中的鳥一樣，它飛行的痕跡是難以追蹤的，甚至大梵（Brahma）和因陀（Inda）都無法知道他的存在。從無尋三摩地出來的阿羅漢，就如同一般普通人涉入世間生活環境，魔羅當然也就能見到他也能干擾他，儘管如此，他是永不為一切干擾所動搖。

《魔羅女經》（Māra-dhītu-sutta）提到一例子，關於佛陀住於無尋三摩地。當魔羅的女兒們干擾和誘惑佛陀時，佛陀並沒有被她們的姣好面貌與多姿體態所動搖。魔羅女們自知徹底失敗後，悻悻然地請佛解釋為何他能夠不為她們艷色所迷。魔羅女們問：

> Kathaṃ vihārī-bahulo'dha bhikkhu; pañc'ogha-tiṇṇo atarīdha chaṭṭhaṃ;
> Kathaṃ jhāyiṃ bahulaṃ kāma-saññā, paribāhirā honti aladdha yo tan ti.
> 現今比丘如何安住，渡過了五流，他現在又渡過第六者？他如何禪修而使欲想都置於外，而它們也得不到他？[24]

此問題重點在於收攝第六感官遠離欲想（kāma-saññā）。佛陀回應說，若人平息身和令心解脫、無有意行建構、專念和無執著、徹底瞭解法、和無尋地禪修，將不會為任何情況所動搖。經文說：

> Passaddha-kāyo suvimutta-citto, asaṅkharāno satimā anoko;
> aññāya dhammaṃ avitakka-jhāyī, na kuppati na sarati na thīno.
> 身輕安，心善解脫，無行，專念，無住著，瞭解法，無尋禪修，他不劇動，不隨流，不惛住。[25]

收攝第六感官即是證入無尋三摩地。兩個漢譯本對avitakka的理解都是

---

[24] S.I.277（127）; BB.S.I.219.
[25] S.I.277（127）; BB.S.I.219.

「無增殖」。在《雜阿含經》，“avitakka-jhāyī”相對應的漢譯用詞為「不起諸亂覺」；[26] 在較早期的譯本，《別譯雜阿含經》，此詞是譯為「得斷覺觀法」。[27] 經由無尋禪修，他不劇動（na kuppati）、不隨流（na sarati）、不惛住（na thīno）。巴利註釋書將kuppati、sarati、thīna分別關聯到瞋恚、貪欲、癡惑，註釋書解釋說：「他不因為瞋恚而劇動，或因貪欲而隨流，或因癡惑而惛住」。[28] 兩個漢譯本所記載的都是相同的理解，《雜阿含經》說：「愛、恚、睡眠覆，斯等皆已離」；[29] 稍早期的譯本，《別譯雜阿含經》，說這些詞表示「得離瞋、愛、掉」。[30]

顯然地，無尋（avitakka）在此文脈中，並不只是指第二禪那的層次，若視avitakka 為“applied thought”（應用想），第二禪那的心元素，並不見得適合。此外，巴利註釋書解釋“avitakka-jhāyī”一詞，為佛陀在第四禪那中的無想禪修。[31]

四、無尋三摩地與禪那成就

上述分析指出，無尋三摩地並非第二禪那，本節將要分析，實際上並沒有任何經典證據能證明無尋三摩地（avitakka samādhi）是屬於某一特定禪那層次，儘管巴利註釋書傾向於將它歸屬為第二禪那或第

---

[26] 《雜阿含經》：「身得止息樂，心得善解脫；無為無所作，正念不傾動；了知一切法，不起諸亂覺；愛恚睡眠覆，斯等皆已離。如是多修習，得度於五欲，亦於第六海，悉得度彼岸。如是修習禪，於諸深廣欲，悉得度彼岸，不為彼所持。」（CBETA, T02, no. 99, p. 287, b5-12）

[27] 《別譯雜阿含經》：「身獲柔軟樂，心得善解脫；心離於諸業，意不復退轉；得斷覺觀法，得離瞋愛掉。得住此處住，能度五駛流，并度第六者。作如是坐禪，能度大欲結，并離有攝流。」（CBETA, T02, no. 100, p. 384, a1-6）

[28] BB.S.I.423 note 327.

[29] 《雜阿含經》（CBETA, T02, no. 99, p. 287, b8）

[30] 《別譯雜阿含經》（CBETA, T02, no. 100, p. 384, a3）

[31] “Avitakka-jhāyī ti avitakkena catuttha-jjhānena jhāyanto.”

四禪那。除了註釋書對上述經文的詮釋以外，註釋書對《長老尼偈》第75和76偈的解釋，亦稱無尋三摩地是在第二禪那中獲得。根據此偈文，出家前為妓女的韋瑪拉長老尼（Vimalā Therī），斷盡一切漏並且證入無尋三摩地。《長老尼偈》第75和76偈說：

> Sājja piṇḍaṃ caritvāna, muṇḍā saṅghāṭi-pārutā;
> Nisinnā rukkha-mūlamhi, avitakkassa lābhinī.
> Sabbe yogā samucchinnā, ye dibbā ye ca mānusā;
> Khepetvā āsave sabbe, sīti-bhūtā'mhi nibbutā.[32]
> 今天的我，行走托缽後，光著頭，搭著外衣，坐在樹頭下，證得無尋。[33]
> 一切束縛都已切斷，凡所有天上的和盡一切人間的；消滅了一切漏之後，我變得冷卻、息滅。[34]

巴利註釋書對此文解釋，韋瑪拉長老尼以第二禪那為依而證得無尋境界。[35] 然而，在另外兩個《長老偈》例子中，儘管偈頌文詞與此處的偈頌相類似，但巴利註釋書的解釋卻不同於此。第一個例子是關於列瓦德長老（Revata Thera），如在第649偈說：

> Asaṃhīraṃ asaṃkuppaṃ, cittaṃ āmodayām'ahaṃ;
> brahma-vihāraṃ bhāvemi, akāpurisa-sevitaṃ.
> 我令心歡喜，不移動的、不可動搖的；

---

[32] Thīg. 75 &76/ p.131.
[33] 作者將"avitakka"譯為「無尋」（"thoughtfree-ness"），而不是「非－推理」（"non-reasoning"）。
[34] 參考諾門（Norman）譯，1995: p.11。
[35] "Dutiya-jjhāna-pādakassa agga-phalassa adhigamena avitakkassa lābhinī."

我修持梵住，非惡人所能修習。[36]

此偈說列瓦德長老修得不移動、不可動搖的心，以及行惡者所無法修持的梵住。依偈中說「不移動的」心和「梵住」（brahma-vihāra）而言，列瓦德長老證入的禪那層次至少是第四禪那。依《巴英字典》的解說，“asaṃhīra”一詞意為不移動的、不可征服的、駁不倒的；[37] 而“asaṃkuppa”一詞則意為不移動的、穩定的、安全的，[38] 諾門指出巴利註釋書對二詞的解釋，認為二詞都是涅槃的別名，因此其實列瓦德長老是阿羅漢。接著在第650偈則說他證入無尋三摩地（avitakka samādhi），並且具足聖默然：

Avitakkaṃ samāpanno, sammā-sambuddha-sāvako;
Ariyena tuṇhī-bhāvena, upeto hoti tāvade.[39]
證入無尋，正等正覺的弟子，以聖默然，在那時就具備了。[40]

然而巴利註釋書對此偈的解釋，是認為列瓦德長老證入第二禪那。[41] 這可能是因為「聖默然」（ariya tuṇhī-bhāva）一詞，第二禪那的特色之一，導致巴利註釋書註釋者認為列瓦德長老證入第二禪那。雖然聖默然是屬於第二禪那的主要心要素之一，但是這並不表示比二禪那更高階的禪那缺乏「聖默然」，第三和第四禪那也有聖默然的特性；在他處經典中記載，列瓦德長老精通四禪那以及證得六種直接知識

36　諾門（Norman）譯 1995: p.65.
37　PED: p.86.
38　PED: p.87. 此二詞，asaṃhīra 和 asaṃkuppa，亦都出現在《經集》第1149偈。巴利註釋書解釋為：“asaṃhīran ti rāgādīhi asaṃhāriyaṃ asaṃkuppan ti akuppaṃ avipari-ṇāma-dhammaṃ, dvīhi pi pādehi nibbānaṃ bhaṇati.” 見諾門（Norman）2001: p.430。
39　Thag. 650/ p.67.
40　參考諾門的譯本。
41　“Tattha avitakkaṃ samāpanno ti, vitakka-virahitaṃ dutiyâdijhānaṃ samāpanno.”

（abhiññā）。[42] 此外，上述第649偈頌，若依巴利註釋書的解說則他實已證得涅槃。若第655偈頌也一併考量，那麼我們對巴利註釋書的解釋可以再提出一個質疑，如第655偈說：

> Nâbhinandāmi maraṇaṃ, nâbhinandāmi jīvitaṃ;
> Kālañ ca paṭikaṅkhāmi, sampajāno patissato ti.
> 我不歡喜死亡；我不歡喜活命；
> 而我等待我的時間，全然知道且專念。[43]

列瓦德長老等待他大般涅槃的時間到來，明顯地，他是阿羅漢，且他在日常生活中住於無尋三摩地。結論是，當他處於無尋三摩地時所入的禪那層次，不應該僅限定於第二禪那；巴利註釋書認為他證入第二禪那並沒有全然錯誤，但那仍然是可議的。

第二個例子是舍利弗尊者，在《長老偈》第999偈頌含有avitakka的段落是與第650偈頌相同，此偈頌說舍利弗尊者證入無尋三摩地。第999偈頌說：

> Avitakkaṃ samāpanno, sammā-sambuddha-sāvako;
> ariyena tuṇhī-bhāvena, upeto hoti tāvade.
> 證入無尋，正等正覺的弟子，以聖默然，在那時就具備了。[44]

巴利註釋書解釋指稱，舍利弗尊者是依第四禪那證入無尋三摩地。此偈頌與第650偈完全相同，但是解釋卻不相同，針對第650偈頌註釋書

---

42 《拔思經》（Vitakka-santhana Sutta）
43 諾門譯（Norman）1995: p.65.
44 參考諾門譯本。

認為列瓦德長老是依第二禪那證入無尋三摩地。此外，第996偈頌記載舍利弗尊者是漏盡的解脫聖者，如偈頌996言：

> Tam me amoghaṃ savanaṃ, vimutto' mhi anāsavo".
> N'eva pubbe-nivāsāya na pi dibbassa cakkhuno.
> 我的聽聞不空洞；我已解脫，無有漏。
> 不為過去世亦不為天眼。[45]

此文顯示舍利弗尊者具足能力，能證得各種基於第四禪那而證得的直接知識，文中提到他在樹下禪修的目的：「不為宿命知，亦不為天眼，也不為他心通，亦非為死生知，亦非為清淨耳界，導向者，我沒有」；[46] 然，他證入無尋三摩地並且聖默然。他，全然知道且專念者，不渴望死亡亦不願求活命，但他會全然知道地又專念地放下此色身。[47] 簡言之，沒有任何經典文句把無尋三摩地限定在某一特定禪那定境。

五、無尋三摩地是保護者

巴利註釋書對《長老偈》第999偈，"upeto hoti tāvade"偈句的註釋是值得留意的，它意味著無尋三摩地（avitakka samādhi）能夠保護修持者，註釋書解釋說：

---

45 諾門譯（Norman）1995: p.92。

46 諾門譯（Norman）1995: p.92。Thag. 996-97/p.90: "N'eva pubbe-nivāsāya, n'api dibbassa cakkhuno; ceto-pariyāya iddhiyā, cutiyā upapattiyā; sota-dhātu-visuddhiyā, paṇidhī me na vijjati"。

47 Thag. 1001/ p.90: "Nâbhinandāmi maraṇaṃ, nâbhinandāmi jīvitaṃ; nikkhipissaṃ imaṃ kāyaṃ, sampajāno patissato"。

"Upeto hoti tāvade" ti yadā yakkhena sīse pahato, tāvad'eva avitakkaṃ catuttha-jjhānika-phala-samāpattiṃ samāpanno ariyena tuṇhī-bhāvena upeto samannā-gato ahosi.

所謂"upeto hoti tāvade"，即當他被夜叉攻擊頭部時，在那個時候他以第四禪那證入無尋果等至，他以聖默然修持具足upeta。

關於舍利弗尊者遭夜叉襲擊事件可見於《烏達那》4.4，如在前章所討論。舍利弗尊者頭部被敲擊時，他只感受到輕微頭痛（sīsaṃ thokaṃ dukhan）[48]。無尋三摩地保護他免於因襲擊而來的劇烈疼痛。在他處經典中，有記載說舍利弗尊者是空三昧的愛好者，藉由安住於這種禪定中，他變得留心與專念。根據巴利註釋書的解說，當夜叉襲擊他時，他立刻進入無尋三摩地。他如何會只感受到輕微的疼痛？我們或許可以這樣解釋：「觸」（phassa）因敲擊而生起，緊接著生起受（vedanā），以及感知（sañjānāti）。然而他並沒有尋思（vitakketi），因為他進入了無尋三摩地（avitakka samādhi），因此他並沒有增殖（papañceti）。雖然無尋三摩地保護他免於劇烈疼痛，我們仍然感到困惑，他的色身在如此極大的敲擊下會變得怎麼樣。無論如何，在此事例中，對禪那與三摩地的精練操作保護著舍利弗尊者。

六、結語

我們從《長老偈》得知，佛陀是一位愛好無增殖者（ni-ppapañca-rato），因此，他所教導的也都是有助益於無增殖，例如阿那律陀（Anuruddha）讚歎佛陀：

---

48 Ud. 4.4/ p.39-41.

Ni-ppapañca-rato Buddho ni-ppapañcaṃ adesesayi.
佛陀愛好無增殖，教我無增殖。[49]

無尋三摩地是佛陀與阿羅漢弟子們的禪定，依巴利尼卡雅和漢譯阿含經而言，它從來未出現或歸屬為非阿羅漢的禪定。涅槃是無增殖（ni-ppapañca）的同義詞，因此無尋三摩地之證得即是證得現法涅槃。

[49] Thag. 902/ p.83

結　論

在第一篇經由審察《中尼卡雅》與《中阿含經》發現無論是佛陀的成道過程、佛陀教導弟子們的解脫道內容、佛陀回應婆羅門與雲遊僧所提出的解脫道之疑問的相關經典，其中所涉及的禪定層次都只有四禪那；佛陀對四禪那的觀點都是肯定的，具有正面價質的，例如或說四禪那相關之四種樂是佛弟子所應追求乃至不應畏懼的，或說四禪那即是正定亦是樂住，或說四禪那是證得涅槃之道亦是現前當下之樂住。這類只提及四禪那的經典絕大部份（二十五部中有多達二十部）都有出現解脫及涅槃的關鍵字，或三知，或漏盡知，或解脫知見，或六直接知識，尤為特別的是有多達五部經典出現心解脫慧解脫。反而那些只提及九等至，或八等至，或七等至，或僅四處的經典，絕大部份都沒有出現這些關鍵字；其十七部經典中，只有二部出現六直接知識與心解脫慧解脫。這類經典的特點是其中記載著佛陀，或駁斥外道的解脫論，或點破外道以入定為解脫之謬見並指出其問題所在，或提供方法使九等至修證者能依其禪定成就得解脫、證涅槃，甚至佛陀警示要避免證入四處。由此瞭解，九等至是佛世時就早已為禪修社群所知曉，並非後期佛弟子組合建構而成。簡言之，提及四禪那的經典都是與佛說的解脫道有直接關係，提及四處的經典都是與外道脫離不了關係，也是與佛說的解脫及涅槃沒有必然關係。論及得定作觀的經典都顯示前七等至可定中作觀而現證涅槃，更有巴漢經典明白地說「只要有有想等至，就有徹觀之究竟智（yāvatā saññā-samāpatti tāvatā aññā-paṭivedho）」。

在第二篇依《分別界經》詳細瞭解於四禪那證涅槃的修習次第有三段，從觀修空性、修持無著，最後在第四禪那中漸次地證得現法涅槃，再依《五三經》和《解說概要經》作進一步解析棄除「我」（attā）以證涅槃。據《分別界經》，先觀修無我、無我所而漸至證入第四禪那，並在其中證現法涅槃。在第四禪那證得涅槃的最後關鍵步驟是棄除「捨」（upekkhā），即經由停止心行建構（na abhisaṅkharoti）和停止意志趨向（na abhisañcetayati）來達成，由此而去除任何執著，沒有執著也就不再有顫動，由是而證現法涅槃。《五三經》和《解說概要經》指出證悟涅槃的最大障礙就是執著於「我」的概念，此二經從兩個面向分析如何移除此障礙，前經是從停止abhisaṅkharoti和abhisañcetayati的面向分析中斷「行」（saṅkhāra），也就是「捨」亦是「我」顯現之處，而後經則是從「不把自己等同於五蘊」以剪斷「我」的概念。此二經所說的運作要點和過程關鍵處是與《分別界經》所說的證悟涅槃過程相吻合。

從《不動道經》瞭解在無所有處證入涅槃的操作是於等至觀無我，最後以「不喜、不歡迎、不安住」於執著「捨」而完全證涅槃（parinibbāyati）；先觀無我而後放棄「捨」以至現證涅槃的操作方法是與《分別界經》所說相符。既然於中現證涅槃的第四禪那與無所有處都是有想等至，那麼「想」（saññā）在現證涅槃中具有如同「念」（sati）那樣的必要功能，而且此時即稱為達到「頂想」（saññagga）。「頂想」，依佛陀的觀點是指在有想等至中斷盡一切漏，而外道則是把無所有處視為「頂想」。《七界經》將九等至之前七等至歸屬於有想等至，《說經》記載「有想有知，齊是得知」和《禪那經》陳述「只要有有想等至，就有徹觀之究竟智（aññā）」，《馬邑大經》與《八城經》詮釋如何於前七等至作觀現證涅槃，《跋德吉經》提示頂想即是指於有想等至中斷盡一切漏，在《波特葩德經》佛陀分析頂想有一種也有多種也就呼應著前七等至都可以修持達到「頂想」之說，《分別界經》與《不動道經》分別從第四禪那和無所有處闡述現證涅槃的操作方法。這些經典在斷漏證涅槃的課題上都彼此相呼應著。

除了從「想」看見這諸多經典之間的關聯互通之外，也可以從「無所緣想」看見另一組經典與其之間的關聯。從《分別界經》與《不動道經》放棄「捨」而現證涅槃瞭解到「定根」被定義為「作了『捨離所緣』」的原因；也從一組經典的描述見到於定中捨棄所緣達到無所緣之想卻仍然是有想者的禪法，這種禪法被佛教傳統視為阿羅漢禪定。從這組經典中亦見到其與描述苦之盡了的經典之間的關係，而這也就關聯到空、無相、無願三三昧。

第三篇探討空三昧、無相三昧、和無願三昧，這些是在巴利律藏中記載為未證言證即犯根本重罪的三昧。從漢譯阿含經發現有兩種順序，第一種順序，空＞無相＞無願，表示證入現法涅槃之道的三個階段：一、知和見五蘊的自性；二、放棄六根所緣的六境相；三、去除心的貪、瞋、癡三不善法。此三個階段分別對應於空＞無相＞無願之順序，作者認為此順序是世尊為有學弟子們開示的道路，因為最後一個階段是去除貪、瞋、癡；此三階段也與《分別界經》的觀修次第相符（即觀修空性、修持無著、以及棄「捨」）；而且，從另一角度而言三個階段的每個階段之所觀所棄都是不共他教或外道的佛教核心概念，此表示三三昧是唯屬佛教的禪法。第二種順序是空＞無願＞無相，這種順序表示它是屬於阿羅漢的三昧，亦即是阿羅漢弟子們的日常安住之方法。兩個三三昧的順序都以空三昧為優先第一順位，徹觀一切現象之本質皆是無常和苦引領修練者以正慧觀見一切，無有一物是我和屬於我；如此瞭解空義（suññatta）之後，有學弟子們進一步修持無相三昧以棄離一切能令執著生起與延續的相（nimitta），進而再修持無願三昧以斷除願求永恆存在或永遠斷滅，達到自知不受後有的究竟解脫；而無學弟子們則是進一步證入無願三昧重覆檢視「自知不受後有」，然後安住於無相三昧，自知不取能生執著及延生苦惱之相，安住於無所緣之想卻是有想者的解脫聖者之樂住，而這種無所緣想的有想者所安住的三昧正是那組佛教傳統認定為阿羅漢三昧的經典所指示的三昧，本書稱之為「**佛教三摩地**」，佛陀教授的三摩地。

從巴利尼卡雅經典分析瞭解三三昧是分別為兩類修禪定者施設的修持法。在《空大經》所見的修持是與四禪那有關，其操作方法是修持者不執取內相亦不執取外相，而在《空小經》所見的修持則是與四處（āyatana）有關，其操作方法是訓練「單一」。在《空小經》佛陀宣稱他常住於空，在《空大經》佛陀聲稱他發現了空住，二經都顯示空三昧是無學者之安住。經由對照《空大經》和《空小經》，顯示出《空大經》所陳述的修持是為那些未曾證入四處者所施予的處方，《空小經》所陳述的是為那些熟練四處的修持者所施設的處方。簡言之，無論是修證四禪那，或四處，或九等至者都應進修無相三昧成為究竟解脫聖者。佛陀與舍利弗等解脫聖弟子常住空三昧，亦即如經中所言以無相三昧為「娛樂」。

上座部傳統對三三昧有蛻變的詮釋，此詮釋是與巴利尼卡雅乃至漢譯阿含經所說相去甚遠。後期的論書乃至上座部傳統儘管知道三三昧是解脫聖者之禪定，但缺乏經證之下把三三昧順序調整為無相＞無願＞空以便配對上佛教核心思想之一的三法印順序，修無常觀而得無相解脫、修苦觀而得無願解脫、修無我觀而得空解脫，實際上依經典而言此三觀在空三昧即已完成；此外更有把無相、無願、空分別配對五根、五力的信、定、慧；三三昧的意義也同時隨著此置換而變異，這種三三昧意義沒有任何經典依據。這些配對及詮釋不僅顯示其與佛說的本意相違，亦意味著後來佛教發展的跡象，亦暗示著佛教禪法之衰微與變質。

漢譯阿含經有三部經典說無相三昧是智果、智功德，而在巴利《阿難德經》有一種三昧被認為是智果（aññā-phala）、智功德（aññânisaṁsa）。這些巴利及漢譯經典各有一隱晦句，二類經典比較之結果解決了各自的隱晦句。作者認為此隱晦經句是關於已解脫者如何維持在第四禪那的精簡描述，此詞句是佛陀所創造組成用來描述現法涅槃的解脫境界，正如同paṭicca-samuppāda（緣起）一詞是佛陀創立用於描述世間的現象。作者認為此隱晦句，"*na câbhinato na câpanato na ca sasaṅkhāra-niggayha-vārita-gato*"，可譯為「不導向[去證得直接知識（abhiññā）]，亦不轉離[第四禪那去證入種種處（āyatana）]，也不來至能阻止『抑制行』的狀態」。漢譯本的隱晦句：「不踊不沒，解脫已住，住已解脫」，其字面意義可解讀為：「不踊向亦不沒入，解脫之後而安住其中，安住於已解脫中」。此句是與巴利經的隱晦句，"na câbhinato na câpanato na ca sasaṅkhāra-niggayha-vārita-gato, vimuttattā ṭhito, ṭhitattā santusitto, santusitattā no paritassati"對應，只是漢譯本缺了最難於解讀的複合詞："na ca sasaṅkhāra-niggayha-vārita-gato"，本書研究結果認為它可譯為「也不來至能阻止『抑制行』的狀態」。「抑制行」正吻合於第四禪那及無所有處證現法涅槃的操作，制止「行」（saṅkhāra）之活動，即經由棄除「捨」（upekkhā）達成，而「捨」即是「行」之顯現，亦即此複合詞中的sa-saṅkhāra。

三三昧從其終極意義而言，是究竟的心解脫，即是現法涅槃。此修持帶來的成就除了上述具有智果、智功德的三昧之外亦帶來一種在相關經典中未具名的禪定成就：有所緣而無所緣想，但修持者仍然是有想者；此三摩地即是專屬佛教的獨門禪法，故稱之為**佛教三摩地**。欲瞭解此**佛教三摩地**為何是獨屬佛陀的教示就要回歸到六根緣六境與現法涅槃之關聯，即如《五三經》所說從六觸處逃離則證得無所著解脫、《蘇那卡德經》所說約制六觸處至身心不向執著的對象、《解說概要經》所說識於外不動亂分散及又於內不住，進而從《杉德經》確認根緣不緣境之修練與現證涅槃之關聯。由此途徑進而瞭解那一組講有想而無所緣想之禪定的經典內容其實就是修根不緣境之結果，亦即如來發現之「無上最勝寂靜處」（anuttara santi-vara-pada），亦稱為「無所著解脫」（anupāda vimokha）。從《烏達那》描述苦之盡了一經發現無所緣的**佛教三摩地**與三三昧之關聯，從三三昧和**佛教三摩地**發現有餘涅槃和無餘涅槃是在生前就證得之涅槃，並非如佛教傳統所詮釋認為無餘涅槃是純屬解脫者死後進入的涅槃。

第四篇研究指出念處（sati-paṭṭhāna）作為未曾有禪修經驗者及未曾證入禪定者修證至得現法涅槃的方法是佛教特有的修持方法。入出息念（ānâpāna-sati）是培養念處的方法之一，亦能帶來無尋三摩地（avitakka samādhi）之成就，一種經典顯示為與解脫聖者有關的三摩地而不是指四種禪那的第二禪那。三三昧是為那些已有禪那及等至證入經驗者而施設，而無尋三摩地則是為不曾有禪那證入經驗者而施設。三三昧與無尋三摩地在其究竟意義而言都是現法涅槃的同義詞，它們都是解脫聖者常安住之定境。最有意義的是，二種三摩地都能為兩種涅槃，有餘涅槃（sopādisesa-nibbāna）和無餘涅槃（anupādisesa-nibbāna），提供另一選擇性的詮釋。

第四篇考察經由念處修習進入四那禪而得三知，依據《語羅侯羅大經》、《調御地經》、《簡要經》等經典瞭解入出息念處及四念處之修習可導引至證入四禪那。此中也意外發現佛陀的呼吸修持法與瑜伽系統呼吸修持法之共通與差異處。氣息由粗而細，最粗的由鼻子進出到較微細的由全身體進出，再到最微細的由心臟進出，這是二系統氣息修練上的共通點。二者之不同處在於瑜伽系統操控氣息並將它導引上至頭頂頂輪處，並認為在此處可與其信仰的最高上神祇結合得解脫，而佛陀的方法只是觀照氣息由粗到細之變化，並沒有操弄氣息，氣息止息即是身行滅，即達到第四禪那，並於此再運作而證入涅槃。此意外發現也順帶解決了巴利經文“sabba-kāya paṭisaṃvedī”之疑問，sabba-kāya是指整體色身，並非如巴利註釋書說的「息身」。

由念處進入四禪那還要搭配修持無相三昧淨化此道以至得不動心解脫，然而四禪那與無相三昧何時修或者何者先修的疑問，根據《染污經》佛陀自身的經歷是先修無相三昧後修四禪那；現代緬甸禪師的修法記錄亦顯示先修無相三昧去除心專注時即會顯現的光與色（相）。此外，關於相之顯現，巴利註釋書詮釋的禪修過程顯現的獲得相（uggaha-nimitta）與相對相（paṭibhāga-nimitta）是與經典中世尊的經歷相符，亦與現代禪師們的實修經驗吻合。然而，主要依據《清淨道論》研究的現代上座部學者法師的詮釋卻是截然不同，所以也就無從瞭解無相三昧之意義，更出現了三三昧詮釋之蛻變狀況。因此，從念處修持與無相三昧角度而言，是先修念處後修無相。無相三昧最關鍵的功能是驅除潛伏慢（mānânusaya）。由念處到四禪那乃至現法涅槃，念處是作為進入解脫道之起始點，修念處配合無相三昧具有淨化解脫道的功用，乃至在解脫道最後階段無相三昧發揮驅除最根深蒂固的潛伏慢；直至現法涅槃時，念（sati）並沒有退場，而念與無相三昧在解脫聖者解脫後的剩餘生命日子裡一直都是一種「娛樂」。

從《語羅侯羅大經》等三經發現可由念處修習而得無尋三摩地，在多處經文脈胳中無尋三摩地呈現為解脫聖者日常安住之三摩地之一。經由《蜜丸經》瞭解尋（vitakka）是增殖（papañca）之媒介，有助長增殖之作用，而增殖即是涅槃的相反詞，有增殖就無涅槃可言，有涅槃就無增殖存在；去除或止滅增殖的方法就是無尋（avitakka）。據《蜜丸經》，無尋者尚存根、境、識和合生觸、受、想，此是與有餘涅槃之描述相吻合。

從巴利尼卡雅與漢譯阿含經之比對應用發現二者在研究佛陀的教法中有著同等重要的功能角色。在第一篇提到的想受滅問題上發現漢譯經典並沒有如巴利經典那樣的具有推崇想受滅的傾向或意味；在第二篇關於頂想的瞭解中，巴利與漢譯經典記載完全一至；又如在有想等至與現證涅槃的訊息上，巴漢經典也有相符一致之說。但是在談到想之消失的《波特葩德經》則發現漢譯經典不可靠或與佛意相違並且傾向外道見解；在第三篇無相心解脫的分析中卻出現巴利經典的記載不可靠。在第四篇從尼卡雅及阿含經經典、現代禪師們的經驗、以及古老巴利註釋書檢視念處與無相三昧之修持上，本書發現在漢譯經典保存著比巴利經典更為可靠、可信的記載，亦即是，念處（sati-paṭṭhāna）修持在先，而隨後才修持無相三昧。此外，巴利及漢譯《語羅侯羅大經》內容差異頗大，從其內容與其他經典相較之下發現漢譯本說法更有助於瞭解念處修持與四禪那及解脫的關係。最後在無尋三摩地之研究中發現它是佛陀與阿羅漢弟子們的禪定，依巴利尼卡雅和漢譯阿含經共同確認它從來未出現或歸屬為非阿羅漢的禪定；也確認涅槃是無增殖（ni-p-papañca）的同義詞，因此，無尋三摩地之證得即是證得現法涅槃。

參考書目

一、主要典籍

Taisho Tripiṭaka.

Japan: Daizo Shuppansha, late ed.: *CBETA Chinese Electronic Tripiṭaka* (Taisho Edition). Taisho Tripiṭaka Vol.1~55 & 85. CD-ROM. HTML Help 版，台北：中華電子佛典協會（CBETA），2002。<www.cbeta.org>

Pāli Tipiṭaka. Pali Text Society edition.

The Saṁyutta Nikāya volume I, 本書使用G. A. Somaratne重編的新版本，由PTS在1998年出版。<www.palitext.com>

Pāli Tipiṭaka. Burmese edition.

late ed.: *Chaṭṭha Saṅgāyana*. CD-ROM. Version 3. India: Vipassana Research Institute, 2000. <www.vridhamma.org> or <www.tipitaka.org>

The Thera and Therīgāthā.

ed. H. Oldenberg, 2nd ed. K. R. Norman & L. Alsdorf. Oxford: PTS, 1999(1883).

二、主要典籍譯本

The Long Discourses of the Buddha.trans. Maurice Walshe. Kandy: BPS, 1996(1995).

The Middle Length Discourses of the Buddha.

trans. Bhikkhu Ñāṇamoli and Bhikkhu Bodhi. Kandy: BPS, 1995.

The Connected Discourses of the Buddha. Vols.1&2.

trans. Bhikkhu Bodhi. USA: Wisdom, 2000.

The Book of The Gradual Sayings.
trans. E. M. Hare. Oxford: PTS, 2001(1935).
Numerical Discourses of The Buddha.
trans. Nyanaponika Thera and Bhikkhu Bodhi. New Delhi: Vistaar, 2000(1999).
Sayings of Buddha — the Itivuttaka.
trans. J. H. Moore. USA: Columbia University Press, 1908.
Sutta-nipāta — Text and Translation.
trans. N. A. Jayawickrama. Sri Lanka: Post-Graduate Institute of Pali & Buddhist Studies, University of Kelaniya, 2001.
The Group of Discourses(Sutta-nipāta).
trans. K. R. Norman. Oxford: PTS, 2001(1992).
Buddhas' Teachings: Being the Sutta-Nipāta or Discourse-Collection.
ed. & trans. L. Chalmers. Delhi: Motilal, 1997
The Elders' Verses I Theragāthā.
trans. K. R. Norman. Oxford: PTS, 1995(1969).
The Elders' Verses II Therīgāthā.
trans. K. R. Norman. Oxford: PTS, 1995.
The Minor Anthologies of The Pali Canon. Part II.
trans. F. L. Woodward. London: Oxford University Press, 1948(1935).
The Udāna & The Itivuttaka.
trans. John D. Ireland. Kandy: BPS, 1997.
The Great Discourse on Causation — The Mahānidāna Sutta and Its Commentaries.
trans. Bhikkhu Bodhi. Kandy: BPS, 2000(1984).
The Path of Discrimination(Paṭisambhidāmagga).
trans. Bhikkhu Ñāṇamoli. Oxford: PTS, 2003(1982).
Papañcasūdanī, Majjhimanikāyaṭṭhakathā of Buddhaghosācariya.
ed. I.B. Horner. London: PTS, 1977.
The Path of Purification(Visuddhimagga).
trans. Bhikkhu Ñāṇamoli. 5th ed. Kandy: BPS, 1991.

三、次要書目

Analayo 2003.

Satipaṭṭhāna—The Direct Path to Realization. Kandy: BPS.

Anderson, Carol S. 2001(1999).

Pain and Its Ending—The Four Noble Truths in the Theravāda Buddhist Canon. Delhi: Motilal.

Boisvert, Mathier 1997(1995).

The Five Aggregates: Understanding Theravāda Psychology and Soteriology. Delhi: Sri Satguru.

Bronkhorst, Johannes 2000(1993).

The Two Traditions of Meditation in Ancient India. Delhi: Motilal.

Conze, Edward 2002(1961).

Buddhist Thought in India—Three Phases of Buddhist Philosophy. Delhi: Munshiram.

Crangle, Edward Fitzpatrick 1994.

The Origin and Development of Early Indian Contemplative Practices. Wiesbaden: Harrassowitz(Germany).

Dasgupta, S. 1962(1946).

Obscure Religious Cults. Calcutta: Firma K.L. Mukhopadhyay.

Dasgupta, S. 1992(1922).

A History of Indian Philosophy Vol.1. Delhi: Motilal.

Gethin, R. M. L. 2001(1992).

The Buddhist Path to Awakening. Oxford: Oneworld.

Gombrich, Richard F. 1997(1996).

How Buddhism Began. New Delhi: Munshiram.

Gunaratana, Henepola 1980.

A Critical Analysis of The Jhānas in Theravada Buddhist Meditation. PhD dissertation. Washington: American University, available freely online from: www.buddhanet.

net, Buddha Dharma Education Association Inc. Late published: *The Path of Serenity and Insight*. Delhi: Motilal, 1985.

Gunaratana, Henepola 1994(1985).
The Path of Serenity and Insight. Delhi: Motilal.

Hamilton, S. 1996.
Identity and Experience: The Constitution of the Human Being According to Early Buddhism. London: Luzac Oriental.

Harvey, Peter 1995.
The Selfless Mind: Personality, Consciousness and Nirvāṇa in Early Buddhism. Richmond: Curzon Press.

Harvey, Peter 2004.
An Introduction to Buddhism. New Delhi: Foundation Books / Cambridge University Press.

Hinüber, Oskar von 1997(1996).
A Handbook of Pāli Literature. New Delhi: Munshiram Manoharlal.

Hiriyana, M. 1951(1932).
Outlines of Indian Philosophy. London: George Allen & Unwin Ltd.

Horner, I. B. 1979(1936).
The Early Buddhist Theory of Man Perfected. New Delhi: Oriental Reprint.

Jayatilleke, K. N. 2000(1975). ed. Ninian Smart.
The Message of The Buddha. Kandy: BPS.

Jayatilleke, K. N. 1998(1963).
Early Buddhist Theory of Knowledge. Delhi: Motilal.

Johansson, Rune E.A. 1969.
The Psychology of Nirvana. London: George Allen and Unwin.

Kalansuriya, A. D. P. 2003.
The Buddha's Discourse and Wittgenstein. Sri Lanka: Compassion Buddhist Institute.

Kalupahana, D. J. 1992(1987).
The Principles of Buddhist Psychology. Delhi: Sri Satguru.

Kalupahana, D. J. 1976.

Buddhist Philosophy: A Historical Analysis. Honolulu: University Press of Hawaii.

King, Winston L. 1992(1980).

Theravada Meditation: The Buddhist Transformation of Yoga. Delhi: Motilal.

Kornfield, Jack. 1996.

Living Dhamma. Boston & London: Shambala.

Minh Thanh, Thich. 2001.

The Mind in Early Buddhism. New Delhi: Munshiram.

Ñāṇamoli, Bhikkhu trans. 1998(1952).

Mindfulness of Breathing(Ānāpānasati)—Buddist texts from the Pali Canon and Commentaries. Kandy: BPS.

Ñāṇananda, Bhikkhu 1986(1971).

Concept and Reality in Early Buddhist Thought. Kandy: BPS.

Ñāṇananda, Bhikkhu 1997(1974).

The Magic of the Mind: An Exposition of the Kālakārāma Sutta. Kandy: BPS.

Ñāṇārama, Matara Sri 2000(1983).

The Seven Stages of Purification and The Insight Knowledges. Kandy: BPS.

Ñāṇāvīra, Bhikkhu 2001.

Clearing the Path—Writings of Ñāṇavīra Thera(1960-1965). Volume I: *Notes on Dhamma*. Dehiwala: BCC.

Norman, K. R. 1991.

Collected Papers. vol. II. Oxford: PTS.

Norman, K. R. 1993.

Collected Papers. vol. IV. Oxford: PTS.

Norman, K. R. 1996.

Collected Papers. vol. VI. Oxford: PTS.

Nyanaponika Thera 1996(1962).

The Heart of Buddhist Meditation. Kandy: BPS.

Nyanaponika Thera 1998(1949).

Abhidhamma Studies—Buddhist Explorations of Consciousness and Time. 4th edition, revised and enlarged. Kandy: BPS

Nyanatiloka Thera 1982(1952)

Path to Deliverance. Kandy: BPS.

Mishra, M. U. 1957.

History of Indian Philosophy, vol.1. Allahabad: Tārabhukti Publications.

Pande, G. C. 1983(1957).

Studies in The Origins of Buddhism. Delhi: Motilal Banarsidass.

Pandita, U. 1995.

On The Path to Freedom—A mind of wise discernment and openness. Selangor, Malaysia: Buddhist Wisdom Centre.

Rahula, Walpola 1974(1959).

What The Buddha Taught. New York: Grove Press.

Rahula, Walpola 2001(1978).

Zen and The Taming of The Bull—Towards the definition of Buddhist Thought. Sri Lanka: Godge International Publishers.

Sharma, B.N.K. 1960.

A History of The Dvaita School of Vedānta And Its Literature, vol.1. Bombay: Booksellers' Publishing Co.

Shiraishi, Ryokai 1996.

Asceticism in Buddhism and Brahmanism. Tring, UK: The Institute of Buddhist Studies.

Sole-Leris, A. 1999(1986).

Tranquility and Insight— An Introduction to the Oldest Form of Buddhist Meditation. Kandy: BPS.

Somaratne, G. A. 1993.

Freedom of Mind: A Study of The Buddhist Concept of Vimutti(Liberation) In the Pāli Nikāyas. 2 volumes. Unpublished dissertation. Illinois: Northwestern University.（作者原名：Diwullewe Ariyagnana）

Vajirañāṇa, P. 1962.
Buddhist Meditation in Theory and Practice. Colombo: Buddhist Cultural Centre.
Varenne, Jean 1976(1973: Paris). Derek Coltman trans.
Yoga and the Hindu Tradition. Chicago and London: The University of Chicago Press.
Vetter, Tilmann 1988.
The Ideas and Meditative Practices of Early Buddhism. Leiden: E. J. Brill.
Yin Shun 1998
A Study on The Origin of Emptiness（《性空學探源》）, The Collection of Yin Shun Mentor, CDROM. Taipei: Marcrostone Workshop. 1998.

四、期刊

Aroson, H.B.
"Equanimity(*upekkhā*) in Theravāda Buddhism." *Studies in Pāli and Buddhism*. Delhi. 1979.
Bodhi, Bhikkhu
"The Jhānas and the Lay Disciple." *Buddhist Studies in Honour of Professor Lily De Silva*. Kandy. 2002.
Boyd, James W.
"The Theravada View of Samsara." *Buddhist Studies in Honour of Walpola Rahula*. London. 1980.
Bucknell, Roderick S.
"Reinterpreting the *Jhānas*." *JIABS*. vol. 16, no.2. USA. 1993.
Bucknell, Rod.
"The Buddhist Path to Liberation: An Analysis of the Listing of Stages." *JIABS*. vol.7, no.2. USA. 1984.
Cousins, L. S.
---"Buddhist Jhāna, Its nature and attainment according to the Pali sources." *Religion Journal of Religion and Religious*. vol. 3. Autum 1973.

---"Samatha-yana and Vipassana-yana." *Buddhist Studies in Honour of Hammalava Saddhatissa*. Colombo. 1984.

--- "The Origin of Insight Meditation" *The Buddhist Forum* volume IV. New Delhi. 1996.

Dhammaratana, U.

"Revival of Vipassana Meditation in Recent Times." *Buddhist Philosophy and Culture: Essays in Honour of N. A. Jayawickrema*. Colombo. 1987.

Gethin, R. M. L.

"The Five Khandhas: Their Treatment in The Nikāyas and Early Abhidhamma." *Journal of Indian Philosophy* 14(1986).

Gombrich, R. F.

"Recovering The Buddha's Message." *The Buddhist Forum* vol.1. London. 1990.

Gómez, Luis O.

"Proto-Mādhyamika in the Pāli canon" *Philosophy East and West*. vol. XXVI, no.2. April 1976.

Griffiths, Paul

"Concentration or Insight: The Problematic of Theravāda Buddhist Meditation-Theory." *Journal of The American Academy of Religion*. vol. XLIX. December 1981.

Harrison, Paul

"Relying on the Dharma and not the Person: Reflections on Authority and Transmission in Buddhism and Buddhist Studies." *JIABS*. vol. 26. no.1. 2003.

Harvey, Peter

"'Signless' Meditation in Pāli Buddhism" *JIABS*. vol. 9. no.1. 1986.

Kalupahana, D. J.

---"Dependent Arising and the Renunciation of Mystery." *Buddhist Philosophy and Culture: Essays in Honour of N. A. Jayawickrema*. Colombo. 1987.

---"Early Buddhism: A Moral Philosophy With A Human Face" *Symposium on Buddhist Studies*. Peradeniya. 2003.

Karunadasa, Y.

---"The Buddhist Doctrine of Non-Self and the Problem of the Over-Self" *The*

Middle Way. vol.69 no.2. London. 1994.

--- "Interpreting Early Buddhist Teachings: Some Methodological Considerations" (presented at a conference in Colombo. 2003).

Matilal, Bimal K.

"Ignorance or Misconception?—A Note on Avidya in Buddhism." *Buddhist Studies in Honour of Walpola Rahula*. London. 1980.

Mukherjee, Biswadeb.

"A Pre-Buddhist Meditation System and its Early Modifications by Gotama the Bodhisattva(II)". *Chung-Hwa Buddhist Journal*. vol.8. Taipei. 1995.

Norman, K. R.

---"Aspect of early Buddhism". *Earliest Buddhism and Madhyamaka*. D. S. Ruegg & L. Schimithausen ed. Leiden: E.J. Brill. 1990.

--- "A note on attā in the Alagaddūpama-sutta". *Collected Papers II*. PTS. 1991.

Pieris, Aloysuis

"The Notions of Citta, Atta and Attabhava in the Pali Exegetical Writings." *Buddhist Studies in Honour of Walpola Rahula*. London. 1980.

Schmithausen, L.

"On Some Aspects of Descriptions of Theories of 'Liberating Insight' and 'Enlightenment' In Early Buddhism." *Studien Zum Jainismus Und Buddhismus*. Franz Steiner Verlag GmbH Wiesbaden. 1981.

Silva, Lily de

---"Cetovimutti Paññāvimutti and Ubhatobhāgavimutti." *Pāli Buddhist Review* 3, 3. Sri Lanka. 1978.

---"Sense Experience of The Liberated Being as Reflected in Early Buddhism." *Buddhist Philosophy and Culture: Essays in Honour of N. A. Jayawickrema*. Colombo. 1987.

---"Nibbāna as Experience". *Sri Lanka Journal of Buddhist Studies*. vol. 1. Colombo. 1987.

Somaratne, G.A.

"The Attainment of Cessation and the Attainment of Arahantship or Nibbana as Viewed in the Pali Suttapitaka." *The XIIth Conference of The International Association of Buddhist Studies*. Lausanne. 1999.

Stuart-Fox, Martin.

"*Jhāna* and Buddhist Scholasticism." *JIABS*. vol. 12, no. 2. 1989.

Tilakaratne, Asanga.

"Is Nirvāṇa Ineffable." *Buddhist Studies—Essays in Honour of Professor Lily de Silva*. Peradeniya: Department of Pali and Buddhist Studies, Peradeniya University. 2002.

Tse-Fu, Kuan.

"Clarification on Feelings in Buddhist Dhyāna/Jhāna Meditation." *Journal of Indian Philosophy*, 33. Springer 2005.

Warder, A. K.

"Introduction [to The Path of Discrimination]." *The Path of Discrimination(Paṭisa mbhidāmagga)*. Oxford: PTS. 2002(1982).

Alex Wayman

"Regarding the Translation of the Buddhist Technical Terms *saññā / saṁjñā, viññāṇa / vijñāna*." *Malalasekera Commeration Volume*. Colombo 1976.

五、書評

Boisvert, Mathieu.

The Five Aggregates: Understanding Theravāda Psychology and Soteriology, reviewed by Peter Harvey. JBE. vol.3. 1996.

Harvey, Peter.

Selfless Mind: Personality, Consciousness and Nirvāṇa in Early Buddhism, reviewed by Rupert Gethin. JBE. vol.4. 1997.

Vetter, Tilmann.

The Ideas and Meditative Practices of Early Buddhism, reviewed by Johannes Bronkhorst. IIJ. 36. p. 63-8. 1993.

六、字典

A Critical Pāli Dictionary, vol.I-II

Trenckner, V. Copenhagen: Royal Danish Academy. 1924.

Buddhist Dictionary

Nyanatiloka. Kandy: BPS. 2004 (1952).

<www.palikanon.com/english/wtb/dic_idx.html>

Concise Pāli-English Dictionary

Buddhadatta Mahāthera, A.P.. Ambalangoda: Aggārāma. 1958 (1949).

"Dictionary for Buddhist Studies"

Ding Fubao. *CBETA Chinese Electronic Tripiṭaka (Taisho Edition)*. Taisho Tripitaka Vol.1~55 & 85. CD-ROM. HTML Help version. Taipei: Chinese Buddhist Electronic Text Association (CBETA). 2002.

<www.baus-ebs.org/index_c.html>

"Dictionary of East Asian Buddhist Terms"

Muller, Charles A. *CBETA Chinese Electronic Tripiṭaka (Taisho Edition)*. Taisho Tripitaka Vol.1~55 & 85. CD-ROM. HTML Help version. Taipei: Chinese Buddhist Electronic Text Association (CBETA). 2002.

<www.acmuller.net>

Dictionary of Pāli Idioms

Anuruddha Thera. Hong Kong: The Chi Lin Nunnery. 2004.

Pāli-English Dictionary

Rhys Davids, T. W. and William Stede. London: PTS. 1921.

<www.palikanon.com/english/wtb/dic_idx.html>

The Chinese Great Dictionary（《漢語大字典》）

Taipei: Jienhong Publication. 1998.

The Classical Chinese Function Word Dictionary（《古代漢語虛詞詞典》）

Peking: Shangwu Publication. 1999.

七、網路資源

Buddha Dhamma Education Association. 20th January 2004.
<www.buddhanet.net/anattamed.htm>

China and East Asia Chronology. 8th July. 2005.
<campus.northpark.edu/history/WebChron/China/China.html>

Digital Buddhist Library.
Taiwan: Chung-hwa Institute of Buddhist Studies. 4 Mar. 2003
<ccbs.ntu.edu.tw/DBLM>

Forman, Robert K.C.
"What does mysticism have to teach us about consciousness?" *Journal of Consciousness Studies*, 5, No.2(1998), pp. 185-201.
http://www.imprint.co.uk/Forman.html

Indological and Buddhological Studies, Japan. 8th July. 2005.
<www.inbuds.net/>

Indology, United Kingdom. 8th July. 2005.
<www.ucl.ac.uk/~ucgadkw/indology.html>

Journal of Buddhist Ethics, United Kingdom. 8th July. 2005.
<jbe.gold.ac.uk/>

Sacred Texts Timeline, USA. 8th July. 2005.
<www.sacred-texts.com/time/timeline.htm>

Taiwan National Library Online Service.
Taiwan: Taiwan National Library. 4 Mar. 2003
<www.ncl.edu.tw/f4.htm> <readopac.ncl.edu.tw/cgi/ncl3/m_ncl3>

The Wheel.
Kandy: Buddhist Publication Society. 8th July. 2005.
<pratyeka.org/a2i/lib/bps/wheels/>

The Complete Chronology, USA. 8th July. 2005.
<eawc.evansville.edu/chronology/index2.htm>

Timeline of Chinese History. 8th July. 2005.
<www-chaos.umd.edu/history/time_line.html>

UMI ProQuest Digital Dissertations. 22nd September. 2003.
<wwwlib.umi.com/dissertations/>

後　記

本書是從作者的博士論文轉譯的中文本，整體上內容架構沒有大篇幅的修改，僅有小部份的修飾與增補；結論部份捨棄原有的僅著重提及三三昧與外道見相對立的結論方式，重新將各篇章審察、研究結果整理放在結論中。博士論文主要依據巴利《中尼卡雅》的經典著手探討，其他的尼卡雅與漢譯阿含經為輔助及參考一些關鍵用語或概念的詮釋，因為《中尼卡雅》是五部尼卡雅中藏有最多禪定相關資料。現在出版仍然維持原來的想法，未須擴大本書的研究範圍。在作者畢業後至今幾年教學中，教學主題仍然維持在此禪那與解脫涅槃範圍上，後來在2010年將編撰多年的高中部課堂講義整理出版為《圖解佛教禪定與解脫》，一來為方便教學使用，二來為那些對此課題有興趣卻沒有因緣上此課程的同學滿其心願；該書出版是趕在同年九月份開學前倉促出版，未及作序說明該書為何是以如此的面貌見世。在教學這段期間再次閱讀博士論文第一篇分析範圍所沒有含蓋的其他三部尼卡雅及其餘所有阿含經，其中有許多相關經典可以擴大及補強此篇的範圍與論點，但作者沒有打算加入此書中，視將來因緣成就會以短篇論文方式投稿。

作者在圓光佛學研究所開設二年的印度禪學導論課程中，選修人數從第一年個位數增至第二年雙位數的雙倍數成長，一方面欣喜於其受歡迎程度以及欣慰這堂課之開設有其實際意義與須求，一方面確實誠感惶恐講解不夠週到，往往講義準備不到上課前半小時甚至十分鐘不肯罷休。也真感恩現在科技發達可以讓我如此地「肆行」，還要求學生每人都得使用電腦上課，好讓我可以上課時才發給講義。電腦與網路科技發達以及佛教典籍電子化增強了文獻基本處理，也加速了文獻解讀與分享，更增添此堂課的精采度與深廣度。二年教學相長，更發現尚有許多精采議題可研究，也常在課堂上提及這些值得研究的議題，希望後有更多人繼續參與努力揭開佛教的禪法修持與證悟涅槃的真面貌。

此外，在此課題的研究中若缺乏英文閱讀能力，就會錯過了西方學者尖端的研究成果；若缺巴利文經典解讀能力更是失去了見到原味的佛語教示。五年三屆巴利文課程，同學們從研一僅為修得一學分佛典語言學分的學分心情到希望上第二、第三年課程的讀解經典心情，除呈顯同學們對早期經典的好樂，也讓我心感到佛典語言基礎知識可以在進入研究所前就先建立，到了研究所就能直接著手讀解經典，深入浸淫在流傳了二千六百餘年的佛陀教示中，如此則必能在研究成果上更上一層樓。

雖未曾親身觸證如來聖教所示，然口持讀誦、言語講說是建立聖道、成就聖道之基礎，據《增支尼卡雅》的《解脫處經》，為他人講說如來聖法有助自身之解脫，而這是僅次於如來在世親身教誨。經中佛陀開示弟子們能令得解脫的環境有五種：一是身置大師在世（意指佛在世），或得具備資格代替大師的具格老師（意指解脫聖者如阿羅漢等），從其聽聞解脫之道法，並親身體證其義及其法，如此則能有機緣得漏盡、得解脫；二是若無前項條件則應將已聽聞的及已習得的道法對他人講說；三是若無前二條件則應重覆讀誦所聞所習之道法；四是若無前三條件則應隨尋隨伺所聞所習之道法；最後若前四項皆缺乏則應對三摩地相以智慧善巧掌握、作意、理解、明白，如是地親身體驗其義及其法，也能得漏盡、得解脫。由此經所說的次第瞭解到，為他人講解聖法是為自他建立正見，由是而得解脫之機緣則逐漸成滿。以正見為導，此即《分析無諍經》（Araṇa-vibhaṅga Sutta）所說如來發現之中道，即是以正見為首要之八正道；亦如《葛因達大經》（Mahā-govinda Sutta）所說，四無量心之修持極至成就也只不過是生到無色界長壽天，而以正見為首的八正道才是能「導向厭患、離欲、滅、平息、甚深智、正覺、涅槃」（nibbidāya virāgāya nirodhāya upasamāya abhiññāya sambodhāya nibbānāya saṃvattati）之正道，而此「導向厭患、離欲、滅、平息、甚深智、正覺、涅槃」，即是《聖尋經》所記載的，喬達摩菩薩出家修習梵行所要追求的目標。

回顧二十餘年來的出家學佛路，得到各方無數的支援與護念，無法在此一一提名，若此書出版能有幾許功德，願將一切功德迴向所有支援及護念的諸上善人，生生得聞如來之善法，世世不離佛法僧三寶。

哲學宗教類　PA0072　文學視界56

佛教禪法之研究
——依據巴利《尼卡雅》及漢譯《阿含經》

作　　者 / 釋洞恆
責任編輯 / 黃姣潔
圖文排版 / 楊家齊
封面設計 / 陳佩蓉

發 行 人 / 宋政坤
法律顧問 / 毛國樑　律師
出版發行 / 秀威資訊科技股份有限公司
114台北市內湖區瑞光路76巷65號1樓
電話：+886-2-2796-3638　傳真：+886-2-2796-1377
http://www.showwe.com.tw
劃撥帳號 / 19563868　戶名：秀威資訊科技股份有限公司
讀者服務信箱：service@showwe.com.tw
展售門市 / 國家書店（松江門市）
104台北市中山區松江路209號1樓
電話：+886-2-2518-0207　傳真：+886-2-2518-0778
網路訂購 / 秀威網路書店：http://www.bodbooks.com.tw
國家網路書店：http://www.govbooks.com.tw

2014年5月　BOD一版
定價：500元

國家圖書館出版品預行編目

佛教禪法之研究：依據巴利《尼卡雅》及漢譯《阿含經》/
釋洞恆著. -- 一版. -- 臺北市：秀威資訊科技, 2014.05
面； 公分. -- (哲學宗教類 ; PA0072) (文學視界 ; 56)
BOD版
ISBN 978-986-326-234-3 (平裝)

1. 佛教修持 2. 禪定

225.7 103003345

讀者回函卡

感謝您購買本書，為提升服務品質，請填妥以下資料，將讀者回函卡直接寄回或傳真本公司，收到您的寶貴意見後，我們會收藏記錄及檢討，謝謝！

如您需要了解本公司最新出版書目、購書優惠或企劃活動，歡迎您上網查詢或下載相關資料：http:// www.showwe.com.tw

您購買的書名：________________________________

出生日期：________年________月________日

學歷：□高中（含）以下　□大專　□研究所（含）以上

職業：□製造業　□金融業　□資訊業　□軍警　□傳播業　□自由業
　　　□服務業　□公務員　□教職　□學生　□家管　□其它_____

購書地點：□網路書店　□實體書店　□書展　□郵購　□贈閱　□其他

您從何得知本書的消息？

□網路書店　□實體書店　□網路搜尋　□電子報　□書訊　□雜誌
□傳播媒體　□親友推薦　□網站推薦　□部落格　□其他__________

您對本書的評價：（請填代號　1.非常滿意　2.滿意　3.尚可　4.再改進）

封面設計____　版面編排____　內容____　文／譯筆____　價格____

讀完書後您覺得：

□很有收穫　□有收穫　□收穫不多　□沒收穫

對我們的建議：________________________________

____

____

____

請貼
郵票

11466
台北市內湖區瑞光路 76 巷 65 號 1 樓

秀威資訊科技股份有限公司 收

BOD 數位出版事業部

....

（請沿線對折寄回，謝謝！）

姓　　名：________________　　年齡：________　　性別：□女　□男

郵遞區號：□□□□□

地　　址：____

聯絡電話：(日)____________________(夜)____________________

E-mail：____